ANHUI SHIFAN DAXUE NIANJIAN
2015

安徽师范大学年鉴
2015

《安徽师范大学年鉴》编纂工作委员会　编

安徽师范大学出版社
· 芜湖 ·

责任编辑：吴毛顺
装帧设计：桑国磊

图书在版编目（CIP）数据

安徽师范大学年鉴.2015 /《安徽师范大学年鉴》编纂工作委员会编. — 芜湖：安徽师范大学出版社，2015.12
ISBN 978-7-5676-2269-2

Ⅰ.①安… Ⅱ.①安… Ⅲ.①安徽师范大学－2015－年鉴 Ⅳ.①G659.285.4-54

中国版本图书馆CIP数据核字（2015）第274815号

安徽师范大学年鉴·2015
《安徽师范大学年鉴》编纂工作委员会 编

出版发行：安徽师范大学出版社
芜湖市九华南路189号安徽师范大学花津校区　　邮政编码：241002
网　　址：http://www.ahnupress.com/
发 行 部：0553-3883578　5910327　5910310（传真）　　E-mail：asdcbsfxb@126.com
印　　刷：虎彩印艺股份有限公司
版　　次：2015年12月第1版
印　　次：2015年12月第1次印刷
规　　格：889 mm × 1194 mm　1/16　　插　　页：3
印　　张：18.25
字　　数：515千
书　　号：ISBN 978-7-5676-2269-2
定　　价：38.00元

▲2014年9月27日至28日，中国共产党安徽师范大学第十次代表大会隆重召开

▲2014年1月25日，学校召开党的群众路线教育实践活动总结大会

▲2014年5月20日，中央政治局委员、书记处书记、中宣部部长刘奇葆接见我校领导

▲2014年7月25日，安徽省委书记张宝顺出席我校与俄罗斯米宁大学共建中国语言文化研究中心揭牌仪式

▲2014年9月23日，安徽省政协主席王明方来校调研

▲2014年12月9日至11日，安徽省委常委、宣传部长曹征海驻校调研部校共建工作

▲2014年5月4日，我校杰出校友、长江学者特聘教授、国家杰出青年基金获得者、中科院百人计划入选者王启华（左五）受聘为我校高端人才团队项目负责人

▲2014年6月26日，校领导会见汤加王国驻华大使Siamelie Latu先生

▲2014年9月5日，学校举行庆祝第30个教师节颁奖典礼

▲2014年12月17日，学校举行2013—2014学年学生先进集体、先进个人颁奖典礼

▲2014年9月5日，学校举行2014级新生开学典礼暨军训动员大会（花津校区）

▲2014年6月26日，学校举行2014届研究生毕业典礼暨学位授予仪式

《安徽师范大学年鉴(2015)》编纂工作委员会

主　　任:顾家山　王　伦

副 主 任:程　度　王绍武　李琳琦　朱家存　毕明福　李　忠

委　　员(以姓氏笔画为序):

马　林　马三保　马广见　马陵合　王　刚　王　峰　王自东
王如意　王爱民　王景旭　方　青　方　泓　方百盈　孔祥法
孔德新　史铁杰　台启权　朱为民　朱礼长　朱昌青　刘晓宇
江家发　孙成岗　李　娟　李子华　李裕鑫　杨柏岭　吴孝兵
吴春雷　余　捷　余大芹　余国升　汪鹏生　沈　洪　张奇才
陆　林　陈文兵　陈孔祥　陈秀庆　陈树贤　邵登辉　郁培林
季爱新　赵　红　赵广超　胡　靖　胡传志　胡和平　胡金戈
胡培亮　祝东进　费太秀　袁兴龙　袁德水　贾冠忠　顾　凌
徐　彬　高　飞　高正礼　席玉宝　席贻龙　黄　强　黄圣炯
崔执凤　梁　燕　彭凤莲　葛明贵　蒋学波　程文海　傅绪中
焦华富　储泰松　曾黎明

《安徽师范大学年鉴(2015)》编辑部

编辑部主任:李　忠

编辑部副主任:王继民　张　伟　张师帅

成　　员(以姓氏笔画为序):

于珊珊　王少仁　孙　静　黄振新　雷　桁　熊伯能　操伊芬

编辑说明

《安徽师范大学年鉴(2015)》收录了2014年1月1日至2014年12月31日学校的重大活动、事件和各部门、各单位的主要工作情况,反映了2014年安徽师范大学在人才培养、科学研究、社会服务、文化传承与创新等方面的发展进程和最新成就。

2014年,中共安徽师范大学第十次代表大会胜利召开,提出了"到建校100周年时,把学校建设成为全国同类院校一流、特色鲜明的高水平大学"的奋斗目标,选举产生了第十届中共安徽师范大学委员会和新一届安徽师范大学纪律检查委员会,明确了建设"实力师大、特色师大、活力师大、开放师大、幸福师大"的工作布局,为学校事业的进一步发展指明了方向。这一年,在党的十八大、十八届三中、四中全会和习近平总书记系列重要讲话精神指引下,学校深入学习贯彻校第十次党代会精神,以提升质量为核心,以内涵建设为主线,解放思想,改革创新,积极作为,求真务实,深入推进高水平大学建设,较好地完成了各项工作任务。

正是在这样的背景下,本着"以史为鉴、深化内涵、面向未来、开拓进取"的目的,我们开始了年鉴的编纂工作。《安徽师范大学年鉴(2015)》对过去一年学校各方面工作和取得的成绩进行总结、回顾和介绍,同时也为学校今后发展规划、决议决策、管理运行提供依据,为学校各单位、各部门交流信息与经验提供新的平台,更是作为宣传学校的重要窗口,为广大校友和热心关注学校发展的社会各界人士奉送的珍贵资料。

本年鉴以文章和条目为基本载体,全书共分基本情况、机构与人员、重要文件与领导讲话、教育教学工作、师资队伍、学科建设与科学研究、社会服务、对外交流与开放办学、党建与管理工作、图书档案与出版编辑工作、学院工作、皖江学院工作、附属单位工作、获奖情况、大事记、附录等栏目。所刊内容由各单位确定专人负责提供,并经本单位领导审定。

为做好年鉴编纂工作,学校成立了由校党委书记顾家山、校长王伦为主任,校纪委书记程度,副校长王绍武、李琳琦、朱家存、毕明福,校党委常委、学校办公室主任李忠为副主任的编委会,并组织人员成立了编辑部,具体负责年鉴的编纂工作。

在年鉴的编纂过程中,学校领导及时给予了指导,各部门、各单位给予了大力支持,在此谨表衷心感谢!

《安徽师范大学年鉴》编辑部

2015年11月

目 录

一、基本情况

（一）学校概况

【概　况】 安徽师范大学是安徽建校最早的高等学府。学校坐落在具有“徽风皖韵、千湖之城”美誉的国家级开放城市——芜湖，濒临浩瀚长江，傍依灵秀赭山，集江南自然之神秀，汇安徽人文之灵杰，是安徽省人民政府与教育部共建高校、国家“中西部高校基础能力建设工程”项目建设高校，是安徽省委省政府优先建设的省属重点综合性大学和安徽省“地方高水平大学”项目建设高校。

学校现有文学院、政治学院、法学院、经济管理学院、音乐学院、美术学院、历史与社会学院、教育科学学院、外国语学院、体育学院、新闻与传播学院、数学计算机科学学院、物理与电子信息学院、化学与材料科学学院、国土资源与旅游学院、生命科学学院、环境科学与工程学院等17个学院，以及继续教育学院、国际教育学院，并办有安徽师范大学皖江学院、附中、附小和附幼。

学校学科门类涵盖文学、历史学、哲学、经济学、管理学、法学、教育学、理学、工学、农学、艺术学等，形成了博士—硕士—学士教育等不同层次，全日制高等教育、成人高等教育、留学生教育等不同类型的完整的人才培养体系。现有5个博士学位授权一级学科，45个博士学位授权二级学科，5个博士后流动站，26个硕士学位授权一级学科，128个硕士学位授权二级学科，18个省级重点学科，3个省级学科建设重大项目，87个本科专业。有1个教育部省部共建高校人文社会科学重点研究基地，1个教育部重点实验室，2个安徽省“2011协同创新中心”，5个安徽省高校人文社会科学重点研究基地，5个安徽省重点实验室，3个安徽省高校重点实验室，1个安徽省工程技术研究中心，1个安徽省高校工程技术研究中心，1个安徽省科技创新公共服务平台。

学校现有教职工2 400多人，其中专任教师1 410多人，副高以上专业技术职务者810多人，国家级教学团队3个，“百千万人才工程”国家级人选6人，教育部“新世纪优秀人才”支持计划7人，“皖江学者”特聘教授5人、讲席教授7人，省学术与技术带头人28人、省学术与技术带头人后备人选47人，5个省级教学团队，10名省级教学名师，12名省级教坛新秀。各类在籍学生37 200多人，其中，研究生3 800多人，普通本科生21 600多人，留学生220多人，成人本专科生11 700多人。

校园占地总面积195.25万平方米，建筑面积79.09万平方米，教学科研仪器设备总值3.14亿元。学校图书馆是全国古籍重点保护单位，藏书丰富，种类齐全，现有图书278.7万册，古籍善本600多种，其中《洪武正韵》为国内唯一全本，元刻明递修《通志》、明嘉靖刻本《李太白全集》《杜工部集》均为海内珍本，还拥有国内外主要网络资源及数据库，馆藏资源基本实现了数字化。学校办有安徽师范大学出版社，编辑出版《安徽师范大学学报》《高校辅导员学刊》《学语文》《安徽师大报》等多种公开发行的学术期刊和报纸。

学校是全国首批获准招收公费留学生的高校之一，也是国家华文教育基地、安徽省汉语国际推广中心。学校先后接收了30多个国家和地区的长短期进修和学历教育留学生3 000多人次，与美国、英国、德国、芬兰、澳大利亚、新西兰、韩国、日本、越南等国家和地区的几十所高等院校、科研机构、学术团体教育机构建立了长期友好合作与学术交流关系，并与澳大利亚查尔斯·达尔文大学共建了孔子学院。

学校还是教育部高校辅导员培训和研修基地、教育部中小学骨干教师国家级培训基地、国家社会工作专业人才培训基地、安徽省高校师资培训中心、安徽卓越司法人才培养基地、安徽省专业技术人员培训基地、安徽省教育管理干部培训基地、安徽省高中骨干教师培训基地、安徽省旅游中职骨干教师培训基地。

春华秋实，桃李芬芳。为迎接高等教育蓬勃发展带来的机遇和挑战，学校正在围绕“特色鲜明的高水平大学”建设目标，在更高的起点上大力实施“质量立校、特色兴校、人才强校、学科领校、开放活校、依法治校、文化荣校”战略，坚持科学发展、内涵发展、和谐发展，不断提高学校的核心竞争力和综合实力，积极为经济社会发展和“美好安徽”建设作出新的更大的贡献。

【中央政治局委员、书记处书记、中宣部部长刘奇葆接见我校领导】 2014年5月20日上午，中共中央政治局委员、书记处书记、中宣部部长刘奇葆在北京亲切接见了我校党委书记顾家山一行，专门听取了我校建设发展情况，特别是省部共建、部校共建以及学校今后的发展思路等情况的汇报，并就培育和践行社会主义核心价值观、继承和弘扬中华优秀传统文化、提高我校办学质量等作出重要指示，充分体现了刘奇葆同志对学校的高度重视与亲切关怀，令全体师大人倍感振奋，极大地激发了广大师生的爱校之情和兴校之志。

【省委常委、宣传部长曹征海来我校调研部校共建工作】 学校部校共建工作开展以来，省委常委、宣传部长曹征海高度重视我校部校共建工作，2014年先后两次来我校调研，期间还专门听取了芜湖市委、我校党委主要负责同志工作汇报，特别是在2014年12月9日至11日连续三天蹲点调研。曹征海多次就部校共建新闻与传播学院工作提出指导意见，为我校科学推进部校共建工作指明了方向、找准了定位、把握了重点、明确了任务。一年来，我校牢牢把握部校共建主题，坚持以马克思主义新闻观为统领，合力推动了新闻与传播学院快速发展，初步构建了“部校共建、校媒协同、实践育人”的新闻人才培养机制，实现了部校共建工作的顺利开局。

【中共安徽师范大学第十次代表大会胜利召开】 2014年9月27日至28日，中国共产党安徽师范大学第十次代表大会胜利召开。会议通过了关于中国共产党安徽师范大学第九届委员会工作报告和关于中国共产党安徽师范大学纪律检查委员会工作报告的决议，选举产生了第十届中共安徽师范大学委员会和新一届安徽师范大学纪律检查委员会。大会明确提出建设“实力师大、特色师大、活力师大、开放师大、幸福师大”和特色鲜明高水平大学的目标任务，为学校事业的进一步发展指明了方向。

【学校首设“安徽师范大学终身成就奖”】 为营造教书育人、尊师重教的良好风尚，学校首次设立“安徽师范大学终身成就奖”，旨在奖励长期工作在本科教学一线，具有公认一流教学水平，同时在教学和科研方面取得重大成果，在国内同行中有很高声誉和影响力的教师。已病故的国家级教学名师、唐宋文学研究专家余恕诚先生和被誉为“中国扬子鳄之父”陈壁辉先生获得首届“安徽师范大学终身成就奖”。

（二）基础数据统计

【学生情况】 学校共有各类在籍学生37 278人，包括研究生3 850人，其中博士生208人，硕士生3 642人（不包括在职人员攻读硕士学位730人）；本科生21 684人，成人教育学生11 744人，留学生227人。

【教职工情况】 学校现有教职工2 469人，其中正高职称267人、副高职称648人，拥有博士学位477人、专任教师1 417人；研究生指导教师572人，其中博士生、硕士生导师91人，硕士生导师481人。

【学科专业情况】 学校拥有博士学位授权一级学科点5个，博士学位授权二级学科点（不含一级学科覆盖点)3个,博士后科研流动站5个;硕士学位授权一级学科点26个,硕士学位授权二级学科点(不含一级学科覆盖点)9个;普通本科专业87个;成人教育专科专业27个,本科(含专升本)专业36个;省、部重点学科18个,其中A类重点学科1个。

【科研平台】 学校拥有教育部省部共建高校人文社会科学重点研究基地(1个):中国诗学研究中心;教育部重点实验室(1个):功能分子固体教育部重点实验室;安徽省"2011协同创新中心"(2个):安徽省教师教育协同创新中心、皖江城市带退化生态系统的恢复与重建协同创新中心;安徽省高校人文社会科学重点研究基地(5个):马克思主义研究中心、皖南历史文化研究中心、旅游发展与规划研究中心、安徽创意产业发展研究中心、教育改革与发展研究中心;安徽省重点实验室(5个):安徽省重要生物资源保护与利用研究重点实验室、安徽分子基材料省级实验室、安徽省自然灾害过程与防控研究省级实验室、安徽省电器设备电磁兼容(EMC)实验室(校企共建)、安徽省粉末涂料实验室(校企共建);安徽省高校省级重点实验室(3个):功能性分子固体安徽省重点实验室、生物环境与生态安全安徽省重点实验室、化学生物传感安徽省重点实验室;安徽省高校工程技术研究中心(1个):资源环境与地理信息工程安徽省工程技术研究中心;安徽省科技创新公共服务平台(1个):安徽省生物标本数字化公共服务资源平台;安徽省工程技术研究中心(1个):安徽省中药日化产品工程技术研究中心

【办学条件】 学校占地面积1 952 538平方米,产权建筑面积790 932平方米,其中教学及辅助用房290 224平方米、行政办公用房79 732平方米、生活用房381 969平方米、教工住宅11 108平方米、其他用房27 899平方米,拥有教学用计算机8 097台、图书278.7万册,教学科研仪器设备总值31 391.2万元,拥有固定资产总值171 357.2万元。

二、机构与人员

（一）学校党政领导

党委书记　顾家山　主持学校党委全面工作。分管组织建设与干部工作、保密、国家安全、维护稳定等工作。分管办公室（党委办公室、校长办公室）、组织部（党校）。联系音乐学院、数学计算机科学学院。

校长、党委副书记　王　伦　主持学校行政全面工作。分管外事、留学生教育与管理、继续教育、附属学校、董事会、基金会、独立学院等工作。分管国际教育学院（外事办公室）、继续教育学院、教育集团、附中、附小、附幼、董事会、基金会、皖江学院。联系文学院、新闻与传播学院。

纪委书记　程　度　主持纪委工作。分管审计、离退休、工会、教代会、关心下一代等工作。分管纪委办（监察处）、审计处、离退休工作处、工会、关工委。联系美术学院、化学与材料科学学院。

副校长　王绍武　分管发展规划、人事、财务、高校师资培训、校友会等工作；代管学科建设、科学研究、社会服务、学报、对口帮扶等工作。分管发展规划处（校友工作办公室）、人事处（人才交流服务中心）、财务处、省高等学校师资培训中心；代管科研处、学报编辑部。联系历史与社会学院、外国语学院、环境科学与工程学院。

党委副书记　李琳琦　分管宣传、统战、机关、精神文明建设、学生思想政治教育与管理、思想政治理论课建设、人民武装、共青团、档案管理等工作。分管宣传部（新闻中心）、统战部（港澳台侨事务办公室）、机关党委（机关工作处）、学生工作处（学工部、人武部）、团委、档案馆、教育部高校辅导员培训和研修基地管委会办公室（《高校辅导员学刊》编辑部）。联系政治学院、物理与电子信息学院。

副校长　李进华（12月调出）　分管本科教学、招生、教学评估、思想政治理论课建设、体育、高校师资培训等工作；代管继续教育、花津校区建设、教职工住宅建设工作。分管教务处（招生办）、教学评估办公室、思想政治理论课教研部、体委、省高等学校师资培训中心；代管继续教育学院、科创房地产开发有限公司（新校区建设指挥部综合办）。联系生命科学学院、体育学院。

副校长　朱家存　分管本科教学、学位与研究生教育、招生、体育等工作；代管资产管理、产业、网络、信息、图书资料、出版等工作。分管教务处（招生办）、研究生院（研究生工作部）、体委；代管资产管理处、信息管理中心、图书馆、出版社。联系经济管理学院、体育学院、生命科学学院。

副校长　毕明福　分管安全保卫、后勤、基建、医疗、卫生、计划生育、综合治理等工作。分管保卫处（综合治理办公室）、后勤管理处、基建处（科创房地产开发有限公司）、校医院、计生委、爱卫会。联系法学院、教育科学学院、国土资源与旅游学院。

党委常委　李　忠　协助主要领导负责学校综合运行工作。

（二）中共安徽师范大学第十届委员会

书　　记：顾家山
副 书 记：王　伦　李琳琦
常务委员会：顾家山　王　伦　程　度　王绍武　李琳琦　李进华　朱家存　毕明福　李　忠
委　　员（以姓氏笔画为序）：
马三保　王　伦　王如意　王绍武　毕明福　朱为民　朱家存　李　忠
李进华　李琳琦　余大芹（女）　张奇才　陆　林　陈文兵　季爱新　胡传志
顾家山　席贻龙　黄　强　程　度　曾黎明

（三）中共安徽师范大学第十届纪委委员名单

书　　记：程　度
副 书 记：陈文兵
委　　员（按姓氏笔画为序）：
马　林　马陵合　王爱民　方　青　李子华　吴春雷　陈文兵　赵　红（女）
袁兴龙　高正礼　程　度

（四）机构设置及负责人名单

党政管理机构		
机构名称	**职　务**	**姓　名**
学校办公室	主　任	李　忠
	副主任	王继民、张　伟、张师帅
纪委办公室（监察处）	主　任、处　长	陈文兵（纪委副书记）
	副主任	李叶青
	纪检员	唐皖宁（正处级）
组织部（党　校）	部　长	季爱新
	副部长	李智发、谢超峰
宣传部（新闻中心）	部　长、主　任	李裕鑫
	副部长	詹剑锋
统战部（港澳台事务办公室）	部　长、主　任	余国升
机关党委（机关工作处）	书　记、处　长	方　泓
	副书记、副处长	张继红（正处级）
发展规划处（校友工作办公室）	处　长、主　任	曾黎明
	副处长、副主任	宋　波

（续表）

机构名称	职　务	姓　名
人事处（人才交流中心）	处　长、主　任	朱为民
	副处长、副主任	汪俊武
教务处（招办）	处　长、主　任	席贻龙
	副处长	许　勇、黄　亮
学生工作处（学工部、人武部、就业指导中心）	处　长、部　长	台启权
	副处长、副部长	陈　莉
	副处长	聂全高
保卫处	处　长	孙成岗
	副处长	杨　强
	副调研员	冯德山
科研处	处　长	陆　林
	副处长	龚基云、姜长付
研究生学院（研究生工作部）	院　长、部　长	胡传志
	副院长	商永嘉
财务处	处　长	胡金戈
	副处长	叶连顺、张　明
审计处	处　长	王爱民
	副处长	郑继辉
资产管理处	处　长	黄　强
	副处长	朱　棣、周　伍
离退休工作处	处　长	方百盈
	副调研员	钟　莉
后勤管理处	处　长	傅绪中
	后勤党委书记	邵登辉（副处长、正处级）
	副处长	吕幸华、叶　丹（后勤集团总经理）、步献新（后勤集团副总经理）
	调研员	董雪峰（正处级）
基建处	处　长	孔德新
	副处长	罗　振

群团组织		
机构名称	职　务	姓　名
教育工会	主　席	赵　红
	副主席	牧运前
校团委	书　记	梁　燕
	副书记	刘长生（正科级）

（续表）

校直单位		
机构名称	职　务	姓　名
信息管理中心	主　任	程文海
	副主任	李士松、冯年荣
继续教育学院	院　长	孔祥法
	副院长	王学灵、张其芳
图书馆	书　记、副馆长	蒋学波
	馆　长	方　青
	副馆长	施才玉、杭后俊
档案馆	馆　长	王　峰
学报编辑部	主　任	杨柏岭
	调研员	叶松庆（正处级）
安徽师范大学出版社	社　长	汪鹏生
	总编辑、副社长	张奇才
	副总编辑	侯宏堂
校医院	院　长	贾冠忠
	副院长	王政霖（正科级）
	副院长	段　萍（副科级）、项红雨
教育集团	主　任、总经理	江家发
附属中学	书　记、副校长	胡和平（正处级）
	校　长	马　林（正处级）
	副校长	吴树烈、程六三、张祥云
	调研员	凌光明（正处级）
附属小学	书　记、副校长	费太秀（副处级）
	校　长	郁培林（副处级）
	副校长	茆家祥（副科级）
	副校长	骆正位（副科级）
附属幼儿园	园　长	余　捷（副处级）
	副园长	钱和平（副科级）
	副园长	陈海燕（副科级）
皖江学院	书　记	马三保
	院　长	李子华
	副书记、副院长	王传辉
	副院长	叶旭萍
	调研员	孙利平（正处级）
教育部高校辅导员培训和研修基地管委会办公室、《高校辅导员学刊》编辑部	主　任	高正礼
	副主任	戴兆国、何海燕、陈九如
安徽省高等学校师资培训中心	常务副主任	朱礼长
	调研员	张　明（正处级）

（五）学院设置及负责人名单

学院名称	职　务	姓　名
文学院	书　记	余大芹
	副书记	戴和圣
	副院长	储泰松（主持工作）、张树文、王　昊、俞晓红
	组织员	陈爱兰（副处级）
政治学院	书　记	陈孔祥
	院　长	高正礼
	副书记	梁齐军
	副院长	姚宏志、戴兆国、何海燕、陈九如
法学院	书　记	马广见
	院　长	彭凤莲
	副书记	屈光峰
	副院长	贾会明、周俊强、严　宏
	组织员	何源章（副处级）
经济管理学院	书　记	陈秀庆
	院　长	马陵合
	副书记	张　顺
	副院长	刘　冰、张立新、周端明
	调研员	刘　勇（正处级）
音乐学院	书　记	王景旭
	院　长	王自东
	副书记	奚泰来
	副院长	李庆丰、张建华、汪建萍
	辅导员	李碧鹰（副处级）
美术学院	书　记	王　刚
	院　长	高　飞
	副书记	张　韬
	副院长	詹学军、陈克义、刘曼玉
	调研员	黄汇平（正处级）
历史与社会学院	书　记	王如意
	院　长	徐　彬
	副书记	胡悦超
	副院长	吕俊龙、刘道胜
教育科学学院	书　记	刘晓宇
	院　长	葛明贵

（续表）

学院名称	职　务	姓　名
教育科学学院	副书记	张如华
	副院长	桑青松、阮成武、陈　挚
	调研员	陈满堂(正处级)
	组织员	潘新安(副处级)
外国语学院	书　记	顾　凌
	院　长	孙胜忠
	副书记	汪贻洋
	副院长	张德让、孙玉英、詹　蓓、翟红梅
	调研员	郑金泽(正处级)
体育学院	书　记	袁德水
	副书记	黄德春
	副院长	席玉宝、钟　晨、高　升、金　涛
新闻与传播学院	书　记	胡　靖
	副书记	宋　静
	副院长	沈正斌、吴　杰、刘　刚
数学计算机科学学院	书　记	陈树贤
	院　长	祝东进
	副书记	喻　娜
	副院长	殷晓斌、罗永龙、储　倩、任　永
	组织员	徐　飞(正处级)
物理与电子信息学院	书　记	李　娟
	院　长	崔执凤
	副院长	甘为民、郑贤锋、丁绪星
	调研员	陈向群(正处级)
化学与材料科学学院	书　记	史铁杰
	院　长	朱昌青
	副书记	余妍霞
	副院长	耿保友、高　峰、刘桂云
	副调研员	胡　敏(副处级)
国土资源与旅游学院	书　记	吴春雷
	院　长	焦华富
	副书记	乔　静
	副院长	苏　勤、赵冬梅、卢　松
生命科学学院	书　记	袁兴龙
	副书记	刘振杰
	副院长	吴孝兵(主持工作)、唐俊生、吴海龙、朱国萍

（续表）

学院名称	职　务	姓　名
环境科学与工程学院	书　记	胡培亮
	院　长	赵广超
	副书记	孔　文
	副院长	周守标、杨如意、王立龙
国际教育学院(外事办公室)	院　长	黄圣炯(主任)
	副院长	刘东和(副主任)、杜　俊(副主任)

(学校办公室、人事处供稿)

(六)各级人大代表、政协委员名单

第十二届安徽省人大代表

姓　名	职务、职称(含社会职务)	党派
李　晋	生科院副教授，民革安师大支部主委(常委)	民革

第十一届安徽省政协委员

姓　名	职务、职称(含社会职务)	界别
张　毅	音乐学院教授(常委)	文艺
郝家胜	生科院教授	民革
孙国正	民盟中央委员，市政协副主席，民盟芜湖市委主委，数计学院教授	民盟
李　平	文学院教授，民盟安师大委员会主委	民盟
许　勇	教务处副处长、民建安师大支部主委	科协
彭凤莲	民进安徽省委委员及芜湖市委副主委，法学院院长、教授	教育
周守标	环科院副院长、教授，农工党安师大支部主委	农工党
沈世培	农工党安师大支部副主委，社会学院教授	农工党
崔执凤	市政协副主席，致公党安徽省委常委及芜湖市委主委，物电学院院长、教授	致公党
朱昌青	化材学院院长、教授	教育
席玉宝	体育学院副院长、教授，芜湖市知联会副会长，校知联会秘书长	体育
余国升	党委统战部部长	特邀

第十五届芜湖市人大代表

姓　名	职务、职称(含社会职务)	党派
郑筱妍	市人大常委，九三学社芜湖市委副主委及安师大基层委主委，教科院副教授	九三学社
储泰松	文学院副院长、教授	无党派
刘　莉	国旅学院副教授	民革
周向华	图书馆研究馆员	民盟
谢美华	化材学院教授	九三学社

第十二届芜湖市政协委员

姓　名	职务、职称(含社会职务)	界别
孙国王	民盟中央委员,市政协副主席,民盟芜湖市委主委,数计学院教授	民盟
崔执凤	市政协副主席,致公党芜湖市委主委,物电学院院长、教授	致公党
彭凤莲	民进安徽省委委员及芜湖市委副主委,市政协常委,法学院院长、教授	民进
朱昌青	市政协常委,化材学院院长、教授	致公党
张国棣	市政协常委,体育学院副教授	九三学社
陶松涛	市政协常委,物电学院副教授	无党派
叶世勇	化材学院教授,民盟安师大支部副主委	民盟
程炳杰	音乐学院作曲指挥教研室主任、副教授	民盟
周守标	环科院副院长、教授,农工党安师大支部主委	农工党
王彦章	社会学院副教授	农工党
胡庆十	经管学院副教授	九三学社
郑　艳	生科院教授,九三学社安师大基层委副主委	九三学社
杨高升	化材学院教授,九三学社安师大基层委副主委	九三学社
宋卫东	数计学院教授	教育
马乃玉	学报编辑部副编审	社科
王中结	物电学院教授	科协
杨安娜	生科院副教授	少数民族
燕　杨	音乐学院艺术实践教研室副主任	少数民族

三、重要文件与领导讲话

安徽师范大学2014年党政工作要点

师发〔2014〕1号　2014年2月20日

2014年学校工作的总体要求是：深入学习贯彻党的十八大、十八届三中全会和习近平总书记系列重要讲话精神，进一步解放思想，改革创新，积极作为，求真务实，坚持提高质量、内涵发展，着力提升核心竞争力和办学综合实力，全面推动学校各项事业发展，不断开创高水平大学建设的新局面。

一、以贯彻党的十八届三中全会精神为主线，不断提高党建和思想政治工作科学化水平

1. 学习宣传贯彻十八届三中全会精神。结合学校实际，学习宣传贯彻党的十八届三中全会精神，继续开展"中国梦"主题教育活动。深入推动中国特色社会主义理论体系进教材、进课堂、进头脑。积极开展马克思主义理论研究，努力推出一批有影响的成果。

2. 巩固深化群众路线教育实践活动成果。认真抓好教育实践活动"回头看"和相关整改任务的落实。贯彻落实《党政机关厉行节约反对浪费条例》，实施办公用房清理，进一步规范公车使用、管理和公务接待，建立"三公经费"年度支出统计报告和公开制度，不断完善反对"四风"、改进作风的规章制度，积极构建"为民务实清廉"的长效机制。规范各类评比表彰活动。扎实推进年度"双十"工作。

3. 筹备召开校第十次党代会。加强对第十次党代会各项工作的领导，严格按照有关要求做好筹备工作，精心组织，周密安排，把开好第十次党代会和谋划学校"十三五"事业结合起来，全面总结第九次党代会以来学校的各项工作，科学统筹学校发展，努力把会议开成一次统一思想、凝聚人心、推动发展的大会。

4. 推进基层党组织和党员队伍建设。认真抓好《院级党组织工作条例》和《基层党支部工作条例》贯彻落实，进一步规范基层组织生活。制订出台学校《先进基层党组织、优秀共产党员、优秀党务工作者评选表彰暂行办法》，组织开展党内评优评先。全面启动学生党员培训工作，切实提高党员发展质量。

5. 加强处级领导班子和干部队伍建设。认真贯彻落实中央《党政领导干部选拔任用工作条例》要求和全国全省组织工作会议精神，围绕好干部标准，进一步完善干部选拔任用机制。结合届中考核情况，适时开展处级干部调整和选拔任用，做好科级干部的选拔任用。采用多种形式组织开展干部教育培训，不断提高干部理论水平和业务能力。

6. 深化宣传思想工作。认真贯彻落实全国全省宣传工作会议精神，加强新闻网、校报等宣传阵地建设，积极宣传师生典型和学校改革发展成就。以开展大学生思想政治教育自测自评工作为契机，大力加强师生思想政治教育工作，充分发挥思政理论课主渠道作用，广泛开展社会主义核心价值观教育和理想信念教育，积极弘扬中华优秀传统文化。

7. 强化党风廉政建设。贯彻落实惩防体系2013—2017年工作规划，严格落实党风廉政建设责任制，全面推进惩治和预防腐败体系建设。丰富廉政文化载体和形式，开展廉政教育培训。创新监督制约机制，加大对干部人事、招生考试、基建工程、招标采购、财务管理、科研经费、学术诚信等重点领域、关键环节的监督力度。加强纪检监察信访监督，坚决查纠不正之风，着力解决师生反映强烈的突出问题。召开全校党风廉政建设工作会议。

二、以教育教学改革为动力，不断提高人才培养质量

8. 强化本科教学工作。认真落实学校全面提高本科教学质量的实施意见。制订各本科专业人才培养标准和专业分类建设标准，加强专业负责人制度建设，开展本科专业自评，建立专业建设年度报告制度，探索以专业为主的经费投入和管理方式改革。研究制订教师教育改革发展规划，开展教师教育专业认证试点。实施卓越教师、卓越新闻传播人才教育培养计划，依托国家"2011计划"协同创新中心——司法文明协同创新中心与我校共建的安徽卓越司法人才培养基地，加强卓越司法人才教育培养，探索协同育人新机制。加强课程建设，进一步丰富和优化课程资源，继续实施公共基础课改革，创新教学方式和评价体系，切实提高公共基础课教学效果。加大实践教学的投入和改革力度，不断提高学生的创新精神和实践能力。拓展与国（境）外联合培养渠道，提高本科教育国际化水平。积极申报国家级教学成果奖和本科教学类项目，做好有关项目的检查验收。

9. 深化学位与研究生教育改革。贯彻三部委《关于深化研究生教育改革的意见》等系列文件精神，召开全校学位与研究生教育工作会议，出台我校研究生教育改革政策文件。建立研究生多元奖助体系。筹建研究生院。开展硕士一级学科学位授权点合格评估，探索学位点动态调整办法。加强学位点负责人和研究生导师培训，完善外聘导师队伍建设。加强研究生教育过程管理。继续开展"千人联合培养计划"等工作。加强专业学位点申报和建设，成立专业学位培养指导委员会，制订专业学位论文个性化标准。

10. 加强继续教育工作。调整学历教育专业结构，积极申报应用型专业，转变部分专业办学形式。改革和创新成人教学模式，大力开展远程网络课程和函授教材建设，加强教学管理和质量监控。以申报承担"国培计划"和"省培计划"为重点，积极拓展非学历教育的规模，着力打造精品特色培训示范项目。

11. 提高留学生教育水平。做好短期留学生的生源组织工作，努力扩大留学生招生规模。继续开展教学质量保证年、秩序建设年活动，完善留学生管理规定，不断提高留学生教育水平。

12. 做好招生就业工作。认真做好招生宣传咨询工作，扩大招生实习就业基地规模。科学调整各本科专业类别招生计划，扩大专业学位硕士招生规模。严格实施"阳光工程"，加强组织管理，确保招生录取工作平稳有序。强化就业指导和服务，着力开拓就业市场，扎实做好基层就业项目和困难毕业生就业帮扶工作。加大创业教育和创业扶持力度，设立创业扶持基金，推进大学生创业孵化基地（创业园）建设。实施"就业满意工程"，努力促进毕业生充分就业。

13. 加强大学生日常教育管理。深入开展"爱学习、爱劳动、爱祖国"和"节粮、节水、节电"等主题教育活动，认真开展学生校规校纪、入学离校和军训国防、诚信感恩等专题教育活动，着力推进志愿服务和实践育人工作。实施大学生主题班会项目化建设工程，建设专业化心理咨询室，启动辅导员工作精品项目培育计划。完善学生评价和激励机制，实施优良学风培育计划。推进"社会助学工程"，加强资助育人工作。

三、以推进省部共建为契机，不断提高办学综合实力

14. 开展省部共建工作。认真贯彻落实《安徽省人民政府教育部关于共建安徽师范大学的意见》，研究制订省部共建规划方案，推动建立省部共建协作机制，积极为学校的发展争取政策、项目支持。成立学校省部共建工作办公室，统筹协调组织各项工作。做好部校共建新闻与传播学院的有关工作。

15. 推进地方高水平大学建设工作。加强地方高水平大学建设的统筹规划，开展首期重点扶持的学科（学位点）、专业建设情况检查评估，启动实施2014年建设项目。围绕学科专业内涵建设和特色发展，认真做好"提升计划""振兴计划"相关项目的申报、实施以及培育、储备工作，规范项目过程管理，切实加强指导和检查。

16. 加强师资队伍建设。认真落实《引进高层次人才和团队暂行办法》和《教职工培养培训管理规定》。拓宽招聘渠道，规范考核程序，高质量完成2014年进人计划。积极申报各类人才项目，强化协议管理，确保项目实施取得实效。加大教师国（境）外培训和交流力度，聘用优秀退休教师重返本科课堂，实施助教制度。不断提升师资队伍整体水平。探索建立优秀本科毕业生资助培养机制，培育和储备紧缺学科的后备人才。

17. 提升学科建设和科研工作水平。加大现有“2011”协同创新中心、高端研究平台建设力度。继续实施学校哲学社会科学繁荣计划，开展学校特色优势领域建设，积极培育若干新的“2011”协同创新中心和新的高端研究平台。做好各级各类科研项目申报工作，切实加强科研项目、行为和经费管理，改革科研经费投入方式，进一步完善科研管理体制和运行机制，力争科研项目立项数和成果质量稳步提升。探索开展科研评价改革，建立导向明确、激励约束并重的分类评价标准和开放评价方法，营造潜心治学、追求真理的学术氛围。

18. 深化社会服务。积极推动学校、学院与地方政府、行业厅局、大型企业、社会组织的合作与联系。加强和推动若干领域的研发与成果转化，做好各类服务资质申报管理和知识产权管理工作。继续做好学报、出版社、辅导员学刊工作，充分发挥高师中心、辅导员基地作用，积极开展高校教师、辅导员等各级各类培训，加强各类招生考试阅卷基地建设。进一步加强教育集团工作，加大对附中、附小、附幼办学的指导和支持力度，充分发挥“三附”的品牌效应。做好对口帮扶宿松县、亳州师专、滁州城市职业学院工作。

19. 推进开放办学。制订学校国际化发展规划方案，进一步拓展国际交流和合作领域。继续做好达尔文大学孔子学院有关工作，推进安哥拉独立大学孔子学院建设，并为新建1—2所孔子学院创造条件。建立安徽师范大学国际语言培训中心。进一步做好校友工作和教育基金会工作，加强对皖江学院办学的指导和支持。

四、以深化校院两级管理体制改革为重点，不断提高办学治校水平

20. 深化校院两级管理体制改革。完善学校内部治理结构，加快推进学校治理能力现代化。贯彻落实《教育部关于做好<行政事业单位内部控制规范（试行）>实施工作的通知》，坚持系统性、有效性、时效性相结合，不断完善学校内部控制制度体系。出台校院两级管理体制改革意见和相关实施细则，切实转变机关部门职能和工作方式，不断推进管理重心下移，扩大学院办学自主权。

21. 加强人事管理工作。完成教职工首轮岗位聘期考核工作，强化岗位管理。加强考核与激励，进一步完善二级单位年度考核的评价体系和绩效津贴分配机制。修订职称评审办法，凸显教学和人才培养中心地位。贯彻落实《高等学校教师职业道德规范》，加强师德师风建设。组织好第30个教师节宣传庆祝活动。

22. 强化财务管理和审计工作。通过“预算下达”和“按建设要素申请”并举的办法改革项目经费预算，提高资金投入的有效性和科学性，探索构建适应我校办学实际的经费投入模型。坚持常规审计与重点审计相结合，重点做好专项审计和审计建议的落实，积极推动审计结果公开，强化审计监督。

23. 推进资产管理工作。制订学校固定资产、经营性资产和公共用房管理办法，开展全校资产清查工作，进一步健全大资产管理三级制度体系，建立资产管理长效机制。理清各种采购项目的经费预算来源，确保招标采购工作有序规范。

24. 坚持依法民主治校。认真执行学校各项议事决策规章制度，推进大学章程制订工作。修订相关办法，推进党务、校务公开。贯彻落实教育部《学校教职工代表大会规定》，修订《安徽师范大学教职工代表大会工作规程》。认真做好统战、群团和离退休工作，发挥民主党派和无党派人士、学生组织、关工委、退教协等在办学治校中的积极作用。

五、以建设“美丽校园”为抓手，不断提高服务保障能力

25. 修订校园建设规划。根据学校实际和发展需要，进一步论证和明确学校各校区功能定位。结合中山北路改造和有关工程项目的实施,修订和完善赭山校区、花津校区校园规划。

26. 推进校园基本建设。认真做好实习实训中心大楼建设,加强施工管理,确保建设进度和质量。切实推进中山北路和凤凰山宿舍区的改造建设相关工作。积极开展文科综合大楼、传媒大楼建设项目前期论证和准备工作。根据“美丽校园”建设总体方案,做好有关绿化、美化、亮化工作,努力创建整洁、优美的校园环境。

27. 加强校园文化建设。继续开展楼宇文化建设,分步推进人文景观建设,不断加强校史馆、博物馆、生物标本馆建设,组织开展“大学生艺术展演”“高雅艺术进校园”“敬文讲坛”“校友论坛”和学生科技文化艺术节、校运会等校园文化活动,充分发挥文化育人作用。根据教育系统文明单位创建相关要求,制订工作方案,开展精神文明创建活动。

28. 深化信息化建设。认真落实学校“十二五”信息化建设规划,进一步做好基础数据平台建设和应用系统集成工作,做好校园“云”计算平台的建设和应用工作,推进二期校园教学区域无线网络建设,全面启动校园网络资源体系和网络服务体系建设。推进优质数字教育资源共建共享、信息技术与教育全面深度融合,促进教育教学和管理创新。进一步加强图书档案工作。

29. 完善后勤管理服务。加强学生食堂基础设施建设,健全学生食堂监管体制。切实做好学生宿舍、学生活动场所和相关公共设施的管理、服务和维修。推进“空调进高校”工程,推行学生公寓分区管理,改善学生饮水和洗浴条件。全面启动公共楼宇卫生间改造工作,改善图书馆阅览环境,统一规划建设花津校区校园非机动车停车棚。分步实施水电基础设施和节能技术改造,严格执行水电配额制度,不断降低能耗支出。

30. 建设平安和谐校园。严格落实安全稳定工作目标责任制和包保责任制,完善突发事件应急管理机制。加强师生安全、法制教育,加强网络与信息安全管理、舆情监控和校园及周边综合治理,排查整改安全隐患。加强校园交通管理,更新花津校区校园视频监控系统。做好校园限烟、传染病防控、计划生育和教职工体检工作。继续提高教职工福利待遇,健全困难教职工帮扶体系,全面推进平安和谐校园建设。

2014年学校着力推进的十项重点工作

1. 深入学习宣传贯彻十八届三中全会精神
(分管领导:顾家山;牵头责任单位:宣传部、组织部、办公室)

2. 认真筹备召开校第十次党代会
(分管领导:顾家山、王伦、程度;牵头责任单位:办公室、组织部、纪委办)

3. 扎实开展教育系统文明单位创建工作
(分管领导:顾家山、王伦、程度;牵头责任单位:宣传部、机关工作处、学生处、研究生学院、校工会)

4. 认真做好省部共建相关工作
(分管领导:顾家山、王伦;牵头责任单位:发展规划处、办公室)

5. 深化学位与研究生教育改革
(分管领导:李琳琦;牵头责任单位:研究生学院)

6. 研究制订教师教育改革发展规划
(分管领导:王伦、李进华;牵头责任单位:发展规划处、教务处)

7. 继续推进科研高端平台建设
(分管领导:王绍武;牵头责任单位:科研处)

8. 认真做好实习实训中心大楼建设
(分管领导:王伦、李进华;牵头责任单位:基建处)

9. 大力推进教育信息化建设
(分管领导:顾家山;牵头责任单位:信息管理中心)

10. 继续开展“美丽校园”建设
(分管领导:顾家山、王伦;牵头责任单位:后勤管理处、宣传部)

2014年学校认真做好的十件实事

1. 推进“空调进高校工程”
(牵头责任单位:后勤管理处、资产管理处)

2. 推行学生公寓分区管理
(牵头责任单位:后勤管理处、保卫处)

3. 改善学生饮水和洗浴条件
(牵头责任单位:后勤管理处)

4. 启动公共楼宇卫生间改造工作
(牵头责任单位:后勤管理处)

5. 改善图书馆阅览环境

（牵头责任单位：图书馆）

6. 建立研究生多元奖助体系

（牵头责任单位：研究生学院）

7. 做好教职工体检工作

（牵头责任单位：校医院）

8. 规划建设花津校区非机动车停车棚

（牵头责任单位：后勤管理处）

9. 更新花津校区校园视频监控系统

（牵头责任单位：保卫处）

10. 做好中山北路和凤凰山宿舍区改造建设相关工作

（牵头责任单位：资产管理处）

中共安徽师范大学委员会　安徽师范大学
关于贯彻落实改进工作作风、密切联系群众规定的实施办法

师发〔2014〕13号　2014年3月17日

为贯彻落实中央以及省委、省政府和省委教育工委、省教育厅关于改进工作作风、密切联系群众的各项规定，进一步改进工作作风、密切联系师生，现结合学校实际，制订本办法。

一、加强调研交流

1. 提高调研实效。校领导和职能部门主要负责人每年根据学校重点工作和师生关心的热点难点问题，拟定调研计划，明确调研主题，开展调研活动。在调研工作中，要深入师生教学、科研、生活一线，了解真实情况，协调解决问题。调研时要严格控制陪同人员，避免集中或轮番到同一单位调研。处级以上干部要自己动笔撰写调研报告，注重调研结果运用，切实提高调研实效。

2. 加强沟通交流。校领导之间相互谈心交流每年不少于一次，校领导与分管和联系单位副处级以上干部谈心每年不少于一次；坚持校领导分管、联系单位制度，定期参加分管和联系单位领导班子会议，指导班子建设，加强与分管和联系单位师生员工的沟通；各学院党委书记、院长任期内与全院所有教职员工谈心不少于一次；机关各部门主要负责人每年与本部门员工谈心不少于一次。

二、精简会议活动

3. 严格会议审核。凡召开全校性会议，须经校党委常委会、校长办公会或学校主要负责同志批准。各单位承办的全国、全省性会议，须报学校办公室备案。各职能部门召开的会议，须经分管校领导审核。凡主题相近、内容相关、出席对象相同或交叉的会议合并召开；能通过网络、电话或其他方式协调工作、解决问题的，不再召开会议。多开研究解决问题的专题会，不开泛泛部署工作的会议。

4. 控制会议规模。严格控制参会人数，各类会议只安排与会议内容密切相关的单位及人员参加；各单位必须按照会议通知要求派员参加会议，不得无故缺席或擅自安排他人代会。一般工作会议不安排单位党政主要负责人同时参会，原则上只请对口岗位负责人参加；需要各单位主要负责人出席的会议须报学校主要领导批准，由学校办公室统筹安排。

5. 提高会议实效。会前要充分准备，合理安排议程，需要安排讨论的会议，要精心设置议题，安排充分讨论时间。除特殊需要外，一般工作性会议，不张贴悬挂标语横幅、不摆放鲜花；学校内部的会议，不介绍领导职务，不安排礼仪。压缩会期和时间，全校性重要会议不超过一天半，全校性工作会议不超过两个小时。校领导在全校性工作会议上的讲话不超过半小时，会议交流发言从严安排，讲话发言开门见山，力戒空话、套话。减少会议拍照，不安排集体合影。

6. 规范公务活动。校领导出席会议、活动由学校办公室协调安排，可由职能部门负责人出席的会议不请分管校领导出席，可由分管校领导出席的会议不请主要校领导出席。严格请假手续，校领导出差、出访或休假等，须经学校主要负责同志同意，并告办公室；各部门、各单位主要负责同志出差、出访或休假等，须经分管或联系的校领导批准，并告办公室。从严管理各种庆典、研讨会、论坛活动等，防止形式主义和铺张浪费。

三、切实改进文风

7. 减少文件简报数量。认真执行公文处理规定，严格行文规则和拟制程序，加强公文审核，减少发文数量。凡通过电子政务系统发送的公文，不再印发纸质公文。严格控制简报数量，各单位确有需要制作内部交流简报（刊物），一律通过电子政务系统发送，不再印制纸质版。

8. 压缩文件简报篇幅。除规划纲要、贯彻上级精神等文件外，学校公文一般不超过3 000字，个别重要公文不超过5 000字；请示、报告一般不超过1 000字，特殊情况不超过3 000字。简报要重点反映重要动态、经验总结、存在问题和意见建议等内容，减少一般性工作罗列和汇报，每期不超过1 000字。推行“短实新”文风，

增强文件的指导性和针对性，减少重要性、必要性等论述。

9. 改进新闻报道。新闻宣传应围绕中心，贴近实际，以基层的先进经验、典型事迹和学校重要活动为主，一般常规性工作和活动不予报道。学校领导出席会议和活动确需报道的，简化职务称谓，严格控制篇幅，在基层调研活动不做报道，尽量多刊播简短新闻报道。

四、减轻基层负担

10. 简化接待工作。校领导到基层调研或开展工作期间，不制作、张贴、悬挂欢迎标语，不摆放鲜花和水果、香烟，不安排合影，不安排宴请和其他消费活动。

11. 精简检查评比。全面清理和规范各类检查评比考核表彰活动，制订年度计划并认真执行。要注重通过平时收集数据和师生信息反馈等方式，加强对工作的过程指导和监督，切实减少对基层检查和评比的数量。

五、热情服务师生

12. 加强信息公开。加强党务公开和校务公开工作，凡是学校党员和师生员工及社会关注的重大事项和热点难点问题，只要不涉及保密规定的都要及时、全面公开。

13. 完善信访接待。校领导及时批阅处理群众来信，对重大信访案件实行领导督办机制。坚持校领导接待日制度，每位校领导每学期至少安排1次接待学校师生。健全师生投诉举报受理和办理机制，及时反馈处理结果。

14. 提高服务水平。严格执行首问负责制、限时办结制、服务承诺制、离岗告知制、责任追究制等，进一步加强机关效能建设，努力为师生提供文明、便捷、规范、高效的服务。

六、厉行勤俭节约

15. 严格控制“三公经费”。因公出国(境)费、公务车购置及运行费和公务接待费严格按照上级有关规定执行，并在一定范围内公开，自觉接受群众监督。工作会议原则上在校内举行。公务接待一般安排在学校餐厅或校外定点餐厅，不上高档菜肴和酒水；住宿一般安排在学校招待所或校外定点宾馆。严禁学校部门、单位之间的相互宴请和消费活动。工作日中午禁止饮酒。

16. 节约办公经费。严禁随意或超标配置办公设备和家具，实行固定资产最低使用年限制度。按照有关规定，严格办公用房使用管理。严格按照有关要求，做好节能、节电、节水工作，不印不必要的材料，不搞豪华印刷装帧。从严控制包车费用，规范管理劳务费发放。

七、加强检查落实

17. 坚持领导带头。各级领导要以身作则，率先垂范，认真执行改进工作作风、密切联系师生和廉洁从政的各项规定，并自觉接受监督。在参加民主生活会时，把执行规定情况作为汇报的重要内容。严格教育、从严要求配偶、子女、亲属和身边工作人员。

18. 加强监督检查。定期对办法执行情况进行专项检查。对师生反映较大的干部工作作风问题，限期整改，及时反馈。对情节特别严重的，按照有关规定严肃处理。学校办公室、纪委办(监察处)、组织部、人事处、财务处、审计处负责开展执行情况督查，在一定范围内通报督查结果。

本办法自发布之日起施行。此前发布的有关规定，凡与本办法不一致的，以本办法为准。

安徽师范大学关于推进校院两级管理体制改革的意见

师发〔2014〕11号　2014年2月25日

为加快高水平大学建设步伐，按照现代大学制度建设要求和上级有关精神，结合学校实际，现就推进校院两级管理体制改革提出如下意见。

一、指导思想

以科学发展观为指导，以明确校院两级管理权限和职责为基础，以改革人事制度和经费核拨办法为重点，以转变学校部门职能和增强学院办学自主权为方向，坚持整体设计、分步实施，推进管理重心下移，激发学院办学活力，调动广大师生参与办学的积极性和主动性，全面提高学校管理水平和办学质量。

二、工作目标

进一步简政放权，实现学校管理方式由过程管理向目标管理转变；进一步转变部门管理职能，实现学校工作方式由以条为主、以块为辅向以块为主、以条为辅转变；进一步落实学院办学主体地位，实现学院工作机制由被动执行为主向相对独立自主运行转变。努力构建学校统一领导、宏观决策，部门协调指导、监督考核，学院实体运行、自主办学的管理模式。

三、主要内容

（一）明确校院权限职责

在梳理和完善学校各部门、各单位职责范围的基础上，进一步厘清职能部门与学院的工作层级和管理边界，明确校院两级管理的权限与职责。

（二）逐步下放管理权力

人事、教学、学生、科研、研究生、财务、资产、后勤等部门和单位制订相关工作的两级管理实施细则，学校根据工作实际分步推进管理重心下移，不断增强学院办学自主权。

（三）实行目标管理

学校通过与学院签订任期目标责任书，开展学院工作年度绩效考核、班子届中考核、班子任期考核等对学院实施目标管理和奖惩。

（四）完善学院内部管理与运行

1. 学院议事决策机构主要为学院党政联席会、党委委员会、教授委员会、教职工代表大会。其中，学院党政联席会为最高议事决策机构。

2. 学院实行院—系二级基本管理制度，学院可根据办学实际设立相应的管理机构。学院本科教学工作实行系主任（专业负责人）负责制，研究生培养工作实行学位点负责人负责制，各类科研平台管理实行主任（所长）负责制。

3. 学院制订、完善各项工作规章制度，规范工作运行，实行院务公开。

四、组织领导和工作要求

（一）学校成立校院两级管理体制改革工作组，统筹规划、指导推进校院两级管理体制改革工作，工作组办公室设在人事处。各学院应明确专人负责具体落实本单位相关工作。

（二）各相关部门和单位要主动转变职能和工作方式，切实做好对学院的指导服务、监督考核等，并积极开展调查研究，及时解决改革进程中遇到的问题。

（三）各部门、单位要认真处理好改革、发展和稳定的关系，积极引导广大教职员工支持改革、参与改革，将思想和行动统一到学校改革的精神和要求上来，确保校院两级管理体制改革工作平稳、有序、顺利推进。

五、附　则

本意见自发布之日起实施，由校院两级管理体制改革工作组负责解释。

安徽师范大学教书育人、管理育人、服务育人先进工作者评选办法

师发〔2014〕22号　2014年5月30日

第一章　总　则

第一条　为认真贯彻《中华人民共和国高等教育法》《教师法》，进一步推动我校教书育人、管理育人、服务育人工作，并使之经常化、制度化、规范化，根据《安徽师范大学教书育人、管理育人、服务育人工作条例》，结合新形势、新任务的需要，制订本办法。

第二条　教师不仅是知识的传播者，也是学生思想道德品质的教育者和引导者，教书育人是教师的崇高职责。全体教师必须加强学习，不断提高自身政治觉悟和业务水平，坚持正确的政治方向，忠诚人民的教育事业，努力做好教书育人和为人师表的工作。

第三条　管理育人和服务育人是"三育人"活动的重要组成部分，对实现培养目标起着不可或缺的作用。全体管理干部和职工，要牢固树立为教学科研服务、为学校事业发展服务的思想，通过科学管理和优质服务的模范行动去感染和影响学生，把思想教育寓于管理和服务工作之中，以促进学生沿着正确的方向健康成长。

第二章　评选范围

第四条　评选范围为全校各部门、各单位（含附属单位）在校工作5年以上的在职教职工。名额按照全校在职在编教职工总人数的2%左右分配（关工委单列1个指标，由离退休工作处组织推荐）。

第三章　评选条件

第五条　"教书育人"先进工作者评选条件

（一）忠诚党的教育事业，以培育人才、发展先进文化和推进社会进步为己任，爱国爱教，志存高远。

（二）热爱教育教学工作，自觉履行《教师教学工作规程》的要求，积极承担本科教学任务，教学工作量饱满，教学质量优，学生评价高。

（三）充分发挥教书育人功能，在指导学生学习、社会实践、第二课堂素质拓展活动中，注重对学生进行潜移默化的思想政治教育；在政治上引导学生，生活中关心学生，做学生的良师益友，受学生爱戴。

（四）自觉遵守职业道德规范，恪守学术道德，师德高尚，作风正派。潜心科研，勇于创新，团结协作，成果丰硕。

第六条　"管理育人"先进工作者评选条件

（一）忠诚党的教育事业，有较高的道德素养，乐于奉献，爱岗敬业。

（二）热爱教育管理工作，注重提高自身管理水平，精通本岗位业务，办事效率高，工作业绩突出；能够不断探索新的管理方法和规律，对学校和本部门的管理工作，积极提出合理化建议。

（三）能够在履行管理岗位职责中体现育人导向，把思想政治工作贯穿于严格管理之中，关心职工和学生的思想、学习和生活情况，在育人工作中起到表率作用。

（四）遵纪守法，勤政廉政，严于律己，务实高效，积极为教学科研服务、为基层服务、为师生服务。

第七条　"服务育人"先进工作者评选条件

（一）具有良好的政治思想品德，有较高的道德素养，乐于奉献，爱校如家。

（二）认真履行岗位职责，严格遵守各项规章制度和岗位操作规程，业务能力强，能自觉学习和运用新知识、新技能。工作作风严谨，工作中无责任事故发生。

（三）坚持以人为本，自觉服务于学校教学、科研和师生员工，服务态度端正，待人热情、耐心，受到师生员工好评，善于在优质服务中育人。

（四）勤俭节约，廉洁奉公，吃苦耐劳，团结协作，积极提出合理化建议，具有强烈的集体荣誉感。

第八条　近四年内，有下列情况之一者，不能参加"三育人"先进工作者评选：

（一）年度考核不合格者；

（二）不能履行工作职责者，或工作量不能

完成者；

（三）违反学校教学规定，擅自停课、调课，发生教学事故者；

（四）因工作失职，在管理和服务过程中造成责任事故、经济损失者；

（五）受学校通报批评或受党纪、政纪处分者。

第四章　评选程序

第九条　评选工作程序

（一）基层党组织推荐。各院级党组织布置评选工作，在民主推荐的基础上，召开“三育人”先进工作者评选推荐工作小组会议，对照评选条件，确定“三育人”先进工作者候选人名单，并在本单位进行公示。

（二）报送候选人材料。各院级党组织负责审核候选人推荐表和先进事迹材料，向校工会报送。候选人事迹应围绕评选类别，侧重“育人”方面，注意抓典型事例，要求事实准确，文字简练，一般不超过2 000字，可附支撑材料。

（三）学校组织评审。学校“三育人”先进工作者评审工作组根据各单位上报的材料组织评审，确定“三育人”先进工作者名单，评审结果在全校公示后，报学校党委批准。

第五章　表彰奖励

第十条　学校设立“三育人”奖，原则上每两年评选一次。

第十一条　教师节期间，学校召开表彰大会，向“三育人”先进工作者颁发荣誉证书，奖励人民币3 000元。

第六章　组织领导

第十二条　“三育人”工作坚持党委统一领导、党政齐抓共管的领导体制和工作机制，评选工作由“三育人”工作组负责实施，校工会承担具体工作。

第十三条　各院级党组织成立“三育人”先进工作者评选推荐工作小组，其成员为党政负责人、分工会主席和二级教代会执委，院级党组织书记任组长，全面负责本单位“三育人”先进工作者的评选推荐工作。

第七章　附　则

第十四条　本办法由校工会负责解释。

第十五条　本办法自公布之日起施行。

安徽师范大学先进基层党组织、优秀共产党员、优秀党务工作者评选表彰办法(试行)

师发〔2014〕25号　2014年6月5日

第一章　总　则

第一条　为切实加强学校基层党建工作，规范党内评优活动，充分发挥基层党组织的战斗堡垒作用和共产党员的先锋模范作用，根据《中国共产党章程》《中国共产党普通高等学校基层组织工作条例》《中共安徽省委关于<中国共产党普通高等学校基层组织工作条例>的实施办法》和学校《院级党组织工作暂行条例》《基层党支部工作暂行条例》等规定，结合学校实际，制订本办法。

第二条　评选表彰工作以邓小平理论、"三个代表"重要思想和科学发展观为指导，坚持实事求是、客观公正、注重实绩、上下结合、倾斜一线的原则。

第三条　评选表彰工作在民主评议党员基础上进行，每两年一次。

第二章　评选类别和范围

第四条　先进基层党组织，包括院级党组织和基层党支部。先进院级党组织的评选范围为全校各分党委、党总支和直属党支部。先进基层党支部的评选范围为全校各院级党组织所辖的基层党支部。

第五条　优秀共产党员，包括教职工共产党员和学生共产党员，评选范围为在校工作或学习满一年以上的教职工正式党员、学生正式党员。

第六条　优秀党务工作者的评选范围为在学校从事党务工作满两年的各级基层党组织负责人和在党委部门工作的正式党员。

第七条　各类评选名额按下列比例确定

(一)先进基层党组织占全校基层党组织的5%。

(二)优秀教职工共产党员占全校教职工正式党员的3%，优秀学生共产党员占全校学生正式党员的2%。

(三)优秀党务工作者占全校党务工作者的5%。

第三章　评选条件

第八条　先进基层党组织评选条件

先进基层党组织要出色完成党章规定的基本任务，在认真贯彻学校《院级党组织工作暂行条例》和《基层党支部工作暂行条例》的基础上，模范践行"五个好"的基本要求。

(一)领导班子好。领导班子能深入学习实践科学发展观，认真贯彻党的路线方针政策，工作思路清晰，团结协作，求真务实，勤政廉洁，有较强的凝聚力和战斗力。

(二)党员队伍好。党员队伍素质优良，敬业好学，有较强的党员意识，能够充分发挥先锋模范作用，教职工党员业务精湛、乐于奉献，学生党员积极进取、品学兼优。

(三)工作机制好。坚持完善党政联席会议制度，规章制度完善，管理措施到位，保障机制落实，工作运行顺畅有序。

(四)工作业绩好。围绕中心、服务大局事迹突出，各项工作成绩显著，在党的各项活动和单位各项工作中能够充分发挥基层党组织的战斗堡垒作用和党员的先锋模范作用。

(五)群众反映好。坚持走群众路线，切实为师生员工办实事、做好事、解难事，党群、干群、师生关系密切。党组织在师生员工中有较高威信，党员在师生员工中有良好形象。

第九条　优秀教职工共产党员评选条件

优秀教职工共产党员要模范履行党章规定的义务，努力做到教职工党员"五带头"。

(一)带头坚定信念。做共产主义远大理想和中国特色社会主义共同理想的坚定信仰者，模范贯彻落实党的教育方针，立志献身教育事业。

(二)带头钻研业务。坚持严谨求实的科学精神，刻苦钻研业务，更新知识结构，拓宽学术视野，不断提高教书育人水平和工作能力，成为热爱学习、学会学习和终身学习的楷模。

(三)带头争创佳绩。具有强烈的事业心和责任感，爱岗敬业，勇挑重担，开拓创新，在教学、科研、管理、服务岗位上成绩显著。

(四)带头为人师表。积极践行社会主义核

心价值体系，严于律己，树立高尚的道德情操和精神追求，学为人师，行为世范，立德树人，无私奉献，做学生健康成长的指导者和引路人，做教书育人、管理育人、服务育人的模范。

（五）带头弘扬正气。严格遵守党章规定，积极践行社会主义核心价值体系，自觉加强党性修养、思想道德修养和学术道德修养，坚持原则，公道正派，敢于同不良风气、违纪违法行为作斗争。

第十条 优秀学生共产党员评选条件

优秀学生共产党员要模范履行党章规定的义务，在校期间曾获得校级及以上“三好学生标兵”“三好学生”“优秀学生干部”“优秀研究生奖学金”“优秀研究生干部”或“十佳大学生”“自强之星”等称号之一，并努力做到学生党员“五带头”。

（一）带头坚定信念。加强政治理论学习，自觉用中国特色社会主义理论体系武装头脑，牢固树立祖国至上、人民至上的观念，热爱学校、关心集体，崇尚科学，追求真理，努力成为中国特色社会主义事业的建设者和接班人。

（二）带头勤奋学习。发奋学习，刻苦钻研，不断提高自身思想道德素质、科学文化素质和身心健康素质，学习成绩优秀，争做成人成才成功的表率。

（三）带头全面发展。树立正确的世界观、人生观和价值观，开拓进取，勇于实践，大胆创新。具有强烈的社会责任感和较强的创新精神、实践能力，不断提高综合素质，努力实现全面发展。

（四）带头服务奉献。宗旨意识强，积极主动为同学服务，带动同学共同进步。坚持把学习知识与投身实践统一起来，在参与志愿服务、社会实践的过程中学知识、受教育、长才干、作贡献。

（五）带头弘扬正气。严格遵守党章规定，自觉遵守国家法律法规，模范遵守学校各项规章制度。发扬社会主义新风尚，践行社会主义核心价值体系，正义感强，敢于同不良风气、违纪违法行为作斗争。

第十一条 优秀党务工作者评选条件

优秀党务工作者应符合优秀教职工共产党员评选条件的要求，还要正确行使党章规定的各项权利，并具备以下条件。

（一）认真学习中国特色社会主义理论体系，深入贯彻落实科学发展观，模范执行党的路线方针政策，带头学习、自觉维护和模范遵守党章，具有较高的理论政策水平和政治业务素质。

（二）理想信念坚定，认真践行党的宗旨，贯彻执行党的群众路线，牢固树立党的群众观点，深入基层，作风民主，真心实意为党员和师生员工服务，在群众中享有较高威信。

（三）热爱和熟悉党务工作，具有强烈的事业心和责任感，锐意进取，敢于担当，积极探索新形势下做好党务工作有效方法和途径，圆满完成各项任务，取得显著成绩。

（四）能够坚持原则，敢于负责，清正廉洁，公道正派，乐于奉献，不计较个人得失，自觉接受监督，不滥用职权，不谋求私利。

第十二条 凡两年来出现下列情况之一者，不得作为先进集体评选对象。

（一）因班子不团结，造成不良影响或严重后果的。

（二）出现重大安全责任事故的。

（三）所管理的党员受到刑事处罚、行政处罚、校纪校规处分的。

（四）违反信访和维护稳定工作等有关规定的。

（五）对上级党组织决议、指示及党风廉政建设责任制等执行不力的。

（六）经评审组认定应当取消参评资格的。

第四章 评选程序

第十三条 评选工作的程序

（一）民主评议。各党支部召开专题组织生活会，在开展党员民主评议的基础上，对照评选条件，讨论并上报本支部的推荐对象。

（二）推荐申报。各院级党组织召开委员会会议（或扩大会议），听取支部提名情况汇报，经集体研究，确定本单位先进集体和优秀个人的推荐对象，并组织填写《推荐审批表》和事迹材料，在规定时间内报送。

（三）实地考察。评选工作组根据推荐情况和工作需要，可采取通过查看材料、召开座谈会、个别谈话等方式，对推荐的基层党组织进行实地考察。

（三）组织评审。学校召开评审组会议，听

取基层党组织负责人汇报先进事迹，并结合日常工作，遴选先进基层党组织初选名单；审查各单位优秀共产党员和优秀党务工作者推荐人选的事迹材料，等额确定优秀共产党员初选人选，差额投票推荐优秀党务工作者初步人选。

（四）讨论决定。校党委常委会听取评审组工作汇报，研究确定先进基层党组织和优秀个人，并予以公示。

第十四条 学校向受表彰的先进集体和优秀个人颁发荣誉证书和奖金。其中先进院级党组织20 000元/个，基层党支部5 000元/个，均作为工作经费；优秀党务工作者和优秀教工党员2 000元/人，优秀学生党员1 000元/人。个人获奖情况将记入个人档案。

第五章 组织领导

第十五条 评选表彰工作在校党委的领导下进行。学校成立由校党委主要负责人为组长，党委部门和院级党组织主要负责人为成员的评审组。评审组下设办公室，办公室设在党委组织部。

第六章 附 则

第十六条 本办法由党委组织部负责解释。

第十七条 本条例自发布之日起施行。原《安徽师范大学先进基层党组织、优秀共产党、优秀党务工作者和优秀德育工作者评选表彰暂行办法》（师发〔2003〕7号）同时废止。

安徽师范大学本科教学突出业绩奖励暂行办法

校教字〔2014〕9号　2014年4月18日

第一章　总　则

第一条　为表彰在学校本科教学工作中取得突出成绩的集体和个人，鼓励广大教师和教学管理人员积极投入教学改革与研究，提高人才培养质量，根据上级有关文件精神，结合我校实际，特制订本办法。

第二条　教学奖励的原则

（一）重点突出原则。加大对国家级、省（部）级优秀教学成果和取得标志性成果的教学建设项目的奖励力度。着重奖励在教学过程和教学效果、教学改革与建设等方面业绩突出的集体和个人。

（二）示范引领原则。奖励项目应能够带动学校教学改革与建设，具有示范作用，奖励对象主要为长期从事本科教学一线的教师。

第二章　奖励类别及标准

第三条　教学研究类奖励

教学研究类奖励是对获得省级、国家级教学成果奖及教学研究项目的教师进行奖励。具体类别及奖励标准如下：

教学成果奖

名　称	级　别	奖励标准
教学成果奖	国家级特等奖	按所得奖金额1:3.5配套奖励
	国家级一、二等奖	按所得奖金额1:2.5配套奖励
	省级特等、一等奖	按所得奖金额1:1配套奖励

教学研究项目

名　称	级　别	奖励标准（万元/项）
教学研究项目	国家级	3
	省级重点	1

第四条　教学活动类奖励

教学活动类奖励是对教学过程和教学效果业绩突出的教师进行奖励。具体类别及奖励标准如下：

（一）学科竞赛指导

各类学科竞赛指导奖励以竞赛项目为单位进行。

名　称	级　别		奖励标准（万元/项）
学科竞赛指导	国际性	一等	3
		二等	2
		三等	1
	国家级	一等	1
		二等	0.5
		三等	0.3
	省级（赛区）	一等	0.3
		二等	0.2
		三等	0.1

（二）教师教学技能

名　称	级　别	奖励标准（万元/人）
国家级教师教学技能竞赛	一等	1
	二等	0.8
	三等	0.6
省部级教师教学技能竞赛	一等	0.6
	二等	0.4
	三等	0.3
校级青年教师基本功大赛奖（具体评选办法见附件2）	一等	0.3
	二等	0.2

注：（一）（二）中的一等奖即为最高奖，如竞赛项目中设特等奖，则一等奖即为二等奖，二等奖即为三等奖。

（三）教学效果

设立优秀教学奖，对积极开展教育教学改革、教学效果好、教学评价优秀的教师进行奖励，奖励标准5 000元/项。

第五条　教学建设类奖励

教学建设类奖励是对建设评估优秀的本科教学工程集体类项目团队设置的奖励。具体类别及奖励标准如下：

国家级教学建设项目评估优秀，奖励2万元/项；

省级教学建设项目评估优秀，奖励1万元/项。

附　则

第六条　本办法涉及的各级各类业绩以"安徽师范大学"为第一产权单位的全额奖励，第一完成人第二单位的按1/3奖励。

第七条　各类业绩的奖励由学院负责初审，教务处会同相关部门进行验收，经校教学委员会审定后，在每年的教师节进行表彰奖励。有争议的成果和项目暂缓奖励，待争议解决后，再按有关程序进行奖励。

第八条　国家级、省级各种奖项的评选办法参照国家及安徽省有关文件执行，学校依据相关文件或证书进行认定；学校各种奖项的评选办法按学校相关文件执行。上述条款中未包含的奖项，学校根据具体情况，比照同类型项目奖励标准予以奖励。各项奖励项目的级别，将由校教学委员会根据相关文件进行认定。同一项目不重复计奖，教学科研成果有重复奖项时，按最高级别奖励一次；资金由各项目组第一负责人根据项目组成员贡献大小进行二次分配。

第九条　对项目主管部门发文终止和撤销的项目，或者事后被发现有弄虚作假、违背学术道德的被奖励人或项目，被奖励人要全额返还学校奖金，并承担相关责任。

第十条　本办法自颁布之日起施行，由教务处负责解释。

安徽师范大学"教学名师"评选办法(修订)

校教字〔2014〕12号　2014年6月6日

第一章　总　则

第一条　为了表彰在学校教学工作一线中作出突出贡献的教师，发挥优秀教师的示范作用，鼓励广大教师提高教学水平和人才培养质量，特制订本评选办法。

第二条　教学名师评选对象为在教学岗位工作15年及以上的在职专任教师。已获得历届校级及以上"教学名师"称号的教师不再参加评选。

第三条　教学名师评选每两年1次，每次评选一般不超过10人。

第二章　评选条件

第四条　评选条件

(一)热爱教育教学工作，师德高尚，治学严谨，教书育人，为人师表。

(二)受聘副教授及以上职务，长期承担课堂教学工作任务。近5年，每年均承担本科教学工作，年均本科教学工作量不少于68课时，教学测评平均成绩不低于85分。同时，指导一定数量的研究生且培养质量较高。

(三)教学思想先进，能及时把本学科前沿知识和教改最新成果转化为教学内容，教学过程安排合理，条理性强，符合学生认知规律，教学效果好，在同行中能起到示范作用。

研究生培养过程中起第一责任人作用，在研究生的教学、学位论文指导、就业等培养环节起到示范作用。

(四)积极开展教改与科研活动。在教学内容、教学方法改革等方面取得突出成绩，研究成果的学术意义或社会影响大。

(五)自觉指导和帮助青年教师提高教学水平，为教学梯队建设作出重要贡献。

第三章　评选机构与程序

第五条　学校成立"教学名师"评选工作组，组长由分管教学校长担任。工作组下设办公室，办公室设在教务处，负责评审工作的组织、实施及日常管理工作。

第六条　评选程序

(一)符合申报条件的教师向所在学院提出申请，学院评审公示后，向校评选工作组推荐。

(二)评选工作组对推荐人进行资格审查，组织专家进行评审，并经公示后，确定评选结果。

第四章　表彰与奖励

第七条　学校发文授予"安徽师范大学教学名师"荣誉称号。

第八条　学校召开表彰大会，向"教学名师"荣誉称号获得者颁发证书，奖励人民币1万元。

第五章　附　则

第九条　本办法由教务处、研究生学院负责解释。

第十条　本办法自公布之日起执行。

安徽师范大学本科专业负责人制度实施办法（修订）

校教字〔2014〕43号　2014年12月9日

第一章　总　则

第一条　为进一步加强专业建设与管理，提升专业建设水平，提高人才培养质量，遵照学校第十次党代会精神和《安徽师范大学关于全面提高本科教学质量的实施意见》（师发〔2013〕33号），特制订本办法。

第二条　学校全面实行专业负责人制度。各学院依托专业设置系，系主任也是所在系的专业负责人。学院应为专业负责人提供必要的工作条件。

第三条　专业负责人是专业建设与发展的直接责任人，在学院领导下开展工作，可以召集本专业骨干教师、辅导员等相关人员开会布置工作、行使职责。

第二章　任职条件

第四条　热爱教育事业，认真贯彻执行党的教育方针，具有良好的政治思想素质和师德修养，较强的事业心和责任感，较强的组织管理能力和服务意识。

第五条　熟悉本专业发展动态，了解社会发展对本专业人才的需求状况，有清晰的专业建设与发展思路。长期从事本专业课程教学工作，具有教授职称。新专业和个别特殊专业可以放宽为具有硕士以上学位的副教授职称。

第三章　职责与权利

第六条　负责组织制（修）订本专业建设规划和人才培养方案，组织撰写专业年度质量报告。

第七条　负责落实本专业教学任务及教学运行：

（一）负责本专业的课程、教材及师资安排工作；

（二）审定考试试卷，组织试题库建设；

（三）负责落实本专业日常教学检查工作。

第八条　负责本专业实践教学工作：

（一）组织本专业学生见习、实习工作；

（二）组织毕业论文（设计）撰写与检查工作；

（三）开展实习基地联系和建设工作；

（四）开展实验室设计论证和建设工作。

第九条　负责组织开展专业教研、教改活动。

第十条　负责制订本专业师资队伍建设规划和年度培养计划，拟定年度进人计划，参与本专业教师的接收或引进考核。积极做好教风建设、教师年度考核、聘期考核、职称晋升等相关工作。

第十一条　组织实施学生专业思想教育工作，参与设计、审定本专业第二课堂活动项目和社会实践活动项目；通过辅导员等相关人员了解学生学习动态和心理健康状况，并组织做好帮扶工作；组织实施学风建设、评优评先和推荐优秀应届本科毕业生免试攻读研究生等相关工作。

第十二条　组织专业建设经费年度预算的论证工作。

第十三条　负责组织开展本专业招生宣传工作，拟定本专业招生计划。

第十四条　完成学院交办的其他工作。

第四章　聘　任

第十五条　专业负责人由学院确定推荐人选，报教务处审核，经学校批准发文聘任。

第十六条　专业负责人聘期一般为四年，可连续担任。

第十七条　因故变更专业负责人，须经学校同意，重新发文聘任。

第五章　考核与待遇

第十八条　专业负责人的考核工作由学院负责，每年一次，考核办法由学院制订，考核结果报教务处备案。

第十九条　考核合格的专业负责人，学校在年终津贴分配中核发工作津贴；考核不合格者，停发工作津贴并取消专业负责人资格。

第六章　附　则

第二十条　本办法自发布之日起施行，由教务处负责解释。

安徽师范大学2013年本科教学质量报告

教务处文件〔2014〕59号　2014年8月15日

2013年，安徽师范大学坚持“办学以育人为本，育人以教学为先，教学以本科为重”的工作理念，大力推进学校内涵建设，深化教育教学改革，把握机遇、乘势而上，不断提高学校综合实力和核心竞争力，取得了显著的成绩，成功跨入省部共建高校行列，成功入选首批安徽省高等教育振兴计划“地方高水平大学”建设高校，成为全国首批十所部校共建新闻学院试点高校之一。

一、本科教育基本情况

1. 专业设置

学校现有86个本科专业，涵盖文学、历史学、经济学、管理学、法学、教育学、理学、工学、农学、艺术学等10大学科门类，形成了布局结构较为合理，学科专业较为齐全，以教师教育类专业为主要特色的综合性大学。

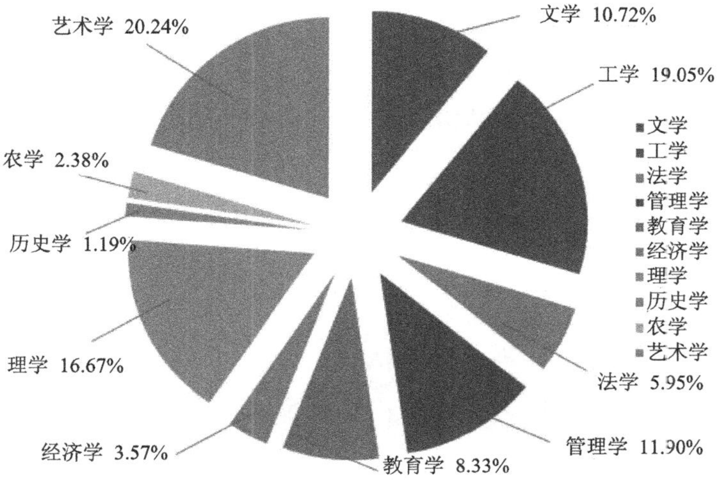

图1　安徽师范大学本科专业所属学科门类结构分布图

2. 学生规模

学校坚持内涵发展不扩张，本科生规模总体保持相对稳定。截至2013年年底，学校各类在籍学生36 845人，折合学生数29 076人，其中本科生21 583人，占总在籍学生数的58.58%。

3. 本科生源结构

2013年，学校进一步扩大招生省份，新增四川和海南两省。学校共有69个专业，在全国25个省(市、自治区)录取新生5 474人，其中在皖录取4 506人(文史1 306人，理工2 295人，其他905人)，在其他省(市、自治区)录取968人(分布在北京、天津、河北、山西、内蒙古、河南、黑龙江、吉林、辽宁、江苏、上海、山东、福建、江西、湖北、湖南、广东、广西、重庆、云南、陕西、浙江、四川、海南等24个省区)，另有13人为内地新疆高中班学生。师范专业录取人数比2012年有小幅度减少：15个师范专业录取1 377人，约占25.15%；非师范专业录取4 097人，约占75.85%。

录取新生成绩较好，在皖录取普通文理科新生中(不含贫困地区专项计划考生)文科最高分567分，最低分547分，平均分550.9分，高出重点线10.9分；理科最高分536分，最低分490分，平均分500.6分，高出重点线10.6分。文科平均分较2012年高出重点线7.4分，有较大幅度提高。

表1　2010—2013年在皖录取考生成绩情况表

		2010年		2011年		2012年		2013年	
		文史	理工	文史	理工	文史	理工	文史	理工
重点线		573	562	547	534	577	544	540	490
最高分		594	595	572	585	597	613	567	536
最低分		568	554	548	534	580	545	547	490
平均分		576.7	567.5	553.4	543.3	584.4	554.2	550.9	500.6
平均分名次		7 582	33 370	8 186	36 308	8 296	37 774	8 339	39 515
重点线上	录取数	1 385	2 224	1 385	2 367	1 356	2 247	1 270	2 257
	比例%	87.44	89.07	100	100	100	100	100	100

二、师资与教学条件

1. 师资队伍

学校牢固树立科学人才观，紧紧围绕“质量建设、内涵发展”这一主题，以优化资源配置为目标，以建立健全制度体系为重点，全面实施“人才强校”战略，通过“充实数量、提高素质、优化结构、稳定骨干、造就名师”的师资队伍建设过程，初步建成一支数量适当、结构优化、素质优良、工作高效的人才队伍。

截至2013年年底，学校共有教职工2 279人，其中专任教师1 402人，生师比为18.56∶1。专任教师队伍结构进一步优化。近五年来，具有博士学位的教师比例持续增长，学校专任教师中有博士学位达到452人，占总人数的32.23%。在专任教师职称分布上，正高职称262人，副高级职称471人，分别占总人数的18.7%、33.6%。在专任教师年龄分布上，35岁及以下青年教师448人，36—50岁的中青年教师759人，51岁及以上的教师195人，分别占总人数的32.0%、54.1%、13.9%。

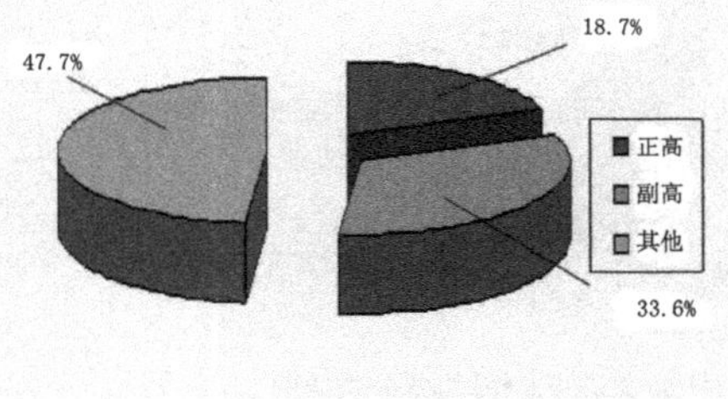

图2　专任教师职称结构图

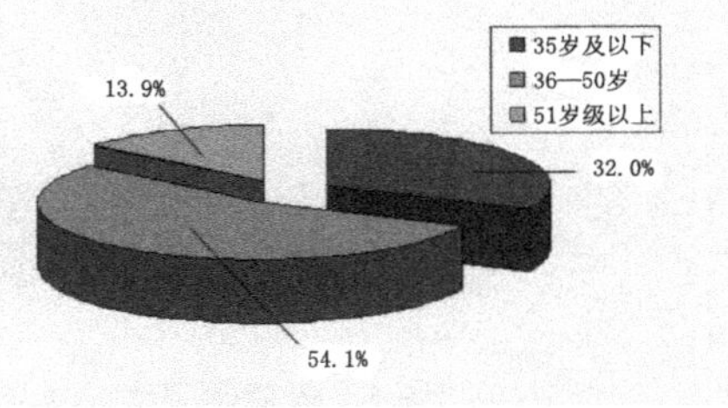

图3　专任教师年龄结构图

2. 教学设施条件

学校现有三个校区，校园占地总面积195.25万平方米，建筑面积79.09万平方米，图书馆占地46 911平方米，生均教学行政用房14.47平方米。教学科研仪器设备总值2.71亿元，其中2013年新增教学科研仪器设备值2 296.2万元，生均教学科研仪器设备值9 320.4元。

3. 图书资料

学校图书馆是全国古籍重点保护单位，藏书丰富，种类齐全，现有馆藏纸质图书总量274.3万册，涵盖所有学科。中外文期刊1 324种、报纸80种，电子图书近130万册，数据库42种，支持数字资源的服务器17台，存储容量90T。图书馆以馆藏古籍为特色，古籍总量近22万册，在安徽省各类图书馆中仅次于安徽省图书馆。2013年，新增图书2.1万册、新增数据库6个。图书使用率高，全年接待读者共103.76万人次，借还图书共39.004 4万册，读者满意率达到74.9%。

4. 教学经费投入

保障本科教学经费投入是学校提高本科教学质量的基本措施之一。2013年，学校共投入本科专项教学经费1 546.1万元，较2012年增长28.3%。此外，在2013年安徽省支持本科高校发展能力提升计划中，学校本科教学经费共获得2 740.6万元，其中投入教学设施设备及实验室建设等方面1 634万元、投入本科教学工程类268.2万元、投入专业特色及教学综合改革类838.4万元。在2013年安徽省高等教育振兴计划中，学校本科教学经费获得1 773万元，在全省位居前列。本科教学经费总计投入达到6 059.7万元。

三、教学建设与改革

1. 专业建设

专业是人才培养的平台，是联系高校与社会的纽带。近年来，学校以社会需求为导向、立足办学定位，调整专业招生计划，加快对传统专业改造力度，发展一批应用型本科专业，形成科学合理的专业准入与退出机制，促进了专业结构优化调整。2013年，学校新增休闲体育、戏剧影视文学、雕塑等3个专业，对教育技术学、市场营销、小学教育、作曲与作曲技术理论、社会体育指导与管理、政治学与行政学等6个就业率低、省内高校布点较多的专业进行停招，提升了办学对地方经济社会发展的支撑度，提升了人才培养对社会需求的符合度。

学校一直将人才培养模式改革作为提升人才培养质量的动力。2013年，学校依托学科与专业优势，实施卓越人才培养计划，先后举办卓越语文、卓越理科综合、卓越司法等实验班。实验班另行编制培养方案，配备优质教育资源，实行小班化教学，强化对学生实践能力的培养，取得了良好的效果。

进一步加强专业建设与管理，提升专业建设水平。2013年，学校出台《本科专业负责人制度实施办法》，明确本科专业负责人的任职条件和工作职责，并遴选出各本科专业负责人，规范基本教学组织，形成以学院为主体、以专业为单位的管理模式。同时，邀请教育行政部门高教管理专家、国内外大学高层管理人员，对专业负责人进行业务培训，有效提高了业务素养。

2. 课程建设

课程是本科教学的核心，是教育目的的具体化，课程建设是保障和提高教学质量的重要基础。2013年，学校共计开设各类本科课程2 645门、6 173门次。通识教育课程开设99门、426门次。学校倡导骨干教师、资深教授为本科生授课。教授为本科生上课人数达到246人，占学校专任教师中教授的94.61%；副教授为本科生上课人数达到434人，占学校专任教师中副教授的94.95%。部分教师因为外出进修等特殊原因，无法为本科生授课，除上述原因外，全校专任教师中教授、副教授为本科生授课率达到100%。

学校加大对专业核心课程的投入力度，在2013年校级本科教学质量与教学改革项目中，设立专业核心课程建设专项。为进一步推进通识教育课程建设，学校开展通识教育课程申报整理工作，对任课教师、教材、课程质量都进行严格要求，规范通识教育课程的建设与实施，提高课程教学质量，充分发挥通识教育课程在人才培养中的积极作用。

2013年，学校积极推进公共课改革，完善课程考核评价体系，注重考查学生分析问题和解决问题的能力；完成大学体育的教考分离，促进考试的公平公正；实现大学英语教学分级管理，全面实施多层次个性化课程教学；在全省乃至全国同类院校中，率先实现了计算机基础、大学英语、思政理论课等5门公共课程、近4万余人次的无纸化考试。

3. 教学资源与信息化建设

学校重视教材建设与选用工作，建立了教材认证和选用等制度。2013年，学校组织开展了2013—2014学年本科使用教材认证工作，对49种教材提出调整意见，并及时将认证结果向学院反馈。为鼓励教师编写高质量本科教材，学校开展优秀教材评选工作，共组织推荐78部教材参评省级规划教材，最终23部教材被评为省级规划教材。同时，开展校级优秀教材、出版资助教材评选奖励工作，评选出优秀教材、出版资助教材各10部。

2013年，学校加强教学管理信息化建设，积极筹建学生信息自助打印系统，方便学生自助查询、打印中英文成绩单等各类证明材料；积极筹建学籍管理系统，变被动管理为主动服务，更好服务于全校师生；组织专人开发设计新版选课系统，创造性地增加手机选课功能，有效解决学生"选课难、选课慢"问题；建成2个全自动高清录播教室和首期20个常态化录播教室，为学校精品校本资源建设搭建平台；积极尝试建设"在线课堂"课程平台，以便教师建设课程网站，展示教学成果，为学生自主学习校内外优质教学资源提供更多机会。

4. 实践教学

学校强化实践教学环节，在提高实践教学比重的同时，建立起以实践、实习、实训等第一课堂为核心，学生实践创新训练、社会实践、学科竞赛等第二、三课堂为辅助的立体化、多样化实践教学体系。

（1）本科生实习（训）。2013年，共有5 384名本科学生进行教育实习和专业实习，其中教育实习2 350人（含“国培计划”顶岗实习98人），专业实习3 034人。学校积极推动教师教育专业教学改革，探索师范生教育实习新机制，先后与马鞍山二中等多所名校合作，建立首批“生源、实习、就业”一体化基地。

（2）毕业论文（设计、创作）。学校继续实施本科生优秀毕业论文(设计、创作)培育计划，努力培养学生在科研选题、调查研究、数据处理等方面的综合能力，提高毕业论文(设计、创作)质量，提升学生创新实践能力和科学研究水平。2013年共立项资助优秀毕业论文（设计、创作）培育计划项目225项。同时，学校开展了2013届本科生毕业论文（设计）专项检查、总结工作，评选出校级优秀本科生毕业论文（设计）90篇。

（3）创新创业训练计划。学校继续开展大学生创新创业训练计划，依托各教学科研实验室、创新创业基地，搭建起科研与实践相结合、分层次、成体系创新创业训练平台，帮助学生提高创新实践能力。本年度，共有233个项目获得校级立项资助，其中创新训练169项，创业训练51项，创业实践13项。在此基础上，推荐国家级创新创业训练计划78项，其中创新训练61项，创业训练11项，创业实践6项。

（4）社会实践。2013年，学校以“实践激扬青春志，奋斗成就中国梦”为主题，以服务基层群众需要为主要内容，着力完善“五化”机制，继续打造社会实践育人“第三课堂”。组织国家级重点团队1支，校级重点团队70支，院级重点团队、班级小分队584支，2万余名同学，行程遍及10多个省市、60多个县区、500多个乡村和社区，巩固和打造了“五四爱心学校”“平民电脑学校”等一批活动品牌。

5. 国（境）际联合培养

2013年，学校本科人才培养国（境）际化水平有较大提高，先后与韩国世宗大学、美国西南学院等大学签署框架协议，并加入由中国教育国际交流协会和同济大学牵头组织的“艺术学科大学生海外学习计划”联盟，选派28名普通本科生赴韩国世宗大学、台湾地区台南大学等进行交流学习。至此，学校已与美国特洛伊大学、鲍尔州立大学等20余所大学签署框架协议，先后有50余名本科生赴国(境)外交流学习。

6. 本科教学工程项目建设

学校历来重视本科教学工程项目申报工作，按照“注重申报、加强建设、突出成效”的原则，选择符合条件的项目申报，及时启动项目建设工作。通过对项目建设实施动态管理，加大项目检查力度，以实施教学业绩奖励等措施，促进项目建设出效益。

2013年，学校组织推荐“播音与主持艺术”“软件工程”“行政管理”“环境工程”“旅游管理”等5个专业申报省级专业综合改革试点项目建设，组织“音乐表演（器乐表演）”“秘书学”2个专业申报省级特色专业项目。为进一步发挥名师的示范引领作用，提高优质课堂教学资源的共享程度，推荐《身边的会计学》申报省级精品视频公开课程，《分析化学》《中国近代史》《生物化学》《概率论》《毛泽东思想和中国特色社会主义理论体系概论》等5门课程申报省级精品资源共享课程。依托学校办学特色、学科优势，推荐“卓越语文教师培养计划”“卓越中学英语教师培养计划”等2个项目申报省级卓越计划项目。此外，申报省级专业结构调整服务地方发展计划项目7项，教学研究项目21项，省级教学成果奖14项，省级教学成果推广2项。

在全校上下的共同努力下，2013年，学校有6门国家级精品课程成功转型升级为国家级精品资源共享课（省属高校共转型升级11门），新增本科教学工程国家级项目7项，省级项目140余项，涵盖专业建设、课程建设、团队建设等11大类。至此，学校共有国家级本科教学工程项目32个，省级本科教学工程项目297个。

四、质量保障体系建设及运行

1. 成功召开第六次本科教学工作会议

2013年，学校成功召开第六次本科教学工作会议，会议分析了目前高校面临的机遇和学校本科教学存在的问题，并在立德树人是学校的根本任务、人才培养是学校事业发展的生命线等多方面达成广泛共识，制订出台《安徽师范大学关于全面提高本科教学质量的实施意见》（下简称“实施意见”）等文件。在《实施意见》中，学校明确要“牢固确立本科教学基础地位，突出学院在本科教学工作中的主体地位，完善相关部门协调联动服务本科教学的保障机制，健全与完善教学管理制度、考核评价制度”，要“加强教学研究，深化教学改革，实施人才培养协同创新工程、教师教学能力提升工程、教学条件保障工程、优质生源聚集工程”，《实施意见》的出台，为进一步加强学校本科教学工作、坚持内涵式发展，提供了指导性意见。

2. 成立安徽师范大学教学委员会

2013年，学校召开教学委员会扩大会议，将原安徽师范大学教学工作指导委员会更名为安徽师范大学教学委员会，调整教学委员会成员，由安徽师范大学校长任主任委员，分管教学、学生工作校领导任副主任委员，相关职能部门负责人、各学院院长任委员，改变以往由各学院教学院长担任委员的格局；提出要改革学院内设机构，构建起“以专业设置系，在系内设课程组”的教学管理模式。扩大会议的召开，推动了学校本科专业的建设与管理，牢固确立本科教学在学校的中心地位。

3. 督导监控

2013年，学校成立第七届教学督导团，本届督导团成员有12人，均具有20年以上本科教学经验，近半数为省级、校级教学名师或优秀教师。本届督导团坚持听课与反馈督导，本年度累计听课634人次，在听课对象上，除继续对部分教师和新进教师集中听课、教师晋职听课之外，还增加了对核心课程的听课；在听课形式上，为了更加全面、真实地反映本科教学质量，本年度新增随机听课。在听课结束后，督导团进行科学评议和多种途径的反馈，有效地提高了课堂教学质量。坚持标准与实效督导，对全校17个学院的试卷命题与评阅进行检查，主要抽查期末正考试卷，抽查率约1/4，涉及课程156门，试卷197本；坚持专访与调研主线，分别开展教风学风建设的专访和对2012版专业人才培养方案的落实情况进行调研，并提出切实可行的建议。

4. 课堂教学质量测评

2013年，学校继续开展教师课堂教学质量测评，共对4 976门次课实施学生网上评教，并将测评结果、学生评价反映比较突出的问题及时反馈给任课教师和所在学院。通过整理测评结果，教师课堂教学测评成绩85分以上的占整个年度门次课的93.19%，较2012年增加4.13%，80分以下的占整个年度门次课的0.9%，较2012年下降0.75%。

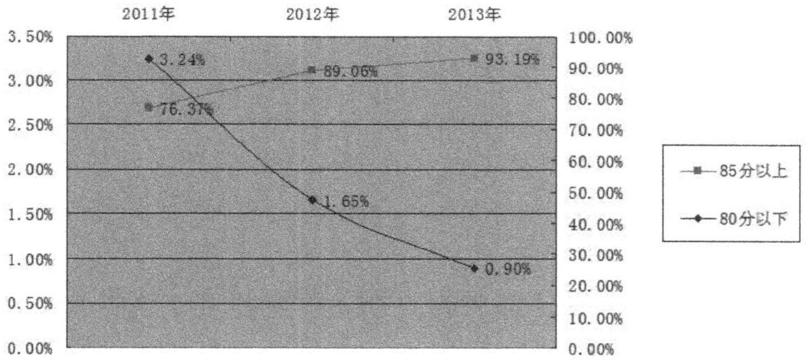

图4 2011—2013年教师课堂教学测评成绩一览表

5. 青年教师教学能力培养

学校重视对青年教师教学能力的培养，多措并举，全面提升青年教师的教学能力。2013年，学校先后遴选18讲校级本科教学观摩课，听课青年教师达347人次。开展第三届青年教师“教学基本功”大赛，共有165名教师加入竞赛行列，形成了全员参与、层层选拔的大赛格局，一批青年教师崭露头角。在2013年校级本科教学质量与教学改革项目中设立283项青年教师教学研究专项课题，青年教师参与面达40%以上。充分发挥教学督导团的指导作用，对青年教师累计听课次数达173余次，其中对新引进教师听课次数达75余次。此外，各学院依靠传帮带、实施教学能力提升计划等途径，加大对青年教师的培养力度。

6. 教学激励与表彰

教学激励与表彰有助于营造良好的尊师重教氛围，保护教师教学积极性，挖掘教师教学潜能。2013年，学校不断完善激励机制，引导教师乐教善教，开展了卓越教学贡献奖、教学名师、教坛新秀等荣誉称号的评选工作，共评选出卓越教学贡献奖2名，教学名师10名，教坛新秀10名，并举行庆祝第29个教师节颁奖典礼，对获奖教师进行集中表彰。

五、学生学习效果（人才培养质量）

1. 毕业与就业

2013年，学校应毕业人数为5 565人，实际毕业人数5 468人，毕业率为98.26%，学位授予人数5 405人，授予率为97.12%。截至2013年8月31日，2013届本科毕业生就业率（含考研率）达到93.11%，考研录取率达到24.12%。2013年，学校共有推免研究生230人，其中，推免到科研院所、“985工程”高校占推免生总数的46.96%。在全省选调生工作中，学校共有43名毕业生进入体检和考察环节，入围人数居全省高校之首。学校连续6年获“安徽省普通高校毕业生就业工作标兵单位”称号，并入选“2012—2013年度全国毕业生就业典型经验高校”。

2. 本科生四、六级通过率

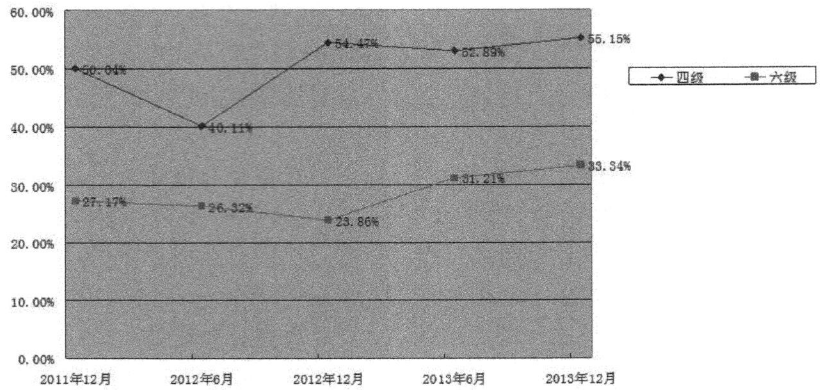

图5　2013年本科生四、六级通过率

3. 学生获奖情况

2013年，学校有1名本科生荣获“中国大学生自强之星”称号，2名本科生入选省励志成才典型50强。在各级各类学科竞赛中，共有768人次获奖，其中国家级特等奖14项、一等奖27项，省级一等奖及以上28项。其中，学校参加部分竞赛的获奖级别在全省甚至全国都名列前茅。如在2013年全国大学生英语竞赛中获得全省第一的好成绩，全省师范生教学技能竞赛获奖位列参赛高校之首，在数学建模、电子设计等有较大影响的竞赛中，学校获奖数量在全省也名列前茅。

4. 毕业生成就

建校以来，学校累计为国家培养了全日制高等专门人才20万余名，其中为基础教育培养教师10多万人，为国家经济社会发展作出重大贡献。如今有一大批已成为各行各业的优秀人才，在政治、经济、文化、教育、科技等领域卓有建树。2013年，校友鲁志宏任湖北省高级人民法院常务副院长、党组副书记，梁桂任西北农林科技大学党委书记，韩斌研究员当选中国科学院院士，丁学东任中国投资有限责任公司董事长，杨明生、李为民和余捷当选2013年度“江淮好校长”，管必红入选全国关爱农村留守儿童十大杰出企业家，倪进祥被评为“当代最具学术价值与市场潜力的艺术家”等。

5. 媒体看师大

2013年，学校紧密围绕立德树人这一根本任务，积极宣传人才培养新举措，中央电视台、光明网、《法制日报》等国家级、省级主流媒体对学校的人才培养给予高度关注。校内外媒体组织开展卓越人才培养基地、精品资源共享课建设等教学改革典型事迹宣传报道数百篇次，组织开展吴玲、路丙辉、周琦等典型师生宣传报道30多人次，充分展示了学校在人才培养方面取得的成效。

六、存在的问题及今后努力的方向

在校党委的正确领导和各部门共同努力下，学校本科教学工作取得了一些成绩，但与高水大学建设的目标与要求相比，在本科教学工作方面还存在着一些不足，如距离高质量的课堂教学仍有差距、实践教学环节仍需进一步加强、人才培养模式创新不足等问题。

面对存在的问题，学校将努力加强以下三

方面工作：

1. 着力强化影响课堂教学效果的关键因素

学校将继续开展职后培训、教学观摩、教学能力竞赛等活动，进一步完善课程质量评价标准，开展课程评估。推进教师教学能力发展，恢复青年教师助教制度，建立新进教师、新开课教师授课资格审核制度。建立优秀课程教案和课件、优质课堂教学影像和相关教学软件等教学资源库，实现优质教学资源共建共享。

2. 着力强化实践教学环节建设

学校将继续加大实践教学投入力度，增加实验教师编制，改善实验教师待遇，增加实践教学专项经费。进一步拓展“生源、实习、就业”一体化基地，积极推进学科竞赛活动。继续深化实践教学改革，制订专业实践能力考核标准，制订各非师范专业实习实施细则，试行师范专业实习前技能考核过关制度，制订各非师范专业实习实施细则，增加综合性、设计性实验比例。

3. 着力推进人才培养机制改革创新

学校将继续完善化学创新实验班、卓越语文、卓越理综、卓越司法等拔尖人才培养，深入实施卓越英语、新闻传播人才教育培养计划，推进英语、新闻传播学等学科专业领域人才培养机制改革。继续坚持协同育人培养模式，完善与行业企业合作育人机制。按照资源共享、合作办学、合作育人、合作发展的基本要求，探索与有关部门、行业企业共同制订培养目标、设计课程体系、开发优质教材、组织教学团队、共建实践平台，促进理论与实践的结合、科研与教学的互动、培养与需求的对接。

2014年，学校将以“省部共建”和“地方高水平大学”建设为契机，围绕“打造国内一流本科教育”的目标与要求，牢固确立本科教学基础地位，把本科教学工作作为学校基础、根本的工作来抓，把促进学生健康成长作为学校各项工作的出发点和落脚点，把促进学生的全面发展和适应社会需要作为衡量质量的根本标准，在科学的人才培养理念指引下，不断深化教育教学改革，不断提高人才培养质量，为早日建成高水平大学的“师大梦”而努力奋斗！

安徽师范大学2014年本科毕业生就业质量年度报告

2014年，学校秉承“面向社会需求，立足区域发展，服务国家战略”的就业工作理念，以提高人才培养质量为根本，以加强条件建设为保障，以强化就业服务为抓手，着力构建就业工作服务体系，千方百计促进毕业生就业，基本实现了毕业生充分就业，就业质量稳中有升。

一、毕业生就业总体情况

（一）毕业生规模与结构

2014年，学校共有本科毕业生5 365人，涉及62个专业。按专业属性分：师范生2 191人，占比为40.84%；非师范生3 174人，占比为59.16%。按性别分：女生3 089人，占比为57.58%；男生2 276人，占比为42.42%。按民族分：汉族5 285人，占比为98.51%；少数民族80人，占比为1.49%。

表1　2014年本科毕业生结构统计表

类别名称	类型内容	人　数	百分比(%)
专业属性	师范	2 191	40.84
	非师范	3 174	59.16
性 别	男生	2 276	42.42
	女生	3 089	57.58
专业类别	理工类	2 814	52.45
	体育	384	7.16
	文史	1 530	28.52
	艺术	637	11.87
生 源	安徽省	4 653	86.73
	外省市	712	13.27
民族	汉族	5 285	98.51
	少数民族	80	1.49

（二）毕业生就业基本情况

1. 初次就业率情况

2014年，学校本科毕业生初次就业率为94.17%（截至8月31日，下同）。就业率统计口径为（国内升学+出国+签约就业+自主创业+灵活就业）/毕业生总人数×100%。

2. 就业流向情况

2014年，学校本科毕业生就业人数为3 765人（不含考取研究生1 287人）。其中：在安徽省就业人数为2 590人，占比为68.79%；在省外就业人数为1 175人，占比为31.21%，其中在长三角地区就业占比为20.56%。

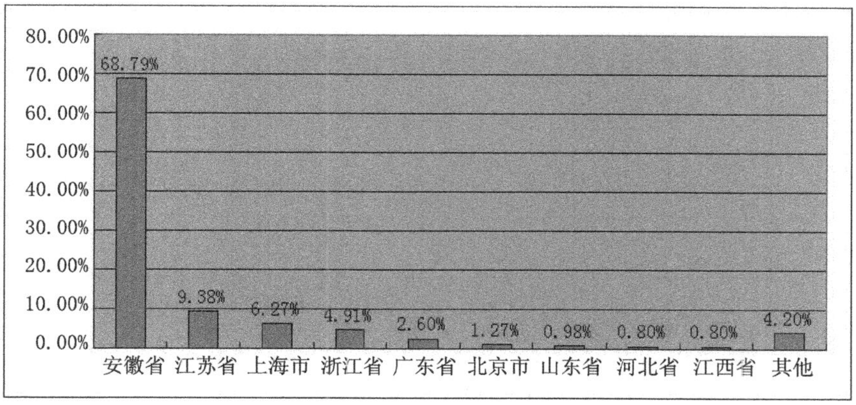

图1　2014年毕业生就业区域分布图

2014年,学校本科毕业生就业主要去向为企业、升学和教育教学单位。其中:企业占比为39.03%;升学占比为23.99%;教育教学单位占比为21.23%。详见图2。

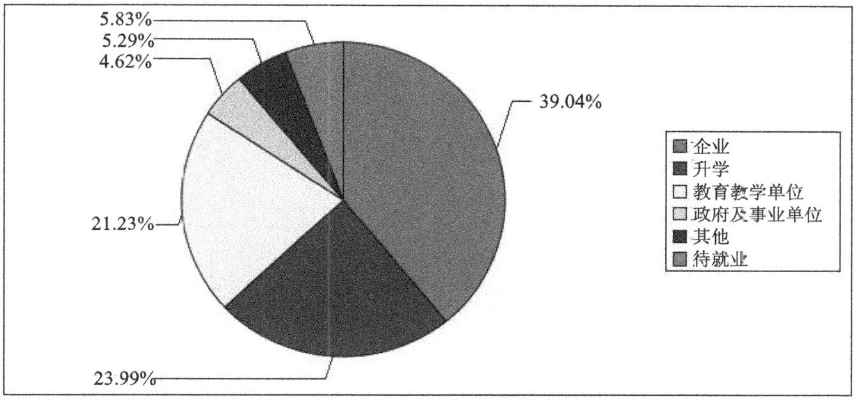

图2　2014年毕业生就业行业分布图

3. 考取研究生情况

2014年,学校本科毕业生考取研究生人数为1 287人,研究生录取率为23.99%(研究生录取率=考取研究生总人数/毕业生总数,下同)。其中:考取"985""211"高校和中科院院所人数为738人,占比为57.34%;录取到省属重点院校人数为542人,占比为42.11%。

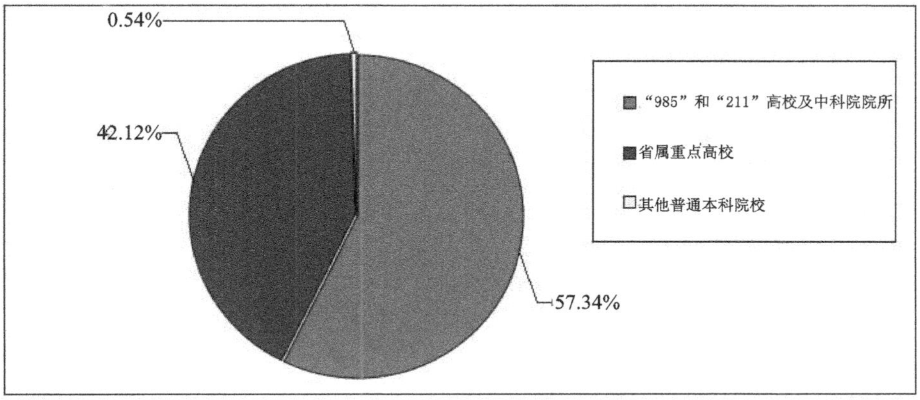

图3　2014年考研录取院校分布图

2014年，学校本科毕业生考取研究生院校所在省市主要集中在：安徽省、上海市、江苏省和北京市，分别占比为38.85%、15.15%、14.37%和7.54%。

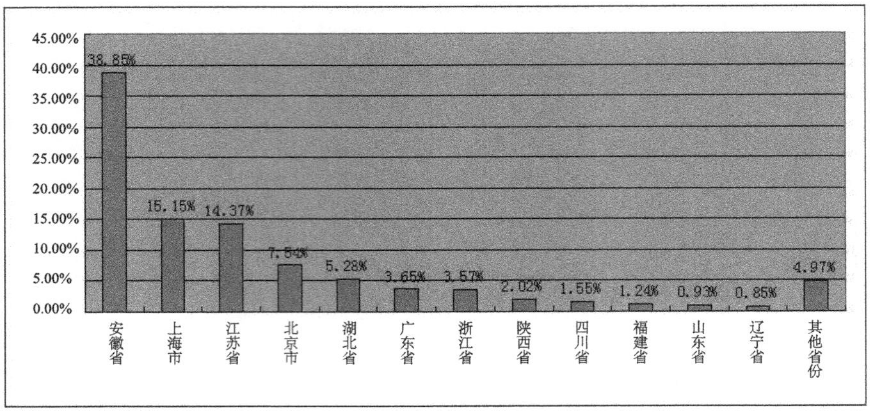

图4　2014年毕业生考研录取院校地域分布图

4. 参加基层项目情况

2014年，学校本科毕业生参加各类基层项目总人数为336人。其中：选调生23人、西部计划25人、应征入伍15人、大学生村官170人、农村教师特岗计划103人，占毕业生总数的6.26%。详见图5。

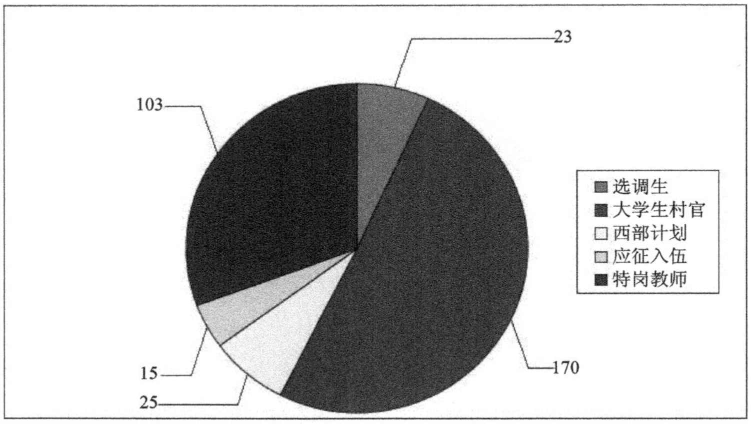

图5　2014年毕业生基层项目分布图

（三）师范毕业生就业情况

1. 规模与结构

2014年，学校师范毕业生人数为2 191人，涉及20个专业，占毕业生总人数的40.84%。其中：男生748人，占比为34.12%；女生1 443人，占比为65.88%；师范专业省内生源为1 926人，占比为87.91%；省外生源为265人，占比为12.09%。

2. 初次就业率

2014年，学校师范毕业生初次就业率为96.81%（含研究生录取率26.47%）。

3. 就业流向

2014年，师范毕业生在省内就业人数为1 147人，占比为74.43%（不含研究生录取人数），在长三角地区就业占比为15.57%。

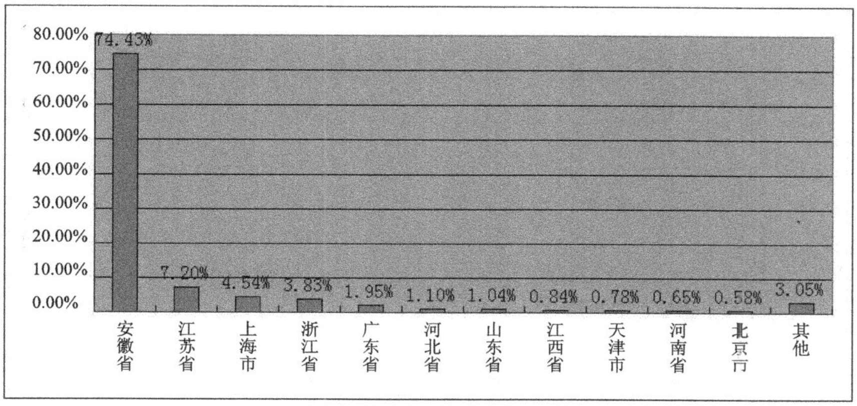

图6　2014年师范生就业区域分布图

2014年，师范生在教育教学单位、企业、政府及其他事业单位就业，所占比例分别为60.93%、25.96%和6.29%。详见图7。

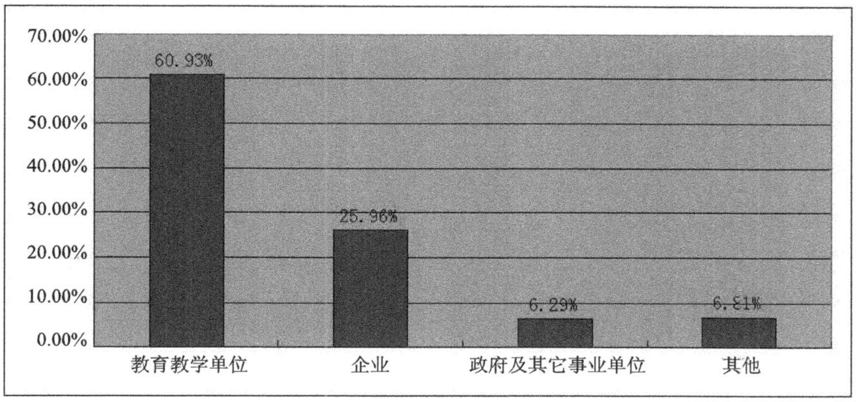

图7　2014年师范生就业行业分布图

（四）非师范毕业生就业情况

1. 规模与结构

2014年，学校非师范毕业生人数为3 174人，涉及42个专业，占毕业生总人数的59.16%。其中：男生1 528人，占比为48.14%；女生1 646人，占比为51.86%。非师范专业省内生源为2 820人，占比为88.85%；省外生源为354人，占比为11.15%。

2. 初次就业率

2014年，学校非师范毕业生初次就业率为92.34%（含研究生录取率22.27%）。

3. 就业流向

2014年，非师范毕业生在省内就业人数为1 443人，占比为64.88%（不含录取研究生人数），在长三角地区就业占比为24.01%。

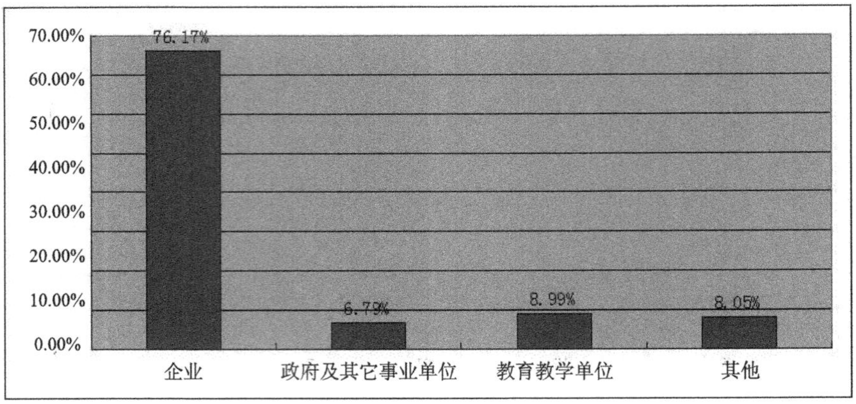

图8　2014年非师范生就业区域分布图

2014年，非师范毕业生主要在企业、教育教学单位、政府及其他事业单位就业，所占比例分别为：76.17%、8.99%和6.97%。

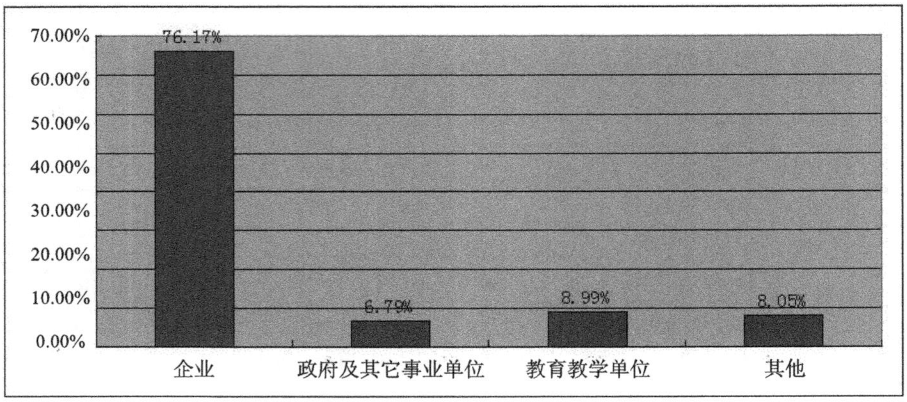

图9　2014年非师范生就业行业分布图

二、毕业生就业状况调查与分析

2014年，学校按照各专业人数30%的比例，对毕业生开展了随机抽样调查，发放问卷1 620份，收回有效问卷1 483份。学校在调查数据基础上，结合毕业生就业基本情况进行了统计分析。

（一）我校毕业生基本实现充分就业，就业率持续稳定

2014年，学校本科生初次就业率为94.17%。其中，师范生就业率为96.81%，非师范生就业率为92.34%，女大学生就业率为97.80%。学校本科生初次就业率持续稳定，连续5年保持在90%以上。

（二）我校毕业生把升学深造作为职业发展的一种自觉选择

学校学风浓厚、校风端正，人才培养质量稳步提升，大学生志存高远，很多毕业生把攻读硕士研究生纳入个人职业规划。2014年，学校本科生录取研究生人数为1 287人，录取率为23.99%，录取到“985”“211”高校和中科院所的人数为738人，占比为57.34%；录取到省属重点院校为542人，占比为42.11%（见图4）。全校有8个专业研究生录取率达40%以上，教育部中国大学生在线以《八连发“学霸寝室”是怎样炼成的》为题深度报道了我校开展学风校风建设，高质量培养人才促进学生更高层次就业的典型做法。

（三）我校毕业生心系基层，立足本省，面向全国，就业流向基本合理，就业选择日趋理性

数据显示，我校本科毕业生有2 590人在安徽省内就业，占就业人数的68.79%（见图1）。就业流向基本合理，毕业生就业的区域流向和行

业流向既符合我校的人才培养目标和办学定位，也符合国家的就业政策和就业导向，契合了安徽省经济与社会发展的人才需求，属于正向流动。尤其是我校为安徽省输送了大量的优秀师资，相当一部分毕业生选择在省内基层教育教学单位服务。安徽生源师范生在本省内从事教育教学工作就业人数为692人，占安徽生源师范生就业人数的66.9%。省外生源师范生在我省从事教育教学工作就业人数为49人，占省外生源师范生就业人数的70%。

从基层一线做起、从普通员工做起，已成为我校毕业生就业选择的共识。参加各类基层项目人数逐年增加，2014年，我校本科毕业生参加各类基层项目总人数为336人，选调生与大学生村官人数均居安徽省高校第一（见图5）。

在调查中，认为应从普通员工做起的毕业生比例较大，占61.4%，担任单位其他岗位和管理人员的毕业生比例相对较小，分别占18.9%和13.4%，认为应届生应担任技术骨干的毕业生比例较低。

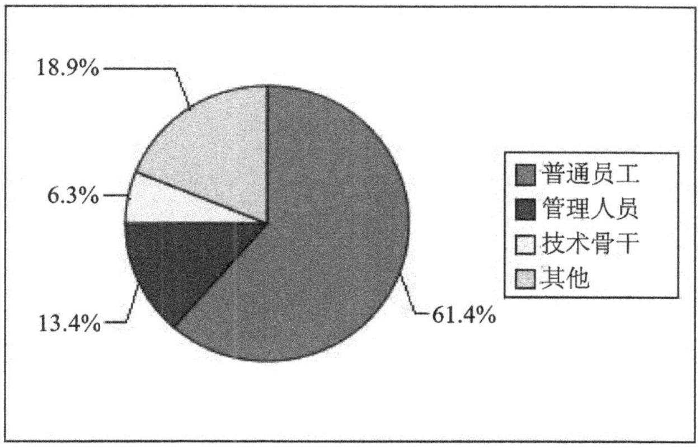

图10　毕业生选择工作岗位图

我校毕业生通过充分准备和合理的职业规划，选择适合自己的就业岗位，就业选择日趋理性、多元。

经调查，毕业生求职中就业准备非常充分的占48.1%，比较充分的占47.7%，准备不充分的占4.1%。详见图11。

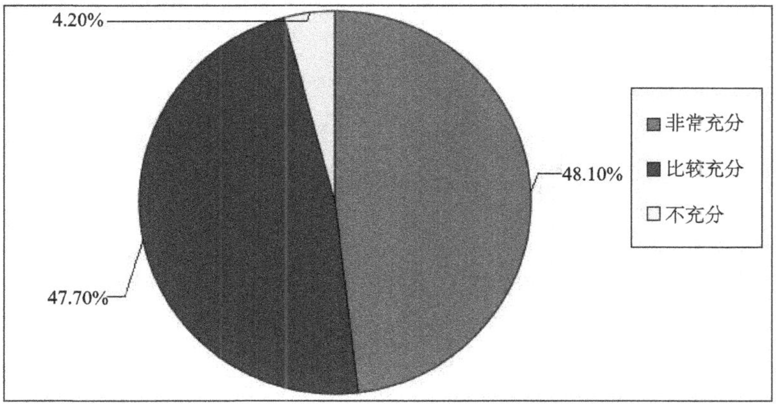

图11　毕业生就业准备情况

经调查，毕业生的就业选择与职业规划非常符合的占3.5%，基本符合的占67.3%，不符合的占23.7%，没有规划的占5.5%。

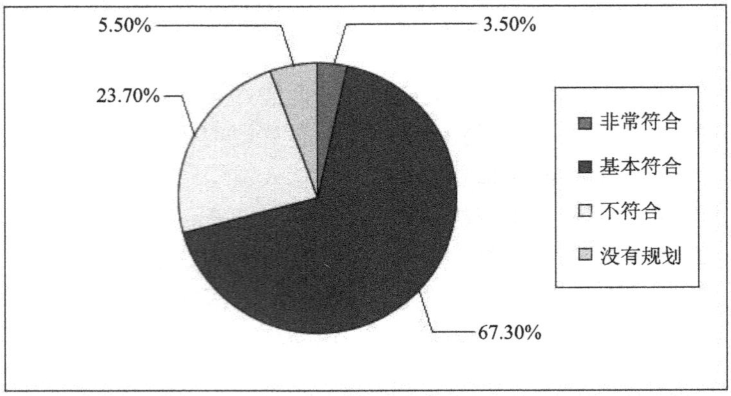

图12　毕业生就业选择与职业规划吻合度

经调查，毕业生目前的工作岗位与所学专业完全对口的占21.4%，比较对口的58.1%，基本对口的13.8%，不对口的6.7%。详见图13。

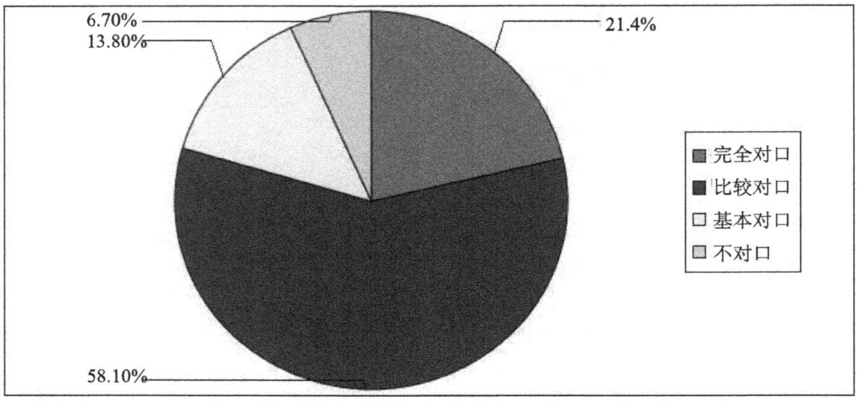

图13　工作岗位与所学专业相关度

经调查，毕业生认为能完全胜任用人单位任职岗位的占27%，基本胜任的占64%，一般的占5%，不太胜任的占3%，很难胜任的占1%。

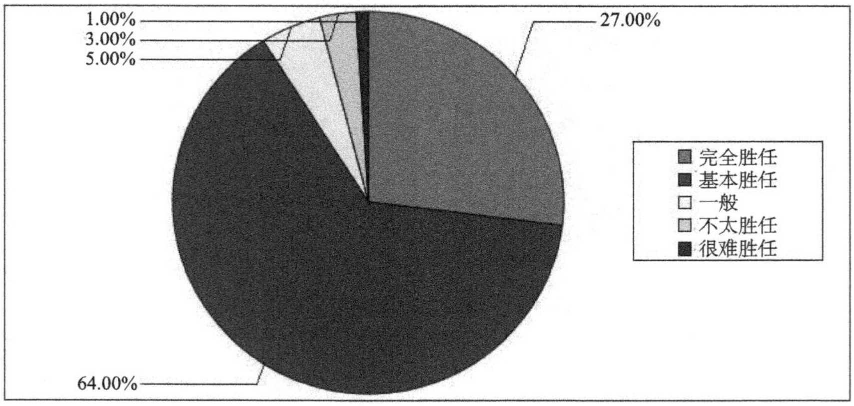

图14　工作岗位胜任程度

师范生中选择基础教育教学单位比例达到60.93%，有25.96%和6.29%的学生选择到企业和政府及其他事业单位工作（见图7）；非师范生中有76.17%的学生选择到企业工作，有6.79%的学生通过招考到政府及其他事业单位工作，还有8.99%的学生通过自己的努力拿到教师职业资格证，投入到教育教学单位（见图9），就业选择日趋多元与理性。

（四）经济困难等毕业生群体在社会各界的关怀下，实现了较好就业

学校十分重视经济困难等毕业生群体就业工作。在党和政府及社会各界的关怀下，我校部分群体毕业生均实现了较好的就业，其中家庭经济困难毕业生、女大学生、残障学生和少数民族学生等四个群体的就业率均高于全校平均水平。2014年本科毕业生中，家庭经济困难毕业生有1 085人，占毕业生总人数的20.22%，初次就业率为98.06%（含研究生录取率28.20%）；女生有3 089人，占毕业生总人数的57.58%。女大学生初次就业率为97.48%（含研究生录取率28.23%）；少数民族学生有80人，占毕业生总人数的1.49%，少数民族学生初次就业率为97.50%（含研究生录取率22.50%）。残疾毕业生共有7人，学校通过专程护送参加招聘会、定向推荐等方式提供帮扶，6人均在毕业前找到了比较满意的工作，1人考上硕士研究生。

（五）学校组织的校园招聘是毕业生实现就业的主要途径

我校毕业生就业市场建设和校园招聘活动成效显著，市场规模进一步扩大。校院两级推进，"学校主导、学院负责、校院联动、全员参与"的工作格局基本形成。按照"小型化、常态化、分层次"的校园招聘工作思路，形成了"招聘天天有，每周一集市"的校园招聘局面。2014年，我校共举办招聘会586场，来校招聘单位1 125家，提供就业岗位24 530余个，审核发布就业信息889条，提供信息岗位27 053个，"百场招聘搭平台，千家单位进校园，万余岗位供选择"的"百、千、万"校园招聘目标基本实现，学生满意度和用人单位满意度显著提高。调查数据显示，今年我校63.9%毕业生的就业机会来源于校园招聘会和学校就业信息网；社会公开招聘，占比为20.60%。来校招聘的用人单位对学校毕业生综合评价好，对学校招聘服务工作比较满意。

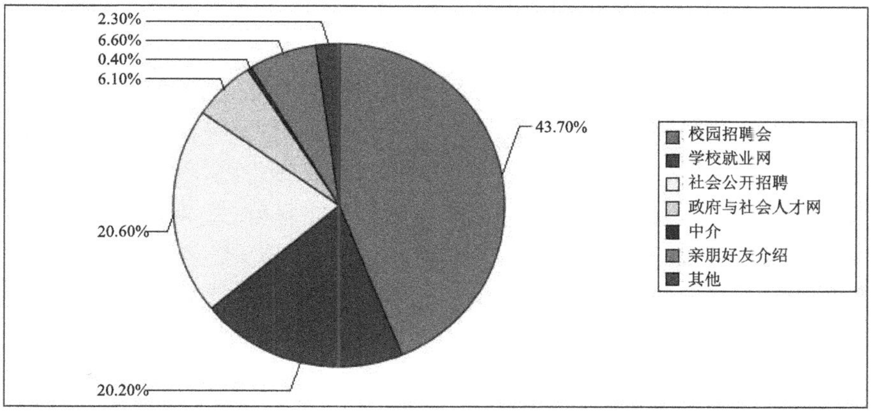

图15　毕业生选择岗位渠道

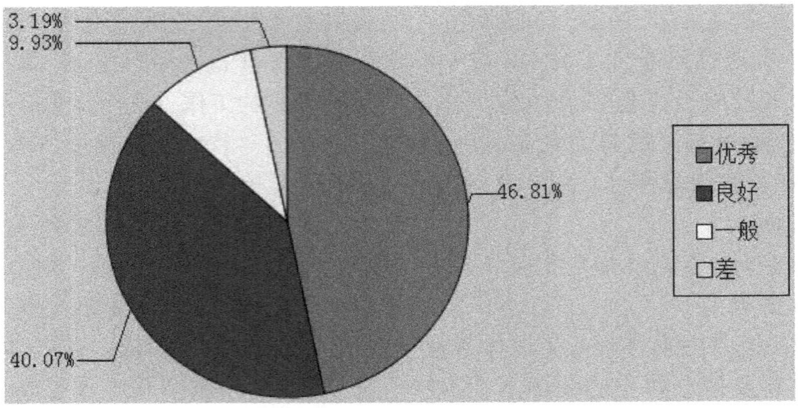

图16　用人单位对我校毕业生的综合评价

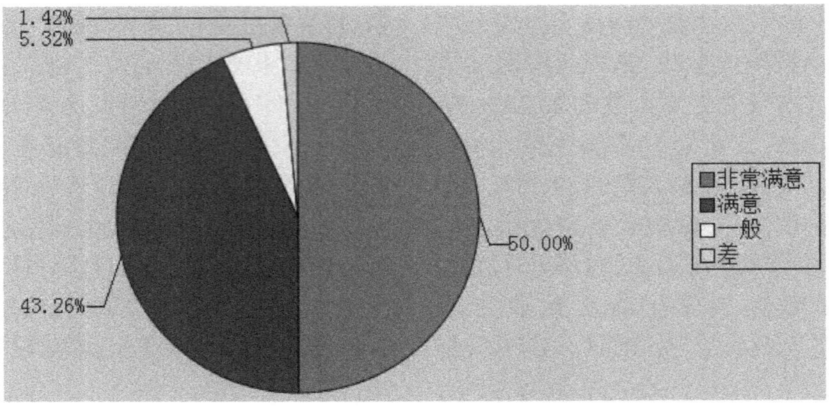

图17　用人单位对我校就业招聘服务的综合评价

三、主要举措与做法

（一）联动“三个课堂”，全方位提升人才培养质量

学校以“大力培养国内优秀本科人才”为目标，确定了“宽口径、厚基础、高素质、强能力”的人才培养规格，树立了多元化人才培养质量评价体系，建立了以社会需求为导向的“招生—培养—就业”联动机制和以全面提升人才培养质量为目标的“三个课堂”联动机制，努力促进学生知识、能力和素质协调发展，着力培养学生的社会责任感、创新精神和实践能力，不断提高人才培养的社会契合度、适应度和满意度。

1. 创新模式，提升第一课堂

优化专业结构，提升人才培养社会契合度。学校围绕经济社会发展和市场需求，建立了就业状况反馈与预警机制，从2012年起，每年发布《本科生就业工作白皮书》，分析毕业生就业状况，为学校人才培养和招生工作提供参考；制订了《安徽师范大学关于本科专业结构调整与建设的指导意见》，在保持原有招生规模基础上，提出适量减少师范生规模、增加应用型专业规模的总体思路，优化调整专业结构，形成了一批就业市场好、应用前景广、发展潜力大的新专业。2010年以来，学校停招专业5个，新设就业预期较好专业12个。2013年以来，学校对本科专业进行整理和优化，由70个调整为86个，专业设置进一步优化，有6个专业获“专业结构调整服务地方发展计划”项目立项。

修订培养方案，提高毕业生社会满意度。学校主动适应社会需求，制订了《2012版人才培养方案》，出台了《安徽师范大学关于全面提高本科教学质量的实施意见》，着力培养学生的学习能力、实践能力和创新能力；建立了专业负责人制度和专业核心课程制度，强化专业核心能力培养；实施卓越人才培养计划和复合型人才培养计划，强化分级分类培养；注重项目引领示范，设立了校本质量工程项目体系，强化本科教学工程建设；注重过程考核，建立了形成性评价机制，强化学生学业评价方式；设立了大学生创新创业训练计划和优秀毕业论文培育计划，强化创新能力培养；开展了校院两级“学风建设年”系列活动，强化学风建设；成立了教师教学发展中心，实施了青年教师教学能力提升工程，强化教师教学能力培养；确定了教师教育精品化发展战略，实施卓越语文、卓越理科综合教师人才培养计划，强化师范生实践能力培养；建立了质量监控保障体系，及时发布《本科教学年度质量报告》，强化教学质量管理。

强化协同培养，提升人才培养社会适应度。学校整合利用各种优势办学资源，探索校政、校企、校地、校校合作人才培养机制，多途径满足学生成长成才需求。设立人才培养实验区，探索与省委宣传部共建新闻与传播学院，与国家“2011计划”司法文明协同创新中心共建安徽卓越司法人才培养基地；拓展对外合作办学，搭建中德“2+2”、中美“1+2+1”、泰国“带薪实习”、对台短期交换生等合作培养模式；开展校政、校企联合培养，构建了“学院+政府”“学院+公司”等人才培养模式；推进实习实训就业“一体化”建设，与浙江开元集团、芜湖市弋江区政府、科大讯飞等签订了战略合作协议。发挥全省教师教育的“龙头”作用，牵头成立安徽省高等院校教师教育合作委员会，构建省域内、校际间交流与合作的平台。学校还以“本科教学工程”项目建设契机，建设特色专业，先后获批9个国家级特色专业建设点，1个国家级专业综合改革试点项目，9个省级特色专业建设点，11个省级专业综合改革试点项目。

2. 拓展素质，丰富第二课堂

在第一课堂筑牢专业基础的前提下，注重以专业性活动为主要内容的第二课堂引导学生自我发展和个性化发展。按照“课程化、合规律、有品位”要求，制订与学分制相适应的《素质拓展学分实施方案》和《创新创业训练计划》，设置了思想道德、专业职业、文体艺术等三个模块，设立6个必修学分，精心规划活动项目270余项，形成了一套校、院、班三级活动课程项目体系，打造了一系列品牌活动。依托各级各类实验室和学科平台，组建科技创新团队，通过政策导向、经费支持、项目驱动等方式，开展创新实践活动。学生在学科竞赛、专利大赛、论文大赛、模拟法庭等专业活动中提高了综合素质，拓展了职业素养，提升了求职技能。2013—2014学年，学生13 000余人次参加各级各类竞赛220余项，获省级以上奖项1 100余人次。

3. 注重实践，发展第三课堂

学校注重发挥实践育人功能，积极延伸第二课堂，引导学生走进社会实践第三课堂。将社会实践纳入人才培养方案，设立必修学分。着力构建“五化机制”，即课程化、项目化、全员化、基地化、社会化；内容上做到“五个结合”，即与思想教育、专业教育、创新教育、就业教育、创业教育相结合，精心打造“五四爱心学校”“平民电脑学校”等具有时代特征、师范特点、师大特色的社会实践活动品牌。累计建成实践基地306个，400余名专家教授担任团队指导老师。社会实践在我校已经形成共识，师生全员参与的格局基本形成。广大学生在实践中坚定了理想信念、磨炼了意志品质、彰显了人生价值，学校连续20年被评为“全国大学生社会实践先进单位”。

（二）实施“四大工程”，大力促进毕业生充分就业

就业工作是一项长期的系统工程，学校以提升学生就业能力为核心，以完善工作机制为保证，以全程指导为主线，以市场开拓为抓手，着力完善就业工作服务体系，不断优化“专兼结合、上下联动、齐抓共管、全员参与”的工作格局，系统化推进“就业力提升工程”“服务力提升工程”“创业力提升工程”和“保障力提升工程”，全力促进毕业生充分就业，努力提升就业工作满意度。

1. 实施“就业力提升工程”，培养学生择业技能

课程化、全程化、个性化的就业指导。学校精心开展就业指导与咨询工作，构建了“2+X”就业指导体系，初步实现了就业指导课程化、日常指导个性化、集中指导系列化的目标。将就业指导课作为公共必修课列入教学计划，针对不同年级特点，开展系列化的就业课程，将就业指导贯穿于学生培养的全过程；针对毕业生求职不同时段特点，适时开展求职团体辅导，提高毕业生求职成功率。一年级开设《职业生涯规划》课、二年级组织职业生涯规划大赛，三年级开设

《大学生就业指导》课，四年级举办“职场起航·就业能力提升系列讲座”。学校还成立了大学生就业指导课教研室和就业研究中心，形成专兼结合的就业创业指导教师队伍。设立校院两级就业咨询室，对学生进行分类指导，开展“一对一”求职咨询。学校《大学生涯发展与职业规划》荣获安徽省首批高校职业发展与就业指导示范课程。2013—2014学年，乔布司总经理马晓、过来人CEO王迈、华图集团副总裁于洪泽等8位专家做客师大，累计万余名大学生受益。

多样性、针对性、模拟性的技能训练。学校针对师范生，开展说课、教案设计、“三字一话”等师范生技能大赛，主动与地方教育部门合作，开展顶岗实习、跟班见习等教学活动，提高师范生从教技能；针对非师范生，开展科技创新、专利发明、创业计划、模拟招聘、简历制作等竞赛活动，组织学生赴就业创业基地开展见习活动，还针对性地开展了公务员、司法考试、会计师、导游等职业资格培训活动，提升了毕业生职业技能和素养。在“昆山花桥杯”第八届安徽省大学生职业规划设计大赛暨大学生创业大赛中，1人获“职业规划之星”金奖，3人获“大学生创业之星”金奖。

多渠道、项目化、持续性的基层导向。学校坚持把基层作为富有生命力的就业增长点，积极引导学生转变观念、扎根基层、奉献社会。通过组建基层宣讲团、出台扶持政策、开展培训指导等举措，鼓励和支持毕业生赴基层建功立业。广泛宣传国家基层项目政策，动员毕业生投身“西部计划”“特岗计划”“应征入伍”“大学生村官”等基层岗位。2014年，学校本科毕业生参加各类基层项目总人数为336人，其中选调生23人、西部计划25人、应征入伍15人、大学生村官170人、农村教师特岗计划103人，占毕业生总数的6.26%，选调生和大学生村官人数连续两年居安徽省首位。

2. 实施“服务力提升工程”，促进学生成功就业

提供信息服务，自主研发“数字化”平台。学校加强信息化建设，自主研发了毕业生资源统计系统、招聘会管理系统、毕业生派遣系统、就业协议书条形码自动识别系统等应用软件，提高了就业工作效率。充分利用就业信息网、LED平台、短信平台、飞信、@安师大就业指导中心官方微博、QQ群、公告栏等发布就业信息，为学生提供高效、快捷的信息服务，实现了信息发布、政策宣传、指导咨询等服务功能。

开拓就业市场，实现就业招聘“百千万”目标。学校本着“抢抓机遇、主动服务、由近及远”的工作思路，主动拓展就业市场，先后赴江浙沪等地12次，与地方人力资源和社会保障部门、公共人才服务机构对接，开辟和巩固一批就业市场。按照“招聘天天有，每周一集市”的工作思路，将校园招聘活动贯穿全年，学院结合自身专业特点，举办小型专业专场招聘活动，现已形成了校院分级组织、形式灵活多样的校园就业招聘格局，校园招聘会已成为毕业生顺利就业的主渠道。2014年，学校举办招聘会586场，来校招聘单位1 125家，提供就业岗位24 530多个，审核发布就业信息889条，提供信息岗位27 053个，实现“百场招聘搭平台，千家单位进校园，万余岗位供选择”的就业招聘“百千万”目标。

关爱困难群体，开展“就业援助”计划。学校注重困难群体毕业生就业帮扶工作，建立了经济困难、就业困难、身体残障、少数民族等毕业生信息库，制订了经济援助、就业指导、岗位推荐、技能培训等帮扶计划，实施了精确帮扶“四送”工作。送资金：学校设立困难毕业生专项资金，全年为困难毕业生发放国家、社会、学校各类补助500余万元，实现了全覆盖；送指导：学校申请华民慈善基金扶持项目，为就业困难毕业生进行系统培训，并进行“一对一”重点指导，提升了就业能力；送信息：学校为就业困难毕业生推送、推荐不少于3次就业岗位信息，并进行全程跟踪辅导；送心理疏导：学校定期对“双困生”进行团体及个体心理咨询，引导困难毕业生自立自信，敢于成功。2014年，学校家庭经济困难毕业生初次就业率为98.06%。

3. 实施“创业力提升工程”，发挥就业倍增效应

健全机制保障。学校成立了创新创业工作领导组，设立了创业指导服务中心，建立了创新创业素质拓展学分制度，设置创业教育必修课程，组建了大学生创业协会。

强化培训扶持。学校依托省首批创业模拟实训基地和芜湖市首批创业培训定点机构，分

学期开展创业模拟实训，对有创业意愿或已着手创业的大学生开展免费培训，全年培训合格学生514人；与弋江区政府合作共建创意设计园，为大学生创业提供低成本生产经营场所，第一批11家企业成功入驻；设立100万元大学生创业基金，按照“分批使用、接力发展”模式运作，扶持大学生自主创业。2014年，毕业生成功创业27人，带动就业人数159人。

树立创业典型。学校充分借助第二、第三课堂，开展创业计划大赛和创业之星评选等活动，组织创业计划训练，宣传大学生创业典型事迹。2014年，在“创青春”全国大学生创业大赛终审决赛中，学校荣获银奖2项、铜奖2项，选树了科研创业典范贺张、洪战辉式的创业人物王雷等先进典型。

4. 实施“保障力提升工程”，增强就业工作效能

切实落实就业“一把手工程”。学校成立校院两级就业工作领导组，建立就业工作目标责任制，将就业率列入学校事业发展的核心指标和学院班子任期目标，每年组织就业工作专项考评；建立校领导联系学院、院领导联系班级制度。2014年，学校领导组织召开就业工作专题布置会、推进会和考评会，全体校领导均深入就业一线，亲力亲为，全力推进就业工作；各学院主要领导亲自抓就业，分管领导具体抓就业，扎实落实各项就业工作。

着力推动“全员参与”就业。学校充分发挥教师、校友、同学在推荐、引荐、指导毕业生就业方面的优势，注重利用地方政府、实习实训基地、产学研基地、合作单位等社会资源，主动联系，多方奔走，想方设法开辟就业市场，形成了全校上下、校园内外“人人关心就业、人人参与就业”的良好氛围，帮助大量毕业生实现了顺利就业。

全面提升队伍“专业化”水平。学校高度重视就业工作队伍建设，着力提升就业创业指导服务人员素质，努力提升就业创业指导和服务水平。2014年，学校共选派了45名教师参加“高校创业指导师”专题培训班，定期开展任课教师集体备课会等教研活动，举办就业工作论坛交流毕业生就业工作，有效提升就业创业工作队伍整体水平。在安徽省首届高校教师创业指导课程教学大赛中，汪婕、孙良林均获大赛一等奖，其中，汪婕获首届全国高校创业指导课程教学大赛二等奖。

四、就业对教育教学的反馈及需要进一步采取的措施

当前，我国经济运行步入新常态，经济增长下行压力加大。劳动力市场就业结构性矛盾依然存在，高校毕业生总量持续增大，毕业生就业形势总体依然严峻。近年来，学校被安徽省委省政府列为优先建设的综合性大学和安徽省地方高水平大学建设高校，2013年学校又成功跨入安徽省人民政府与教育部共建高校行列。随着学校社会声誉和办学实力的不断提升，人才培养质量的全面提高，我校毕业生就业将继续保持稳中有升的态势。学校将从提高人才质量为根本，进一步建立就业对教育教学的反馈机制，不断完善“招生—培养—就业”联动机制，不断创新人才培养模式，不断完善就业工作服务体系，千方百计促进毕业生就业。

（一）不断完善“招生—培养—就业”联动机制

建立就业率预警机制。根据毕业生就业状况，建立招生与就业联动机制，实施就业率与招生和专业调整挂钩制度，对当年毕业生就业率排名靠后的专业由学校进行警示、减招、调整或停招。

学校将继续加强就业与招生、教务部门信息互通，建立社会需求与招生专业、人才培养和学生就业之间的内在关联体系，以招生促培养、培养促就业、以就业促招生，缩小高校人才培养与社会需求之间的差距；以《本科毕业生就业质量年度报告》推进就业质量的反馈与应用，促进招生—培养—就业良性互动。

（二）不断创新人才培养模式，提升人才培养质量

学校将继续创新人才培养机制，在坚持办学特色基础上，创新人才培养模式，探索建立“卓越人才”和“卓越教师”培养体系。提升教学过程各环节、各要素质量。开展“人才培养协同创新”“教师教学能力提升”“教学条件保障”“优质生源聚集”等工程项目建设，全面落实新进教师助教制、专业负责人制、教学示范制度等规章制度，继续推进课程教学与考核改革、实践教学

改革、专业和课程评估(认证)等各项工作,加强与国(境)内外知名高校,相关行业部门合作育人力度,夯实实践教学工作基础,完善教学质量监控体系,切实推动本科教学内涵发展,不断提升人才培养质量。

(三)不断完善就业工作服务体系

学校将继续把毕业生就业工作摆在学校工作更加突出的重要位置,继续完善校院两级就业工作体制机制,继续完善就业工作服务体系,通过“六抓”促就业:一是抓指导,实现就业指导课程化、系列化、个性化;二是抓市场,开展校院分级分类招聘活动,建设就业—实习一体化基地;三是抓项目,用好基层就业项目政策,提升基层项目就业成功率;四是抓信息,高效传递市场信息,提高毕业生就业信息利用率;五是抓帮扶,为“双困毕业生”送岗位、送指导、送资金,切实帮助就业困难毕业生顺利就业;六是抓机制,完善就业激励办法,推动全员促进就业工作。全力推进就业工作再上新台阶,努力实现毕业生更加充分和更高质量地就业。

安徽师范大学全日制研究生学籍管理规定

校研字〔2014〕19号　2014年8月23日

为了加强和完善研究生学籍管理、提高研究生培养质量，根据教育部颁布的《普通高等学校学生管理规定》（教育部第21号令，2005年3月）、三部委《深化研究生教育改革的意见》（教研[2013]1号）、《安徽师范大学学位授予实施细则》（校学位字〔2011〕2号）及其他有关法律法规，结合我校实际情况，制订本规定。

第一章　入学与注册

第一条　新生凭我校录取通知书及其本人有效证件，按学校规定的日期入学报到。因故不能按时报到者，须事先以书面形式并附有关证明向所在学院及校研究生学院办理请假手续，假期一般不得超过两周。未请假或请假逾期不报到者，除因不可抗力等正当事由以外，视为放弃入学资格。

第二条　新生报到后，学校在三个月内按照国家招生规定对新生进行政治、业务、健康等方面的复查。复查合格者，予以注册，取得学籍。复查不合格者，区别情况，予以处理，直至取消入学资格。凡弄虚作假、徇私舞弊取得学籍者，无论何时，一经查实，即取消其学籍；情节恶劣的，交有关部门查究。

第三条　新生入学时，应到学校指定的二级甲等以上医院进行体检复查。在体检复查中发现患有疾病不宜在校学习者，经学校指定的医院诊断和校医院证明在一年内可治愈的，由本人申请，所在院（系、所）签署意见后报学校批准，可以保留其入学资格一年。获准后应尽快办理离校手续，回家或回原单位治疗。保留入学资格者不具有学籍，不享受在校研究生待遇。

保留入学资格的新生，须在下学年开学前一周内，持学校指定医院所出具的康复证明及校医院意见向学校提出入学申请，经复查合格，方可重新办理入学手续，复查不合格或逾期不办理手续者，取消入学资格。

第四条　每学期开学时，研究生要按时到所在学院办理报到、注册手续。因故不能如期注册者，应当履行请假或暂缓注册手续。不请假或未批准而不按时注册者，视不同情况予以通报批评。凡需缴纳学费的研究生，在规定时间内缴齐学费后方可注册。家庭经济困难的研究生可以申请助学贷款或者其他形式资助，办理有关手续后注册。无故逾期两周不注册者，按自动退学处理。

第二章　考核与成绩记载

第五条　研究生应当按学校教育教学计划和各学科专业培养方案的规定要求学习课程，完成各培养环节，通过相关考核，达到应修学分数的要求。考核成绩记入成绩登记表，并归入本人档案。

第六条　考核分为考试和考查两种。学位课程考核原则上采用考试方式，选修课程及实践环节等可以采用考查方式。

研究生课程及其他培养环节的考核成绩按百分制记分。学位课程以75分以上（含75分）为合格，其他课程及培养环节以60分以上（含60分）为合格。达到合格要求的方可获得学分。

研究生的考试、考查成绩由任课教师录入研究生信息管理系统并打印课程成绩表。所有课程考试的成绩及试卷一律在每学期开学后的两周内由任课教师交开课单位保存。校公共课考试成绩还须在每学期开学后的两周内另送交一份到研究生学院存档。研究生全部课程和环节考核合格后，学院须将研究生成绩登记表原件报研究生学院。

第七条　凡因病、因事已获准请假，不能在规定时间参加某门课程考核者，允许缓考该课程。缓考者应递交申请书，经任课教师同意、院（系、所）领导批准、研究生学院审核后，方可缓考。缓考成绩作为考核成绩记入成绩登记表。缓考不合格者，应予重修或补考。

第八条　在研究生参加培养方案规定的学位课程和必修课程的考试中，如有不合格，必须履行相应手续后重修或补考，考试合格，方可获得学分。补考仍不合格的，应予重修。记录成绩时，应将不合格的成绩和重修或补考后的成绩同时记录备查,并注明“重修”或“补考”。

同一门学位课程重修或补考累计超过两次,或一学期考试不合格的学位课程(含重修课程)达到两门者,应终止培养作退学处理。

如因课程设置调整无法重修同一门课程的,可修读同类或高一级课程代替原课程。

第九条 对无故旷考者或有考试作弊等违反考核纪律者,该课程考核成绩无效,按零分计,不得参加正常补考,并按《安徽师范大学学生违纪处分规定》的有关条款,给予相应的纪律处分。对经教育表现较好的,经学院建议、研究生学院批准,可允许重修,但应在成绩登记表内注明“作弊重修”或“违纪重修”。

第三章 转专业与转学

第十条 硕士研究生入学后,一般不得转专业。如因所学学位点调整、原指导教师变动而无法继续培养或其他特殊情况必须转专业的,可允许申请转专业。

博士研究生必须按被录取的专业入校学习,不得转专业。定向培养的研究生不得转专业。没有被入学报考专业录取的调剂研究生不得转专业。研究生不得转入其入学考试当年没有录取研究生的专业。

学术型转学术型专业只能在所属的一级学科内即专业代码前四位相同的相近专业间进行;学术型转为专业学位型的专业代码前两位必须相同。

专业学位型不能转为学术型专业,只能转为属于同一学科的专业学位型专业。

研究生在校学习期间只能转专业一次,提出转专业申请时间为入学后第一学年第一个学期内,逾期不再受理。

第十一条 研究生申请转专业,须在入学后第一学年第一学期结束前,向所在学院提交转专业申请,经转出学院及其导师同意、拟转入的专业考核合格和拟转入学院及其新导师同意,报研究生学院审核、分管校长批准行文后可办理转专业手续,并报省教育厅备案。

第十二条 研究生一般应当在本校完成学业。如患病或者确有特殊困难,无法继续在本校学习的,可以申请转学。

有下列情形之一者,不得转学:

(一)入学未满一学期的;

(二)学位类型和层次不一致的专业;

(三)招生时确定为定向、委托培养的;

(四)应予退学的;

(五)其他无正当理由的。

第十三条 本校申请转学的研究生,须在学期结束前一个月,向所在学院提出书面申请,所在学院提交报告,研究生学院审核、分管校长批准并征得拟转入学校同意后,由本校行文报省教育厅确认转学理由正当,可办理转学手续;跨省转学者须两省教育厅主管部门协商同意后,办理转学手续。

外校研究生要求转入本校者,按教育部《普通高等学校学生管理规定》办理。

第四章 休学与复学

第十四条 研究生学业年限包括基本修业年限(学制)和最长学习年限。

基本修业年限,学术型硕士研究生学制3年,专业学位硕士研究生学制2到3年,博士研究生学制3年。

最长学习年限,3年制硕士研究生为5年(含休学)、2年制硕士研究生为4年(含休学)、硕博连读博士研究生博士阶段为5年(含休学)和普通博士研究生为6年(含休学)。

研究生在基本修业年限内未完成学业的,可申请延期毕业但不得超过最长学习年限,每次申请期限为六个月或一年。

在达到在校学习时间的最长期限时,应以毕业、结业、肄业和退学处理等形式之一终止学籍,并办理离校手续。

第十五条 研究生申请休学或学校认为应当休学者,经学校批准,可以休学。休学期限以一年为限,研究生休学期满后仍不能复学的,可继续申请休学,但累计不得超过两年。

第十六条 研究生有下列情况之一者,应予休学:

(一)因病停课治疗休养占一学期总学时三分之一以上者;

(二)一学期请病假、事假缺课累计超过该学期总学时的三分之一以上者;

(三)经校医院和学校规定的医院证明需要休养治疗者;

(四)因其他特殊原因学校认为必须休学者。

第十七条 研究生本人申请休学的，由研究生提出书面申请（因病休学的需附校医院和学校规定医院的诊断证明材料），导师和所在学院审查同意，经研究生学院行文批准后可予休学。学校认为必须休学者，由学校发给研究生休学通知。

第十八条 经批准休学的研究生应在规定期限内办理休学离校手续，学校保留其学籍。研究生休学期间，不享受在校学习研究生的待遇。

因病休学的研究生，经校医院同意，可以在当地医院就诊，其医疗费按学校有关规定办理。

第十九条 研究生休学期满，应当于学期开学前向学校提出复学申请，经学校复查合格办理相应手续后，方可复学。

因病休学期满者，如已恢复健康，应持学校规定医院的健康证明，经校医院复查合格，方可办理复学手续。

休学期满后一个月内未继续申请休学而不复学，或休学两年仍不能复学的，作退学处理。

第二十条 研究生在休学期间违法乱纪情节严重的，取消其复学资格，给予退学或其他相应处理。

第二十一条 休学研究生在申请休学前应缴清在学修读期间的学费。

第五章 退学

第二十二条 研究生有下列情形之一者，应予退学：

（一）休学期满后一个月内不办理复学手续者；

（二）休学期满复学复查不合格者；

（三）硕士生一学期有两门学位课程考试不合格，或一门学位课程考试不合格经补考或重修两次后仍不合格者；博士生有一门学位课程考试不合格者；

（四）培养单位经过考核认为不宜继续培养者；

（五）超过学校规定的最长学习年限者；

（六）经过学校指定医院确诊，患有疾病或因意外伤残无法再继续学习者；

（七）按《安徽师范大学学生违纪处分规定》的内容予以开除学籍处分者；

（八）本人申请退学，经说服教育无效者。

第二十三条 凡因上述原因所作的退学处理，应由所在学院征求导师意见后提出报告，经校长办公会议研究决定，由学校出具退学决定书并送交本人，同时报省教育厅备案。

研究生如对退学处理有异议，可向学校学生申诉处理委员会提出书面申诉。

第二十四条 研究生退学后的善后问题按下列规定办理：

（一）入学前为在职人员的，档案、户口退回原单位；

（二）入学前为应届毕业生，按已毕业学历和就业政策可以就业的，由学校报省教育厅办理相关手续；在规定期限内没有聘用单位的，档案、户口退回其家庭户籍所在地；

（三）退学的研究生，从学校作出退学决定之日起不享受在校研究生待遇，并从下个月份起，停发普通奖学金。

第六章 毕业、结业与肄业

第二十五条 研究生在规定年限内，修完培养方案和教育教学计划规定内容，取得规定学分并通过毕业论文答辩，德、智、体达到毕业要求，准予毕业，由学校发给毕业证书。符合硕士、博士学位授予条件者，可申请授予相应学位。

研究生毕业论文答辩和学位论文答辩两者合一，一并进行。

研究生学位论文答辩通过被建议授予学位则视为毕业论文答辩也通过。

研究生未通过学位论文答辩者，学位论文答辩委员会可以无记名投票方式对是否同意毕业作出表决，同意毕业并在答辩决议上签署明确意见的，视为毕业论文答辩通过。

未进行学位论文答辩或学位论文答辩未通过且未同意毕业的，不予毕业。

仅获得毕业证书，未获得学位证书的研究生可在毕业后一年之内向所在学院提出学位论文答辩的申请，在规定时间内通过学位论文答辩且符合学位授予条件者，发给学位证书。

第二十六条 研究生在学校规定年限内，修完教育教学计划规定内容，未达到毕业要求，准予结业，由学校发给结业证书。

结业研究生可以在结业后一年之内向所在学院提出毕业论文或学位论文答辩申请，重新进行毕业或学位论文答辩，论文答辩通过建议授予学位或未通过但同意毕业并在答辩决议上签署明确意见的，可申请毕业或授予学位，换发毕业证书或学位证书，毕业时间按发证日期填写。

结业研究生在结业后一年之内有一次申请毕业或学位论文答辩的机会。

第二十七条 未完成专业培养方案要求，但学满一年以上（含一学年）退学者，学校发给肄业证书。

研究生学习未满一年或虽满一年但成绩不合格因某种原因而中断学习的，或被开除学籍的，发给学习证明。

研究生在学校规定的最后期限内毕业而未授予学位且未完成学位论文答辩的，学校不再接受其申请授予学位。

研究生在学校规定的最后期限内结业或肄业的，视为永久结业或永久肄业。

第二十八条 学校将严格按照招生时确定的办学类型和学习形式，填写、颁发学历证书、学位证书。

第二十九条 学校将严格执行高等教育学历证书电子注册管理制度，每年将颁发的毕（结）业证书信息报省教育行政部门注册，并由省教育行政部门报国务院教育行政部门备案。

第三十条 对违反国家招生规定入学者，或因学术失范而被校学位评定委员会取消学位者，学校不发给学历证书、学位证书。对已发的学历证书、学位证书，学校追回并报教育行政部门宣布证书无效。

第三十一条 毕业、结业、肄业证书和学位证书遗失或者损坏，经本人申请，学校核实后出具相应的证明书。证明书与原证书具有同等效力。

第七章 附 则

第三十二条 学校以前文件规定若与本规定不符，以本规定为准；本规定在实施期间若与国家或安徽省有关新文件规定不符，以国家或安徽省新文件为准。

第三十三条 本规定自2014级研究生起执行，原校研字〔2005〕2号和校研字〔2008〕19号文件同时废止。

第三十四条 本规定由研究生学院负责解释。

安徽师范大学学位点负责人制度实施办法(试行)

校研字〔2014〕50号　2014年12月19日

第一章　总　则

第一条　为了进一步加强学位点建设,规范学位点管理,提高研究生的培养质量,特制订本办法。

第二条　学位点负责人在研究生院和所在学院的统一领导下开展工作,全面负责本学位点建设。

第二章　遴选与任职

第三条　学位点负责人任职基本条件为:热爱教育事业,认真贯彻执行党的教育方针,具有良好的政治思想素质和师德修养,为人师表,教书育人,乐于奉献,有一定的组织、协调能力,群众基础好,身体健康。

第四条　学位点负责人应为现任研究生导师,科研能力强,有一定的学术影响力。专业学位点负责人应有一定的行业实践经历和背景。学位点负责人应具有正高级职称,特殊专业学位点负责人可放宽到具有博士学位的副高级职称。

第五条　各学位点全体导师选举推荐学位点负责人候选人,经学院教授委员会、学院党政联席会议审核后报学校研究生院。学校学位评定委员会审核后正式聘任。

第六条　每个学位点设负责人1名。一级学科学位点负责人可以兼任其中1个二级学科点负责人,博士学位点负责人可以兼任相应硕士学位点负责人,二级学科硕士点负责人原则上不得兼任其他二级学科硕士点负责人。

第三章　职责与权利

第七条　根据国内外学科发展的趋势,凝练学位点研究方向,制订出学位点建设规划和导师队伍建设方案。

第八条　提出本学位点研究生导师增补的意见,负责本学位点导师招生资格审核、师生双向选择和导师考核等工作。

第九条　组织本学位点建设经费年度预算的论证工作。

第十条　按照国家、安徽省及学校有关研究生教育管理规定,组织本学位点的研究生培养和管理工作:

1. 主持制订和修订本学位点研究生培养方案,研究和审定课程教学大纲、参考书目;
2. 组织本学位点招生宣传,组织、参与复试、录取工作;
3. 组织本学位点论文开题、中期检查、学位论文答辩等工作;
4. 组织本学位点导师及研究生开展学术交流活动;
5. 负责做好本学位点研究生思想教育工作、评优评先的审核工作,积极引导学生就业和创业。
6. 完成学校和学院交办的与学位点建设相关的其他工作。

第四章　聘任

第十一条　学位点负责人聘期一般为三年,期满后学校组织新的学位点负责人选聘工作。

第十二条　任期内如有特殊原因需要更换学位点负责人时,按照遴选程序产生新的学位点负责人,报研究生院批准。

第五章　考核与待遇

第十三条　学校组织对学位点负责人进行年度考核,考核以检查学位点负责人履行岗位职责、工作规范、工作业绩为主。具体考核细则由学院制订报学校审核,考核结果报学校备案。

第十四条　对考核合格的学位点负责人核发岗位津贴,并予以连续聘任;考核不合格者,停发岗位津贴并取消学位点负责人资格。

第六章　附　则

第十五条　本办法自发布之日起施行,由研究生院负责解释。

安徽师范大学横向科研项目管理暂行办法

校科字〔2014〕17号　2014年6月25日

第一章　总　则

第一条　为了加强和完善学校横向科研项目的管理工作,实现管理的科学化、规范化、程序化,确保项目研究的顺利进行,加速项目成果的推广应用,促进学校科研事业的可持续发展,根据《国务院关于改进加强中央财政科研项目和资金管理的若干意见》(国发〔2014〕11号)、《教育部关于进一步加强高校科研项目管理的意见》(教技〔2012〕14号)、《教育部财政部关于加强中央部门所属高校科研经费管理的意见》(教财〔2012〕7号)和《教育部关于进一步规范高校科研行为的意见》(教监〔2012〕6号)等文件精神,结合我校的实际情况,制订本办法。

第二条　横向科研项目是指企事业单位委托我校承担的各类项目,包括技术开发、技术转让、技术服务、技术咨询、合作研究等。

由地方政府委托的,并按照合同(协议)执行的非计划类项目,纳入横向科研项目管理办法进行管理。

第三条　横向科研项目管理实行学校及学院分级管理下的项目负责人负责制。科研管理部门为横向科研项目归口管理部门,财务管理部门为横向科研项目经费管理部门。

第二章　项目立项管理

第四条　横向科研项目须签订书面合同,项目洽谈由项目负责人负责与委托方共同确定项目的任务指标、经费预算和相关责任,制订计划任务书和项目技术方案。

第五条　项目合同的签订须符合《中华人民共和国合同法》的有关条款规定,合同书由科研管理部门负责审查,由双方法人代表或委托代理人签字并加盖安徽师范大学科技合同专用章。

第六条　项目合同签署的相关责任

(一)项目负责人负责项目合同内容的真实性、合法性。

(二)学院负责审查项目负责人及项目组履行合同的能力和所涉及技术的真实性、合法性、可行性。

(三)科研管理部门负责审查项目合同文本,学校的权益、风险责任,以及知识产权条款等。

第七条　横向科研项目以合同作为立项依据,项目组须及时将合同书及相关资料提交科研管理部门登记存档,经费到达学校指定账户后,项目方可立项。

第三章　项目过程管理

第八条　科研管理部门代表学校对各类横向科研项目进行管理,负责项目的合同审查、监督以及成果鉴定、专利申报、宣传推广等工作;各学院负责本单位项目的协调、保障和归档等工作;项目负责人负责组织项目的实施和结题工作。

第九条　为了保证项目按合同实施,项目负责人一般不得变更。如遇特殊情况需变更,由项目原负责人与项目委托单位协商后,提交书面报告经学院同意,报送科研管理部门审核备案。

第十条　项目因故延期、中止、撤销或变更项目内容,由项目负责人与委托单位协商后,提交书面报告经学院同意,报送科研管理部门审核备案。

第十一条　因客观原因造成合同无法履行或违约的,项目负责人应及时通知合同对方当事人,与对方协商,依照合同条款约定或按合同法及相关法规及时妥善处理。

第十二条　横向科研项目结项与成果管理按照《安徽师范大学横向科研项目结项与成果管理办法》(校科字[2013]42号)执行。

第四章　项目经费管理

第十三条　横向科研项目经费属于学校事业经费收入,全部纳入学校财务统一管理。

第十四条　学校是横向科研项目经费管理的责任主体,科研、财务、人事、资产(设备)、审计、监察等部门依职责和权限对项目经费履行监督管理职能。学院是科研活动的基层管理单位，对本单位科研经费使用承担监管责任。科研项目负责人是科研经费使用的直接责任人，对经费使用的合规性、合理性、真实性和相关性承担法律责任。

第十五条 横向科研项目经费到账后，科研管理部门依据本办法编制经费使用账号单据，财务管理部门负责建立经费使用账号，经费使用账号由项目负责人掌握使用。

第十六条 横向科研项目经费实行预算管理制，按照单笔到账经费编制预算。项目经费预算管理按项目组、学院、科研管理部门三级审批程序管理。

（一）项目组在保证完成科研任务的前提下负责制订《横向科研项目经费预算表》，项目负责人代表项目组签署意见。

（二）学院审核《横向科研项目经费预算表》，签署审批意见。

（三）科研管理部门审核项目经费预算和学院意见，并签署审批意见。

（四）项目经费预算原则上不予调整，确有必要调整的，应当按照前款规定程序进行核批，报财务管理部门备案执行。

第十七条 横向科研管理项目经费分为直接费用、间接费用和结余经费。

第十八条 直接费用是指在项目实施过程中发生的与之直接相关的费用，主要包括科研业务费、设备费、人员经费和外协费等。

（一）科研业务费包括材料费、差旅费、加工费、通讯费、会议费、出版/文献/信息传播/知识产权事务费与维持费。

（二）设备费含项目所购置的相关仪器设备等，所购设备按学校资产管理相关办法执行。

（三）人员经费包括劳务费和专家咨询费，其中劳务费用于支付项目组人员和聘用人员技术或劳务酬金，以及项目临时聘用人员的社会保险补助等。人员经费占到账经费的比例不得超过30%，发放标准根据相关人员参与项目的全时工作时间和实际完成任务情况，参考下表执行：

职　称	劳务费发放标准(单位:元/人·天)	专家咨询费发放标准(单位:元/人·天)
院士及二级以上正高级技术职称	≤600	≤3 000
三、四级正高级技术职称	≤500	≤2 000
副高级技术职称	≤400	≤1 000
中级技术职称及以下	≤300	
其他人员(含学生)	≤150	—

（四）外协费必须按照合同约定的合作单位、合作费用执行，转拨的外协费须经科研管理部门批准，并附合作协议和合作单位资质证明，方可转拨。

第十九条 间接费用是指用于补偿项目承担单位为项目实施所发生的间接成本支出。主要包括学校公共费用、项目管理费用和绩效支出费用等。间接费用占到账经费的比例不得超过40%。

（一）学校提取到账经费的3%作为学校公共费用；科研管理部门提取到账经费的3%作为项目管理费用；财务管理部门按实际情况和相关规定提取票据管理费用等。

（二）绩效支出费用是指间接费用中扣除学校公共费用和项目管理费用后的剩余费用，该剩余费用拨入所属学院横向科研项目专项账户；绩效支出费用由学院公共费用和项目组绩效支出费用两部分组成，学院对绩效支出费用制订具体分配方案，并报科研管理部门和财务管理部门备案。

第二十条 结余经费是指项目结题后的剩余费用，该剩余费用拨入所属学院横向科研项目专项账户；结余经费由学院公共费用和项目组绩效支出费用两部分组成，学院对结余经费制订具体分配方案，并报科研管理部门和财务管理部门备案。

第二十一条 本办法执行前已结题项目的结余经费，学校提取结余经费的4%作为学校公共费用；剩余的结余经费由学院公共费用和项目组绩效支出费用两部分组成，学院对本办法执行前已结题项目的剩余的结余经费制订具体分配方案，并报科研管理部门和财务管理部门备案。

第二十二条 项目所涉及的税收费用，按国家与地方相关规定执行。

第二十三条 直接经费按学校财务相关规定报销；项目组绩效支出费用由项目负责人按照学院制订的具体分配方案，经所在学院核批后，到财务管理部门办理。

第五章 附 则

第二十四条 本办法自2014年7月1日起执行，原《安徽师范大学横向科研项目管理办法》（校科字〔2012〕26号）同时废止。

第二十五条 本办法由科研处、财务处负责解释。

安徽师范大学“自强之星”评选办法

校学字〔2014〕18号　2014年5月7日

第一章　总　则

第一条　为宣传党和国家有关高校家庭经济困难学生资助政策及取得的成效，为当代大学生树立“可亲、可敬、可信、可学”的榜样，引导和激励家庭经济困难学生逆境拼搏、自立自强、奋发成才，特制订本办法。

第二条　参评对象：参评学年被认定为家庭经济困难的全日制本科学生。已获评安徽师范大学及以上级别“自强之星”称号的学生不再参加评选。

第三条　评选时间：每年3—4月份。

第二章　条件与名额

第四条　评选条件：主要评选事迹比较典型、堪为学生榜样的优秀贫困学子，具体条件如下：

（一）热爱祖国，拥护中国共产党领导，坚持四项基本原则；遵守国家法律法规，具有良好的道德品质，自觉践行社会主义核心价值观。

（二）学习态度端正，勤奋刻苦，参评学年考试、考核无不及格课程，无违规违纪行为。

（三）在爱国奉献、德行优秀、意志坚强、学业钻研、科技创新、开拓创业或志愿公益等方面，有突出的自强事迹或个人成就，堪当家庭经济困难学生的表率。

第五条　评选名额：每年评出“自强之星”10名。

第三章　机构与程序

第六条　学校成立“自强之星”评审委员会，分管学生工作的校领导担任评审委员会主任，相关部门负责人为成员。评审委员会下设办公室，办公室设在学生工作处，负责评审工作的具体事务。

第七条　评选程序

（一）个人申报：班级通过多种途径做好宣传发动工作，学生本人按要求填写申报材料，也可通过他人或组织推荐参评，统一填写申报表。

（二）学院初评：各学院在本单位认真组织评选和推荐，按分配名额确定推荐人选，并将有关推荐材料报送评审委员会办公室。

（三）学校评选：学校通过资格审查和预评审确定正式参评人选，同时进行网络公开展示，组织评选汇报，通过评委评审、学院互评、网络投票等方式确定最终获奖人选，并在全校范围公示。

第八条　申报材料

（一）“自强之星”申报表；

（二）事迹介绍1 500字以内，生活照1张。

第四章　表彰与奖励

第九条　根据评定结果，学校发文对当选的10名“自强之星”获得者进行表彰，颁发荣誉证书，发放奖金2 000元/人。

第十条　学校通过上网、上报、上墙、进橱窗、进手册等方式，广泛宣传“自强之星”的先进事迹，营造学习典型的氛围。

第五章　附　则

第十一条　“自强之星”在校期间如受到纪律处分，将取消其荣誉称号，并追回奖金。

第十二条　本办法自公布之日起执行。

第十三条　本办法由学生工作处负责解释。

安徽师范大学“十佳班集体”评选办法

校学字〔2014〕19号　2014年5月20日

第一章　总　则

第一条　为进一步加强学生班集体建设，充分发挥学生班集体在“立德树人”工作中的重要作用，促进优良校风、学风建设，根据《普通高等学校学生管理规定》，结合我校实际，制订本办法。

第二条　参评对象为我校全日制普通本科学生行政班级。

第三条　评审时间为每年10—11月份。

第四条　“十佳班集体”是学校授予学生班级的最高荣誉，每年评选数量为10个。

第二章　申报条件

第五条　评审条件如下：

（一）组织建设

1. 按照《安徽师范大学关于学生班级组织建设的意见》规定，科学划分学生班级，班委会组成合理，成员分工明确；

2. 党、团组织健全，学生干部经民主选举产生并按规定如期改选；

3. 建立健全信息员制度，信息员队伍更新及时、渠道畅通、作用明显；

4. 学生干部能认真履行职责，积极为同学服务，“自我服务、自我管理、自我教育”作用发挥突出。

（二）思想建设

1. 树立积极向上、锐意进取、文明和谐、追求卓越的良好班风，班级凝聚力强，学生满意度高；

2. 积极推进思想政治教育进网络、进课堂、进公寓，班级成员理想信念坚定，崇尚真善美，唱响时代旋律，励志成才，报效祖国；

3. 将主题班会作为思想政治教育的重要载体，做到制度化、方案化、全程化；精心组织主题教育活动，重点开展安全、文明、诚信等主题教育，组织好形势政策、校规校纪、国防军事、心理健康、资助育人等专题教育；

4. 认真组织学生参加社会工作、社会实践、志愿服务等活动，着力提高学生的社会责任感，积极推荐优秀学生参与学校的管理与服务工作。

（三）党团建设

1. 积极开展团的思想建设、组织建设和作风建设，团组织有较强的凝聚力、战斗力；

2. 认真组织党团活动，党课、团课、党（团）日活动开展有序、效果较好；

3. “推优”工作制度化、规范化，入党积极分子培养、党员发展工作有条不紊；

4. 组织生活质量较高，党员的先锋模范作用和党组织的战斗堡垒作用发挥较好。

（四）管理服务

1. 根据有关规定，结合班级实际制订班级考勤、公寓管理、教室管理、班级活动经费管理等规章制度，日常工作有计划、有记录、有总结，班务公开，管理民主；

2. 坚持“两会一志”。按时召开周会和班会，及时通报情况、传达信息。班日志记录认真翔实，辅导员定期批阅；

3. 积极开展学生学业辅导、生涯辅导、心理疏导、就业指导服务。测评评优、奖助评选、贫困生认定、宿舍管理等工作公开透明，规范有序；

4. 严格执行安全教育和管理制度，对突发事件和事故苗头，能早发现、早汇报，处理及时妥当；

5. 关爱贫困学生，注重资助育人，资助工作规范有序、公平公正，达到了应助尽助目标。

（五）学风建设

1. 争创勤学慎思、质朴谦逊、知行合一、求实求新的优良学风；

2. 学生专业思想稳定，学习态度端正，课堂纪律严明，考勤制度规范；严格遵守考试纪律，考风端正，无考试作弊现象；

3. 学习激励机制完善，学生学习积极性高，晚自习等自修课出勤率高，全班同学成绩优良，课程及格率（$\sum x_i / \sum y_i$，x_i为班级某名成员的实际及格课程门数，y_i为该同学实际所修课程门数）达95%以上；

4. 班级实践和创新氛围浓厚，学生实践和创新能力较强，结合专业特点积极开展科学研究、创新创业和课外学术活动，并取得较好成果。

(六)校园文化活动

1. 积极参加学校、学院举办的校园文化活动，组织工作出色，成绩良好；

2. 素质拓展活动按照“课程化、合规律、有品位”的要求，做到活动有规划、有组织、有保障、有实效，全班学生素质拓展达标率99%以上；

3. 经常举办学术讲座、知识竞赛、技能比赛、体育锻炼、文娱活动等，活动形式新颖，内容健康，富有教育意义，成效显著。

(七)精神文明创建

1. 深入持久地开展校园精神文明创建活动，文明校园、文明班级、文明寝室创建工作和志愿服务活动开展做到有计划、有举措、有成效；

2. 班级成员模范遵守校规校纪和教室、公寓管理规定，无违纪违法现象；

3. 保持良好的教室、公寓环境卫生和个人卫生，在学校、学院检查评比中成绩良好，寝室达标率85%以上且涌现出校级文明寝室。

(八)体育活动

1. 严格执行早操制度，早操出勤率不低于95%，无迟到、早退现象，做操队形整齐，动作规范，精神饱满；

2. 积极开展群众性体育锻炼活动，“走下网络、走出宿舍、走向操场”活动成效明显；

3. 全班成员98%以上均达到《学生体质健康标准》。

(九)信息化建设

1. 应用现代信息技术手段，不断完善学生基本信息库，建立学生成长档案及相应的管理系统等；

2. 发挥新媒体作用，建立班级微博、微信、QQ群、班级云等公共信息平台，管理规范、维护及时。

(十)创新工作

结合班级实际和专业特点，创造性地开展工作，并取得良好成效，具有班级特色。

第六条 有下列情况之一的不能评为“十佳班集体”：

(一)班级成员有违反四项基本原则，参加非法组织，从事非法活动的；

(二)班级成员有违反校规校纪，受到纪律处分的；

(三)班级发生责任事故的；

(四)班级成员有无故欠缴学费的；

(五)不承担学校和学院布置的工作任务的；

(六)在评比工作中弄虚作假、营私舞弊的；

(七)其他经主管部门认定应取消评优资格的。

第三章 机构与程序

第七条 学校成立“十佳班集体”评审委员会，分管学生工作的校领导担任评审委员会主任，相关部门负责人为成员，负责指导和监督评审工作。评审委员会下设办公室，办公室设在学生工作处，负责评审工作的具体事务。

第八条 各学院成立评选工作领导组，负责本学院“先进班集体”评选和校“十佳班集体”推荐工作。

第九条 “十佳班集体”评审程序如下：

(一)班级申报。学生班级全面总结创建成果，对照评选条件和评分细则，填写《安徽师范大学先进班集体申报表》，参加院级“先进班集体”评选；

(二)学院推荐。学院评审工作领导组在院级“先进班集体”中推荐1—2个班级参加校“十佳班集体”评选；

(三)学校评审。校评审委员会对候选班级进行资格审查，通过网上投票、查看材料、现场汇报等程序产生“十佳班集体”初步名单；

(四)全校公示。“十佳班集体”初步名单在全校公示五个工作日，公示无异议的学校发文表彰；有异议且经核查属实的，取消该班级评优资格。

第四章 表彰与奖励

第十条 根据评定结果，学校发文对当选的“十佳班集体”颁发荣誉证书，并向每个“十佳班集体”奖励班级活动费2 000元。

第十一条 学校通过网络、报纸、橱窗、报告团等方式，广泛宣传“十佳班集体”的先进事迹，营造争当先进、学习先进的氛围。

第五章 附 则

第十二条 各学院根据本办法制订相应的评选办法及评分细则。

第十三条 本办法由学生工作处负责解释。

第十四条 本办法自公布之日起执行。

安徽师范大学“爱暖师大”十佳青年志愿者评选办法

校学字〔2014〕31号　2014年7月3日

第一章　总　则

第一条　为引导青年大学生践行社会主义核心价值观，弘扬志愿服务精神，传播志愿服务理念，展示青年志愿者风采，发挥典型示范作用，引导青年学子投身志愿服务工作，根据《中国注册志愿者管理办法》等相关规定，结合学校实际，制订本办法。

第二条　参评对象：全体正式注册且在服务期内的或因重大志愿服务活动招募的全日制在校大学生青年志愿者。

第三条　评选时间：每年10—11月份。

第二章　条件与名额

第四条　参评学校“十佳志愿者”须具备以下条件：

（一）热爱祖国，拥护中国共产党的领导，模范遵守国家法律法规及志愿者组织相关规定，自觉践行社会主义核心价值观。

（二）秉承志愿服务精神，履行志愿服务承诺，热爱志愿服务工作，立足本职、脚踏实地、无私奉献，实绩突出。

（三）坚持从事志愿服务工作1年以上，且上一学年志愿服务时间累计不少于100小时。

（四）学习努力，上一年度学业考试成绩全部合格，在校期间无违纪处分记录。

（五）优先考虑长期在日常志愿服务和重大志愿服务活动中作出突出贡献的志愿者。

第五条　评选名额：学校每年评选“十佳志愿者”10名，宁缺毋滥。

第三章　机构与程序

第六条　评选机构：在学校的统一领导下，成立由分管学生工作校领导为主任，相关部门负责人等为成员的学校评审委员会。评审委员会办公室设在校团委。

第七条　评选步骤

（一）宣传动员：根据本办法确定当年评选活动的有关事项，并通过多种途径面向全校宣传发动，志愿者本人申报或由他人、组织推荐，统一填写申报材料。

（二）学院初评：各学院在本单位组织初评和推荐，按限额确定推荐人选，并将有关材料报送评审委员会办公室。

（三）学校评审：学校评审委员会在学院推荐的基础上，通过资料审阅、调查走访、网络评选等方式评选出获奖人选，并在全校范围内公示。

第八条　申报材料

（一）“爱暖师大”十佳青年志愿者推荐表（见附件）

（二）网评事迹简介500字以内，主要事迹概述1 500字以内，生活照1张。

第四章　表彰与宣传

第九条　根据评定结果，学校发文授予校“爱暖师大”十佳青年志愿者荣誉称号，并在学校年度学生表彰大会上颁发荣誉证书。

第十条　学校广泛开展“十佳青年志愿者”先进事迹宣传，扩大评选活动及典型志愿者的影响力，营造良好的校园文化氛围。

第十一条　“十佳青年志愿者”将被列入学校“青年马克思主义者培养工程”种子库，同等情况下优先纳入校研究生支教团候选人选。

第五章　附　则

第十二条　“十佳青年志愿者”获评后如受到纪律处分或查有虚报志愿服务事迹等，将取消其荣誉称号。

第十三条　各学院可参照本办法评选安徽师范大学“优秀青年志愿者”，评选限额不超过注册志愿者的3%，评选结果报学校备案，并由校青年志愿者工作指导委员会发放荣誉证书。

第十四条　本办法由校评审委员会办公室负责解释。

第十五条　本办法自公布之日起实施。

安徽师范大学"感动师大"校园精神文明十佳事迹评选办法

校学字〔2014〕32号　2014年7月3日

第一章　总　则

第一条　为贯彻落实中共中央、国务院《关于进一步加强和改进大学生思想政治教育的意见》(中发[2004]16号)精神,加强校园精神文明建设,优化校园育人氛围,特制订本办法。

第二条　参评对象:我校各级学生党团组织、学生会,各学生社团、学生班级等组织开展的精神文明事迹。

第三条　评选时间:原则上每两年评审一次,具体评选时间为4—5月份。

第二章　条件与名额

第四条　基本条件:

(一)主题鲜明。能够紧密围绕社会发展形势、学校中心工作、学生成长需求等,践行社会主义核心价值观,弘扬社会主义主旋律,彰显师大精神,展示学子形象,对事迹参与者和受众具有思想引领和道德示范作用。

(二)事迹突出。主要是指在理论武装,思想教育;崇尚科学,反对邪教;文明创建,美化校园;热心公益,关心集体;团结友爱,共促成长;勤俭节约,自立自强;服务群众,扶贫助困;志愿服务,助人为乐;弘扬正气,见义勇为等方面表现突出,能打动人、鼓舞人、影响人、引领人。

(三)影响广泛。事迹持续时间长、实际效果好,在校园内、师生中得到充分肯定,在社会上、群众中引起广泛反响,为校园精神文明建设做出一定贡献,为学生成人成才成功发挥积极作用。

第五条　评奖名额:学校每次评选"十佳事迹"10项。

第三章　机构与程序

第六条　评选机构:在学校统一领导下,成立由分管校领导为主任,相关部门负责人为成员的学校评审委员会。评审委员会下设办公室,办公室设在校团委。

第七条　评选步骤

(一)事迹申报:各级学生党团组织、学生会,各学生社团、学生班级根据学校评选工作安排,认真总结凝练先进事迹,统一填写申报材料。

(二)学院初评:各学院在组织本单位先进事迹评选的基础上,每次推荐1—2项上报学校。

(三)学校评审:学校在预评审后确定正式参评事迹,并组织网络展示和现场汇报,通过网评、学院互评、学校评审委员会评审确定获奖事迹。

第八条　申报材料

(一)"感动师大"校园精神文明十佳事迹申报表(附件1)

(二)网评事迹简介500字以内,主要事迹概述2 000字以内,要求图文并茂、内容简洁、层次清晰。

第四章　表彰与奖励

第九条　根据评定结果,学校发文授予"感动师大"校园精神文明十佳事迹荣誉称号,在学校年度学生表彰大会上颁发荣誉证书,发放奖金3 000元。

第十条　学校将"十佳事迹"材料汇编成册,并通过网络、报纸等媒介进行宣传,以达到树立典型、教育学生的目的。

第五章　附　则

第十一条　本办法由学校评审委员会办公室负责解释。

第十二条　本办法自公布之日起执行,凡过去有关规定与本办法不一致的,按本办法执行。

安徽师范大学本科生就业工作考评奖励办法

校学字〔2014〕53号　2014年11月13日

第一条　为进一步促进我校本科毕业生充分就业，推动实现更高质量的就业，不断完善“党政领导主管、职能部门统筹、相关部门配合、学院主抓落实、全员参与就业”的工作机制，根据相关政策规定，结合学校实际，特制订本办法。

第二条　学校设立“就业工作先进学院”和“就业工作先进个人”两个奖项。其中，先进学院5个，先进个人20个。

第三条　就业工作考评与奖励，坚持公平、公正、公开原则，坚持目标导向、注重实绩、综合评价的原则。

第四条　就业工作每学年考评、奖励一次，时间为10月至11月。

第五条　学校成立由分管校领导任组长，由办公室、纪委办、组织部、宣传部、教务处、学生工作处、财务处、团委等部门主要负责人为成员的就业工作考评领导组。领导组下设办公室，办公室设在学生工作处，具体负责考评组织工作。

第六条　就业工作先进学院考评采取综合评价法，内容由工作考核、就业绩效考核两部分构成，考评总分以百分制计。考评总分=工作考核得分×30%＋绩效考核得分×70%。工作考核得分通过看材料、听汇报等方式产生，其中工作考核领导组考评占60%，学院互评占40%，就业绩效考核由考评领导组办公室据实统计核算。具体考核内容见附件《安徽师范大学本科生就业工作先进学院考评指标体系》。

第七条　校就业工作先进个人评选：

（一）考评年度从事毕业生就业工作的人员，符合下列条件之一的，可评为就业工作先进个人。当年毕业生数200人以内的学院限推荐1名，毕业生数超过200人的学院可推荐2名；就业工作部门限推荐1至2名。

1. 当年荣获得毕业生就业工作先进学院的就业工作人员；

2. 所带专业或班级毕业生初次就业率达到95%，且灵活就业的毕业生低于20%；

3. 所带专业或班级毕业生考研录取率超过全校平均数，或比上一年提高3%；

4. 工作扎实，按要求积极完成就业指导、市场开拓、校园招聘、困难帮扶、就业统计、工作研究等工作，就业成效明显，就业率不低于全校平均水平，或比上一年提高5%。

（二）本校教职工（含离退休）符合下列条件之一，当年可评为先进个人。

1. 积极联系用人单位，建立3个以上就业基地，且成功签约10人以上；

2. 积极推荐毕业生就业，提供就业信息与岗位，成功签约20人以上；

3. 积极支持毕业生就业创业工作，在思想教育、技能提升、就业创业教育与实践以及文明离校工作等方面成绩突出。

第八条　本办法所指派遣就业率、初次就业率和考研率以学校统计数据为准。

第九条　有下列情形之一者，不得评选为就业工作先进学院和先进个人：

（一）违反教育部关于高校毕业生就业签约“四不准”的规定；

（二）对就业数据统计不力或核查不严；

（三）毕业生违约率超过10%；

（四）毕业学年工作或毕业生文明离校工作中工作不力，有违纪行为或责任事故；

（五）就业工作考评材料弄虚作假。

第十条　就业工作考评奖励按如下程序进行：

（一）申报与推荐。各单位在规定时间向学校提交申报和推荐材料。

（二）审核与评审。学校对各单位上报的材料进行初步审核；考评领导组对学院就业工作进行考评，各学院开展互评；考评领导组确定就业工作初步获奖名单。

（三）公示与表彰。各奖项初步名单在全校公示5个工作日，公示期满无异议，由学校表彰。

第十一条　学校向就业工作先进学院颁发

奖牌和奖金，向就业工作先进个人颁发荣誉证书和奖金，其中就业工作先进学院奖金5万元，就业工作先进个人奖金0.1万元。

第十二条 就业工作先进学院的奖金专款专用，由学院自主支配，用于就业工作相关人员奖励和就业工作等，使用结果报学校备案；先进个人的奖金直接发给获奖个人。

第十三条 本办法由校就业工作考评领导组办公室负责解释，自2014—2015学年起实施，原考评办法自动废止。

安徽师范大学处级党政主要领导干部经济责任审计实施办法

校办字〔2014〕3号　2014年1月17日

第一章　总　则

第一条　为健全和完善经济责任审计制度，促进领导干部正确履行经济责任，根据《中华人民共和国审计法》、中办国办《党政主要领导干部和国有企业领导人员经济责任审计规定》和教育部《关于做好教育系统经济责任审计工作的通知》等有关规定，结合我校实际，制订本办法。

第二条　本办法所称处级党政主要领导干部（以下简称领导干部）包括：

（一）学校党政部门、群团机构的正职领导干部或主持工作一年以上的副职领导干部；

（二）各教学单位和独立建制的科研机构的正职领导干部或主持工作一年以上的副职领导干部；

（三）校直单位、附属单位的正职领导干部或主持工作一年以上的副职领导干部；

（四）校领导或校外人员兼任部门、单位的正职领导干部，且不实际履行经济责任的，实际负责本部门、本单位常务工作的副职领导干部。

（五）学校认为需要审计的其他人员。

第三条　本办法所称经济责任，是指领导干部任职期间因其所任职务，依法对其所在部门、单位（以下简称单位）财务收支和有关经济活动应当履行的职责、义务。

本办法所称经济责任审计，是指学校审计部门对领导干部任职期间履行经济责任的情况所进行的监督、鉴证和评价。

第四条　领导干部履行经济责任的情况，应当依法接受审计监督。

领导干部任职届满应当接受经济责任审计，领导干部不再担任所任职务时必须接受离任经济责任审计。根据干部管理监督的需要，也可以对领导干部进行届中经济责任审计。

第五条　领导干部经济责任审计的时间范围应当包括整个任期。连续任职多届的，以最近一届的情况为主，必要时可追溯至其他年度。

第六条　下列无法正常实施经济责任审计的情况，一般不安排经济责任审计：

（一）领导干部已定居国外或死亡的；

（二）领导干部已离开任职岗位二年以上的；

（三）领导干部已被纪检监察部门或司法部门立案调查的；

（四）领导干部已被提拔或任用到可能影响经济责任审计公正进行岗位的；

（五）其他不宜安排经济责任审计的情况。

第七条　领导干部的经济责任审计依照干部管理权限确定，由党委组织部门或人事部门委托。

审计部门领导干部的经济责任审计，由党委组织部门报请学校领导批准后实施。

第八条　审计部门依法实施经济责任审计，被审计单位和有关部门要积极支持配合审计工作，任何单位和个人不得拒绝、阻碍、干涉，不得打击报复审计人员。

第九条　审计部门及其审计人员应当坚持独立性和客观性原则，严守审计纪律，依法实施审计。

第二章　组织协调

第十条　学校成立经济责任审计工作领导组，加强对经济责任审计工作的领导。领导组成员由学校有关领导和部门主要负责人组成。

领导组的主要职责：指导和协调经济责任审计工作，研究制订有关经济责任审计制度，讨论经济责任审计重要问题的处理意见，审定年度经济责任审计计划和经济责任审计报告，研究解决经济责任审计工作的困难与问题。

第十一条　领导组下设办公室，办公室设在审计部门，负责经济责任审计日常工作。

第十二条　经济责任审计应当有计划地进行。组织或人事部门每年年底前提出下一年度经济责任审计项目，经党委批准后，列入学校年度审计工作计划。

第三章　审计内容

第十三条　经济责任审计以领导干部守

法、守纪、守规、尽责情况为重点，以领导干部任职期间本单位财务收支和有关经济活动的真实、合法和效益为基础，根据领导干部岗位职责等情况确定审计内容。

第十四条 党政领导干部经济责任审计的主要内容：

（一）预算执行以及财务收支的真实、合法和效益情况；

（二）国家、学校有关法律法规制度的遵守和单位内部控制制度建设和执行情况；

（三）国有资产的管理和使用情况；

（四）履行经济管理和监督的职责情况；

（五）重大经济决策事项的形成和执行情况；

（六）重要投资项目的建设和管理情况；

（七）重要经济事项管理制度的建立和执行情况；

（八）对下属单位财务收支和有关经济活动的管理、监督情况；

（九）有关廉洁从政规定遵守情况；

（十）有关审计整改意见、建议的落实情况等。

第十五条 校有企业领导人员经济责任审计的主要内容。

（一）财务收支的真实、合法和效益情况；

（二）国家、学校有关法律法规制度的遵守和单位内部控制制度的建立和执行情况；

（三）履行经济管理和监督的职责情况；

（四）国有资产的保值增值情况；

（五）重要投资项目的决策、建设和管理情况；

（六）任期经营目标的完成情况；

（七）有关廉洁从业规定遵守情况；

（八）有关审计整改意见建议的落实情况等。

第十六条 领导干部属于兼任且实际履行经济责任的，其经济责任审计内容仅限于该领导干部所兼任职务应当履行的经济责任。

第四章 审计实施

第十七条 审计部门对领导干部进行经济责任审计，应当按照干部管理部门的书面委托进行。经济责任审计委托书的内容主要包括：

（一）委托审计的领导干部姓名及简要情况；

（二）被审计领导干部所在单位的名称及简要情况；

（三）审计期间；

（四）审计范围；

（五）审计重点或应当关注的有关事项；

（六）审计时限；

（七）其他有关事项。

第十八条 根据年度经济责任审计计划和组织部门或人事部门的书面委托，审计部门组成审计组并实施审计。

第十九条 审计部门实施经济责任审计应当遵循以下程序：

（一）进行审前调查；

（二）编制项目审计实施方案；

（三）送达审计通知书；

（四）召开审计见面会并进行审计公示；

（五）实施经济责任审计；

（六）起草审计报告并征求被审计领导干部所在单位和被审计领导干部本人的意见；

（七）出具审计结果报告等文书。

第二十条 审计实施前应当进行审前调查，并编制审计实施方案。审前调查可以采取召开座谈会、实地考察、查阅档案等方式进行；编制审计实施方案应当根据重要性和谨慎性原则，在风险评估的基础上，围绕审计目标确定审计审计的范围、内容和重点、步骤、方法。

第二十一条 审计部门应当在实施经济责任审计3日前，向被审计领导干部及其所在单位或者原任职单位（以下简称所在单位）送达审计通知书。遇有特殊情况，经分管校领导批准，可以直接持审计通知书实施经济责任审计。

第二十二条 审计部门实施经济责任审计前，应当召开进点会。审计进点会一般由经济责任审计委托部门和审计部门联合召开，通报审计工作具体安排和要求。被审计的领导干部和被审计单位领导班子成员应当参加。

审计部门实施经济责任审计，应当进行审计公示。

第二十三条 审计部门在进行经济责任审计时，被审计领导干部及其所在单位，以及其他有关单位应当提供与被审计领导干部履行经济责任有关的下列资料：

（一）预算文件及财务收支相关资料；

（二）工作计划、工作总结、会议记录、会议纪要、经济合同、考核检查结果、业务档案等资料；

（三）被审计领导干部履行经济责任情况的述职报告；

（四）其他有关资料。

第二十四条 审计组在审计过程中，审计人员可以通过以下审计方法收集了解有关情况：

（一）查阅与审计事项有关的文件、会议记录、纪要、函件、通知等相关资料；

（二）分别与副职、教职工代表进行个别谈话，听取对被审计领导干部的反映和评价；

（三）必要时，可以听取分管校领导对被审计领导干部的意见。

第二十五条 在实施经济责任审计时，审计组应当充分利用国家审计机关、上级主管部门、社会中介机构的审计或检查结果以及校内纪检、监察、财务的专项检查结果。

有关职能部门应及时、完整地向审计部门提供相关材料。

第二十六条 被审计领导干部及其所在单位应当对所提供资料的真实性、完整性负责，并作出书面承诺。

第二十七条 审计组在实施经济责任审计时应当编制审计工作底稿。审计工作底稿应当送被审计领导干部及其所在单位签证，被审计领导干部及其所在单位应当在规定时间内反馈签证意见。

第二十八条 审计组应当将审计报告书面征求被审计领导干部及其所在单位的意见。被审计领导干部及其所在单位应当自接到审计组的审计报告之日起10日内提出书面意见；10日内未提出书面意见的，视为无异议。

第二十九条 审计部门按照规定的程序，对审计组提交的审计报告进行审定，出具经济责任审计报告。

经济责任审计报告由经济责任审计领导组审定。审计部门应如实向经济责任审计领导组报告审计实施情况、被审计单位对审计报告征求意见稿的反馈意见和审计组对反馈意见的调查处理情况。

第三十条 被审计领导干部所在单位存在违反国家、学校规定的财务收支行为，审计部门应当根据国家和学校有关规定，提出审计整改意见建议；对审计发现的应当由其他部门处理的问题，依法移送有关部门处理。

第三十一条 被审计领导干部对经济责任审计报告持有异议的，可以自收到审计报告之日起30日内向审计部门申诉，审计部门应当自收到申诉之日起30日内作出复查决定。被审计领导干部对复查决定仍有异议的，可以自收到复查决定之日起30日内向经济责任审计领导组申请复核，经济责任审计领导组应当自收到复核申请之日起60日内作出复核决定。经济责任审计领导组的复核决定为最终决定。

第三十二条 审计部门应当将最终经济责任审计报告等结论性文书报送学校党政领导，提交委托审计的部门，发送被审计领导干部及其所在单位和经济责任审计领导组有关成员单位。

第五章 审计评价

第三十三条 审计部门应当根据审计查证或者认定的事实，依照国家法律法规、学校有关规定及经济责任考核目标等，对被审计领导干部履行经济责任情况作出客观公正、实事求是的评价。审计评价应当与审计内容相统一，评价结论应当有充分的审计证据支持。

第三十四条 审计部门对被审计领导干部履行经济责任过程中存在问题所应当承担的直接责任、主管责任、领导责任，应当区别不同情况作出界定。

第三十五条 本办法所称直接责任，是指领导干部对履行经济责任过程中的下列行为应当承担的责任：

（一）直接违反国家法律法规、学校有关规定和单位内部管理规定的行为；

（二）授意、指使、强令、纵容、包庇下属人员违反国家法律法规、学校有关规定和单位内部管理规定的行为；

（三）未经民主决策、相关会议讨论而直接决定、批准、组织实施重大经济事项，并造成重大经济损失浪费、国有资产（资金、资源）流失等严重后果的行为；

（四）主持相关会议讨论或者以其他方式研

究，但是在多数人不同意的情况下直接决定、批准、组织实施重大经济事项，由于决策不当或者决策失误造成重大经济损失浪费、国有资产（资金、资源）流失等严重后果的行为；

（五）其他应当承担直接责任的行为。

第三十六条 本办法所称主管责任，是指领导干部对履行经济责任过程中的下列行为应当承担的责任：

（一）除直接责任外，领导干部对其直接分管的工作不履行或者不正确履行经济责任的行为；

（二）主持相关会议讨论或者以其他方式研究，并且在多数人同意的情况下决定、批准、组织实施重大经济事项，由于决策不当或者决策失误造成重大经济损失浪费、国有资产（资金、资源）流失等严重后果的行为。

第三十七条 本办法所称领导责任，是指除直接责任和主管责任外，领导干部对其不履行或者不正确履行经济责任的其他行为应当承担的责任。

第六章 审计结果运用

第三十八条 学校实行经济责任审计情况通报、审计整改以及责任追究等结果运用制度，实行经济责任审计结果公开制度。

对外公开审计结果时，应当遵守国家和学校的有关规定。

第三十九条 被审计领导干部及其所在单位要主动整改存在的问题、落实审计建议并以书面形式及时反馈审计部门。领导干部离任要做好经济事项的交接工作，经济责任审计报告是交接的重要内容之一。新任领导负责全面落实审计意见，离任领导有配合的责任。

第四十条 经济责任审计结果报告归入被审计领导干部本人档案，作为考核、任免、奖惩被审计领导干部的重要依据。经济责任审计领导组成员单位要根据各自职责以及干部管理监督的要求，主动运用审计结果，并以适当方式将审计结果运用情况反馈审计部门。

第七章 附 则

第四十一条 特殊情况下，经主管校领导批准，审计部门可聘请专业人员或委托社会审计机构实施经济责任审计。

委托审计费用列入学校预算。

第四十二条 本办法自发布之日起施行，原《安徽师范大学处级领导干部任期经济责任审计实施办法》同时废止。

安徽师范大学表彰奖励活动管理暂行办法

校办字〔2014〕9号　2014年3月14日

为认真贯彻落实中央八项规定，进一步规范学校各类表彰奖励活动，推进表彰奖励工作科学化、制度化、规范化，增强学校表彰奖励的权威性和严肃性，根据《安徽省表彰奖励活动管理办法（试行）》精神，结合我校实际，制订本办法。

第一条　表彰奖励工作应围绕育人中心、服务事业发展，面向教学科研、管理服务一线，遵循“按需设置、严格审批、注重导向、讲求实效”的原则，坚持公开、公平、公正，体现先进性、代表性和时代性。表彰奖励以精神奖励为主，物质奖励为辅。

第二条　学校成立表彰奖励工作协调组，负责全校表彰奖励工作的政策指导、统筹协调、奖项清理、审核备案和监督检查等工作。协调组下设办公室，设在学校办公室，负责日常工作。

第三条　本办法适用于各部门、各单位面向全校设立的各类表彰奖励活动。学院因工作需要对内设机构和人员进行表彰奖励的，不适用本办法，但应从严控制，并将所设奖项报学校表彰奖励工作协调组办公室备案。

第四条　设立、调整或者变更表彰奖励项目，由举办单位在每年1月底前填报《安徽师范大学表彰奖励项目申报表》（见附件1），报协调组办公室。已经批准的表彰奖励项目，无需重复申请。各部门、各单位未经审批一律不得擅自开展表彰奖励活动。

因上级主管部门要求的、重要专项工作等特殊情况，需临时开展表彰奖励活动的，可在所涉工作结束后单独申请。

第五条　表彰奖励项目审批坚持从严把握，表彰奖励项目设立、调整或者变更的审批程序如下：

（一）学校表彰奖励工作协调组对举办单位提出的申请研究提出审核意见；

（二）学校表彰奖励工作协调组将审核意见报党委常委会或校长办公会审批；

（三）表彰奖励项目经党委常委会或校长办公会审批同意后，协调组办公室于当年第一季度予以发文公布。

第六条　经审批同意的表彰奖励项目，举办单位须制订《评选办法》，并按照《评选办法》及时开展、认真实施。所有拟表彰奖励的先进集体和先进个人都要在全校范围内进行公示。公示无异议后，由学校发文公布。

第七条　表彰奖励工作实行归口管理，分类评选，集中表彰。党委系统表彰奖励活动由组织部牵头组织实施，教职工的表彰奖励活动由人事处牵头组织实施，本科生的表彰奖励活动由学生处和团委牵头组织实施，研究生的表彰奖励活动由研究生学院牵头组织实施。

学校在每年教师节期间举办教职工表彰大会，每年12月上旬举办学生表彰大会。

学校每年在经费预算中设立表彰奖励工作专项经费，由举办单位向学校表彰奖励工作协调组申请使用。除党费、工会费、团费之外，任何部门、单位不得从事业经费中列支奖励经费。

第八条　学校表彰奖励工作协调组应加强对表彰奖励项目的监督管理。对推动工作失去实际意义的表彰奖励项目，报学校批准后，及时予以撤销。

第九条　本办法由学校表彰奖励工作协调组办公室负责解释。

第十条　自2014年1月1日起施行。以前有关规定，凡与本办法不一致的，以本办法为准。

安徽师范大学教职工校内劳务费发放管理办法

校人字〔2014〕20号　2014年5月6日

第一条　为进一步严肃学校收入分配纪律，规范我校劳务费发放行为，根据国家绩效工资政策和相关文件精神，结合学校实际，制订本办法。

第二条　根据经费来源，劳务费发放可以分为两类：

1. 校外事务劳务费：指学校组织教职工承接工作职责范围之外的校外工作，由校外专项经费支付的劳务费用。

2. 校内事务劳务费：组织开展校内有关工作，从专项经费、代收代支经费、代管经费支付的劳务费用。

第三条　各类劳务费发放标准与限额。

1. 校外事务劳务费发放标准按有关规定执行。在每次劳务活动过程中，负责组织此项工作的相关部门职工所得劳务费不得超过校内其他参与人员人均所得的2倍。

2. 校内事务劳务费发放标准，已有规定的，按有关规定执行；未作明确规定的，按以下标准执行：

（1）从专项经费支付的劳务费，原则上每人半天不超过200元。

（2）从代收代支经费或代管经费支付的劳务费，由单位自主发放。

3. 非经济责任单位职工劳务费总额不得超过其当年主岗基础津贴总额。

4. 经济责任单位和学院职工劳务费发放计入个人年底绩效津贴总量，按绩效津贴规定执行。

第四条　学校严格规范劳务费审批程序。

1. 学校成立由分管校领导任组长，相关部门负责人为成员的劳务费发放审核领导组，根据工作职责、经费来源、加班情况等确定校内劳务费发放项目及额度。审核领导组办公室设在人事处。

2. 各单位年初向学校劳务费发放审核领导组申报本年度拟发劳务费的项目及相应的额度，填写《安徽师范大学教职工校内劳务费发放审批表》（详见附件），经领导组审批后执行。临时新增项目须专题报学校劳务费审核领导组审核批准。

第五条　财务部门严格按照学校审批的劳务费项目执行财务报销业务。未经审批的劳务费项目一律不得发放。

第六条　学校严格校内劳务费发放的管理和监督，对于劳务费发放情况进行抽查。凡违反本办法规定发放劳务费的单位，学校将给予一定的经济、行政等处罚。

第七条　本办法自发布之日起施行，由学校劳务费审核领导组办公室负责解释。

安徽师范大学终身成就奖评选办法

校人字〔2014〕21号　2014年5月21日

为选树优秀楷模，引导广大教职工潜心工作，积极投身学校的事业发展，牢固确立人才培养中心地位，着力建设具有师大特色的育人文化，特制订本评选办法。

一、评选范围

全体教职工（含离退休教职工）。

二、评选条件

（一）忠诚于党的教育事业，有高尚的职业道德、强烈的事业心和责任感，为人师表、乐于奉献，深受师生敬重。

（二）长期工作在一线，具有卓越的业务成就，为学校事业发展作出突出贡献，在校内外拥有较高声誉和广泛影响力，具有鲜明示范和引领作用。

（三）曾荣获省级及以上荣誉表彰或人才称号。

（四）年龄在55周岁以上，且在我校工作满30年。

三、评选组织

学校成立评审委员会，主任委员由分管人事工作校领导担任，委员由相关部门负责人和相关专家担任。评审委员会下设办公室，办公室设在人事处，办公室主任由人事处处长担任。

四、评选名额

每两年评选一次，名额1—2名，宁缺毋滥。

五、评选程序

（一）单位推荐

各部门、各单位须本着“公开、公平、公正”的原则，积极推荐符合条件的教职工参与评选。获得推荐的教职工填写《终身成就奖申报表》一式三份，单位签署意见后报评审委员会办公室。

（二）学校评审

评审委员会办公室汇总上报材料。评审委员会召开会议对推荐人选进行评审，评审结果报校党委常委会审议通过。

（三）公示发文

拟获奖人员名单公示1周后，若无异议，由学校发文公布。

六、表彰与奖励

学校在每年教职工表彰大会上向获奖人员颁发证书，并一次性奖励人民币10万元。

七、本办法自公布之日起施行，由人事处负责解释

安徽师范大学选派教职工公派出国(境)进修暂行规定

校人字〔2014〕31号　2014年6月11日

第一章　总　则

第一条　为进一步加强我校师资队伍建设,提高教师队伍国际化水平,规范教职工公派出国(境)进修选派工作,特制订本规定。

第二条　学校坚持“按需派遣、学用一致、保证质量”的原则,以保证教学科研工作的正常开展为前提,有计划、有重点的选派教职工赴国(境)外一流学校和学科专业进修。

第三条　根据经费来源不同,教职工公派出国(境)分为国家公派出国(境)、学校公派出国(境)两种形式。

第二章　选派条件和待遇

第四条　国家公派出国(境)指经由国家留学基金委等渠道申请、派出,国家资助留学费用的出国(境)进修方式。国家公派出国(境)为面向全国选拔项目,由项目注明的受理单位负责受理工作,具体项目选派办法、条件要求、申报指南等信息请登陆国家留学网(http://www.csc.edu.cn)查询。每年可申报的具体进修项目、时间安排等以国家留学基金委当年公布为准。

国家公派出国(境)相关待遇按照《安徽师范大学教职工培养培训管理规定》(校人字〔2013〕62号)规定执行。

第五条　学校公派出国(境)按照派出渠道分为A、B类。A类是指经由学校人事部门派出,或上级部门下达计划需经学校推荐的出国(境)进修方式。B类是由其他单位派出或个人自主联系、经学校人事部门批准同意派出的出国(境)进修方式。

第六条　申请学校公派出国(境)的教职工必须符合如下条件:

1. 具有中级专业技术职务或取得博士学位;

2. 经学校外语培训合格;

3. 取得国(境)外高校(科研机构)正式邀请函。

第七条　A类学校公派出国(境)方式,教职工工资福利待遇不变,学校资助进修期间培训费、交通费、住宿费等,最高不超过4万元/年。如属短期进修(三个月以内),进修期间相关费用由学校和所在单位共同承担。

B类学校公派出国(境)方式,相关待遇及费用按照《安徽师范大学教职工培养培训管理规定》(校人字〔2013〕62号)执行。如属短期进修(三个月以内),进修期间相关费用由所在单位和个人共同承担,单位承担部分可从学校划拨至单位的短期培训经费中列支。

第三章　进修程序和管理

第八条　学校公派出国(境)具体选派工作按照《安徽师范大学教职工培养培训管理规定》(校人字〔2013〕62号)中相关程序进行,其中上级部门下达计划的出国(境)留学名额、条件和程序以相关文件为准。

第九条　公派进修教职工须在批准的期限内完成相关任务,原则上不允许延期。未经允许逾期不归的,按有关规定处理。

第十条　教职工出国(境)进修结束,返校一个月内以总结报告会的形式汇报进修成果,并将时间及地点提前告知人事处。学校根据所提交材料及报告会内容等对教职工进修情况进行考核,考核合格的方可兑现相关待遇。

第十一条　各单位应充分利用国外友好合作院校平台,不断加强对外交流,积极拓宽教职工出国(境)渠道。各单位要加强出国进修人员的管理,主动关心他们的工作、学习和生活情况。教职工在进修期间要自觉遵守有关法律法规,维护国家和学校权益,并定期与所在单位保持联系。

第四章　附　则

第十二条　本规定自下发之日起执行,由人事处负责解释。

弘扬师大精神　推进综合改革　奋力开创高水平大学建设的新局面

——在中国共产党安徽师范大学第十次代表大会上的报告

（2014年9月27日）

顾家山

各位代表、同志们：

现在，我代表中国共产党安徽师范大学第九届委员会向大会作报告，请予审议。

中国共产党安徽师范大学第十次代表大会，是在学校深入贯彻党的十八大、十八届三中全会和习近平总书记系列重要讲话精神，加快推进高水平大学建设的关键时期召开的一次十分重要的会议。大会的主题是：高举中国特色社会主义伟大旗帜，以邓小平理论、“三个代表”重要思想、科学发展观为指导，以省部共建为契机，进一步弘扬师大精神，坚持立德树人，推进综合改革，深化内涵发展，解放思想、凝心聚力、勇于担当、积极作为，奋力开创特色鲜明的高水平大学建设的新局面。

一、五年来的主要工作

校第九次党代会提出了建设高水平大学的奋斗目标，确立了以质量提升为核心的内涵式发展道路，明确了“七大发展战略”的建设举措，为学校事业发展指明了前进方向，提供了行动指南。五年来，校党委深入贯彻党的十七大、十八大精神和中央、省委的决策部署，总揽全局、协调各方，紧紧围绕第九次党代会明确的目标任务，团结带领全校广大党员干部和师生员工，围绕中心抓党建，抓好党建促发展，党建科学化水平有了新提升，学校各项事业发展取得了新突破，为高水平大学建设奠定了坚实基础。

（一）全面加强党建和思想政治工作，党建科学化水平有了新提升

五年来，校党委坚持党要管党、从严治党，全面加强党建和思想政治工作，大力提升党建科学化水平，为学校事业发展提供了坚强保证。

——主题教育实践活动扎实推进。根据中央和省委的统一部署，认真落实了学习实践科学发展观活动整改任务；先后扎实开展了以“强基固本创先进、育人成才争优秀”为主题的创先争优活动、以“保持党的纯洁性、迎接党的十八大”为主题的教育实践活动和以“为民务实清廉”为主要内容的党的群众路线教育实践活动。这些主题教育实践活动的深入开展，进一步提升了学校各级领导班子“把方向、谋全局、抓大事”的能力，增强了基层党组织的创造力、凝聚力、战斗力，强化了党员、干部的宗旨意识和群众观念，有效解决了一系列长期制约学校发展、师生反映强烈的问题，形成了一批实践成果、制度成果和理论成果，全校上下形成了争先进位、干事创业的良好氛围。

——思想政治工作不断加强。高度重视理论武装和思想政治教育。不断健全和完善校院两级中心组学习制度，形成了领导干部带头学习的长效机制。认真组织学习贯彻党的十八大、十八届三中全会和习近平总书记系列重要讲话精神，扎实开展了“我的中国梦”、中华优秀传统文化教育等系列主题宣传教育活动；积极培育和践行社会主义核心价值观，扎实推动了社会主义核心价值观进教材、进课堂、进头脑；充分发挥思想政治理论课主渠道作用，成立了政治学院，深化了思政理论课教学改革，有效推进了思想政治教育进公寓、进社团、进网络；扎实开展辅导员队伍职业化、专业化建设，大力实施“青年马克思主义者培养工程”，学生教育、管理和服务水平不断提升。坚持贴近师生、面向基层，加强典型选树和宣传，涌现出全国优秀思政课教师、党的十八大代表房玫，“中国青年五四奖章”获得者吴青山等一批师生典型，入选中国好人6名、安徽好人2名，入选人数居全省高校前列。

——干部队伍建设成效明显。按照学习型领导班子要求，健全完善校院两级领导班子集体学习、组织生活、工作例会等制度，认真贯彻民主集中制，切实提高校院两级领导班子推进科学发展的能力。坚持“德才兼备、以德为先，注重实绩、群众公认”和“民主、公开、竞争、择优”原则，完善干部选拔任用办法，推行干部试用期制度，注重在实践中考察和选用干部，顺利

完成处级领导班子换届调整和科级干部集中调整，选人用人的公信度进一步提高。完善干部任期目标管理和考核方式，开展了处级领导班子任期目标制订及年度考核、届中考核，广大干部干事创业的积极性和主动性进一步增强。加大了干部教育培训的力度，完成了10期近1 200人次的校本培训，广大干部的党性观念和综合素质进一步提升。共选派30余名干部到校外挂职锻炼，向外输送厅级干部4名、处级干部5名。学校干部队伍结构不断优化、能力不断提升，为推动事业发展提供了坚强的组织保证。

——基层党组织建设切实加强。按照"推动发展、服务师生、凝聚人心、促进和谐"的要求，认真贯彻落实《高校基层党组织工作条例》，制订了学校《院级党组织工作条例》和《基层党支部工作条例》，加强学习型、创新型、服务型党组织建设，推动基层党组织工作的规范化和制度化。扎实开展基层党组织建设年活动，完成了全校院级党组织整体换届，建立并严格执行院级党组织负责人学习例会制度，制订并实施了《学院党政联席会议议事规则》，院级党组织的政治核心作用、党支部的战斗堡垒作用、党员的先锋模范作用不断增强；出台了《党员发展工作实施细则》，严格党员发展工作程序，启动了党员发展答辩试点，开展了全校学生党员集中教育培训，党员发展质量进一步提高。五年来，学校基层党组织工作基础不断夯实、功能不断强化，共发展教工党员101名、学生党员10 313名，获评省级优秀共产党员2人，获省委教育工委表彰先进基层党组织8个、优秀共产党员10人和优秀党务工作者4人。

——党风廉政建设常抓不懈。高度重视党风廉政建设，始终坚持"一手抓事业发展不动摇、一手抓党风廉政建设不动摇"，坚持党委统一领导、党政齐抓共管、部门各负其责、纪委组织协调、依靠师生员工支持参与的领导体制和工作机制，认真落实党风廉政建设责任制。以贯彻执行《关于加强高等学校反腐倡廉建设的意见》《廉政准则》和"中央八项规定"为契机，以党风廉政宣传教育为依托，以制度建设为支撑，扎实开展了"党风、作风、教风、学风"建设年活动和廉政风险防控工作，认真做好省委第五巡视组巡视意见的整改落实，不断推进教育、制度、监督并重的惩治和预防腐败体系建设；加强了对重点领域和关键环节的监督检查，着力规范权力运行机制，严肃查处了新校区工程建设等领域发生的违纪违法案件。党风廉政建设和反腐倡廉工作扎实推进，广大党员干部的廉政意识进一步增强，廉政风险防控长效机制初步建立，"三公经费"支出得到有效管控，维护了风清气正的发展环境。

——和谐校园建设深入推进。坚持以人为本，切实尊重和落实师生的主体地位，积极调动各方面的积极性，不断凝聚推动学校事业发展的智慧和力量。坚持民主治校，建立健全党代会常任制、党代表任期制、教代会年会制以及校领导接待日制度，积极推进党务、校务公开，进一步畅通了师生民主管理、民主参与、民主监督的渠道；加强统战工作，积极为党外代表人士和党外人才发挥作用创造条件，学校现有省、市人大代表、政协委员37人，省人大、政协常委各1人；积极支持工会、共青团、学生会等群团组织工作，切实发挥离退休老同志、关工委、退教协在事业发展中的积极作用。更加注重保障和改善民生，稳步推进了校内津贴收入分配改革，教职工福利水平明显提高，认真做好师生疾病防控和教职工体检工作，切实解决了教职工子女上学问题，加强学生帮扶资助体系建设，学校的发展成果更多地惠及师生员工；全面落实安全稳定目标责任制和包保责任制，建立健全了安全管理制度和应急工作预案，开展安全设施建设和安全隐患排查整治，加强舆情监控、网络与信息安全管理，有效维护了校园安全稳定。

（二）全面实施七大发展战略，学校事业发展取得新突破

五年来，学校深入贯彻落实全国、全省教育规划纲要和教师工作会议精神，不断深化对高水平大学建设内涵的认识，坚定不移地走以质量提升为核心的内涵式发展道路，加强顶层设计和顶层推动，在大力推进"七大发展战略"的基础上，制订并实施了"八个高水平"建设方案和"十二五"事业发展规划，强化年度工作谋划和任务分解，及时将顶层设计转化为实际工作举措，有力推动了学校各项事业的健康发展。

——实施"质量立校"战略，人才培养质量稳步提升。坚持人才培养中心地位，把立德树

人作为根本任务，牢牢抓住质量这个生命线，着力打造“国内一流本科教育”和“国内同类院校领先水平的研究生教育”。

全面贯彻落实“高教30条”，召开校第六次本科教学工作会议，出台了《关于全面提高本科教学质量的实施意见》，进一步加大投入力度，着力推进本科教学建设与改革。调整优化专业结构，组建了新闻与传播学院、法学院，实施辅修与双学位制，完善转专业制度；创新人才培养机制和模式，修订了人才培养方案，组织实施了系列卓越人才培养计划，强化从严治教，加强实践育人环节，完善“三个课堂”联动育人机制。五年来，学校新增专业21个，开设辅修专业12个，获批国家和省级“质量工程”256项，获省级“提升计划”和“振兴计划”654项，新增国家级大学生创新创业训练计划项目218项。学生在各级各类技能竞赛中屡创佳绩，获省级以上奖励1 159项，其中国家级特等奖34项、一等奖82项。

加强学位点建设，新增博士学位授权一级学科5个、硕士学位授权一级学科18个，新增专业学位授权点7个，自主设置二级学科博士点32个、二级学科硕士点114个。加强导师队伍建设，推行学位点负责人制，强化了导师在研究生培养中的主体责任；实施“研究生教育创新工程”和“千人培养计划”，加大联合培养力度，严格过程培养和质量监控，研究生创新能力和应用能力不断提升。入选全省优秀博士学位论文4篇、优秀硕士学位论文49篇，位列省属高校首位。获全国高校“研究生科普研究能力提升类项目”21项，居全国高校前列。

建立健全招生、培养、就业联动机制，开展生源、实习、就业基地建设，在实现生源质量稳步提升的同时，毕业生就业率保持省内高校前列，毕业生对学校就业工作的满意度和用人单位对我校毕业生的满意度不断提升。学校连续6年获“安徽省普通高校毕业生就业工作标兵单位”称号，成功入选“全国毕业生就业典型经验高校”。

积极发展继续教育，在稳步发展学历教育的同时，大力拓展非学历教育，继续教育的质量和效益不断提升。进一步扩大留学生招生渠道，现有留学生231名、生源国达到48个，我校留学生在“汉语桥”比赛中获全省第一并入围全国30强。皖江学院办学质量不断提高，顺利获得独立颁发学士学位资格。附中、附小、附幼的办学水平持续提升，品牌效应日益凸显。

——实施“学科领校”战略，科研实力不断增强。坚持“统筹规划、突出重点、分层建设、整体推进”的思路，贯彻国家“2011计划”的战略思想，切实加强科研平台建设，不断提高科研创新能力。

先后成立了纳米科技交叉科学研究中心、法治中国建设研究院、中国区域文化研究院、随机分析与数理金融研究中心、中国诗学资源发掘与利用研究中心等5个高端研究平台，并跻身国家级“2011计划”司法文明协同创新中心建设成员单位；“功能性分子固体省部共建重点实验室”升格为教育部重点实验室；“皖江城市带退化生态系统的恢复与重建协同创新中心”和“安徽省教师教育协同创新中心”入选省级“2011协同创新中心”。新增省级工程技术研究中心1个、省高校重点实验室1个，校企共建省级实验室2个、省高校人文社科重点研究基地2个。化学工程学科进入ESI全球前1%，中国语言文学、化学、地理入选“省级学科重大建设项目”。

五年来，共获纵向项目1 300余项，经费总额达1.51亿元，同比增长4.4倍，其中，国家级项目283项，同比翻了一番。承担、参与国家哲学社会科学基金重大招标项目、自然科学基金重点项目、星火计划、973、863计划重大（重点）项目共计11项，实现了高级别科研项目的新突破。发表CSSCI、SCI（E）、EI收录论文2 600余篇，出版著作259部，3篇论文入选“中国百篇最具影响国内学术论文”、2部著作入选《国家哲学社会科学成果文库》，获省部级以上科研成果奖78项。文科学报入选2010年全国高校百强社科期刊，理科学报获2013年中国高校科技期刊研究会“高校学科建设贡献奖”。

——实施“人才强校”战略，师资队伍建设取得成效。坚持党管人才的原则，着力深化人事制度改革，坚持引进与培育并举，切实加强师资队伍建设。制订并实施了《引进高层次人才暂行办法》，聘任了特聘教授、兼职教授82名，引进博士105人；加大教职工培养培训工作力度，初步建立了新进教职工培训模式，选派了教师1 079人参加各类进修培训，其中62人赴海外学习培训；支持青年教师成长，实施了青年教师培养计划，恢复了青年教师助教制度，青年教师教学科研能力不断提升。加强师德师风建设，加大了教师考核奖励力度，开展了教师表彰活动，积极营造教书育人、尊师重教的价值导向和舆论氛围。修订了教师系列专业技术职务聘任条件，强化了教学业绩和人才培养效果在职称评聘中的作用，新聘教授120人、副教授129人，获批专业技术二级岗位人员37人。

五年来，新增国家级教学团队2个，“百千万人才工程”国家级人选1人，教育部“新世纪优秀人才”支持计划4人，省级教学名师9人，省级教学团队5个，省“百人计划”2人，“皖江学者”特聘教授1人，省高校领军人才2人、领军人才团队2个，省学术与技术带头人及后备人选78人。目前，学校有专任教师1 402人，其中具有博士学位比例为33.6%、高级职称比例为52%，师资队伍结构不断优化，整体素质稳步提升。学校荣获“全省人才工作先进单位”称号和“合芜蚌自主创新综合试验区创新人才(工作)奖”。

——实施“开放活校”战略，对外交流合作不断加强。主动对接国家和地方重大发展需求，积极融入合芜蚌自主创新综合配套改革试验区、皖江城市带承接产业转移示范区、皖北地区三市六县建设，深入开展产学研合作。先后与5市7县(区)建立了战略合作关系，共建研究中心或产学研基地51个；获批国家级社会工作专业人才培训基地，旅游规划资质升格为国家甲级资质，新增3个省部级服务资质；积极为政府、企业提供科技支持、决策咨询，承担各类横向课题近2 000项，累计到账经费6 500余万元，同比增长4倍；申报发明专利224件、授权发明专利73件，位居全省高校前列。

积极开展国际交流与合作。新增国(境)外合作院校40多所，获批国家级中外合作联合培养硕士项目1个；接待国(境)外来访近500人次，选派教师、干部赴国(境)外访学、进修、交流近150人次，学生出国(境)参与交换就读、交流培养、实习就业、学历提升等项目近300人；与澳大利亚查尔斯·达尔文大学共建了孔子学院。

为加强与校友以及社会各界的沟通和联系，学校成立了校友工作办公室，设立“梦想与传承”优秀校友论坛，定期邀请知名校友来校为学生做成长报告，编印了《校友风采》和《校友通讯》。成立了教育基金会，获得社会协议捐赠3 410万元，有力地支持了学校的建设发展。

——实施“特色兴校”战略，办学特色和优势不断强化。学校不断强化特色发展的意识，立足长期办学过程中形成的学科专业特点和传统优势，不断彰显办学特色、提升办学水平。

依托学校教师教育的办学优势，着力推动教师教育内涵式发展，实施卓越教师培养计划，学生在全国、全省师范生技能大赛中屡创佳绩。积极引领、服务全省基础教育和教师教育发展，牵头成立了“安徽省高等院校教师教育合作委员会”，参加了“长三角教师教育联盟”，着力推动教师教育区域合作和联盟化发展。成立了教育集团及幼教集团，“三附”优质教育品牌进一步彰显。

切实加强特色优势研究领域建设，遴选了“中国语言文学传承与创新、徽学研究、马克思主义中国化理论与实践、教师教育研究、稀土金属有机化学与材料、皖南国际文化旅游示范区协同创新研究、长江中下游濒危物种致濒机制及保护生物学研究、体育社会资源综合研究、媒介文化与传媒产业发展研究、安徽地方音乐文化研究、安徽产业升级与小微企业发展、随机分析与数理金融、原子分子光谱及动力学”等13个特色优势研究领域，进行重点支持和建设。

发挥教育资源优势。加强教育部高校辅导员培训和研修基地、安徽省高校师资培训中心、安徽省高校思政理论课教师培训基地以及各类招生考试阅卷基地建设，成功申报“国培计划”示范性培训机构和应用型高校“双师型”教师队伍建设国家级试点项目，完成了各级各类培训和考试阅卷工作，社会效益和经济效益不断提高。

——实施“文化荣校”战略，校园文化建设成果丰硕。坚持以社会主义核心价值观为引领，以追求真善美为目标，以弘扬师大精神为核心，围绕建设兼容并蓄、文明健康、安定有序的人文师大，进一步加强了对校园文化的研究和利用，成立了校史研究中心，加强对校史、校情和师大精神方面的专题研究，并在师生中全面开展校史校情教育活动，实现校史教育的全覆盖，增强了师生对学校的认同感和自豪感；规范学校形象标识体系，建设了花津校区校园导视系统；组建了青年交响乐团等文化团体，积极开展高雅艺术进校园等高品位校园文化活动，不断满足师生精神文化需求；深入开展精神文明创建活动，推进“学雷锋”活动常态化；大力推进社会实践和志愿服务活动，积极探索社会实践课程项目体系与工作运行机制。学校连续20年荣获全国暑期“三下乡”社会实践活动先进单位，涌现出一大批校园文化活动品牌，其中，“平民电脑学校”荣获教育部优秀高校校园文化建设成果二等奖和“中国青年志愿服务优秀项目奖”。

——实施“依法治校”战略，内部管理水平不断提升。以建立健全现代大学制度为目标，积极探索“党委领导、校长负责、教授治学、民主管理”的有效实现形式。健全并认真执行党委常委会工作规则、校长工作规则、“三重一大”制度等议事规则和决策程序，建立审计公示等一系列制度，认真做好制度“废、改、立”工作，用制度管权、管事、管人的工作机制逐步形成。以转变机关职能和管理重心下移为重点，稳步推进校院两级管理体制改革，进一步明确校院两级管理权限和职责，健全学院党政联席会议制度，成立了学院教授委员会和二级教代会，增强了学校办学活力。完善年度和聘期考核办法，对学院、非教学单位、附属单位开展了分类考核。注重学校发展的科学规划和统筹谋划，成立了发展规划处。加强财务预算管理，强化审计监督。推进大资产管理，实施后勤管理“一体化”改革，组建了新的后勤管理处。根据校园基本建设的需要，成立了基建处。

五年来，学校还积极加强基础能力建设，努力改善办学条件。积极开展了美丽校园、节约型校园、绿色校园建设，着力推动校园信息化建设，推进了文献信息资源共建共享，加快了档案资源全文信息化、数字化建设，完成了文津花园和10栋学生宿舍楼建设工作。学校债务问题得到根本缓解，财务状况明显改善。

尤其值得一提的是，五年来，学校抢抓发展机遇，成功跨入安徽省人民政府与教育部共建高校行列，成功入选国家“中西部高校基础能力建设工程”项目，成为全国首批十所“部校共建新闻学院”试点单位之一，成为安徽省首批“地方高水平大学”建设高校，并获批皖南地区首家出版社，实现了发展平台的大提升，发展空间的大拓展和发展资源的大汇聚。五年来，《人民日报》、新华社、中央电视台等主流媒体对我校的宣传报道达2 000多篇次，学校的办学美誉度不断提升，社会满意度不断提高，对经济社会发展贡献度不断增强，建设一个更加具有实力、充满活力的安徽师大已经成为全体师大人的自觉行动和共同梦想！

各位代表，同志们，上述成绩的取得，是省委、省政府和省委教育工委、省教育厅正确领导的结果，是芜湖市委、市政府和社会各界关心支持的结果，是全校广大党员干部、师生员工共同奋斗的结果。在此，我代表学校党委，向所有关心支持学校建设发展的各级领导、各界朋友和海内外校友表示衷心的感谢！向为学校的建设发展作出积极贡献的师生员工、离退休老同志以及各民主党派、无党派人士表示崇高的敬意！

（三）经验与不足

过去的五年，是学校发展意识特别强烈、发展氛围特别浓厚、发展势头特别迅猛的五年。成绩来之不易，经验弥足珍贵。回顾学校的发展历程，我们的经验和体会是：

——必须始终坚持高举旗帜、把握方向。高举中国特色社会主义伟大旗帜，是高校坚持社会主义办学方向的根本要求；培养德智体美全面发展的社会主义建设者和接班人，是高校的根本任务。只有全面贯彻党的教育方针，大力践行社会主义核心价值观，才能真正解决好“办什么样的大学，怎样办大学”“培养什么人，怎样培养人”这两个根本问题。

——必须始终坚持科学发展、内涵建设。发展是学校的第一要务，科学发展是学校永恒的主题。只有遵循高等教育发展规律，坚持走以质量提升为核心的内涵式发展之路，不断优化顶层设计，大力加强顶层推动，才能找准发展定位、明确发展目标、明晰发展路径、落实发展举措，推动学校事业科学发展、创新发展、和谐发展。

——必须始终坚持以生为本、立德树人。学生是教育的主体，立德树人是高校的首要职能和根本任务。只有牢固树立正确的学生观、育人观，把促进学生健康成长作为学校一切工作的出发点和落脚点，才能真正形成以人才培养质量为核心的价值导向，确立人才培养在学校工作中的中心地位。

——必须始终坚持改革创新、增强动力。改革是最大的红利，创新是不竭的动力。只有顺应高等教育发展大势，冲破妨碍发展的思想观念，革除影响发展的陈规陋习，不断创新有利于推动发展的体制机制，才能最大限度地激活各类办学要素，充分调动师生员工的办学积极性，切实增强学校的发展动力。

——必须始终坚持开放办学、抢抓机遇。开放办学是高水平大学建设的应有之义。只有主动服务国家战略，深度融入地方和区域经济社会发展，广泛开展国际交流与合作，不断强化协同创新，才能拓宽发展视野，汇聚发展资源，赢得发展机遇，促进学校事业持续健康快速发展。

——必须始终坚持追求卓越、自强不息。"厚重朴实、至善致远、追求卓越、自强不息"的精神是师大人战胜一切困难的法宝。师大人总有那么一股劲、一股气，在困难面前从不退缩，在挑战面前主动作为，在责任面前勇于担当，就是因为我们有师大精神。只有始终秉承优良传统，大力弘扬师大精神，才能激发师大人爱校荣校的真挚情怀、攻坚克难的昂扬斗志、继往开来的历史担当，奋力开创高水平大学建设的新局面。

在看到成绩的同时，我们也清醒地认识到，学校的发展与省委省政府的要求、社会各界的希望、师生员工的期待还有较大差距；对照"三严三实"的标准，我们工作中还存在许多亟待解决的问题，比如，人才培养的中心地位和本科教学的基础地位有待进一步落实；科研成果的显示度和社会服务的贡献度有待进一步提升；高层次人才队伍和教学科研团队建设有待进一步加强；鲜明的办学特色和优秀的校园文化有待进一步培育；科学决策和民主决策的机制有待进一步健全；内部考核评价体系和管理体制机制有待进一步完善；教育信息化和"美丽校园"建设的力度有待进一步加大；党建和思想政治工作的针对性、实效性有待进一步提高，等等，这些都需要我们在今后的工作中下大气力认真加以解决。

二、今后五年的主要任务

当前，经济全球化、教育信息化、办学国际化给高等教育带来了新的机遇和挑战，国家现代化建设"五位一体"的总体部署和全面建成小康社会的奋斗目标对高等教育提出了新的要求，党的十八大和十八届三中全会对高校全面加强党的建设、深化综合改革作出了新的部署，打造"三个强省"、建设"美好安徽"的战略对我省高校提出了新的任务。回顾历史，我校86年的办学实践，尤其是近年来的快速发展，提升了学校的综合实力，为推进高水平大学建设奠定了坚实基础。今天，站在新的历史起点上，我们要紧跟社会发展潮流，顺应教育发展大势，谋划科学发展蓝图，全面开启高水平大学建设的新征程。

建设高水平大学是全体师大人共同的梦想。作为全省建校最早的高等学府，安徽师范大学曾经有过"于京沪一带仅次于上海同济大学"的辉煌岁月，也有过20世纪七八十年代江淮英才咸集于斯的办学盛况；曾经有过与历史机遇失之交臂的遗憾，也有过人才相继流失、发展相对缓慢的无奈。而今，经过数十年的奋斗和探索，我们终于找到一条承载师大人梦想的复兴之路，这就是建设特色鲜明的高水平大学的"师大梦"。这个梦想凝聚和寄托了几代师大人的夙愿，体现了学校的整体利益，是全体师大人的共同期盼。

高水平大学建设是一项内涵丰富的系统工程，是一段长期坚持的历史过程，需要一代代师大人坚持不懈地奋斗。实现建设高水平大学的梦想，必须保持昂扬斗志，弘扬师大精神；必须尊重发展主体，凝聚强大力量；必须珍惜发展机遇，推进综合改革。当前，推进综合改革是大学赢得高等教育竞争优势的必然选择，是提升质量、深化内涵的必由之路，是建设高水平大学的根本动力。推进教育综合改革，必须坚持把立德树人、提高质量贯穿始终，更加注重突出人才培养的中心地位，更加注重突出学院办学的主体作用，更加注重改革的前瞻性、系统性、协同性，提高改革决策的科学性，更加注重顶层设计和顶层推动相结合、整体推进和重点突破相促进，加快构建充满活力、富有效率、更加开放的体制机制，不断推进学校科学发展。

对此，我们一定要认清形势、明确方位、抢抓机遇、改革创新、乘势而上，力争到建校100周年时，把学校建设成为全国同类院校一流、特色鲜明的高水平大学。我们坚信，建设高水平大学的“师大梦”一定会实现！

今后五年，学校工作的指导思想和工作思路是：高举中国特色社会主义伟大旗帜，以邓小平理论、“三个代表”重要思想、科学发展观为指导，认真学习贯彻党的十八大、十八届三中全会和习近平总书记系列重要讲话精神，始终坚持立德树人这个根本任务，紧紧围绕内涵发展这条主线，牢牢抓住综合改革这个突破口，有效依托省部共建高校和安徽省地方高水平大学建设高校等发展平台，大力弘扬师大精神，认真贯彻从严治校、从严治教、从严治学，在更高起点上推进“七大发展战略”和“八个高水平”建设，团结带领全校师生员工，进一步解放思想、凝心聚力、勇于担当、积极作为，着力建设实力师大、特色师大、活力师大、开放师大、幸福师大，奋力开创特色鲜明的高水平大学建设的新局面。

今后五年，学校工作的主要任务和举措是：

（一）以深化内涵建设为主线，着力建设“实力师大”

立德树人、提高质量是高等教育综合改革的根本任务。建设“实力师大”，必须全面深化人才培养机制改革，深入推进人事制度改革，不断提升学科建设水平，始终把人才培养工作、师资队伍建设和学科建设放在学校最重要的位置高度重视、常抓不懈。

——全面深化人才培养机制改革。人才培养是大学的第一职能，不断提高人才培养质量是建设高水平大学的第一要务。要紧紧围绕立德树人这一根本任务，进一步更新人才培养理念，创新人才培养机制，建立以学生学习与发展成效为核心的教育质量观，强化学生和教师在教育教学中的主体地位，充分调动学生学习的积极性、主动性，提高学生自主学习能力，提升教师的教育教学水平，促进学生成长成才，为学生长远发展奠定基础。

始终把本科生作为人才培养的重点，着力培养国内优秀本科人才。根据经济社会发展需求，适度调整优化专业结构，加强教师教育类、艺体类特色专业建设，培育打造新的特色专业；深化教育教学改革，创新人才培养模式，深入实施“卓越人才培养计划”，强化实践育人，加强艺术教育和体育教育，提高学生实践能力和综合素质；完善专业负责人制度，加强协同联动，建立以专业负责人为主导的“教、学、管”一体化、“三个课堂”联动的工作机制；主动适应教育信息化的要求，以信息化推动教育教学现代化，加强教学资源建设，不断探索人才培养模式和教学组织、管理、评价方式的改革。

以提高学术型研究生创新能力和专业学位研究生应用能力为核心，全面深化研究生教育改革，着力打造同类院校领先水平的学位与研究生教育。进一步加强学位点建设，优化学位点布局结构，开展学位点动态调整和合格评估，积极申报新的学位授权点。加强学位点负责人制度建设，改革研究生培养模式，健全师生双向互选、专业学位双导师制，不断强化导师在研究生培养中的主体责任，推进分类培养和联合培养，积极构建协同育人机制。

主动适应和积极探索考试招生制度改革，完善招生、培养、就业互动的工作机制。加强生源基地建设，不断提高生源质量。探索建立部门指导、学院负责、学生自主的学生日常教育与管理工作体制机制。强化就业创业指导服务，促进毕业生高质量就业。

支持继续教育健康发展，努力提升继续教育办学质量和水平。进一步扩大留学生规模，加大留学生学历教育比重。继续加强对皖江学院的支持和指导，积极探索合作共建的途径和机制。支持附属学校加强自身建设，巩固和扩大优质教育资源的品牌优势。

——继续推进人事制度改革。人才是大学的第一资源，高素质的教师队伍是高水平大学建设最关键、最核心的要素。要坚持党管人才的原则，树立正确的人才观，把师资队伍建设作为学校最重要的基础性工作来抓。紧紧围绕人才培养、特色学科、特色专业、优势领域和高端科研平台建设需要，科学编制人才队伍建设规划，不断推进人事制度改革，完善人才工作机制，按照“有理想信念、有道德情操、有扎实学识、有仁爱之心”的好老师标准，精心打造一支“师德高尚、业务精湛、结构合理、充满活力”的高素质教师队伍。构建符合学校事业发展需要、在编人员占较大比例、人事代理逐步扩大、外聘人员为有力补充的师资结构体系。加强师德师风建设，切实增强广大教师教书育人的使命感和责任感。加强引进培育工作力度，积极实施“领军人才引进计划”，着力汇聚教学领军人物和学科领军人物；积极实施“海外培训百人计划”，着力拓展广大教师的国际视野；积极实施“青年教师提升计划”，着力提升青年教师的业务能力和水平。完善岗位聘任和考核，推进目标管理，进一步建立能上能下、能进能出的聘用机制。积极推进师资队伍、管理队伍和后勤保障队伍协调发展，着力打造一支适应高水平大学建设需要的办学骨干队伍。

——不断提升学科建设水平。学科建设水平是高校四大职能的根本支撑和办学综合实力的重要体现。要围绕知识创新和国家、区域经济社会发展需求，科学制订学科建设发展规划，改革并不断完善学科建设运行机制，建立健全学科投入保障机制和激励机制。在现有基础上进一步凝炼学科方向，加大整合力度，优化结构布局。坚持择优扶重、重点突破的原则，重视基础学科，加强应用学科，发展新兴学科，重点建设一批对学校长远发展有重要影响的优势学科和交叉学科。积极开展学科评估，着力强化各类学科平台和创新团队建设，全面提升我校学科水平和原始创新能力。

紧紧抓住国家进一步繁荣发展哲学社会科学的战略机遇，遵循哲学社会科学发展规律，推进学校哲学社会科学学科体系建设。大力实施学校《哲学社会科学繁荣发展计划》，立足科学前沿，注重现实需求，突出特色发展，更加注重马克思主义中国化、社会主义核心价值观、中华优秀传统文化、“中国梦”等重大理论问题的基础研究，更加注重区域社会发展现实问题的对策研究，更加注重彰显办学实力和学科优势的特色研究，更加注重优秀成果的转化普及和国际传播，更加注重发挥哲学社会科学的育人功能。努力打造一支高素质人才队伍，推出一批重大成果，建立一批高水平智库，确保我校哲学社会科学的学科建设和研究水平在国内同类高校中保持一流水平。

（二）以教师教育改革为重点，着力建设“特色师大”

特色是大学品牌和名片，更是大学核心竞争力的根本所在，决定着大学的生存空间。建设“特色师大”，必须坚持科学定位，重点突破，优势培育，展我所长，巩固传统优势，发展特色优势，创造新的优势，形成特色鲜明的学科专业、优势明显的科研领域、独具风格的大学文化，不断增强学校的核心竞争力。

——全面推进教师教育改革。突出师范院校的本质属性，进一步彰显教师教育特色，充分发挥对我省基础教育和高等师范教育的引领示范作用，是今后一段时期“特色师大”建设的首要任务。要主动应对教育改革发展对教师队伍建设的新要求，科学制订教师教育改革发展总体规划。以培养卓越教师为导向，全面推进招生、课程、教学、师资、评价为重点的教师教育领域综合改革。建立高校与地方政府、中小学“三位一体”协同培养新机制；加大投入，有效整合办学资源，建设好教师教育协同创新中心和教师能力发展平台；积极构建学校与中小学、教研机构、企事业单位和教育行政部门“协同教研”“双向互聘”“岗位互换”的师资队伍建设新机制；完善专业结构和素质结构精品化、职前与职后一体化、本科与研究生培养系列化的教师教育体系，着力培养师德高尚、专业基础扎实、教育教学能力和自我发展能力突出的高素质专业化教师教育人才。努力把我校建设成为全国有较大影响的教师教育人才培养、培训基地，基础教育、职业教育、高等教育理论研究基地，教育事业改革与发展的智囊团和思想库。

——不断强化科学研究特色。科研创新能力是高水平大学的重要标志。要瞄准科学前沿，强化问题导向，不断完善科研创新体系建设，全面提升学校科研创新能力，力争引育一批领军人物、打造一批优秀创新团队、产出一批有影响的研究成果，为学校高质量人才培养提供有力支撑。按照“省内领先、国内一流”的要求，着力加强徽学、唐宋文学、金属有机化学等具有良好基础的特色优势研究领域的建设，遵循学术研究规律，鼓励学科交叉融合，整合校内外资源，积极培育和扶持一批新的特色优势研究领域。深入实施“创新能力提升计划”，切实加强现有“高端科研平台”和“协同创新中心”建设，积极培育若干新的“高端科研平台”和“协同创新中心”，建立健全与政府、高等院校、科研院所、企事业单位的协同创新体制机制，鼓励、促进并带动校内相关学科的协同创新。进一步加强学术规范和学术道德建设，强化学术自律，规范科研行为和经费使用，努力营造良好的学术氛围。创造宽松的科研环境，支持和鼓励教师开展具有个人研究特色的系统性研究。

——精心打造师大文化特色。大学文化凝聚着学校的办学理念、优良传统和大学精神，是学校办学中师生员工共同培育形成并遵循的价值取向和行为规范。要增加投入，加强校史研究和校园文化研究，全面总结挖掘师大精神的丰富内涵。以社会主义核心价值观为引领，着力写好学校历史，弘扬办学传统，讲好师大故事，凝炼师大文化，切实将以校训、师大精神、优良的教风学风为主要内容的师大文化融入到各项工作之中，让这些具有鲜明特色的师大文化浸润师生的心田，真正成为全体师生员工的行为准则、精神动力和价值追求。积极推进图书馆、档案馆、博物馆、体育馆、生物标本馆等文化阵地建设，深入开展校史校情教育，不断增强师生对学校的认同感、自豪感、责任感和爱校、荣校意识。支持开展高品位的文化活动，举办具有师大特色的名家讲座，搭建专家与学生交流的平台，加强校园网络文化建设，传播中华优秀传统文化，提升师生审美能力和人文素养。

（三）以校内管理体制改革为突破口，着力建设“活力师大”

学校要发展，根本靠改革。完善治理结构，提高治理能力，激发办学活力，是高水平大学建设的必由之路。建设“活力师大”，必须全面深化改革，构建充满活力、富有效率、更加开放、有利于学校科学发展的体制机制。

——努力推进治理体系和治理能力现代化。大学章程是高校依法自主办学的基本准则。认真制订并组织实施大学章程，逐步构建现代大学制度体系，坚持党委领导下的校长负责制，进一步完善党政议事规则和决策程序。成立学校教授委员会，充分发挥以教授为代表的教师队伍在学校管理特别是学术事务管理中的作用。积极拓展师生民主管理、民主参与和民主监督的途径。深化校院两级管理体制改革，进一步转变机关职能和工作方式，稳步推进管理重心下移，不断扩大学院办学自主权。进一步完善学院管理架构，切实强化学院职责和权限，增强学院自我管理、自我发展的能力。以人才培养为导向，创新资源配置机制，充分发挥资源配置对提升人才培养质量的基础保障作用。

——不断健全科学评价体系。评价体系是学校政策导向和价值导向的根本体现，是激发办学活力的重要途径。要遵循高校办学规律，推进各类评价改革，积极构建以育人为中心、质量为导向的综合考核评价体系，逐步建立和完善人才培养、专业建设等各类质量标准。以开展本科教学审核评估、学位点评估为契机，建立健全科学合理的分类评价、公开公正的开放评价和以育人为导向、教学与科研、社会服务业绩并重的教师考核评价体系。根据人才培养目标和标准，对学生知识、能力和素质进行全面科学评价，建立健全学生评价体系，完善学生评价机制，鼓励学生多样化发展。逐步建立以教学效果和育人成效为导向的教学业绩评价体系、以创新水平和成果质量以及科研成果转化效益为导向的科研业绩评价体系、以目标责任和工作绩效为导向的管理工作评价体系，探索建立不同学院、不同学科专业、不同类型教师的分类评价体系。在健全评价机制的基础上，严格工作考评，构建奖惩机制，规范表彰奖励，进一步引导师生员工树立正确的价值取向。

——切实加强教育信息化建设。信息技术的全面渗透深刻影响着教育理念、模式和走向，教育信息化是现代大学增强创新能力、焕发生机活力的重要支撑。要建立健全有利于推进教育信息化的体制机制，有效统筹整合校内外各种资源，加强校园网络基础设施升级改造，加快大数据平台和优质网络资源建设，着力推进信息技术与学校建设发展深度融合，促进教育教学、科技创新、管理服务手段和方法现代化。加快建成技术先进、资源丰富、应用广泛、安全高效的校园信息化体系，积极推进课程资源、实验平台、图书资料、文献档案等资源共享，探索建立资源共建共享机制。加强学校师生综合服务信息系统和管理信息系统建设，逐步形成涵盖学校管理服务各项功能的信息化平台。全面提升校园信息化应用与服务水平，不断推动决策科学化、服务便捷化、效能最大化。

（四）以提升办学影响力和贡献度为目标，着力建设“开放师大”

越是深化综合改革，越需要扩大对外开放。建设“开放师大”，必须进一步解放思想，拓宽办学视野，大力推进对外交流与合作，不断提升学校的社会影响力和国际化水平。

——全面加强对外合作交流。主动寻求教育部、省政府对学校的指导和支持，把省部共建高校相关政策用好、用活、用足。积极探索建立校际、校地、校企协同合作机制，在人才培养、科技创新、资源共享等方面广泛开展合作。面向国内重点大学和科研院所，共建学科专业、开展师生互派、设立平台联盟，共享优质教学科研资源。面向地方政府部门和企事业单位，通过共商人才培养标准，强化学生实习实训，加强人员互派挂职，共建研发基地，推进人才联合培养和科研协同创新。注重发挥校友会在联系、服务校友方面的独特优势，充分调动广大校友对学校办学的参与和支持。积极支持教育基金会发展，进一步为学校建设发展广泛汇聚资源。

——主动服务经济社会发展。服务经济社会发展是现代大学的重要职能。要充分发挥人才优势、科技优势、资源优势，结合学科专业特点，构建新型社会服务体系，拓宽社会服务领域和渠道，积极融入国家和地方经济社会建设。深化产学研合作，建立各类战略合作联盟和科研成果转化平台。进一步整合资源，发挥学校办学特色优势，认真开展“国培计划”和高校辅导员、思政课教师、高校师资等各级各类培训，加强考试阅卷基地建设。继续引领服务全省基础教育，打造具有较大社会影响力的服务品牌，办好教育集团及幼教集团，为社会提供更多优质教育资源。办好出版社、学报和学刊，发挥窗口作用，扩大办学影响力。切实做好有关对口帮扶工作。

——不断提升办学国际化水平。加强国际交流与合作是现代大学建设的必然要求，是高水平大学的重要特征。要主动适应高等教育国际化的时代潮流，强化国际化办学理念，坚持走出去，请进来，推动教学、科研和管理工作与国（境）外大学之间的交流合作，拓宽教职工的国际视野，扩大学校的国际影响力。借鉴引进国外先进办学理念、优质办学资源、人才培养模式和评价标准，探索创建一批参与国际交流的学科专业和特色课程，推进联合培养，开展学生互换、学分互认和学位互授，进一步完善学生的知识结构和能力结构，提升人才培养的国际视野。注重引进具有海外学习或工作经历的高层次人才，聘请高水平海外专家来校讲学、任教，支持教师赴国（境）外攻读学位、访学研修，鼓励支持教师参与国际合作研究和学术交流。推进与世界高水平大学和科研机构的合作交流，联合开展科学研究和技术创新。充分发挥华文教育基地作用，加强汉语国际推广，用好现有孔子学院平台，主动创造条件，建设新的孔子学院。积极支持广大师生参与国际文化交流。

（五）以提升师生幸福指数为目标，着力建设“幸福师大”

发展依靠师生，发展也为了师生。建设“幸福师大”必须以构建美丽校园、和谐校园、平安校园为抓手，着力营造安全、有序、美丽、和谐的校园环境，实现学校事业健康发展与师生员工幸福指数不断提升的和谐统一。

——进一步推进“美丽校园”建设。根据学校实际和发展需要，修订完善校园建设规划，进一步论证和明确各校区功能定位，切实做好校区功能配套与环境整治工作，加强在建项目质量监控与过程管理，做好拟建项目的规划论证工作，进一步提高综合服务保障能力。按照“整体设计、合理布局、突出重点、分步实施”的原则，积极开展自然景观改造和文化景观建设，重点建设一批文化广场、主题雕塑、主题文化石、文化长廊等高品位的文化景观。全面开展校园精神文明创建，争创全省教育系统文明单位。不断加强节约型校园建设，着力提高资源利用效率。努力构建风景优美、功能齐全、文明高雅的绿色校园、生态校园、人文校园，为师生员工提供良好的学习工作条件和环境。

——大力加强“和谐校园”建设。建立完善符合学校实际、体现岗位绩效和分类分级管理的教职工收入分配制度和合理增长机制，持续提高教职工福利待遇。以服务教学科研一线为导向，以提升服务质量为目标，加强校内公共服务保障体系建设，建立师生事务综合服务中心，切实提高学校综合服务效能。健全师生利益诉求和反馈机制，建立完善困难师生帮扶体系，关心学生健康成长，着力解决事关教职工切身利益的实际困难，切实维护师生合法权益。高度重视师生身心健康，提高医疗保障水平，推广全民健身运动。全面营造公平公正的发展环境，激励广大师生员工为学校发展贡献智慧和力量。

——深入开展“平安校园”建设。严格落实安全稳定工作目标责任制、包保责任制和责任追究制，健全安全稳定工作领导体系和责任体系，积极构建人防、物防、技防有机结合、务实管用、与高水平大学建设相适应的校园安全保卫工作体系，不断增强维护学校安全稳定的综合能力。进一步加强网络信息的有效管理，提升校园网络安全管理水平。进一步加强安全基础设施建设，实施学生宿舍区分区管理，推动开展校园及周边综合治理，加大安全隐患排查整改力度，加强校园交通安全、消防安全和重点部位的管理。定期开展各类应急演练，提高突发事件应急处置能力和师生的安全防范意识，确保校园安全稳定。

三、全面提高党的建设科学化水平

推进高水平大学建设，是时代赋予我们的历史责任和神圣使命。今后五年，学校党的建设必须紧紧围绕高水平大学建设这个中心，坚持党要管党、从严治党，着力加强党的思想建设、组织建设、作风建设、反腐倡廉建设、制度建设，全面提高党建科学化水平，为学校事业发展提供坚强有力的保证。

（一）着力加强思想政治建设，不断夯实事业发展的思想基础

以学习贯彻党的十八大、十八届三中全会和习近平总书记系列重要讲话精神为主线，深入开展党的理论学习教育，弘扬理论联系实际的学风，切实提高领导班子和党员干部的思想理论水平。牢牢把握意识形态工作的领导权、管理权、话语权。推进完善校院两级党委中心组学习和党员、师生学习制度，发挥党校主阵地作用和思想政治理论课主渠道作用，拓宽学习平台，丰富理论学习教育形式，真正做到学以致用、学用相长。积极培育和践行社会主义核心价值观，大力弘扬中华优秀传统文化，不断用中国特色社会主义生动实践感染教育广大师生。加大典型选树、宣传和表彰力度，把“教书育人、管理育人、服务育人”落到实处，形成全员育人、全方位育人、全过程育人的良好氛围。以坚定理想信念为重点，加强和改进青年教师、大学生思想政治教育工作，创新思想政治教育工作方式方法，推进思想政治理论课教师队伍和辅导员队伍建设，促进思想政治教育与专业教育相互融合，适应网络时代的要求，发挥微博、微信等新媒体的育人功能，把思想政治工作与解决师生的实际困难紧密结合，不断提高思想政治教育的针对性、实效性和感染力。

（二）着力加强干部队伍建设，切实提高办学治校的能力水平

认真贯彻落实民主集中制，坚持党管干部的原则，按照社会主义政治家、教育家的要求，切实加强学校领导班子建设，不断提高党委“把方向、谋全局、抓大事”的决策水平和班子成员“观大势、谋大事、促发展”的工作能力。严格按照新时期“好干部”要求，根据新的《干部选拔任用条例》，修订完善学校干部选拔任用相关制度，努力形成有效管用、简便易行、有利于优秀人才脱颖而出的选人用人机制。认真做好处级领导班子换届调整和处科级干部选拔任用工作，加强干部轮岗交流，加大优秀年轻干部和后备干部培养力度，探索开展干部队伍分类培养与分类管理。根据学校事业发展和干部队伍建设的需要，强化干部教育培训工作的质量，不断提高广大党员干部推动事业发展、构建和谐校园的能力水平。坚持群众公认、注重实绩的价值导向，建立完善述德、述职、述廉、述学相统一，平时考核、年度考核、任期考核相一致，领导评价、群众评价、个人评价相结合的干部考核评价体系。努力建设一支信念坚定、为民服务、勤政务实、敢于担当、清正廉洁的干部队伍。

（三）着力加强基层党组织建设，逐步建立创先争优的长效机制

按照《高校基层党组织工作条例》和省委《实施办法》的要求，坚持重基层、打基础、抓创新、求实效，着力加强学习型、服务型、创新型基层党组织建设，充分发挥院级党组织的政治核心作用和党支部的战斗堡垒作用。进一步完善

党代会常任制，充分发扬党内民主。优化基层党组织设置，选优配强基层党组织领导班子，严格党的组织生活，扎实开展基层党组织结对共建，组织开展党建理论研究和党建活动项目创新，认真开展党员民主评议和评先评优活动，逐步建立巩固创先争优长效机制，不断激发党组织的生机活力。认真贯彻落实《中国共产党发展党员工作细则》，按照"控制总量、优化结构、提高质量、发挥作用"的要求，规范发展党员工作，严格发展程序，进一步做好入党积极分子和党员教育培训，健全党员教育、关怀、帮扶、激励、惩戒机制，充分发挥广大党员的先锋模范作用。

（四）着力加强作风建设，积极营造求真务实的工作氛围

深入贯彻"中央八项规定"和习近平总书记"三严三实"要求，进一步巩固党的群众路线教育实践活动成果，深入工作实际和基层一线，密切联系师生，构建作风建设的长效机制。完善校领导接待日制度、联系基层制度，健全领导干部深入教学科研管理一线调研制度和党员联系服务师生制度。加强机关作风建设，转变职能，简政放权，切实提高行政效率和管理效能。改进文风会风，开展公务用车制度改革，严格控制"三公"经费支出。坚持从严治校、从严治教、从严治学，以加强教育、健全制度、严肃纪律为抓手，切实加强执行力建设，继续加强对庸懒散奢等不良风气的整治力度，以优良党风促校风带教风正学风，不断营造求真务实的工作氛围。

（五）着力加强反腐倡廉建设，努力打造风清气正的办学环境

反腐倡廉必须常抓不懈，拒腐防变必须警钟长鸣。要坚持一手抓事业发展、一手抓党风廉政建设，两手抓、两手都要硬。坚持标本兼治、综合治理、惩防并举、注重预防的方针，认真贯彻执行《建立健全惩治和预防腐败体系2013—2017年工作规划》，全面落实党风廉政建设责任制，强化党委的主体责任和纪检监察部门的监督责任，进一步推进惩治与预防腐败体系建设。通过个人有关事项报告、诫勉谈话、经济责任审计等方式，切实加强对党员领导干部的教育、监督和管理，强化经济责任审计问题的整改和审计结果的运用。切实加强廉政风险防控，坚持用制度管权管事管人，完善公务支出、公款消费监督检查机制，加大对重点领域和关键环节的监管力度，探索科学有效的权力制衡机制，促进权力规范透明，努力从源头上防治腐败。坚持抓早抓小抓苗头，强化责任考核与问责追究，健全信访举报查处反馈机制，持之以恒正风肃纪，坚决查办违纪违法案件，以零容忍态度惩治腐败，大力推动学校各项事业持续健康发展。

（六）着力加强统战群团工作，全面凝聚共谋发展的师大力量

积极落实各项统战政策，着力抓好党外后备干部队伍建设，充分发挥党外人士建言献策和参与学校民主管理等方面的作用。认真做好离退休工作，切实关心老同志的生活和健康，加强关工委、退教协建设，充分发挥老同志在学校建设发展中的重要作用。加强教代会、工代会的规范化、制度化建设。坚持党建带团建，充分发挥共青团作为党的助手和后备军的作用，支持学生会、研究生会、学生社团联合会依照章程创造性地开展工作，切实发挥学生"自我教育、自我管理、自我服务"的作用。不断激发全校上下参与学校建设发展的积极性和主动性，全面凝聚推动学校建设发展的强大力量。

各位代表，同志们！

八十六载巍巍师大，薪火相传、砥砺前行，我们的前辈们在这片土地上谱写了一曲厚重朴实、至善致远、追求卓越、自强不息的历史颂歌！站在新的历史起点上，高水平大学建设的"师大梦"令人鼓舞、催人奋进。让我们高举中国特色社会主义伟大旗帜，以更加坚定的信念、更加开阔的视野、更加昂扬的姿态、更加务实的作风，同心同德、锐意进取、勇于担当、积极作为，为开创特色鲜明的高水平大学建设的新局面而努力奋斗！

聚焦中心任务　建设廉洁校园
努力构筑与高水平大学建设相适应的监督保障体系

——中共安徽师范大学纪律检查委员会向中共安徽师范大学第十次代表大会的工作报告

（2014年9月27日）

程　度

各位代表、同志们：

现将学校第九次党代会以来校纪委的工作情况和对今后工作的建议，向大会报告，请予审议。

一、五年来的主要工作

第九次党代会召开以来，校纪委在上级纪委和学校党委的领导下，高举中国特色社会主义伟大旗帜，认真履行党章赋予的职责，坚持标本兼治、综合治理、惩防并举、注重预防的方针，紧紧依靠全校各级党组织和广大师生员工，扎实推进党风廉政建设和反腐败工作，积极构建教育、制度、监督并重的惩治和预防腐败体系，较好地完成反腐倡廉各项任务，为维护学校改革发展稳定大局、促进高水平大学建设作出了积极贡献。

（一）扎实开展宣传教育，增强党员干部廉洁自律的自觉性

教育是反腐倡廉建设的基础。学校党委把党风廉政宣传教育纳入党建和思想政治教育总体规划，校纪委加强组织协调，出台了《关于构建反腐倡廉教育长效机制的意见》，努力打造“大宣教”格局。

一是认真贯彻上级精神。每年年初及时传达学习中央纪委、省纪委全会和全省教育系统党风廉政建设工作会议精神，布置年度党风廉政建设任务，做到与业务工作同布置、同检查、同落实、同考核。校纪委认真抓好省委巡视组巡视整改意见的落实和党的群众路线教育实践活动督查整改工作。引导并督促各院级党组织，结合廉政风险防控、作风建设等活动，切实把党风廉政建设和反腐倡廉各项要求贯穿其中，营造上下联动、齐抓共管的良好氛围。

二是大力开展主题教育。坚持以党员领导干部为重点，围绕主题，多次开展党风廉政专题教育活动；举行反腐倡廉报告会，开展纪念建党90周年反腐倡廉知识竞赛；组织参观“全国检察机关惩治和预防渎职侵权犯罪展览芜湖巡展”；赴合肥蜀山监狱开展警示教育日活动；组织观看《忠诚与背叛》《四风之害》等警示教育片；适时为党员干部配发廉政学习材料，引导党员干部坚定理想信念、树立廉洁意识、筑牢思想防线。

三是切实加强作风建设。校纪委着力抓好中央“八项规定”精神的贯彻落实。2013年以来，将招待费、包车费、劳务费等“三项费用”支出问题作为作风建设整治的重点，建立年度支出统计报告和公开制度，强化经济责任，提升管控能力，创建节约型校园。先后开展规范公务消费集体约谈、通报提醒5次；结合重要节庆时点，印发《加强廉洁自律和厉行节约工作的通知》，编发廉政提醒短信。

四是积极培育廉政文化。开展“倡廉洁、树清风”优秀廉政公益广告集中展播、“拒腐防变每月一课”等教育活动；组织师生参加全国高校廉政文化作品大赛、全省“勤廉颂”文艺调研节目创编活动，摄影作品《清》获全国高校廉政文化作品大赛三等奖；与党委宣传部共同开展“抓四风、促廉政”主题征文；利用敬文讲坛、学生党校等平台开展党的纪律教育、廉政文化教育。学校被省纪委确定为全省信息报送重点高校。

（二）不断加强制度建设，构建惩治和预防腐败体系

制度建设带有根本性、全局性、稳定性和长期性。校纪委协助党委抓好《关于加强高等学校反腐倡廉建设的意见》和党风廉政建设责任制的贯彻落实，推进反腐倡廉制度创新，努力构建惩治和预防腐败体系，廉政风险防控工作取得阶段性成效。

一是认真落实党风廉政建设责任制。贯彻执行《安徽省高等学校党风廉政建设责任制实施办法》，坚持“党委统一领导、党政齐抓共管、纪委组织协调、部门各负其责、群众支持参与”

的领导体制和工作机制。修订了《安徽师范大学党风廉政建设责任制实施办法》，调整充实党风廉政建设责任制暨惩防体系建设工作领导小组，明确责任内容及考核追究办法，坚持“一岗双责”。签订《党风廉政建设责任书》，开展遵守《廉政准则》情况登记报告、述职述廉，建立领导干部电子廉政档案。出台《“三重一大”决策制度实施办法》《处级领导干部问责制实施办法》《处级领导干部廉洁自律若干规定》等制度，把廉政建设和履行责任制情况纳入处级领导班子任期目标考核之中，不断强化推进党风廉政建设的整体合力。

二是努力构建惩防体系基本框架。坚持教育、制度、监督、改革、纠风、惩处“六位一体”的工作举措，整体推进《建立健全惩治和预防腐败体系2008—2012年工作规划》的落实。五年来，校纪委会同有关部门建立健全规章制度18项，系统梳理并汇编“三重一大”及民主科学决策、干部人事、基建工程、物资采购、招生考试、科研管理、国有资产管理、财务管理等13个系列规范性制度145项，进一步完善学院层面党政联席会、二级教代会、教授委员会章程等制度，形成具有高校特色的惩防体系基本框架。

三是扎实开展廉政风险防控工作。2012年，我校被确定为全省廉政风险防控试点单位。学校通过清权确权、查找廉政风险、制订防控措施、规范权力运行、实施风险预警等举措，完成试点工作，取得初步成效。此后，又开展了廉政风险防控“回头看、回头查、回头改”，在预防腐败方面作出了有益探索。全校共清理出职权367项，绘制流程图322份，查找廉政风险点609个，确定高等级风险点196个，制订防控措施1 314条，实施警示提醒、诫勉纠错、责令整改“三级预警”。通过建立健全宣传教育、风险监测、预警纠错、评估修正等机制，为全省高校廉政风险防控工作全面展开积累了经验。五年来，共发出监督建议书15份，谈话函询处级干部25人次，收到干部职工主动上交的礼金1.4万元、购物卡5.55万元、贵重礼品3件，全部按规定纳入学校资产和财务统一管理。

（三）着力强化重点监督，推进权力公开规范运行

反腐倡廉，监督是关键。校纪委、监察处结合实际，严把招生录取、基建项目、物资采购、财务管理、科研经费、校办企业、学术诚信等“七个关口”，加强执法监察、廉政监察和效能监察，推进廉政建设与内部管理工作相互融合。

一是加强对干部人事工作的监督。严格执行干部选任“四项监督”制度，认真做好干部提任前听取纪检监察部门意见相关工作，对拟提任干部进行“廉政鉴定”，不断完善干部选任监督机制。严肃换届工作纪律，落实述职述廉、诫勉谈话、函询、报告个人事项等制度，在干部离任时实行“阳光交接”和经济责任审计。重视人才选聘工作的公平公正，配合有关部门把好人才选拔的资格审查关和程序关，杜绝不规范操作，进一步提高招聘工作的公信力。

二是加强对招生考试工作的监督。五年来，校纪检监察部门担负着全省普通高校招生考试与评卷六大基地的纪检监察工作，担负着播音与主持艺术、运动训练等八个专业校考的纪检监察工作。工作中，我们认真贯彻上级主管部门关于招生考试的各项规定，大力推进“阳光工程”，做到“六不准、十严禁、十公开”；坚持对考务人员进行廉洁宣传教育，明确职责和纪律；加强程序监督，实施现场监察和科技防控；畅通信访渠道，受理考生及家长申诉；配合招生部门严格把关，积极防范违纪行为的发生。五年来，每年抽调管理干部200余人次参加各类招生考试监察工作，查处各类违纪考生116人，切实维护招考工作的严肃性和公平公正。

三是加强对招投标工作的监督。参与修订《招标管理暂行办法》《采购管理规定》等制度，优化工作流程，完善评标专家库，强化纪律约束。加强对投标资质和商品质量的审查，强化对开标、评标、决策等环节的监督，推进依法招标和科学管理。实施行贿企业黑名单制度，已将43家涉案行贿企业列入黑名单。实施廉洁准入制度，要求企业投标时必须提供检察机关开具的《无行贿犯罪记录查询证明》，先后对弄虚作假、串通投标的39家企业进行了查处，并限制三年内不得进入学校市场。

四是加强对专项工作的治理。为切实维护学校和师生利益，根据上级统一部署，先后牵头或协调开展了工程建设领域突出问题、庆典研讨会论坛活动、教育收费、“小金库”、干部住房

问题、会员卡自行清退、党员领导干部经商办企业等专项治理活动。根据学校要求，纪委办公室（监察处）还对2011年以来全校经济合同执行情况进行了专项检查；加强对文津花园、空调进校园等工程建设的监督。

五是加强内部审计监督。五年来，审计部门开展了干部任期经济责任审计50人次，提出审计整改建议124条；完成财务收支审计、专项审计调查等10项，提出审计建议56条；完成基建修缮工程造价审计535项，核减工程造价4 081.94万元，节约了建设资金，提高了使用效益。通过审计和审计整改，促进相关单位内部控制制度建设，增强经济责任和遵守财经纪律的意识，切实发挥内审的监督作用。

（四）严肃查处各类案件，维护党纪政纪严肃性

反腐倡廉，惩处是手段。学校坚持“一手抓高水平大学建设不动摇，一手抓党风廉政建设不动摇”，严肃查处违纪违法案件，做到教育与惩处并重。

一是认真受理群众信访举报。校纪委制订并出台了《纪检监察信访举报工作实施细则》，认真落实信访工作责任制。在信访办理中，坚持重调查、重证据、重程序，努力做到“件件有落实，事事有结果”。五年来，共受理信访举报219件次，立案3件，给予党纪政纪处分2人，通报批评1人。2011年1月，学校被省纪委确定为“省级纪检监察信访举报工作联系点”。有1名纪检干部被省纪委、省监察厅授予“全省信访举报工作先进个人”称号。

二是坚决查处违纪违法行为。学校党委一直高度重视党风廉政建设，但令人痛心的是，仍有少数干部职工不能严格要求自己，以权谋私。五年间，我校因职务犯罪被检察机关立案19起，涉及处级以上干部11人，给予党纪政纪处分19人，追究法律责任17人。这些案件虽然大多反映的是2001年至2008年学校大规模集中建设时期的问题，但给现阶段我校的事业发展带来很大影响，造成严重伤害。剖析其原因，既有少数干部心态失衡、私欲膨胀、思想防线松弛、法律意识淡薄等主观因素，也有社会环境等外部因素，同时也说明学校管理的监督制约机制还不够完善。对此，学校一方面旗帜鲜明，严肃处理；另一方面建章立制，堵塞漏洞，积极应对；通过以案说纪、警示教育等活动，从中汲取教训。

（五）高度重视队伍建设，提高纪检监察干部履职尽责能力

反腐倡廉，队伍建设是根本。按照《关于进一步加强全省纪检监察干部队伍建设的意见》要求，校纪委坚持把加强自身建设作为一项长期的、根本性的任务，着力提高纪检监察干部的业务素质和工作能力。

一是落实相关制度。经学校党委同意，成立了纪委办公室，纪委副书记列席校党委常委会、监察处处长列席校长办公会的制度得到落实。校纪委制订了《纪委会议议事规则》，坚持民主集中制，定期召开纪委全委会议，共同研究学校党风廉政建设和反腐败工作。调整充实党风党纪监督员队伍，重视发挥民主监督的作用。

二是提高履职能力。坚持岗位练兵，以老带新，积极开展各种形式的学习活动，组织纪检干部参加各类业务培训，增强政治意识、责任意识和法律意识，切实提高反腐倡廉建设的能力。加强作风建设，严守各项纪律，牢固树立“监督者更要接受监督”的意识，争做公道正派、刚直不阿、廉洁自律的模范。重视工作调研和理论研究，组织开展省教育厅委托课题和省教育纪工委下达的协作课题研究。

各位代表、同志们，过去的五年，是我校改革发展砥砺奋进、蓄势勃发的五年，也是反腐倡廉建设开拓创新、扎实推进的五年。学校党风廉政建设工作在继承中发展，在改革中创新，责任体系更加完善，制度建设继续推进，惩防体系基本框架初步形成，监督监察更加到位，违纪行为受到及时惩处，学校“风清气正、心齐和顺”的干事创业氛围日渐浓郁，“学风淳、教风严、作风正”的优良校风得到进一步彰显，师生的满意度不断提高。这些成绩的取得，是上级纪委、学校党委正确领导和全校党员干部、师生员工积极参与、大力支持、共同努力的结果。

五年的探索实践，我们深切体会到：

第一，必须坚持党要管党、从严治校，深刻反思已经发生的违纪违法案件，把反腐倡廉建设摆到更加突出的位置来抓，切实加强对广大党员干部的严格要求、严格教育、严格管理、严

格监督。

第二，必须坚持围绕中心、服务大局，加强监督检查，实现反腐倡廉与党的建设和学校事业发展各个方面工作的良性互动，才能推动高水平大学的健康发展。

第三，必须坚持以人为本、执纪为民，牢固树立群众观点，严格依法办事，促进公平正义，着力维护好师生员工的根本利益。

第四，必须坚持标本兼治、惩防并举，更加注重治本、注重预防、注重制度建设，努力从源头上铲除滋生腐败的土壤，扎实推进惩治和预防腐败体系建设。

第五，必须坚持反腐倡廉领导体制和工作机制，强化党委的主体责任和纪委的监督责任，形成推动党风廉政建设和反腐倡廉工作的强大合力，把廉洁校园建设不断引向深入。

在取得成绩的同时，我们也清醒地看到，学校反腐倡廉建设还面临着不少挑战，存在着一些薄弱环节：少数领导干部"一岗双责"的意识不浓，执行党风廉政建设责任制的自觉性还有待增强；反腐倡廉教育的有效性仍存有不足；仍有少数同志服务观念不强、律己意识不严，勤政廉政意识不高；监督制约的力度在某些领域尚需要进一步强化。所有这些，都需要在今后的工作中不断加以改进。

二、对新一届纪委工作的建议

党的十八大指出，反腐倡廉必须常抓不懈，拒腐防变必须警钟长鸣。未来五年，是实现第一个"一百年"目标的关键时期，是我校加快推进省部共建高水平大学的重要时期，也是全面完善学校惩治和预防腐败体系的决定性阶段。实现新目标、完成新任务，离不开风清气正、高效廉洁的发展环境。多年来的实践也证明，越是改革不断深化，越要防控廉政风险；越是事业不断发展，越要加强党风廉政建设。

当前和今后一个时期，我们要以党的十八大及十八届三中全会精神为指导，紧紧围绕"办好人民满意的教育"这一宗旨，按照上级纪委的决策部署和学校党委的统一要求，坚持标本兼治、综合治理、惩防并举、注重预防的方针，以建设廉洁校园为目标，扎实推进学校惩防体系建设，强化党委的主体责任和纪检监察的监督责任，转职能、转方式、转作风，进一步提升反腐倡廉建设科学化水平，努力构筑与高水平大学建设相适应、各方面都较为完善的监督保障体系。

（一）严明党的政治纪律，确保教育改革重点任务的推进和落实

政治纪律是我们党最重要的纪律。学校各级党组织和广大党员干部要自觉学习党章、遵守党章、贯彻党章、维护党章，牢固树立党的意识和组织纪律观念，确保党的路线方针政策和重大决策部署的贯彻落实。要坚定政治立场，坚持社会主义办学方向，践行社会主义核心价值观，把立德树人作为学校的根本任务，增强政治敏锐性和鉴别力，在思想上政治上行动上同党中央保持高度一致。纪检监察部门要紧紧围绕校第十次党代会和事业发展规划确定的各项目标任务，对学校的重大决策、重点工作、重要活动及时跟进、主动服务，加强执纪监督。加强对处级单位领导班子及其成员贯彻落实学校决策部署、推动事业发展、执行"三重一大"决策制度、落实党风廉政建设责任制、开展作风建设等情况的监督检查。

（二）进一步加强作风建设，夯实党员干部优良作风养成的基础

优良的党风是凝聚党心民心的强大力量。要认真学习贯彻习近平总书记"三严三实"要求，落实中央"八项规定"和省委省政府关于改进工作作风、密切联系群众的"三十条规定"，深化党的群众路线教育实践活动成果，聚焦作风建设，强化执纪监督，以抓铁有痕、踏石留印的劲头，坚持不懈纠正"四风"，以优良党风促校风、带教风、正学风。认真落实中央《党政机关厉行节约反对浪费条例》，继续实施接待费、包车费、劳务费等"三项费用"年度公开和专题谈话制度，规范公务消费行为。严格执行正风肃纪相关规定，立规矩、定底线、亮红灯，着力整治庸懒散奢等不良风气。抓住重要节点，开展教育提醒、监督检查，坚决纠正和严肃查处违反作风建设相关规定的行为。抓好日常监督，建立健全作风建设长效机制。

（三）深入开展反腐倡廉教育，筑牢师生员工拒腐防变的思想道德防线

加强教育、增强党员干部拒腐防变能力，是防治腐败的重要基础。进一步落实学校《关于构建反腐倡廉教育长效机制的意见》，加强党纪

国法、廉政法规和从政道德教育，强化示范教育、警示教育和岗位廉政教育。以全员育人、廉洁从业为基本要求，加强对教职工的廉政风险教育和职业道德教育。以诚实守信、廉洁修身为基本要求，加强对大学生的廉洁教育。加强教风学风建设，在师生中开展美好人生和学术规范教育，优化学术氛围和学习环境。以争创全省教育系统文明单位为契机，认真落实中央《关于加强廉政文化建设的意见》，依托廉政文化作品比赛、"法治中国建设研究院"等平台开展廉政理论研究和廉政文化创建活动，引导师生员工自觉弘扬廉政文化，推进廉洁校园建设。

（四）严格执行党风廉政建设责任制，不断完善惩治和预防腐败体系

党委主体责任与纪委监督责任是一个有机整体。学校各级党组织要认真落实省委印发的《关于落实党风廉政建设党委主体责任和纪委监督责任的意见》，牢固树立"不抓党风廉政建设就是失职"的意识，切实担当起党委的主体责任，把推进惩防体系建设各项任务融入到各项工作之中。校纪委要聚焦中心任务，严格执好纪、问好责、把好关，不断增强监督执纪问责的自觉性。要坚持"一岗双责""谁主管、谁负责"的原则，积极探索院级党组织进一步加强党风廉政建设的有效途径，真正形成各司其职、一级抓一级、层层抓落实的良好局面。要把执行党风廉政建设责任制与党政领导干部问责制结合起来，加大问责力度。认真听取广大师生员工对反腐倡廉建设的意见和建议，不断发挥纪检委员、党风党纪监督员、特约监察员等队伍的积极作用，发挥党内监督、群众监督、民主党派监督、舆论监督作用，形成监督的整体合力。

（五）继续推进反腐倡廉制度建设，提高预防腐败工作科学化水平

推进制度建设是反腐倡廉的必然要求。要把握教育综合改革重大机遇，结合现代大学制度建设和学校章程制订，认真贯彻落实中央《建立健全惩治和预防腐败体系2013—2017年工作规划》和安徽省实施意见，在进一步完善制度建设的基础上，强化制度执行力，狠抓制度落实。严格执行"三重一大"集体决策制度，完善群众参与、专家咨询和集体决策相结合的决策机制，推动科学决策、民主决策、依法决策，切实加强对权力运行的制约和监督。重视廉政风险防控和专项治理工作成果的运用，增强防控能力。

（六）深化监督检查工作，健全权力运行监督制约机制

深化重点领域和关键环节改革，是从源头上防治腐败的根本举措。要结合校院两级管理体制改革，完善党风廉政建设考核评价办法；继续加强对干部选拔任用工作的监督，加强廉政情况把关和任前廉政谈话。严格执行领导干部述职述廉、报告个人有关事项、诫勉谈话、函询质询、经济责任审计等制度，进一步加强对领导干部廉洁自律的监督。探索在全校建立科级以上干部电子廉政档案。继续加大对招生考试、基建维修工程和物资采购招标等工作的监察力度，完善相关监管制度，严格规范程序，力求优质高效，强化风险管理。进一步规范收费和公务消费行为，以刚性预算管理好"钱袋子"，坚决查处私设"小金库"。强化科研经费公共属性和管理责任，做好制度的衔接与配套，加强经费核算，促进规范管理，严厉打击学术造假。注重运用现代科技手段防治腐败，不断增强监察效果。

（七）坚持以零容忍态度惩治腐败，发挥查办案件治本功能

查办违纪违法案件是纪检监察部门的重要职责。以新一轮信访目标管理为抓手，建立健全信访动态分析机制，完善信访情况通报和纪检监察建议书制度，建立健全舆情收集、研判、处置机制，充分发挥信访监督在维护校园稳定中的作用。坚持从严从紧、抓早抓小，充分发挥纪检监察、组织人事、财务审计等各方面的职能作用，注意掌握党员干部的日常思想、工作、生活情况，对苗头性问题早发现、早提醒、早制止、早纠正，防止小毛病酿成大问题。严格审查和处置党员干部违反党纪政纪、涉嫌违法的行为，以零容忍的态度，坚决查处违纪违法案件。对办结的典型案件，要认真剖析，总结经验教训，抓好警示教育，促进惩治成果向预防成果转化。继续加强与检察机关的协调配合，建立检校共建机制，协同开展职务犯罪预防工作。

（八）落实"三转"要求，打造师生满意的过硬队伍

队伍建设是党风廉政建设的重要组织保证。纪检监察部门要切实履行协助党委、行政

加强党风廉政建设和组织协调反腐败工作的职责。正确把握新形势下纪检监察工作特点与规律，适应“转职能、转方式、转作风”这一新要求，加强理论学习，强化党性锻炼，坚守责任担当，强化监督执纪，在推进学校治理体系和治理能力现代化中发挥积极作用。纪检监察干部要按照“打铁还需自身硬”的要求，树立群众观点，践行“三严三实”，带头纠正“四风”，加强调查研究，倾听师生呼声，不断提升履职尽责的本领和破解难题的智慧，做到“数字准、情况明、责任清、作风正、工作实”，做到忠诚可靠、服务师生、刚正不阿、秉公执纪。

各位代表、同志们，党风廉政建设关乎学校的健康发展与和谐稳定，关乎学校的形象和教职工的幸福安康。让我们牢记使命，在上级纪委和学校党委的正确领导下，同心协力，锐意进取，为深入推进我校党风廉政建设，顺利完成党代会提出的各项任务，奋力开创高水平大学建设的新局面而努力奋斗！

在2014级新生开学典礼上的讲话

王　伦

（2014年9月5日）

亲爱的同学们、老师们，尊敬的各位来宾：

今天，我们在这里隆重举行安徽师范大学2014级新生开学典礼！首先，我代表安徽师范大学全体师生，向2014级新同学表示最热烈的祝贺和最热情的欢迎！向辛勤培育你们的家长和老师表示亲切的问候和诚挚的谢意！

同学们，今天对你们而言，是一个意义非凡并将永远铭记的日子，因为从今天起，你们跨入大学校门，正式开启人生道路上一段重要历程，这段历程关系到你们未来能够达到的高度，关系到你们人生的价值。同样，对安徽师范大学而言，今天也是一个崭新的开始，来自全国各地的新同学汇聚在赭山脚下、花津河畔，美丽的校园因你们的到来再次焕发勃勃生机。更重要的是，从今天起，学校将承担起责任，努力为你们走好这段人生历程创造条件；而你们，选择了这里，从此将和“安徽师范大学”这六个字荣辱与共，紧密相连，此生也就烙下“师大人”的印记。

在前天的迎新中，有的同学告诉我，面对即将开始的大学生活，他们非常兴奋。兴奋之余，希望同学们认真思考三个问题：什么是大学？安徽师大是一所怎样的大学？如何做一名师大人？

下面，我想就“大学校训”的一些思考，与大家交流，把校训弄明白了，关于大学的问题就迎刃而解了。

校训是什么？

“大学之道，在明明德，在亲民，在止于至善。”大学教育的根本是开启智慧、追求真理、传播知识、弘扬文化，它蕴含着人们对社会最高理想和美好追求。校训则是引领大学前进的方向标，是对最高理想和价值追求的集中概括，是广大师生共同遵守的基本行为准则和道德规范。校训是大学的灵魂，良好校训的确立，成为办好大学的先决条件，有了校训方能成为一所真正完整的大学。可以说，校训对激励全校师生弘扬传统，增强荣誉感、责任感，继续奋发向上，具有特殊重要的意义。因此，校训对广大师生而言，都要铭记在心，并要时刻遵守厉行的。

那么，我们学校的校训是什么？

安徽师范大学创建于1928年，是安徽省建校最早的高等学府。建校86年来，屡迁校址、数易校名，历经沧桑变迁，之所以能够取得今天的办学成就，在于师大人始终坚持“厚重朴实、至善致远、追求卓越、自强不息”的精神。这是我们的光荣传统，也是师大人特有的一种精神品格。学校的这种光荣传统和精神品格经过一代又一代师大人传承延续，发扬光大，最终凝练成我们的校训：“厚德、重教、博学、笃行。”

这四个词内涵丰富，意义深刻。“厚德”，出自《周易》：“君子以厚德载物。”希望师生以高尚的道德立身，以博大宽厚的德行承载天下重任，这是我们的教育理念。“重教”，意在弘扬我校尊师重教的优良传统，倡导“以人为本，质量第一”的理念，这是我们的办学特色。“博学”，出自《论语》：“博学而笃志，切问而近思。”意在秉承朴实严谨的治学精神，以勉励师生追求广博的学识和渊博的学问，这是我们的求学、治学方法。“笃行”，出自《礼记》：“博学之，审问之，慎思之，明辨之，笃行之。”倡导教育家陶行知的“知行合一”理念，引导师生学以致用，勇于创新，这是我们为学的目的。

多年来，在师大校训的感召下，一代代师大人始终牢记并自觉传承师大校训和师大精神，在弘扬传统中砥砺奋进，在潜心耕耘中薪火相传，许多仁人志士走上了爱国、成才、奉献之路。这里曾留下过刘文典、周建人、苏雪林、陈望道、朱光潜、陶因、王星拱、丁绪贤等一代代社会贤达的足迹，也曾经走出过现任中央政治局委员、中央书记处书记、中央宣传部部长刘奇葆，中央委员、全国人大常委会副委员长王胜俊，中央委员、新华社社长、党组书记李从军，以及两院院士王如松、李亚栋、王文兴、韩斌等一大批杰出英才。作为今天的师大人，我们更要坚守师大传统，弘扬师大精神，使安徽师范大学永葆青春活力。

同学们，通过对校训的解读使我们对“安徽师范大学”有了初步认识。那么，如何践行师大校训，弘扬师大精神？或者说如何成为一名师大人？

在这里，我与大家分享几位师大人的故事。

第一位是我国著名学者、首届“国家级教学名师”、我校文学院教授余恕诚老师。余老师从教长达50余年，数千名学子聆听过他的教诲，近百名硕士和博士成为他的入室弟子，他以自己崇高的人格魅力感染和教育了一代代学生，得到历届学生的无限景仰和普遍爱戴。遗憾的是，今年8月，76岁的他因病与世长辞。

余老师一生治学求真务实，为人既恕也诚，50多年的教书育人，构成了他似乎是单调而又重彩的人生。他的座右铭是：“板凳甘坐十年冷，文章不著半句空。”他时刻心系学生，在他去世前两天，我和他的学生一起去医院看望，当时余老师已经说不出话来，他示意一位在读二年级的博士（余老师带的最后一位博士）到病床前，想听听他的论文进展情况，当时的情景我深受感动……尽管余老师身上有许多光环，但他永远是一个平平凡凡、普普通通站在讲台前教学授业的老师，是一个用自身的默默耕耘、数十年如一日的坚持影响了学生一生的老师。

像余恕诚先生这样潜心耕耘、呕心沥血、对教育事业无限忠诚的教师，在师大历史上不胜枚举。

下面，我给大家读一条学生写的短信：“房妈妈，从您那里我不仅学到丰富的知识，更有做人的道理，做您的学生是我最大的幸运。”短信中的“房妈妈”，就是党的十八大代表、我校政治学院思政理论课教师房玫老师。年近花甲的她，耕耘讲台已有30多年。房老师曾说：“爱是教育的灵魂，为师之道，必须热爱学生，犹如父母爱护子女。”一直以来，房老师都秉持着“爱生如子”的教育理念，感染了一代又一代的学子。在学生的心目中，她就是一位精心呵护子女的“房妈妈”。

师大人的故事，不仅有广大教师，也有无数学生让我们引以为豪。

2004年，以“中国青年五四奖章”获得者吴青山为代表的一批同学，自发成立了全国首个无偿家教组织——“五四爱心学校”。他们利用周末和暑假时间，免费为贫困家庭子女提供家教。10年来，先后有3 000余名志愿者参与了家教活动，辅导贫困学子4 000余人。他们用坚持铸就了公益之梦，用爱心点燃了希望之火，“五四爱心学校”现已发展成为一个爱心接力平台。

物理系2007级石秀琴同学，是一名“90后”女孩，家境贫寒，父亲常年在外打工，母亲患有精神疾病，无人照顾。面对困境，石秀琴同学没有退缩，而是微笑面对生活，她决定：带着妈妈上大学。她一边学习，一边打工挣钱，一边照料母亲，先后荣获了省孝老爱亲模范、“安徽青年五四奖章”等荣誉。

这就是师大人的故事，还有许多故事值得我们去讲述，他们用自己的故事书写着师大的历史，延续着师大的传统，孕育着师大的文化。他们的每个故事，都是无声的教育，告诉我们做人、做事、做学问的基本道理；告诉我们作为一名师大人，要求真、向善、至美，学会劳动、勤俭，感恩、助人、谦让、宽容；更重要的是，要心怀“大爱”，爱生活、爱生命，爱自己、爱他人，爱社会、爱自然。

同学们！今天，你们成为了新的师大人，挑战和超越的接力棒传到了你们手中，希望你们恪守师大校训，传承师大精神，用激情与活力、辛勤与汗水，谱写属于你们自己的传奇故事！我相信：安徽师大将塑造你们绚丽的人生，而你们则将塑造安徽师范大学辉煌的未来！

谢谢大家！

四、教育教学工作

（一）本科生教学情况

【本科生招生】 我校共设招生专业73个（含专业方向），在全国25个省（市、区）录取新生5 477人（其中在皖录取4 461人，在其他省录取1 005人，另有11人为内地新疆高中班学生），新生实际报到5 421人。师范专业录取人数比去年有小幅度减少：15个师范专业录取1 334人，约占24.36%；58个非师范专业（含专业方向）录取4 143人，约占75.64%。

在皖录取普通文理科新生（不含贫困地区专项计划考生）文科最高分570分，最低分549分，平均分553.2分，高出重点线12.2分；理科最高分571，最低分492分，平均分502.4分，高出重点线13.4分。文科平均分有较大幅度提高。

【专业布局】 网络与新媒体等新专业和学前教育、旅游管理、俄语3个中外合作办学专业经教育部审核准予备案。至此，我校本科专业已达到87个（文史类专业38个，理工类专业32个，艺术类专业17个），其中教师教育专业20个，我校已发展成为一所融文学、历史学、经济学、管理学、法学、教育学、理学、工学、农学、艺术学等10个学科门类于一体，布局结构较为合理，以教师教育类专业为主要特色的综合性大学。

【基层教学组织改革】 积极推进以专业为单位、相关课程群为支撑的本科基层教学组织建设工作，探索形成以专业负责人为主导、“教、学、管”一体化、“三个课堂”联动的人才培养机制，为本科教学改革与建设提供组织保障。修订了《安徽师范大学本科专业负责人制度实施办法》，开展了专任教师进专业等工作。各学院制订了基层组织建设方案，推进了专业建设与发展的整体规划、政策制订及相关制度建设。

【编制专业建设与人才培养标准】 从“专业人才培养基础”“人才培养目标及要求”“人才培养过程”“教学条件保障”等方面，设计了《安徽师范大学本科专业人才培养标准（编制框架）》，在全省高校中率先开展“校标”编制工作。高水平大学建设项目中的九个重点建设专业开展了专业建设任务书的编制与设计。

【教学和课程考核改革】 举办“化学英才班”“生态学实验班”“会计学ACCA班”等拔尖创新培养实验班；首次面向病弱残疾学生开设康复保健课程，继续实施思政课“4 + 1 + 1”课程体系教学改革；将企业生产引进实训中心，让学生参与企业课题研发；聘请中小学、幼儿园一线教师为学生教授教学论及微格教学等课程。起草了《关于深化本科课程考核改革工作的实施意见（讨论稿）》，设立了43个“本科课程考核改革试点”专项，在全校范围内稳步推进本科课程考核改革。各学院结合专业特点制订了课程考核改革方案；实行平时成绩评定方案和结果“双公开”制；全面推进电子试题库建设，全校近500门课程期末考试试卷全部通过电子试题库系统生成。

【国际合作办学】 首批启动了学前教育（中美）、动画（中韩）和旅游管理（中韩）3个专业“2+2”形式的中外联合培养项目，实现了我校中外合作办学的重大突破，为培养国际化复合型人才搭建了平台。制订了《安徽师范大学普通本科生课程替代与学分认定暂行办法》，明确交换生的课程替代与学分认定，进一步推进了与美国、俄罗斯、澳大利亚、韩国，等国（境）外大学以及台湾地区大学的交换生项目。

【搭建教师教学能力提升平台】 实施优秀教师引领工程。首次举办青年教师教学能力提升系列专题讲座，继续遴选高水平示范观摩课，充分发挥优秀教师的示范引领作用。实施青年教师助教制度。起草了《关于实施青年教师助教制度的暂行规定》，为90名青年教师配备导师，导师从教学态度、教学方法及手段等方面对青年教师进行全方位指导。完善教学奖励制度。制订了本科教学突出业绩奖励暂行办法，开展不同类型层次的教学评优活动，共评选出教学名师8名、优秀教学奖获得者10名、青年教师教学基本功大赛获奖者83名，并对指导学生学科竞赛获奖的教师予以奖励。优化教学考核办法。改革教师入职和职称晋升教学考核方案，将学院分散考核改为学校集中考核，设置不同职称类别的考核通过标准，突出对教师教学能力的考查。组织教师参加学习和培训。组织30余名学科教学论教师进附中开展常态化教研，选派40余名骨干教师赴哈佛大学等美国高校学习交流。

【教育教学信息化建设】 加强网络课程建设。首次开设8门网络课程，课程访问量累计10万人次，1 536人次完成在线学习；成功建成网络教学平台，开发校本教学资源，推进“教、学、评”一体化在线学习系统建设。启用新版教务管理系统。新增手机APP选课、平时成绩查询等功能。学籍自助打印系统正式上线。在全省高校中率先使用该系统，学生仅需30秒即可自助办理相关证明材料，用人单位也可网络验证材料真伪。启用学籍管理系统。实现了学籍管理全过程的信息化和网络化，构建了“学生—学院—学校”三位一体的学籍管理体系。初步建成实践教学综合管理系统。实现了实验教学、实习实训、毕业论文、创新训练和学科竞赛等实践教学的一体化管理。

【本科教学成果】 本科教学工程项目：1部教材入选国家级规划教材，4门国家级精品课程成功转型为资源共享课，获批1项国家级卓越教师培养计划改革项目（全国同类项目仅25个）、61项国家级大学生创新创业训练计划项目、8项省级振兴计划重大教改项目和54项省级质量工程项目。教师教学技能竞赛：1人获得“2014年度全国高等学校物理基础课程青年教师讲课比赛”华东赛区一等奖，多位教师在全国及长三角高校思想政治理论课教学比赛中获奖。学科竞赛：本科生近800人次在各级各类竞赛中获奖，其中国家级特等奖14项、一等奖25项、省级一等奖及以上49项。

（教务处供稿）

（二）研究生教学情况

【概况】 我校是国务院自1978年恢复研究生培养制度以来首批培养研究生的院校之一，是安徽省最早的教育硕士培养单位。学校在哲学、经济学、法学、教育学、文学、历史学、理学、工学、农学、管理学、艺术学等11个学科门类中拥有硕士以上学位授予权，其中5个一级学科博士学位授权点，26个一级学科硕士学位授权点，11个硕士专业学位授权点。

学校紧紧围绕国家中长期发展目标，坚持以“注重创新、追求卓越”为指导，以社会需要为导向，以高水平大学建设为契机，坚持课程教学改革，创新培养机制，形成了充满生机与活力的研究生教育体系，全面提高了研究生培养质量。30多年来，学校学位与研究生教育在人才培养、科学研究、社会服务和文化传承方面取得了丰硕成果，为国家培养、输送了12 000余名优秀人才，为实施科教兴国战略作出了重要贡献。

【改革招生选拔制度】 改革以导师数量为主要依据的计划型分配办法，综合考虑生源质量、培养条件、培养质量、学生就业率等因素，合理安排招生计划，扩大就业率高的学科招生规模，控制就业率低的学科招生规模。根据国家计划，适当下调了学术型硕士研究生的招生规模，扩大了专业学位硕士研究生招生比例。顺利完成各类招生任务，共招收博士生49人，全日制学术型硕士生1 388人（其中专业学位研究生468人），在职教育硕士275人。

【加强学位点内涵建设】 新增了新闻与传

播、法律硕士和光学工程3个硕士专业学位授权点，进一步拓宽了学科专业领域，优化了研究生培养结构和布局，为学校深入推进研究生教育综合改革提供了重要平台。

成功申报全国教育硕士联合培养示范基地。基地的建立是我校全日制教育硕士专业学位研究生培养模式创新的重要举措，也是实施“双导师型”联合培养教育硕士实践教学的重要平台。

在戏剧与影视学一级学科下自主设置视觉传达艺术目录外二级学科；在中国史、中国语言文学两个博士一级学科和新闻传播学、计算机科学与技术两个硕士一级学科下自主设置交叉学科文献资源保护与利用。至此，学校已自主设置二级学科博士学位授权点7个和二级学科硕士学位授权点13个，学位授权点布局更趋合理。

各培养学院根据专业硕士学位点的性质、人才培养目标，全面修订了全日制、非全日制专业学位研究生培养方案。

【导师队伍建设】 修订了专业学位导师遴选办法。加强专业学位硕士研究生指导教师队伍建设和管理，修订完善了各专业学位导师遴选办法。出台《安徽师范大学研究生指导教师工作条例》《安徽师范大学专业学位硕士研究生双导师制实施办法（暂行）》和《安徽师范大学优秀研究生指导教师评选实施办法（试行）》等文件。梳理现有外聘导师情况，根据实际需要，续聘和遴选外聘导师；完善外聘导师的制度建设，明确校内外导师的各自职责分工和校外导师的待遇，加强校内导师与校外导师的互动与合作。加强各类研究生导师培训工作，强化了导师为研究生第一责任人的意识。开展学术道德规范教育，增强导师诚信意识，自觉抵制学术不端行为。

【创新人才培养模式】 继续加强“千人培养计划”联合培养研究生工作，密切与相关单位的联系，进一步加大联合培养研究生的力度。2014年，学校新增联合培养研究生49名，同时加强了联合培养研究生的学业和培养质量的指导与检查工作。

实施研究生创新能力提升工程。加大研究生学术交流，拓展研究生学术视野，提高研究生的创新能力和实践能力。通过提升计划立项资助研究生教育教学改革研究项目、研究生科研创新项目和学术交流项目共182项，总计100.9万元。

实施优秀研究生培育计划。鼓励研究生参与省部级以上课题研究；加强研究生与行业的联系，建立联合培养基地，提升创新能力。

加强培养过程监控，完善学位授予质量监控体系。设立质量监控专项，严格学位论文开题、中期检查和博士学位论文预答辨、答辩等环节的管理；建立网上论文盲审系统，对所有学术型研究生的论文进行盲审，对专业学位研究生论文进行抽评，盲审不通过者延期毕业。

提升专业学位研究生的职业能力。举办了首届全日制专业学位研究生教学技能大赛；改革专业学位研究生的评价标准及教学方法，突出专业学位的实践能力和从业技能。

（研究生院供稿）

（三）留学生教学情况

【概况】 2014年，共有来自俄罗斯、英国、法国、韩国等48个国家247名外国留学生在我校接受本科、硕士、博士层次的学历教育和长短期汉语培训。除汉语学习外，2014年我校有34名外国留学生分布在10个学院进行专业学习，涉及7个本科专业、5个硕士专业和3个博士专业。

【招生与毕业情况】 学校已有文学院、法学院、经济管理学院、历史与社会学院、教育科学学院、外国语学院、新闻与传播学院、数学计算机科学学院、物理与电子信息学院和国土资源与旅游学院等10个学院17个专业接收外国留学生，占全校学院总数的59%。2014年，我校外国博士研究生增至3名，来自乌克兰、印度和捷克三个国家，分别在国土资源与旅游学院、历史与社会学院和文学院进行博士研究生阶段学习。

2014年，我校共有18名外国留学生毕业，其中获得理学博士学位1人，获得文学硕士学位12人，获得文学学士学位5人。其中，来自汤加的天娜是我校第一个外国博士毕业生，她也是汤加在中国的第一个博士毕业生，汤加驻华大使拉图先生亲临学校参加了毕业典礼并致辞。

【留学生奖学金】 学校共有中国政府奖学金、孔子学院奖学金和安徽省外国留学生奖学金等三种政府和部门奖学金。学校所有专业均可接收外国留学生进行本科、硕士和博士阶段学历教育，汉语专业还可接收长短期普通进修生和汉语研修生。

【课程建设】 已开设从初级上到本科四个年级专业课程，包括精读、汉字入门、阅读、初级听说、写作、听力、说话、高级汉语、现代汉语语法、论文检索与写作、中国文化、中国民俗、现代汉语词汇、现代汉语修辞、中国古代文学史、现当代文学作品欣赏等专业课程。此外，还开设了汉语正音、汉语初级语法、HSK辅导、太极拳、中国书法、中国绘画、中国舞蹈、中国诗歌、徽文化、中国歌曲、中国剪纸等选修课程。

【中国安徽师范大学·韩国忠清南道外国语教育院汉语教师培训基地、华文教育基地】 11月6日，中国安徽师范大学·韩国忠清南道外国语教育院汉语教师培训基地正式挂牌成立，已成功承接11名韩国教师汉语教学培训工作。依托华文教育基地，学校与澳大利亚查尔斯·达尔文大学启动了IN-COUNTRY短期汉语教学项目，该项目已经招收29名学生到我校学习汉语。

【留学生获奖】 在2014年11月中国黄山国际登山大会中，我校留学生获得国外女子组第二名和男子组第六名，学校获得“优秀组织奖”。

（国际教育学院供稿）

（四）成人教育教学情况

【概况】 2014年，学校录取成人教育新生5 500余人，毕业4 790人（其中有256人获得学士学位），完成“国培计划”及委托培训等各级各类培训14 000人次，各类总收入4 500万元，上缴学校利润1 600万元。

【成人高等学历教育】 学校成人高等学历教育招生专业涉及汉语言文学、计算机科学技术、电子信息工程、会计学等63个本科、专科层次，涵盖教育、经济、管理、法律等多门类学科，成人高等学历教育在籍学员11 744人。

专业建设。新增历史教育专科（函授、业余）1个新专业，2014年成人高等学历教育有63个专业面向省内招生。

质量工程建设。立项建设会计学、市场营销、学前教育三个本科（高中起点）专业17门主干课程和全校4门公共课程的建设任务；完成安徽省成人高等教育教学模式改革及信息化项目（振兴计划）。通过《中国特色社会主义理论体系概论》《大学英语》《计算机应用基础》及《思想道德修养与法律基础》等4门函授公共网络课程和教材建设，与省内10余所本科院校建立资源共享。

函授站（教学点）建设。新增安庆市第一职业教育中心函授站，与亳州教师进修学校、淮南市经济贸易成人中专学校、利辛县第一高级职业中学、合肥学院、阜阳师范学校、宣城职业技术学院等6个教学点负责人签订了《规范办学承诺书》及《联合办学协议书》。

学校开发了成人教育教学与教务管理系统软件，实现了成人招生录取通知书网上打印、网上缴费。

【高等教育自学考试】 我校拥有汉语言文学教育、旅游管理等27个自考专业主考权，并全部面向社会开考。2014年有1 308名考生获得了毕业证书，其中393人获得学位证书。与亳州师范高等专科学校、马鞍山师范高等专科学校、合肥幼儿师范高等专科学校、桐城师范高等专科学校、安徽警官职业学院、安徽商贸职业技术学院、芜湖职业技术学院、安徽省霍邱师范学校等9所学校联合开展了自考助学活动。

（撰稿：姜永清　审稿：王学灵）

材料1:

学校本科专业设置一览

汉语国际教育、秘书学、汉语言文学、戏剧影视文学、思想政治教育、法学、政治学与行政学、行政管理、经济学、市场营销、会计学、财务管理、人力资源管理、物流管理、投资学、音乐表演、作曲与作曲技术理论、舞蹈表演、音乐学、绘画、视觉传达设计、环境设计、产品设计、服装与服饰设计、工艺美术、美术学、雕塑、社会学、社会工作、公共事业管理、历史学、应用心理学、教育学、教育学、教育技术学、学前教育、小学教育、心理学、俄语、法语、日语、英语、运动训练、社会体育指导与管理、体育教育、舞蹈表演Ⅱ(体育舞蹈、健美操方向)、休闲体育、新闻学、广告学、文化产业管理、播音与主持艺术、播音与主持艺术Ⅱ(空乘与礼仪)、动画、影视摄影与制作、摄影、网络与新媒体、经济统计学、统计学、应用统计学、软件工程、物联网工程、数学与应用数学、计算机科学与技术、电子信息工程、通信工程、光电信息科学与工程、自动化、轨道交通信号与控制、物理学、应用化学、材料化学、化学工程与工艺、化学、地理科学、地理信息科学、城乡规划、土地资源管理、旅游管理、生物科学、生物技术、生态学、园艺、应用生物科学、环境工程、环境生态工程、食品质量与安全、食品科学与工程、环境科学、汉语言

(教务处供稿)

材料2:

学校博士学位授权点一览

博士学位一级学科授权点:中国语言文学(0501)、中国史(0602)、化学(0703)、生物学(0710)、生态学(0713)

博士学位二级学科授权点(一级学科授权点之外):马克思主义基本原理(030501)、思想政治教育(030505)、人文地理学(070502)

学校硕士学位授权点一览

硕士学位一级学科授权点:哲学(0101)、理论经济学(0201)、法学(0301)、政治学(0302)、马克思主义理论(0305)、教育学(0401)、心理学(0402)、体育学(0403)、中国语言文学(0501)、新闻传播学(0503)、中国史(0602)、世界史(0603)、数学(0701)、物理学(0702)、化学(0703)、地理学(0705)、生物学(0710)、生态学(0713)、统计学(0714)、计算机科学与技术(0812)、环境科学与工程(0830)、工商管理(1202)、艺术学理论(1301)、音乐与舞蹈学(1302)、戏剧与影视学(1303)、美术学(1304)

硕士学位二级学科授权点(一级学科授权点之外):区域经济学(020202)、社会学(030301)、英语语言文学(050201)、材料物理与化学(080501)、材料学(080502)、应用化学(081704)、野生动植物保护与利用(090705)、社会保障(120404)、土地资源管理(120405)

学校专业硕士学位授权点一览

应用统计硕士(0252)、法律(0351)、社会工作硕士(0352)、教育硕士(0451)、体育硕士(0452)、汉语国际教育硕士(0453)、翻译硕士(0551)、新闻与传播(0552)、光学工程(085202)、旅游管理硕士(1254)、艺术硕士(1351)

(研究生院供稿)

材料3:

学校成人高等教育专业设置一览

专升本:

经济学(函授、业余)、法学(函授、业余)、教育学(函授)、学前教育(函授、业余)、小学教育(函授、业余)、汉语言文学(函授)、秘书学(函授、业余)、英语(业余)、新闻学(函授)、音乐学(业余)、美术学(业余)、数学与应用数学(函授)、电子信息工程(函授、业余)、计算机科学与技术(函授、业余)、工商管理(函授、业余)、市场营销(函授、业余)、会计学(函授、业余)、人力资源管理(函授、业余)、财务管理(函授、业余)、旅游管理(业余)、物流管理(业余)、行政管理(函授、业余)

高起本：

学前教育（函授）、市场营销（业余）、会计学（函授、业余）

高起专：

计算机应用技术（函授、业余）、计算机信息管理（函授）、电子信息工程技术（函授、业余）、会计（函授、业余）、会计电算化（函授、业余）、市场营销（函授、业余）、物流管理（函授、业余）、旅游管理（业余）、公共事务管理（函授、业余）、人力资源管理（函授、业余）、历史教育（函授、业余）、语文教育（函授）、初等教育（函授）、学前教育（函授、业余）、法律事务（函授、业余）

（继续教育学院供稿）

材料4：

学校高等教育自学考试专业设置一览

基础科段、本科段：汉语言文学、小学教育、学前教育

独立本科段：教育学、秘书学、旅游管理、心理健康教育、计算机信息管理、计算机通信工程、计算机网络

本科：数学教育、物理教育、化学教育、政治教育、英语教育、历史教育、地理教育、体育教育、生物教育、汉语言文学教育

专科：小学教育、学前教育、秘书学、旅游管理、心理健康教育、计算机信息管理

（继续教育学院供稿）

（五）学生工作

【本科生思想政治教育】 开展日常思想教育。一是实施主题班会项目化工程。出台了《安徽师范大学关于加强学生主题班会建设的实施意见（试行）》，推进主题教育项目化工程，首期遴选28个团队，建立主题班会策划书、课件和视频等40个项目库。二是强化专题教育。出台了《安徽师范大学新生思想政治专题教育指导性方案》和《安徽师范大学毕业生思想政治专题教育指导性方案》，强化入学教育和毕业教育；开展了校规校纪、文明创建、安全稳定、美丽校园、禁烟教育、节粮节水节电教育等专题教育活动。三是加强少数民族学生的教育、管理和服务工作。制订了《关于加强少数民族学生教育管理工作的实施方案》，建立新疆维吾尔族学生《成长档案》。四是提升教育载体质量。建成“云”教育系统和免费信息推送平台，实现重要信息第一时间全覆盖、“点对点”传递，每年可为学校节省费用40余万元；开通学生工作、就业指导、心理健康三个官方微博，发挥新媒体在思政教育中的优势。学校还开展2期学生思想情况调研，梳理、分析学生利益诉求，整理“五特”学生信息，召开问题反馈会，推进学生困难和问题的解决。

推进中国梦主题教育。采取项目化活动模式，制订《2014年度中华传统节日和重大节点主题教育活动安排》，利用中华传统节日及重大节点开展“中国梦”主题教育活动。举办“我的中国梦”主题团日活动，发起主题讨论，开展“寻访身边的中国梦”活动；邀请名家名人分享奋斗故事，举办“与信仰对话——校园人生分享会”300余场次；组织全国西部计划西藏专项宣讲团、省大学生村官创业事迹宣讲团来校宣讲，举办赭麓大讲堂、共青团周末剧场10场。紧紧围绕“三个倡导”，通过专题报告、交流讨论、实践养成等形式，开展“我为核心价值观代言”主题活动。利用新中国成立65周年、烈士纪念日和国家公祭日等重大节点，加强爱国主义教育。学习宣传贯彻校第十次党代会精神，组织“高举团旗跟党走，青春献礼党代会”主题无偿献血活动，1 800人次无偿献血44万cc，学校连续获评芜湖市无偿献血工作先进单位。

实施青年马克思主义者培养工程。举办第31期团干培训班暨第11期学生干部培训班，校党委书记顾家山、党委副书记李琳琦等做培训

报告14场，培训学生骨干405名。组织218名学生参加省大学生骨干网络培训，选派5名学生骨干参加省青马骨干培训，选派16名学生干部赴芜湖市各县区挂职锻炼。开展第十届“师大骄子”十佳大学生选树暨十周年纪念活动。遴选16名优秀学生典型代表组建第四批“青春导航”宣讲团，面向2014级全体新生开展事迹宣讲。周琦、周玉平等分别获评2013年度“中国大学生自强之星”和提名奖。

开展“学雷锋”志愿服务活动。学校加了强志愿服务组织文化建设和志愿者管理服务。设计使用“向阳花”青年志愿形象标识系统；加强青年志愿者联合会建设；在全校范围内开展学生青年志愿者注册工作；举办首期青年志愿者骨干培训班，培训志愿者骨干50人；出台“爱暖师大”十佳青年志愿者评选办法，评选表彰首届十佳青年志愿者；精心培育志愿服务项目，五四爱心学校“留守儿童情感陪护行动”项目获评首届中国青年志愿服务项目大赛银奖。开展了爱心支教、义务维修、无偿献血、扶贫募捐等“学雷锋”志愿服务活动。招募选派西部计划志愿者12名、研究生支教团志愿者13名，做好了西部计划志愿者派遣服务、跟踪指导和表彰奖励等工作。

开展典型选树活动。组织开展“十佳班集体”、大学生“自强之星”等评选活动，遴选出10个“先进班集体”、10名“大学生自强之星”，推荐优秀个人参加全省、全国评选，1人荣获“中国大学生自强之星标兵”称号。

【心理健康教育】 加强心理健康教育队伍建设。举办两周一次案例研讨会，4期专题论坛，邀请北京师范大学博士生导师、教授王建平来校进行为期4天的专题培训，选派4名专职教师外出参加业务培训。组织44名学生工作人员参加国家三级心理咨询师培训，14人通过三级咨询师考试，为推进学院二级心理健康辅导站建设培养了师资队伍。举办班级心理健康委员专题培训，提高工作能力，明确工作任务和职责。

建成标准化心理工作室。按照“省内领先、华东一流”目标，建成专业化的心理工作室。工作室分个体咨询室、家庭咨询室、宣泄室、团体辅导室、心理危机干预室等，满足了现实工作需求。2014年共接待兄弟高校调研10余次，接待领导专家100余人。

开展心理健康教育。一是完善心理健康教育工作体系。印发了《安徽师范大学学生心理健康工作实施办法》，制订和完善近20项心理健康工作制度，明晰了工作思路。二是组织开展心理健康教育工作。完成5 432名新生心理普测工作（筛查出异常学生416人）；开展个体咨询和访谈1 187人次；开展团体咨询752人次，总咨询人数同比增加29.27%；组织开展“5·25”心理健康教育月活动。三是实施全过程危机干预。新发现有自杀倾向等心理危机学生37人，累计干预心理危机学生达68人。针对干预对象逐一制订干预方案，做到离校有回访、复学有评估、康复有辅导。及时约谈和化解处置学生达256人次，全年没有发生因学生心理问题导致的恶性事件。四是组织开展大学生心理教育课教学教研活动。大学生心理健康教研室举办了2次教学观摩课，编印《大学生心理健康教育材料汇编》2本，完成61个班级的课堂教学任务。

心理健康工作实效。心理健康中心接受了省教育厅工作评估，受到高度好评。在安徽省心理咨询师协会举办的“安徽省十佳心理服务机构/十佳个人”评选中，心理健康中心荣获首届双十佳。一人认证“中国注册心理咨询师”（安徽省高校唯一）。

【辅导员队伍建设】 分流选聘选配工作。公开选聘20名专职辅导员，完成15名专职辅导员转岗分流工作；出台了《安徽师范大学兼职辅导员聘任办法（试行）》，完成39名兼职辅导员的聘任工作；做好了121名专兼职辅导员的选配工作。

培训与交流工作。组织开展了校第四届辅导员职业能力大赛，承办全省辅导员职业能力大赛决赛。召开年度工作总结学习会，举办6期辅导员工作论坛，选派153人次参加各类培训学习，编印了《安徽师范大学学生工作手册》。

科研与获奖情况。2人立项省“弘扬核心价值观名师工作室（辅导员）”；2人分获省辅导员职业能力大赛特等奖和一等奖，1人获全国辅导员职业能力大赛优秀奖；2人分获全国优秀辅导员论文二、三等奖，并应邀参加第七届全国高校辅导员工作创新论坛；出台了《安徽师范大学辅导员工作精品项目培育计划管理办法(试行)》,首期对11个项目给予立项培育。

【学生管理】 完善学生激励表彰机制。构建学生综合评价与单项评价相结合的多元化评价体系,完善评价机制,开展了“三好学生”“科技创新奖”等评选工作。营造典型育人氛围,隆重举行年度学生颁奖典礼和朱敬文奖助学金设立十五周年庆典,制作《弘文励教　公真敬文——纪念朱敬文奖助学金在我校设立十五周年》《为青春点赞——2012—2013学年学生工作回顾》《旭日》《新月》《繁星》等专题片,将领导颁奖为主体转变为以校领导、教学名师和获奖学子为主体的颁奖活动,将颁奖典礼内容设置为走红毯、看视频、演节目、讲感言等,将表彰与彰显学校育人理念、展示办学成果有机统一,初步实现表彰主体、表彰形式和表彰功能的转变,颁奖典礼成为学校给予优秀学子的最高礼遇。

学生管理规范有序。实施优良学风培育计划,继续推行辅导员跟班听课制度,完成了2万余名学生的测评评优工作。严格学生管理,严肃校规校纪,建立了学生不归零点报告制度、违规电器查禁制度、外出离校登记制度、学生租房从严审批制度,处理各类违纪学生166人,同比减少17.4%。开展文明公寓创建活动,评选文明宿舍186间,同比翻一番;查处违纪宿舍112间,同比减少15.7%。全程做好2 300多名暑期留校学生管理工作。完成了5 432名新生档案接收和5 381名毕业生档案转递工作。开展了毕业生离校“一站式”服务,毕业生离校文明有序。

【人民武装工作】 9月4日至17日,针对5 432名新生开展了军政训练工作,重点开展了队列队形训练、国防知识教育、内务条例教育、集体主义和爱国主义教育。完成了年度《军事理论课》教学教研工作。利用多种形式进行宣传,共有27名在校大学生和15名毕业生被确定为预征入伍对象。做好了学生服义务兵役学费补偿贷款代偿及学费资助审核工作,56名大学生申请补偿金总额683 860元,按时准确发放到位。

【学生资助工作】 完善规章制度。印发了《安徽师范大学家庭经济特殊困难学生空调电费补贴实施办法》《安徽师范大学杨燕制药助学金评审办法》等资助工作规章制度。

做好贫困生认定和奖助学金评定、发放工作。共认定家庭经济困难本科学生5 775人,占在校本科生总人数的26.67%,其中“特殊困难”“困难”和“一般困难”分别占比为5.02%、9.79%、11.86%。共有40人获得“国家奖学金”,753人获得“国家励志奖学金”,4 813人获得“国家助学金”。发放国家奖学金32万元,国家励志奖学金376.5万元,国家助学金1 385.8万元(上半年701.3万元、下半年684.5万元)。发放优秀学生奖学金620.74万元。

实施社会助学工程。新增科伟兆伏电子奖学金、杨燕制药助学金2个资助项目,社会团体或个人在我校设立的各类奖助学基金达35项,社会助学总金额达356万元,比2011年增长70.33%。社会助学项目已成为学校资助体系的重要组成部分,年资助学生达2 100余人次,占贫困生总人数的36.4%。

做好助学贷款与补助发放工作。为全校2 514名学生办理贷款1 617.4万元,风险补偿金支出14.3万元。推进温暖相伴工程,适时开展暖春、暖冬、暖学、暖途资助活动。畅通新生“绿色通道”,实施“四免两补一专项”,共向186名特困新生发放了爱心手机、交通补贴、生活补贴和爱心卧具,为7名孤儿新生免除学费,帮助26名家庭经济困难学生通过“绿色通道”办理入学,并设立新生特别助学金;为34名孤儿免收学费近14.29万元;向5 775名学生发放临时困难补助共计158.8万元。

开展勤工助学,加强资助育人教育。为经济困难学生设立固定勤工助学岗位309个,全年参与勤工助学学生3 400人次,发放勤工助学补助130万元,同比增长44.4%。组织开展资助感恩、诚信教育活动,召开了感恩教育主题班会,举办自强讲坛、座谈会等,让受助学生撰写《受助学生成长汇报》、给捐赠人写感谢信等,增强学生的自强、感恩意识;在毕业班开展“四个一”诚信教育活动;通过自强社开展爱心宿舍、感恩母亲节、环保知识宣传、“爱心包裹”项目等公益志愿服务,自强社35名志愿者被中国扶贫基金会评为优秀志愿者。

全年累计发放资助资金3 155万元,获奖受助学生达11 456余人,占学生总数的52.7%,实现贫困生资助全覆盖和零差错、零投诉、零欠费的目标。资助工作的典型做法受到省资助巡视组高度评价，教育部网站予以专题报道。

【研究生思想政治教育和管理工作】 学校认真贯彻落实《教育部关于进一步加强和改进研究生思想教育的若干意见》(教思政〔2010〕11号)文件精神，树立以生为本的服务意识，促进研究生全面发展，切实提高研究生思想政治教育管理工作的科学化水平。以"演绎人文经典，彰显科技魅力"为主题，组织开展了第八届研究生科技文化艺术节；完成了首批研究生思想政治教育工作示范引领项目的结项工作。

完善奖助制度，做好奖助学金评审发放工作。制订了《安徽师范大学研究生奖助体系改革实施方案》《安徽师范大学研究生国家助学金管理暂行办法》《安徽师范大学研究生学业奖学金管理暂行办法》等十多个文件，修订完善了《安徽师范大学研究生国家奖学金评审实施办法(试行)》和《安徽师范大学优秀研究生干部评选暂行办法》，建立起了具有学校特色的研究生奖助制度。根据评审办法，做好各类研究生奖助学金评审和发放工作。研究生获得国家奖学金共91人(其中博士6人，硕士85人)、国家助学金共3 484人、优秀研究生新生奖学金共114人，同时有1 249人获得研究生学业奖学金、6人获得了安徽省古籍整理优秀研究生奖、63人获得朱敬文奖助学金、19人获得华藏奖学金。

做好"三助"岗位管理工作。学校共设研究生"三助"岗位861个。其中，助管岗位224个，助教岗位261个，助研岗位376个，覆盖2014级全日制研究生人数的61.4%，累计发放"三助"岗位津贴133.37万元。

(学生处、校团委、研究生院供稿)

【素质拓展工作】 学校坚持"育人为本、德育为先"，按照"课程化、合规律、高品位、有特色"的总要求，以"增强团组织凝聚力，建设服务型组织；增强团组织服务力，培养创新型人才"为目标，通过完善课程建设，健全评价体系，优化网络系统、培育精品项目、强化社会认同、推进素质拓展第二课堂"五化"机制建设。修订校院素质拓展活动项目体系，形成2014—2015学年素质拓展活动项目规划，开设19项校级素质拓展活动和256项院级素质拓展活动；完善"学校规定活动+学院特色活动+班级自选活动"的活动体系，评审认定首批20个本科生素质拓展精品项目。学校素质拓展工作获评团中央学校共青团重点工作创新试点项目。

【暑期社会实践】 学校以"为祖国勤学修德，以实践明辨笃实"为主题，围绕培育和践行社会主义核心价值观，组建国家级重点团队1支，省级、校级重点团队88支，院级和班级团队453支，万余名志愿者奔赴安徽、云南、四川、山东、青海等10多个省市70多个县区近千个乡村和社区基层开展"三下乡"社会实践活动，服务群众9万人次，400多名实践导师全程指导，校院领导先后300余人次亲赴基层慰问调研。发挥学院主导作用，强化学生实践主体地位，加强过程管理和成果固化，进一步完善了社会实践课程化、项目化、全员化、基地化、社会化机制建设，巩固了"先锋理论宣讲""五四爱心学校""平民电脑学校""江淮环保行""江淮普法行""阳光体育夏令营"等一批实践活动品牌。学校连续21年被评为"全国大学生社会实践先进单位"，荣获2014年度全省大学生社会实践工作优秀组织奖。教育部官方网站以《安徽师范大学构建"五化"机制，强化实践育人实效》为题报道了我校社会实践工作的典型做法。

【环保教育】 开展"美丽校园"创建活动和"保护母亲河，美丽中国梦"青年林植绿护绿教育活动；依托大学生环境保护协会、环境与健康协会、生命科学协会等环保社团，利用"植树节""地球一小时""世界水日""世界环境日"等环保节点拓展环保宣教渠道和平台，举办系列环保教育和实践活动。加强环保社团指导教师培训，选派1人参加2014年全国青少年生态环保组织指导教师培训。在联合国人事司原副司长翁盈盈女士的关心和资助下，统筹使用"博爱基金"环保专项资金努力培养具备环保素养、肩负环保责任、投身环保实践的优秀学子。印发《安徽师范大学博爱环保奖学金评审办法(试行)》，向20名同学颁发2013—2014学年博爱环保奖学金。大力推进"生态安徽——江淮环保行"项目，组织107支团队近千名学生投身环保社会实践，服务影响群众万余人。大学生生命科学协会负责人谷静受邀参加全国青少年生态环保组织圆桌会议，土地资源管理专业舒心受邀参加

2014年《联合国气候变化框架公约》第二十次缔约方大会并作交流发言。

（撰稿：张海兵　审稿：张园园）

【就业创业工作】 2014年，学校共有本科毕业生5 365人。其中，师范类2 191人，非师范类3174人；男生2 276人，女生3 089人；汉族5 285人，少数民族80人；理工类2 814人，文史类1 530人，体育类384人，艺术类637人；安徽籍学生4 653人，省外主要集中在江苏省、山东省、河北省、江西省，分别为101人、79人、61人、60人。本科生就业人数5 052人（含考取研究生1 287人），初次就业率为94.17%。从就业区域分布看，主要集中在安徽省（占68.79%），省外主要集中在江苏省、上海市、浙江省、广东省，占比分别为9.38%、6.27%、4.91%、2.60%；从就业性质看，主要分布在企业、升学、教育教学单位、政府及事业单位，占比分别为39.03%、23.99%、21.23%、4.62%。

学校共有研究生毕业生1 317人。其中，博士研究生28人，硕士研究生1 289人，就业率分别为96.43%和76.11%。从就业单位性质来看，博士研究生全部在教学单位工作。硕士研究生在教学单位、企业和政府机关就业比例分别为47.2%、35.4%和4.3%。

加强组织领导。召开就业工作专题布置会、调研会、汇报会和推进会，印发《关于做好我校2014届本科毕业生就业工作的通知》，开展年度校内就业工作考评，评选出本科毕业生就业工作先进学院6个，先进个人20个，编写《安徽师范大学2014年本科毕业生就业工作年度报告》（白皮书），首次面向社会发布《2014年本科毕业生就业质量年度报告》。

强化就业指导。加强师资队伍建设，选派44名教师参加全国高校创业指导师培训班学习，8人在省就业创业指导课程大赛和就业论文评比中获奖。规范职业生涯规划和就业指导课程教学管理，开展任课教师集体备课教研活动，完成80个班的教学任务。开展5期“职场启航·大学生就业能力提升系列讲座”，2人在“昆山花桥杯”第九届安徽省大学生职业规划设计大赛暨大学生创业大赛中获金奖，1人获铜奖，学校荣获“最佳组织奖”。在教育部中国大学生在线举办的全国大学生简历大赛中，学校荣获优秀组织奖二等奖，1人荣获优秀指导教师称号。

推进创业工作。以“践行核心价值观，创新创业创青春”为主题举办了第五届创新创业文化节，伍俊峰、耿国星等为学子做了创业事迹报告，营造创新创业文化氛围，培养大学生创新创业意识，提升创新创业能力。组织参加2014年“创青春”安徽省大学生创业大赛，获金奖4项，铜奖7项，8人获“优秀指导教师”称号，学校获优秀组织奖；在全国决赛中获银奖2项、铜奖2项，创造我校参与此项赛事的最好成绩。生命科学学院“中贺生物创新团队”获评大学生中国青少年科技创新奖“小平科技创新团队”。组织参加第五届省“双百”科普创意创新大赛，11件作品获奖，学校荣获全省、全国优秀组织奖。与弋江区政府共建我校首个创业孵化基地——创业设计园。园区面积1 300余平方米，创业团队拎包入驻，同时享受免场地费、水电费、免费培训、税费减免等政策。首批11家创业团队入驻。完成省人社厅大学生创业模拟实训项目510人的培训任务，扶持27人自主创业，直接带动就业人数159人，创业带动就业的倍增效应逐步显现。

推进市场建设。大力实施“百千万”工程建设，按照“抢抓机遇、主动服务、由近及远”的工作思路，主动拓展就业市场，形成“招聘天天有，每周一集市”的工作局面，恢复师范生专场招聘会，全年举办招聘会226场，来校招聘单位850家，发布就业信息1 013条，提供岗位50 906个（生均9.5个），通过校园招聘成功就业学生占就业毕业生的64%。主动拓展就业领域，参加宁波市高校人才洽谈会、南京市百校百企洽谈会、广州校企合作大型对接会等，宣传并推荐毕业生；通过与芜湖市各区县人社局、蚌埠市人社局、芜湖市网商电商行业洽谈会等活动，签署战略合作协议，推进校地、校企合作新模式。

做好就业帮扶。落实安徽省各类服务基层项目336人，较上年增加67人，其中选调生27人、选聘生170人、西部计划15人、预征入伍25人、特岗计划103人等。为2 024名师范生办理教师资格证，100名贫困大学生成功申请华民慈善基金会2014年大学生就业扶助资金30万元，为304名家庭经济困难毕业生发放求职补贴24.32万元，为5 365名毕业生办理派遣手续。学校特殊群体就业率分别为：贫困毕业生98.06%、女大学生97.48%、少数民族学生97.50%、残疾毕业生100%，均高于学校平均就业率。

开展研究生就业服务。针对研究生开展了第四届"求职择业，你我同行"就业指导系列服务活动近20余场次，提高研究生同学的就业技能。组织研究生参加宁波市第十六届高层次人才引进洽谈会，开拓就业市场。

工作成效。实现用人单位满意度（98.6%）和毕业生满意度（94.1%）的双提升，省人民政府授予学校"就业工作先进集体"荣誉称号（全省高校仅2家），同时获得安徽省第三届就业创业指导课程教学大赛"最佳组织奖"，连续第九年荣获安徽省大学生职业规划设计大赛暨大学生创业大赛"最佳组织奖"，荣获教育部中国大学生在线举办的全国大学生简历大赛优秀组织奖二等奖。

（学生处、研究生院供稿）

【校学生会】 安徽师范大学学生委员会是在校党委、省学联的直接领导和校团委的具体指导下独立开展工作的全校本科学生的群众性组织，是学校党政联系广大同学的桥梁和纽带。校学生会有花津校区、赭山校区2个分会，下设主席团、办公室、宣传部、学习部、实践部、生活（权益）部、体育部、女生部、勤工助学部、信息技术部等部门。校学生会始终坚持以"服务大局、服务同学"为宗旨，主动适应广大同学成长发展新要求，围绕思想教育、文明创建、校园文化、维权保障和自身建设等内容，举办了第11届大学生节暨新疆文化周主题活动，规范校园"跳蚤"市场，做好"爱师大　易寻"失物搜集平台运营工作，办好"赭麓大讲堂（共青团周末剧场），开展大学生"走下网络、走出宿舍、走向操场"主题群众性课外体育锻炼活动，协助开展创新创业文化节、"创青春"大学生创业计划竞赛等专题活动，努力将自身建设成为根植同学的共同家园、凝聚人心的温暖集体、运转高效的网络体系。

【校研究生会】 安徽师范大学研究生委员会是在校党委领导和校团委指导下的研究生自我教育、自我管理、自我服务的群众性组织。校研究生会以拥护党的领导、团结全体研究生、勤奋学习科学文化知识、积极建设研究生时代校园文化为宗旨，代表和维护研究生的正当权益，热情为同学服务。定期举办学术交流、社会实践、校园文化等活动，沟通学校有关部门与研究生之间的联系，参与学校民主管理和民主监督，协助和促进学校的教育管理工作，为广大研究生提供施展各种才能的机会，培养求实、创新的社会主义事业接班人。研究生会设主席团、办公室、新闻中心、文艺部、生活部、科技部、实践部和体育部八个主要职能部门。

【校学生工作助理】 安徽师范大学学生工作助理是一支经学校公开选拔的本科学生干部队伍，在学生工作部（处）领导下开展工作，由学生工作部（处）统一聘任和管理，参与学生工作事务，协助做好学生教育、管理和服务工作，征集并反映广大学生在学习、生活中的问题和建议，完成有关部门交办的工作任务。2014年共选拔196名学生工作助理。

【校社团联合会】 安徽师范大学学生社团联合委员会是在校党委的领导和校团委的指导下本着自愿结合的原则进行"自我教育、自我管理、自我服务"的学生社团联合体，设有花津校区、赭山校区2个分会。主席团统筹总体工作，设有办公室、组织部、宣传部、会员部、财务与资产管理部、活动部、志愿者工作部等部门，2014年新增戏曲社、开源软件协会、自行车运动协会、新青年器乐社4个会员学生社团，会员社团总数增至54个，会员3万余人次，会员社团开展活动200余项。校社团联合会秉承"联合、共享、进步、创新"的宗旨，坚持"依托专业、凸显特色、建管并重、激发活力"的原则，开展了第11届社团文化节、评选第10届精品活动，协助学校开展"西部计划"志愿者招募、爱心献血等多项青年志愿者行动和志愿者骨干培训工作，服务学校中心工作、服务社团健康发展、服务会员全面成才。

【校青年通讯社】 安徽师范大学青年通讯社是在校团委指导下的全校共青团工作和校园文化活动宣传机构，致力于反映校园青年动态，追踪校内外热点，服务团学工作，是宣传校园文化和促进校园精神文明建设的重要力量。青年通讯社下设主席团、办公室、新闻部、摄影部、网络部、美工部等6个部门。负责学校共青团重大活动视觉形象设计与新闻宣传，校园优秀典型采写选树、团委新媒体矩阵平台（微博、微信、Myouth、向阳花网站）维护与运营以及网络舆情信息搜集与反馈工作。

【校大学生艺术团】 安徽师范大学大学生艺术团是在校团委指导下的大学生艺术爱好者团体，是大学生进行艺术实践的园地，是学校实施素质教育的重要阵地之一。大学生艺术团以“弘扬民族文化，倡导高雅艺术”为宗旨，着力提高大学生艺术修养，丰富校园文化生活，传承校园文化经典，宣传学校改革发展成果。艺术团下设办公室、歌唱队（合唱团）、舞蹈队、器乐队、综艺队、戏曲队。开展了“青春好声音”校园主持人大赛、“青春新秀”新生才艺大赛等文艺活动，参与编排的舞蹈《墨魂》、合唱《赛龙舟》等反映青年大学生追求梦想、传承徽州地域文化等元素的节目参加了全省全国第四届大学生艺术展演。

（学生处、校团委、研究生院供稿）

材料1:

2014年国家、社会奖助学金设立情况

本科生国家、社会奖助学金设立情况

1. 国家奖学金
设立者　教育部
奖助范围　品学兼优的在校学生
奖助金额　8 000元/年·人,40人,32万元
2. 国家励志奖学金
设立者　教育部
奖助范围　品学兼优的在校家庭经济困难学生
奖助金额　5 000元/年·人,753人,376.5万元
3. 国家助学金
设立者　教育部
奖助范围　在校家庭经济困难学生
奖助金额　人均3 000元/年·人,4 813人,1 402.6万元
4. 师范生奖学金
设立者　教育厅
奖助范围　毕业后从事教育工作的师范类毕业生
奖助金额　2 000元/年·人,689人,137.8万元
5. 朱敬文奖学金
设立者　香港朱敬文教育基金会
奖助范围　品学兼优的在校大学生
奖助金额　特别奖学金8 000元/年·人、奖学金2 000元/年·人,共274人,59.9万元
6. 荣芝奖学金
设立者　香港荣芝基金会
奖助范围　品学兼优的在校大学生
奖助金额　特别奖学金5 000元/年·人、奖学金2 000元/年·人,共100人,23万元
7. 盈峰奖助学金
设立者　广东省盈峰慈善基金会
奖助范围　品学兼优家庭经济困难学生
奖助金额　奖学金2 500元/年·人、助学金1 500元/年·人,共56人,10万元
8. 晨光奖助学金
设立者　晨光基金会
奖助范围　品学兼优家庭经济困难学生
奖助金额　2 500元/年·人,50人,12.5万元
9. 王大明奖学金
设立者　王大明先生
奖助范围　品学兼优家庭经济困难学生
奖助金额　2 000元/年·人,50人,10万元
10. 华民慈善基金会大学生就业扶助项目
设立者　北京华民慈善基金会
奖助范围　家庭经济困难三年级学生
奖助金额　3 000元/年·人,100人,30万元

11. 精锐奖学金
设立者　上海精锐国际教育集团
奖助范围　英语、数学、汉语言文学、学前教育专业品学兼优学生
奖助金额　特等奖5 000元/年·人，奖学金2 000元/年·人，共60人，15万元
12. 科伟兆伏电子奖学金
设立者　芜湖科伟兆伏电子有限公司
奖助范围　经济管理学院、物理与电子信息学院品学兼优学生
奖助金额　2 500元/年·人，40人，10万元
13. 杨燕制药助学金
设立者　芜湖杨燕制药有限公司
奖助范围　家庭经济特殊困难的全日制在读本科生
奖助金额　2 500元/年·人，40人，10万元
14. 毕业生专项助学金
设立者　王大明先生
奖助范围　2014届家庭经济困难毕业生
奖助金额　500元/年·人，400人，20万元
15. 新生专项助学金
设立者　王大明先生
奖助范围　2014级家庭经济困难新生
奖助金额　800元/年·人，200人，16万元
16. 中国金谷·花桥国际商务城奖学金
设立者　江苏昆山花桥经济技术开发区
奖助范围　全日制经管类、软件类和日语类本科生
奖助金额　一等奖学金7 000元/年·人，自强奖学金1 000元/年·人，共14人，2万元
17. 博爱环保奖学金
设立者　翁盈盈女士
奖助范围　全日制二、三年级在校本科生
奖助金额　3 000元/年·人，10人，5 000美元
18. 儒林助学金
设立者　安徽省儒林图书有限责任公司
奖助范围　家庭经济困难学生
奖助金额　文学院1 000元/年·人，其他学院800元/年·人，共105人，9万元
19. 冯燊均十佳大学生奖学金
设立者　冯燊均夫妇
奖助范围　校十佳大学生
奖助金额　2 000元/年·人，10人，2万元
20. 启迪奖助学金
设立者　启迪教育集团
奖助范围　文学院品学兼优学生
奖助金额　奖学金2 000元/年·人，助学金1 000元/年·人，共45人，6万元
21. 晶亮助学金
设立者　徐高潮先生
奖助范围　文学院家庭经济困难学生

奖助金额　1 500元/年·人,98人,15万元

22. 宝文奖助学金

设立者　王大明先生

奖助范围　文学院品学兼优和家庭经济困难学生

奖助金额　奖学金1 500元/年·人,助学金1 000元/年·人,共80人,10万元

23. 外国语学院校友爱心助学金

设立者　外国语学院校友

奖助范围　外国语学院家庭经济困难学生

奖助金额　2 000元/年·人,25人,5万元

24. 庄严奖助学金

设立者　芜湖庄严基金会

奖助范围　国旅学院家庭经济困难学生

奖助金额　奖学金2 000元/年·人,助学金一等1 500元/年·人,二等1 000元/年·人,三等800元/年·人,共135人,15万元

25. 金鹏助学金

设立者　雷忠平先生

奖助范围　国旅学院家庭经济困难学生

奖助金额　1 000元/年·人,23人,2.3万元

26. 安科生物奖学金

设立者　安徽安科生物工程(集团)股份有限公司

奖助范围　生命科学学院品学兼优学生

奖助金额　一等奖3 000元/年·人,二等奖2 000元/年·人,三等奖1 000元/年·人,共49人,8万元

27. 康卫生物奖学金

设立者　芜湖康卫生物科技有限公司

奖助范围　生命科学学院品学兼优学生

奖助金额　一等奖3 000元/年·人,二等奖1 000元/年·人,共30人,5万元

28. 善建者行助学金

设立者　中国建设银行芜湖市分行

奖助范围　教育科学学院家庭经济困难学生

奖助金额　2 000元/年·人,25人,5万元

29. 正见助学金

设立者　芜湖正见建设有限公司

奖助范围　数学计算机科学学院家庭经济困难学生

奖助金额　2 000元/年·人,33人,6.6万元

30. 陶绍新助学金

设立者　陶绍新先生

奖助范围　体育学院家庭经济困难学生

奖助金额　3 000元/年·人,25人,7.5万元

31. 思源助学金

设立者　物理与电子信息学院校友

奖助范围　物理与电子信息学院家庭经济困难学生

奖助金额　奖学金1 000元/年·人,助学金800元/年·人,共31人,2.68万元

32. 金通奖学金
设立者　北京广慧金通教育科技有限公司
奖助范围　新闻与传播学院空乘专业品学兼优的学生
奖助金额　一等奖学金2 000元/年·人，二等奖学金1 500元/年·人，三等奖学金1 000元/年·人，单项奖1 000元/年·人，共32人，4万元
33. 周忠助学金
设立者　周忠先生
奖助范围　历史与社会学院家庭经济困难学生
奖助金额　2 000元/年·人，13人，2.6万元
34. 晋涛助学金
设立者　晋涛先生
奖助范围　历史与社会学院和体育学院家庭经济困难学生
奖助金额　1 000元/年·人，30人，3万元
35. 铭诚奖助学金
设立者　铭诚律师事务所
奖助范围　法学院家庭经济困难学生
奖助金额　1 000元/年·人，36人，3.6万元
36. 国伦奖助学金
设立者　国伦律师事务所
奖助范围　法学院家庭经济困难学生
奖助金额　1 500元/年·人，24人，3.6万元
37. 纬伦奖助学金
设立者　纬伦律师事务所
奖助范围　法学院家庭经济困难学生
奖助金额　1 000元/年·人，20人，2万元
38. 青云奖助学金
设立者　费介华、汪灵罡
奖助范围　法学院家庭经济困难学生
奖助金额　1 000元/年·人，10人，1万元

研究生国家、社会奖助学金设立情况

1. 研究生国家奖学金
设立者　教育部
奖助范围　品学兼优的在校研究生
奖助金额　博士30 000元/年·人，6人；硕士20 000元/年·人，85人
2. 研究生国家助学金
设立者　教育部、安徽省教育厅
奖助范围　非定向就业研究生
奖助金额　博士12 000元/年·人，硕士6 000元/年·人，共3 484人
3. 安徽省古籍整理优秀研究生奖
设立者　安徽省古籍整理出版基金会
奖助范围　与古籍整理相关专业
奖助金额　3 000元/人，6人

4. 华藏奖学金
设立者　香港佛陀教育协会
奖助范围　品学兼优的在校研究生
奖助金额　800元/人，19人
5. 研究生朱敬文奖助学金
设立者　朱敬文教育基金会
奖助范围　品学兼优的在校研究生
奖助金额　朱敬文特别奖学金5 000元/人，6人；朱敬文奖学金2 000元/人，17人；朱敬文助学金2 000元/人，40人
6. 儒林助学金
设立者　安徽省儒林图书有限责任公司
奖助范围　家庭经济困难学生
奖助金额　800元/年·人，6人

（学生处、研究生院供稿）

材料2：

各学生组织主要干部名单

校学生会主要学生干部名单

主　　席：关宏蔚（2012生科）
常务副主席：黄文斌（2012地科）
执行副主席：岳　明（2013物联，学工助理总队常务副总队长）
汪　沁（2013卓越理综，学工助理总队常务副总队长）
吴梦洁（2012播音，兼任青年通讯社社长）
陈　缘（2012光信，兼任青年通讯社常务副社长）
黄嘉琪（2012空乘，兼任大学生艺术团团长）
杜静之（2012音乐，兼任大学生艺术团常务副团长）
副 主 席：刘少颖（2012广告）　杨　茜（2012人管）　吴海波（2012生技）
鲁伟伟（2012生科）
唐睿嘉（2012音乐）　杨光宝（2012政教）　陈春华（2012食科）
助　　理：李冰艳（2013生态）　张登超（2013电子）　赵万斌（2013人管）　李圣楠（2013食安）
杜　先（2013法学）
成　　员：赵家成（2012汉语，文学院学生会主席）　吴文君（2012政教，政治学院学生会主席）
齐　新（2012行管，法学院学生会主席）　白　玮（2012会计，经管学院学生会主席）
万　宁（2012音乐，音乐学院学生会主席）
张培树（2012美术，美术学院学生会主席）
刘　莹（2012公管，历社学院学生会主席）　康侦艺（2012应心，教科学院学生会主席）
郭冰彬（2012英语，外语学院学生会主席）　朱克习（2012体教，体育学院学生会主席）
王　浩（2012文管，新闻与传播学院学生会主席）
杨晓琪（2012软件，数计学院学生会主席）
江晨飞（2012通信，物电学院学生会主席）
杨　焱（2011应化，化材学院学生会主席）
盛　婷（12地科，国旅学院学生会主席）　张晓倩（12生科，生科学院学生会主席）
闫少凯（12环工，环工学院学生会主席）

校研究生会干部名单

主席团

主　　　席：葛元骎(2012 教科)

常务副主席：柯淑群(2013 政治)　欧阳昱(2013 教科)

副　主　席：刘世杰(2013 法学)　孙　瑜(2013 音乐)

李玉祥(2013 体育)　周　朝(2013 生科)

张婷婷(2013 美术)　殷安龙(2013 物电)

校学生工作助理主要学生干部名单

总　队　长：岳　明(2013 物联网工程)

常务副总队长：汪　沁(2013 理综卓越班)

副　总　队　长：吴利亚(2013 广告学)　吴国栋(2013 体育教育)　孙海凤(2012 生物技术)

总队长秘书：顾逸然(2013 汉语国际教育)　姚　春(2013 软件工程)

李　文(2012 化学工程)

校社团联合会主要学生干部名单

主　　　席：李晓微(2012 人管)

常务副主席：张雨晴(2012 生科)

副　主　席：胡雪松(2012 环工)　项　昕(2012 人管)　赵　发(2012 历史)

黄　恺(2012 化材)　李陈乐(2012 光信)　刘　涛(2012 化材)

助　　　理：何远哲(2013 会计)　刘园园(2013 财管)　王梦田(2013 生科)

王　勇(2013 物电)

校青年通讯社主要学生干部名单

社　　　长：吴梦洁(2012 播音)

常务副社长：陈　缘(2012 光信)

副　社　长：汪　景(2012 摄影)　陈　萌(2012 公管)　陈思思(2012 新闻)

李媛媛(2012 材化)

校大学生艺术团主要学生干部名单

团　　　长：黄嘉琪(2012 空乘)

常务副团长：杜静之(2012 音乐)

副　团　长：支　献(2012 音乐)　把文文(2012 空乘)

助　　　理：刘　畛(2012 音乐)　张梦诗(2012 音乐)　孙艺航(2013 国旅)

李泽召(2013 播主)　刘　盾(2013 环科)　凌海曦(2013 汉语)

储独俊(2013 化材)

学生社团主要负责人名单

社团名称	负责人
汉语桥协会	郝秋瑶(2013 级汉语国际教育)
江南诗社	姜　燕(2013 级汉语言文学)
太阳话剧社	吴伟豪(2012 级汉语言文学)
五四爱心学校	王　淼(2012 级汉语言文学)
赭麓书画社	汪　清(2013 级汉语言文学)

德育研究会	袁巧凤(2012级思想政治教育)
中国特色社会主义理论体系研究会	谢春芳(2013级思想政治教育)
爱智哲学社	纪明月(2013级思想政治教育)
青年法学社	刘延炀(2012级法学)
新雷锋青年志愿者协会	潘光旭(2012级会计学)
经济学会	苗　亮(12级财务管理)
职业能力发展研究会	郑　俊(12级法学)
职业规划与发展协会	王　彤(2012级人力资源管理)
大学生创业协会	曹　超(2012级财务管理)
音乐爱好者协会	张子璇(2012级音乐学)
海星调查研究社	李莹莹(2012级社会工作)
赭山史学社	杨湘香(2012级历史学)
美术爱好者协会	袁　畅(2012级环境艺术设计)
公共关系协会	周　芸(2012级公共事业管理)
心理研究会	胡成成(2012级应用心理学)
计算机爱好者协会	王立胜(2012级计算机科学)
翻译协会	陈　雨(2012级英语)
武术与体育舞蹈协会	岳建飞(2012级体育教育)
星洲创业培训学校	王少卿(2013级运动训练)
球类协会	熊应东(2012级体育教育)
棋类协会	顾周凡(2012级物联网)
摄影爱好者协会	宋学飞(2013级摄影)
大学生动漫爱好者协会	舒　鹏(2011级动画)
普通话协会	于　潇(2013级播音与主持艺术)
英语之角协会	凌　晨(2012级英语非师范)
数学建模协会	左芸芸(2012统计学)
电子爱好者协会	马明星(2012级自动化)
大学生就业促进与互助协会	刘志强(2012级化学工程与工艺)
环境保护协会	朱　珊(2012级化学)
爱心者协会	陈　琛(2013级土地资源管理)
辩论协会	钱美玲(2013级旅游管理)
皖江知行社	梁　雪(2013级地理科学)
旅游爱好者协会	王　楠(2013级旅游管理)
地理科普协会	杨任翔(2013级地理科学)
生命科学协会	谷　静(2012级园艺)
保健协会	孙　蕾(2012级生物技术)
考研行动协会	韩　冷(2012级生物技术)
环境与健康协会	张金铭(2013级环境科学)
大学生食品安全与营养协会	王　琪(2012级食品质量与安全)
大学生记者团	丁洁苒(2012级新闻)
军事爱好者协会	余　滔(2012级社会工作长)
读者协会	张　欢(2012级文化产业管理)
大学生发明创新协会	白　瑞(2012级物联网工程)

大学生茶文化协会 宋怡惠（2012级经济学）
新长城自强社 汪　洁（2012级食品质量与安全）
新青年器乐社 周士琦（2013级环境艺术设计）
开源软件协会 胡方凯（2013级软件工程）
戏曲社社长 吴　维（2012级对外汉语）
自行车运动协会 王子圩（2013级物流管理）

（学生处、研究生院、校团委供稿）

五、师资队伍

（一）概况

【概况】 截至2014年年底，我校专任教师1 415人，其中教授273人，副教授503人，博士学位529人，硕士学位706人。国家级教学名师1人，国家级教学团队3个，“百千万人才工程”国家级人选5人，教育部“新世纪优秀人才”支持计划9人，享受国务院特殊津贴11人，安徽省“百人计划”2人，“皖江学者”特聘教授4人、讲席教授6人，省学术与技术带头人40人，省学术与技术带头人后备人选90人，享受省政府特殊津贴16人。学校已初步建成一支数量适当、结构优化、素质优良、工作高效的人才队伍。

（二）培养培训

【校本培训】 完善“二段三级”校本培训模式，采取专题教学、分组讨论和户外拓展相结合方式，完成了第四期新进教职工培训工作。承担了芜湖和宣城地区9所高校新进教师的岗前培训和考点任务，完成了各项工作。各学院根据“十二五”师资队伍建设规划，按照专任教师“人人进学科，个个定方向”的建设思路，结合学院教学、科研工作特点，组织实施了青年教师培养计划，为青年教师配备导师，帮助青年教师成长。

【在职培养】 认真落实《教职工培养培训管理规定》，加大教职工培养培训力度；出台《中青年教师社会实践暂行办法》《选派教职工公派出国（境）进修暂行规定》，鼓励工科专业和应用型专业教师开展社会实践并加强了过程管理和考核，加强了国（境）外培训和交流。组织两期专业负责人共31人赴美培训，遴选8名教师参加国培项目海外培训，选派33人参加国（境）外访学、合作研究、短期培训等；落实了11名教师赴芜湖市和六安市企业挂职锻炼；全年共选派533人次参加各类进修培训，培训经费近500万元。

（三）设岗分级与职称评聘

【设岗分级工作】 强化岗位意识，推进目标管理责任制，探索建立能上能下、能进能出的岗位聘用机制。开展首轮教职工岗位聘期考核和2013、2014年聘期期满人员考核工作，考核2 011人。对现有在编在岗人员进行了核岗，核定各级各类岗位，确定岗位指标；开展了2014年专业技术岗位分级聘任工作，按照坚持标准、适度从紧、好中选优等原则进行评聘，聘任专业技术主岗161人、专业技术辅岗30人、附属单位专业技术主岗56人。

【职称工作】 学校首次将中级评审权限下放，学院评审，学校抽查监督。对申报副高以上人员，严格职数，规范程序，好中选优，圆满完成专业技术职务评聘工作。2014年共聘任教授20人，副教授42人，讲师36人；高级实验师2人，实验师8人，助理研究员3人。此外，在其他系列职称评审工作中，共聘任副高2人，中职15人，职称晋升人数占专任教师人数的9%。组织讨论了职称评审条件的修订，增加教学业绩、人才培养、国际化背景、社会实践经历等方面的要求，凸显教学和人才培养中心地位，进一步强化职称评审在人才队伍建设中的导向作用。

（四）师德师风建设

【概况】 加强师德师风建设，把教师职业理想、职业道德、学术规范等融入岗前培训、职后培养和管理的全过程。邀请校内外专家教授、教学名师为青年教师作专场师德讲座；出台《终身成就奖评选办法》，组织开展了首届终身成就奖评选活动，文学院余恕诚和生命科学学院陈壁辉荣获“首届终身成就奖”，发挥示范引领作用。学校分别有1人获评“全国三八红旗手”（安徽省仅1人获此殊荣）、“全国模范教师”“全国优秀教师”“全国优秀教育工作者”和“全国优秀辅导员”，2人获评“全省优秀教师”、1人获评“全省高校优秀思政课教师”，获奖人数和层次居全省高校前列。组织推荐2人参评“全国教书育人楷模”、1人参评“寻找身边的张丽莉”（第二季）、1人参评“省三八红旗手”、2人参评“党和人民满意的好老师”。加强制度建设，加强日常考勤，对学期初教职工上岗和报到情况以及每月考勤情况进行网上通报，严肃劳动纪律。全年处理辞退2人，对8名发生教学事故的教师给予全校通报批评。

（人事处供稿）

材料1：

名师名录

国家“百千万人才工程”人选：

王绍武　李进华　李琳琦　陆　林　周晓光　姚本先

教育部“新世纪优秀人才支持计划”人选：

马陵合　王先俊　王绍武　朱国萍　李琳琦　周晓光　耿保友　商永嘉　高　峰

享受国务院特殊津贴名单：

王　伦　王绍武　李琳琦　李进华　姚本先　陆　林　胡传志　周晓光　庄华峰　倪永红

“皖江学者”计划特聘教授名单：

丁　放　王绍武　李琳琦　胡传志

“皖江学者”计划讲席教授名单：

吴孝兵　陆　林　姚本先　聂刘旺　席贻龙　鲁世平

省级教学名师名单：

方　宾　庄华峰　刘运好　陆　林　陈文忠　姚本先　聂刘旺　陶富源　黄成林　裘士京
詹绪左　束立生　周兴国　朱小芸　凤尔银

省优秀模范教师名单：

欧阳跃峰　房列曙　姚静荪　戴兆国

享受省政府特殊津贴名单：

丁　放　彭启福　王先俊　翟　勇　李琳琦　周晓光　方　青　朱家存　阮成武　耿保友
闫蒙钢　王绍武　吴孝兵　朱国萍　姚本先

安徽省跨世纪学术和技术带头人名单：

丁　放　马陵合　王　伦　王先俊　王绍武　方　青　朱国萍　朱家存　任　永　庄华峰

阮成武　李进华　李琳琦　吴孝兵　陆　林　周晓光　赵广超　胡传志　胡益民　姚本先
聂刘旺　高　飞　高　峰　郭淑新　席玉宝　席贻龙　卢　松　彭启福　熊仲儒　杨柏岭
储泰松　耿保友

安徽省跨世纪学术和技术带头人后备人选名单：

马陵合　王　伦　王习胜　王先俊　王绍武　方凤满　方双虎　孔令达　左新荣　石建平
卢　松　宁利新　朱国萍　任　永　华田苗　庄华峰　刘峰杰　刘道胜　汤　敏　宇海银
孙来法　李子华　李向伟　李琳琦　杨柏岭　束立生　吴先伍　吴孝兵　何　斌　余　涛
张小平　张廷龙　张季谦　张建华　陆　林　陈文忠　陈冬生　欧阳跃峰　罗永龙　周晓光
赵广超　胡传志　胡好远　姚本先　耿保友　聂刘旺　倪永红　高　峰　席玉宝　刘和文
席贻龙　桑青松　黄时中　梅晓娟　商永嘉　彭凤莲　傅新球　焦华富　储泰松　鲁世平
谢美华　阚显文　熊仲儒　戴兆国　许新胜　夏云生　刘玉龙　卢　玉　王朝辉　张正光
杨世勇　郝二红　申广君　张德让　王　昊　徐　彬　戴卫东　汪海元　王正华　辛治洋

安徽省高校拔尖人才名单：

王先俊　朱家存　刘运好　周守标　周晓光　姚本先　聂刘旺　席玉宝　席贻龙　崔执凤
魏先文

安徽省高校中青年学科带头人名单：

马陵合　王　伦　王绍武　方　青　叶帮义　朱昌青　华田苗　庄华峰　许　勇　孙国正
孙胜忠　孙益民　苏　勤　李琳琦　杨周生　束立生　吴孝兵　何更生　张小平　张传开
张奇才　张建华　陆　林　陈文忠　陈立新　邵名望　欧阳俊林　欧阳跃峰　周守标　周晓光
郝家胜　胡传志　胡益民　查良松　俞晓红　祝东进　席贻龙　桑青松　黄成林　黄时中
崔执凤　商永嘉　彭凤莲　葛明贵　焦华富　鲁世平　鲁亚平　詹绪左　魏登云

高校优秀中青年骨干教师名单：

万尚庆　马陵合　王　昊　王义德　王元航　王友保　王忠义　王绍武　凤尔银　方凤满
卢　松　华田苗　庄华峰　刘　莉　刘咏莲　齐学梅　江守义　江家法　许新胜　孙　妮
严　平　李方明　李立群　李永新　杨周生　杨柏岭　吴　玲　何宗祥　沈剑英　张　武
张玉忠　张先燚　张智华　张德让　张燕华　陈怀军　周元琳　周幸福　周晓光　周晓梅
郑　艳　郑贤锋　屈　军　胡传志　俞晓红　姚本先　耿保友　聂刘旺　桂守才　钱长炎
钱奇佳　倪永红　高　飞　高　峰　高正礼　唐业仓　陶秀成　崔执凤　商永嘉　彭启福
程乃胜　程久苗　程先富　傅新球　储泰松　鲁世平　谢美华　蔡亚非　熊仲儒　潘红春
戴兆国

省级教坛新秀名单：

任　永　许新胜　孙　影　芮　瑞　李　伟　李宜江　余瑞兰　辛治洋　张雪丽　陆在春
梅晓娟　程瑶琴　王　瑜　饶宏泉　王广凤　牛　菲　李　影

（人事处供稿）

材料2：

博士生导师、硕士生导师名单

博士生导师名单：

文学院：

储泰松　丁　放　方维保　胡传志　刘运好　熊仲儒　徐德明　杨柏岭

政治学院：

戴兆国　干成俊　高正礼　郭淑新　彭启福　王习胜　王先俊　吴先伍　姚宏志　叶松庆
朱　平

法学院：

彭凤莲

经济管理学院：

龚基云　马陵合

历史与社会学院：

方　青　李琳琦　欧阳跃峰　沈世培　汪效驷　徐　彬　周晓光　庄华峰

教育科学学院：

葛明贵　阮成武　姚本先　周兴国　朱家存

外国语学院：

梅晓娟　孙胜忠

数学计算机科学学院：

罗永龙　任　永　汤　敏

物理与电子信息学院：

崔执凤　凤尔银　宁利新　许新胜　张季谦　郑贤锋

化学与材料科学学院：

高　峰　耿保友　郝二红　胡益民　焦莉娟　李茂国　李永新　倪永红　商永嘉　孙益民
王　伦　王绍武　魏先文　谢美华　杨高升　宇海银　张　武　张玉忠
朱昌青

国土资源与旅游学院：

程先富　方凤满　焦华富　卢　松　陆　林　麻金继　苏　勤　杨效忠

生命科学学院：

蔡亚非　龚仁敏　郝家胜　胡好远　华田苗　李进华　鲁亚平　聂刘旺　王友保　吴海龙
吴孝兵　席贻龙　张庭廷　张小平　朱国萍

环境科学与工程学院：

杨周生　赵广超　周守标

硕士生导师名单：

文学院：

陈元贵　储小军　崔达送　郭自虎　韩震军　何更生　侯宏堂　黄　静　江守义　荆　莉
李定乾　李建栋　李　平　李　伟　李玉栓　刘　萍　刘　颖　鲁华锋　陆昌萍　马长安
倪三好　潘务正　潘晓军　钱奇佳　乔东义　饶宏泉　芮　瑞　桑　农　汪红艳　王海洋
王　昊　王茂跃　王　中　吴尚华　吴　微　吴振华　武道房　夏家顺　项念东　徐　茗
杨四平　叶帮义　叶文举　叶永胜　俞晓红　詹绪左　张公善　张　华　张　勇　章　池
周元琳　朱菊香　朱　蕾

政治学院：

戴　锐　方　芳　郭　理　郭应传　胡安全　胡梅叶　季爱民　解　莉　金怡顺　孔德萍
李廷宪　李祥兴　刘桂荣　路丙辉　牛　菲　佘　君　陶永华　汪盛玉　王　艳　王振钰
吴兴华　宣庆坤　余亚斐　余在海　张奇才　张燕华　张正光　章征科　赵　冰　赵　平

法学院：

陈旭玲　陈银珠　高永周　何源章　李光宇　刘晓峰　万尚庆　汪维才　王义德　吴俊明
奚　玮　徐步华　严　宏　雍自元　翟志文　张素凤　周俊强　周仁标　周哨龙

经济管理学院：

戴家龙　韩玉刚　何凤平　孔庆洋　刘　冰　马　骥　钱瑞梅　汪　洋　吴秀莲　伍旭中

姚国荣　张建华　张廷龙　郑继辉　周端明　朱　兵　朱立冬　蔡　敏　花冯涛　闵继胜
潘施琴　张　琼

音乐学院：

陈　星　陈自勤　程炳杰　戴剑武　耿劲松　韩　丽　何　静　黄　萍　黄　萍　金　莲
孔静柳　李　城　李红梅　李庆丰　李　蔚　刘咏莲　卢　鸣　吕　茵　马丽丽　牛新民
荣　蓉　孙艺辉　汪海元　王　琳　王自东　许　凤　薛　军　杨留兵　姚　迅　张建华
张旭良　张　毅　周晓梅　朱小芸

美术学院：

陈克义　陈　琳　邓艺梅　杜俊萍　凤文学　高　飞　贺　靖　胡祥龙　花　永　李方明
刘玉龙　鹿少君　盛　容　汪安康　汪　军　汪荣强　汪　洋　王　屹　巫　俊　吴冬生
吴同彦　杨天民　叶　勇　余　超　翟　勇　詹学军　赵文坦　赵　震　周　群　朱德义

历史与社会学院：

安建增　陈爱如　陈九如　陈孔祥　戴卫东　方国学　傅新球　韩家炳　解光云　孔德新
梁仁志　刘灿华　刘道胜　汪健萍　王德民　王旭东　王彦章　吴翠萍　吴晓萍　张金俊
张士昌　赵怀娟　孙　静　丁修真　杜　英　高修娟　何　晔　宋曲霞

教育科学学院：

查晓虎　丁园园　段兆兵　方双虎　葛金国　桂守才　何元庆　胡荣华　金维才　李小平
李宜江　李子华　刘和海　刘延华　龙文祥　马家安　聂竹明　全莉娟　桑青松　孙德玉
陶金花　王成刚　王道阳　王　芳　王　清　吴　玲　吴支奎　辛治洋　许有云　许之民
宣　宾　严开胜　姚运标　袁晓斌　张更立　张克松　张新明　赵必华　赵学菊　郑筱妍
周　策　周元宽

外国语学院：

蔡　静　蔡玉辉　陈雪梅　顾发良　胡织女　解　华　孔维晟　李光华　李为民　欧阳俊玲
裴学梅　邱静娟　宋庆文　孙　妮　韦　虹　谢劲秋　谢娅娴　许炳坤　俞　珏　翟红梅
詹　蓓　张德让　张孝荣　郑金泽　朱少华

体育学院：

柏友萍　陈建霞　陈香仙　崇玉萍　丁俊武　方　敏　冯明荣　付银鹰　高　升　高守东
何　斌　花家涛　黄徐根　金　涛　雷　震　李立群　梁　颖　刘　应　卢　玉　牛　芳
沈剑英　孙继龙　王国凡　王家忠　王建琴　王结春　王运良　魏本好　魏登云　吴本连
吴　峰　席玉宝　杨向明　余　涛　张振华　赵　芳　周　坤　左新荣

新闻与传播学院：

陈新平　丁云亮　胡　靖　焦庆争　刘　刚　刘和文　马　梅　潘杏仙　秦宗财　芮宏明
沈喜彭　沈幼平　沈正赋　孙　亮　王友群　吴来安　肖叶飞　许凌虹　袁立庠　翟光勇
张　健　张泉泉　赵　昊　周向华

数学计算机科学学院：

卞维新　陈传明　陈付龙　陈怀军　陈克胜　程美芳　程　智　储茂权　崔　建　崔　静
戴普庆　范锡良　方龙祥　方　群　费明稳　巩万中　郭良敏　郭明乐　郭要红　杭后俊
何春蕾　何道江　何宗祥　黄守军　黄旭东　接　标　李汪根　梁　峰　鲁世平　齐学梅
瞿　萌　申广君　束立生　宋卫东　宋贤梅　孙道清　孙国正　汪小寒　王华明　王涛春
王　杨　吴　俊　徐　林　许　勇　严　平　姚静荪　殷晓斌　张道祥　张　慧　张　量
张佩云　章昭辉　赵传信　周　文　周在莹　朱春蓉　朱　敏　祝东进　左开中

物理与电子信息学院：

陈卫松　程小健　崔光磊　丁绪星　方明星　冯　霞　宫明艳　郭怀中　何国栋　黄时中

黄万霞　黄武英　金　伟　梁　军　吕建平　钱长炎　屈　军　石建平　唐晓闩　汪慧兰
汪茂胜　王大理　王桂丽　王元航　王再见　王中结　姚关心　叶新荣　袁扬胜　张持健
张先燚　周正仙　朱光来　朱仁贵　朱向冰　左则文　张爱清

化学与材料科学学院：

柴　卓　陈红旗　承　勇　程　林　杜金艳　杜　俊　方　臻　谷翠萍　顾家山　黄家锐
黄玉成　季长春　贾卫国　江家发　阚显文　李世凤　李一梅　李一梅　刘金水　刘小网
刘云春　罗时忠　彭　银　阙荣辉　桑　艳　沈业青　盛恩宏　孙礼林　孙　影　唐业仓
陶海升　汪丰云　王广凤　王海燕　王素凡　王伟智　王秀华　王银玲　王正华　吴华强
吴正翠　夏云生　熊言林　闫蒙钢　晏利琴　叶世勇　翟慕衡　张洪涛　张丽军　张　莉
张明翠　张小俊　章　青　周双六　周映华　朱先翠　朱英贵　卓淑娟

国土资源与旅游学院：

蔡善柱　曹卫东　查良松　程久苗　高　超　胡春生　黄薇薇　李俊峰　梁栋栋　凌善金
刘　丽　刘　莉　刘学梅　鲁成树　吕成文　沈　非　汪　青　王朝辉　王　莉　王　群
王　咏　王　咏　王　原　吴庆双　徐光来　杨兴柱　杨　钊　尹寿兵　余　健　张宏梅
张平究　张　运　赵春雨　朱永恒

生命科学学院：

卜兴江　陈冬生　陈夫贵　陈明林　程双怀　储　玲　葛雅丽　黄永杰　阚显照　柯丽霞
李　晋　李　君　李　影　林　凌　刘爱民　刘再群　潘红春　钱叶雄　邵剑文　邵美玲
孙庆艳　涂传林　汪　鸣　王　鹏　温新利　项贤领　肖家欣　严云志　晏　鹏　杨安娜
杨　超　杨世勇　张　方　张　杰　张盛周　张晓平　郑　艳

环境科学与工程学院：

曹玉红　戴万宏　董宗木　段文松　方彩霞　刘　辉　陶秀成　王　波　吴　婷　伍永钢
武晓果　杨如意　杨文斌　昝逢宇　左胜鹏

图书馆：

董家魁　江增华　李永卉　张霞云

（研究生院供稿）

材料3：

正高级职称人员名单

办公室：顾家山

文学院：

何更生　丁　放　郭自虎　胡传志　刘运好　潘务正　王　昊　吴　微　吴振华　武道房
叶帮义　俞晓红　储泰松　崔达送　熊仲儒　詹绪左　周元琳　王茂跃　侯宏堂　江守义
李　亚　乔东义　杨柏岭　张　勇　方维保　徐德明　杨四平

政治学院：

陈孔祥　戴兆国　干成俊　郭淑新　彭启福　汪盛玉　吴兴华　高正礼　胡安全　王先俊
姚宏志　张奇才　张正光　章征科　戴　锐　吴先伍　赵　平　朱　平　王习胜　陈九如

法学院：

周俊强　彭凤莲　汪维才　奚　玮　周仁标

经济管理学院：

刘　冰　龚基云　马　骥　张廷龙　孔庆洋　马陵合　伍旭中　周端明

音乐学院：

张旭良　周晓梅　刘咏莲　王自东　张建华　张　毅　周春阳　李庆丰　汪海元　陈自勤
朱小芸

美术学院：
汪　军　吴冬声　吴同彦　詹学军　陈克义　高　飞　李方明　鹿少君　叶　勇　巫　俊
汪　洋
历史与社会学院：
李琳琦　徐　彬　方国学　解光云　刘道胜　王旭东　吴晓萍　周晓光　庄华峰　欧阳跃峰
沈世培　方　青　赵怀娟　傅新球
教育科学学院：
朱家存　张新明　方双虎　葛明贵　龙文祥　宣　宾　赵必华　金维才　李宜江　孙德玉
辛治洋　查晓虎　段兆兵　阮成武　周兴国　吴　玲　桂守才　桑青松　李子华　姚本先
外国语学院：
朱少华　詹　蓓　韦　虹　梅晓娟　张德让　蔡玉辉　孙　妮　孙胜忠　谢劲秋
体育学院：
方　敏　何　斌　柏友萍　陈香仙　魏登云　金　涛　孙继龙　席玉宝　雷　震　李立群
刘　应　沈剑英　王国凡　张振华　卢　玉　高　升　余　涛　周　坤　左新荣　高守东
新闻与传播学院：冯明荣　马　梅　沈正赋　袁立庠　陈新平　黎泽潮　刘　刚
数学计算机科学学院：
汤　敏　吴　俊　殷晓斌　鲁世平　严　平　任　永　申广君　祝东进　束立生　孙国正
姚静荪　宋卫东　李汪根　郭要红　罗永龙　张佩云　章昭辉　左开中　方　群　王　杨
许　勇　何道江
物理与电子信息学院：
石建平　张持健　宁利新　屈　军　许新胜　张季谦　凤尔银　黄时中　梁　军　王中结
郭怀中　王大理　丁绪星　崔光磊　崔执凤　钱长炎　张先燚　郑贤锋　朱向冰
化学与材料科学学院：
王　伦　王绍武　耿保友　孙益民　宇海银　陈红旗　高　峰　阚显文　李茂国　李永新
王广凤　王海燕　夏云生　张明翠　张玉忠　朱昌青　朱英贵　江家发　熊言林　闫蒙钢
盛恩宏　张　武　方　臻　倪永红　王正华　魏先文　程　林　郝二红　胡益民　商永嘉
谢美华　杨高升　焦莉娟　周双六　罗时忠　王素凡　叶世勇　张小俊　李一梅　刘桂云
国土资源与旅游学院：
麻金继　方凤满　焦华富　苏　勤　张平究　程先富　凌善金　吕成文　陆　林　王朝辉
杨　钊　卢　松　杨效忠　张宏梅　曹卫东　程久苗　杨兴柱　朱永恒
生命科学学院：
李进华　蔡亚非　华田苗　鲁亚平　郝家胜　胡好远　潘红春　吴海龙　吴孝兵　严云志
李进华　肖家欣　陈明林　邵剑文　张小平　郑　艳　龚仁敏　柯丽霞　张庭廷　王友保
席贻龙　阚显照　聂刘旺　张盛周　朱国萍
环境科学与工程学院：
吴　婷　赵广超　左胜鹏　周守标　戴万宏　杨周生
图书馆：
潘杏仙　张　健　周向华　刘和文
学报编辑部：
汪效驷　叶松庆　陆广品　荣　梅　凤文学　巩　劼
安徽师范大学出版社：
汪鹏生

（人事处供稿）

材料4:

副高级职称人员名单

校领导:程　度　毕明福
办公室(党委办公室、校长办公室):李　忠
纪委办公室(监察处):陈文兵　王俊恒　唐皖宁
统战部(港澳台侨事务办公室):王　方
机关党委(机关工作处):张继红
人事处:朱为民　王　标　马三保　叶旭萍　李　艳
教务处(招办):黄　亮　张　钢
学生工作处(学生工作部、人武部):何元庆　陶金花
保卫处:孙成岗
科研处:姜长付
研究生院(研究生工作部):孙河青
财务处:汪红弟　韦芝菊　吴彤珺
审计处:郑继辉　王德荣　缪红梅
离退休工作处:方百盈
后勤管理处:吕幸华
后勤集团:汪宗广
基建处、科创房地产开发有限公司:孔德新
教育工会:赵　红
信息管理中心:李士松　刘　鲲　袁学松
图书馆:
江增华　康　琳　方　曙　梁新潮　吴萍莉　董家魁　俞　力　章　丽　朱东妹　李永卉
张霞云　朱　敏　田迎玖　张　翔　高　洁　宛凤英
档案馆:王　峰　彭　劲　朱　力
学报编辑部:马乃玉
校医院:钱伊凡　项红雨　杨红田　洪　虹
教育集团:周惠强　范代宏
安徽省高等学校师资培训中心:张　明
国际教育学院(外事办公室):荆　莉　徐　茗　俞　燕　黄圣炯　许凌虹
附中:
董晓华　高　伟　李晓辉　唐　俊　熊慧平　严景东　范方洪　甘本娟　阚政平　叶良荣
余信业　袁金龙　张家武　祝　亚　李晓媛　潘劲松　邬力群　项　群　徐　琼　许成启
杨支龙　周　珏　邓秀明　胡开文　石奇印　谢　健　朱德松　曹林翔　储银球　阚道银
毛宣海　何晓霞　何永保　王义忠　潘雪融　王为民　余　良　朱俊林　朱　力　罗　菲
王永龙　余学丽　李红梅　王广宇　胡和平　凌光明　马　林　吴树烈　杨朝霞　杨　蔚
郑继强　夏吉中　翟　佳　张祥云　桂国胜　王金华　严　琴　章志学　孙中水　程六三
窦明珍　余春荣　盛　林　李激扬
附小:
蔡水澜　汪叔康　陆　军
附幼:
尹　芳　余　捷　钱和平

文学院：

储晓军　马长安　倪三好　夏家顺　张雪莉　戴长江　李建栋　鲁华锋　汪亚君　王海洋
叶文举　陆昌萍　饶宏泉　汪红艳　朱　蕾　李玉栓　刘　萍　钱奇佳　陈元贵　桑　农
项念东　章　池　郭传梅　黄　静　王　中　吴尚华　许　德　叶永胜　张公善　朱菊香
李定乾　刘　颖　芮　瑞　吴怀志　张　华　张树文　韩震军　李　伟

政治学院：

刘桂荣　方　芳　郭应传　胡梅叶　季爱民　王　艳　宣庆坤　余在海　余亚斐　解　莉
李祥兴　佘　君　沈燕培　许　磊　张燕华　戴家芳　葛为群　郭　理　孔德萍　路丙辉
牛　菲　陶永华　王　艳　王振钰　赵　冰　李裕鑫　孙利平　乐　程

法学院：

陈旭玲　邓劲松　高永周　万尚庆　张素凤　周哨龙　李光宇　雍自元　何源章　刘名成
王义德　严　宏　陈国强　吴俊明　翟志文　刘晓峰　徐步华

经济管理学院：

戴家龙　何凤平　胡庆十　花冯涛　刘永珍　潘施琴　汪　洋　许仁青　吴春玲　刘　勇
吴秀莲　姚国荣　张建华　朱　兵　钱瑞梅　蔡　敏　何建华　朱立冬　张　琼　陈秀庆
韩玉刚　闵继胜

音乐学院：

陈　星　黄　萍　卢　鸣　马丽丽　孙艺辉　许　凤　程炳杰　冯　杰　耿劲松　何　静
孔静柳　刘　莉　叶长春　韩　丽　李红梅　薛　军　戴剑武　李　蔚　吕　茵　荣　蓉
王　琳　李　城　杨留兵　汪健萍

美术学院：

杜俊萍　刘　莉　施兴国　汪荣强　赵文坦　赵　震　邓艺梅　胡祥龙　盛　容　杨晓芳
陈　琳　贺　靖　花　永　宛俊勇　汪安康　余　超　周　群　朱德义　王　屹

历史与社会学院：

安建增　何　晔　孙　静　吴翠萍　王德民　杜　英　韩家炳　蒋道霞　徐尚平　张士昌
周　军　刘　丽　梁仁志　孙华莹　刘灿华　宋曲霞　王彦章　肖克芬　张金俊　陈爱儒
高修娟　丁修真

教育科学学院：

丁晓云　刘和海　刘延华　聂竹明　庞士焕　王　清　许之民　袁晓斌　张克松　王道阳
何　军　李小平　郑筱妍　葛金国　王　芳　姚运标　周元宽　马家安　谈力群　吴支奎
严开胜　梅养宝　童慧玲　王成刚　王　萍　张更立　赵学菊　朱立新　丁园园　胡荣华
罗兴根　全莉娟　周　策　刘晓宇

外国语学院：

邱静娟　吴世红　顾正敏　路　遐　吕　瑛　汪春娣　郑金泽　邱少波　宋志俊　蔡　静
李光华　王木春　俞维玲　胡织女　张晓花　宋庆文　俞　珏　解　华　裴学梅　许炳坤
孔维晟　谢娅娴　陈雪梅　翟红梅　顾发良　李为民　欧阳俊玲　张孝荣

体育学院：

蒋先军　刘　波　孙　影　吴本连　郭小苏　何也明　李伟勇　刘成华　孙家明　王结春
尹　文　曾小莉　朱怀远　黄徐根　王　莹　王运良　过静雯　曹中江　陈建霞　郝利玲
鲁建仁　王艺兰　吴本亮　方　斌　娄道舰　魏本好　吴　峰　许俊柱　姚　欣　花家涛
王方春　王少军　朱奋飞　黄德春　钟　晨　贝迎九　丁俊生　吴　跃　杨向明　张　毅
崇玉萍　董满秀　李天珍　牛　芳　沈建文　王建琴　许　杰　赵　芳　陈晓明　崔　琼
郜贻红　王卫荣　张　清　赵俊红　赵　武　丁俊武　宣海德　严　珺　杨　彬　付银鹰

新闻与传播学院：

胡　靖　胡亚宾　丁云亮　王友群　翟光勇　张泉泉　周建国　芮宏明　沈幼平　王宜春
吴来安　赵　昊　孙　亮　秦宗财　沈喜彭　蒋建国　焦庆争　肖叶飞　陈接峰

数学计算机科学学院：

程　智　储茂权　雷　震　李玉洁　梁　峰　宋贤梅　吴星桥　何春蕾　黄守军　张道祥
朱春蓉　朱　敏　崔　静　郭明乐　瞿　萌　徐　静　胡兰英　陈怀军　程美芳　范锡良
费明稳　巩万中　何宗祥　韦静华　张　慧　周　文　张　量　陈凤祥　秦殿英　杭后俊
李　杰　汪小寒　伍长荣　陈克胜　戴普庆　郭良敏　刘　莉　孙玉香　王敏生　接　标
孙丽萍　王涛春　赵传信　陈传明　卞维新　陈付龙　冯年荣　齐学梅　秦忠基　孙道清
方龙祥　黄旭东　徐　林　周在莹　牛忠梁　徐　飞　储　倩　王华明　崔　建

物理与电子信息学院：

陈卫松　方明星　高　伟　汪慧兰　王桂丽　唐晓闩　汪茂胜　黄万霞　朱仁贵　程小健
陈　瑾　高菲菲　喻其山　宫明艳　黄武英　彭　湘　沈建智　陶松涛　朱光来　朱慧霞
王家驷　冯友宏　何国栋　王再见　叶新荣　张爱清　冯　霞　黄佩俐　金　伟　汪千凯
姚关心　左则文　王元航　许长安　余瑞兰　仲志平　袁扬胜　吕建平

化学与材料科学学院：

桑　艳　沈业青　王秀华　刘云春　阙荣辉　孙　影　谷翠萍　胡继平　刘小网　沐小龙
陶贵德　吴凤兮　肖艳玲　叶　寅　张　萍　朱琼霞　承　勇　杜　俊　黄家锐　季长春
贾卫国　李世凤　陆晓晶　彭　银　翟慕衡　张　莉　周映华　胡　敏　孙礼林　晏利琴
张丽军　朱先翠　汪丰云　王伟智　王银玲　张洪涛　卓淑娟　杜金艳　黄玉成　刘金水
唐业仓　吴正翠　史铁杰　柴　卓

国土资源与旅游学院：

胡春兰　刘学梅　孙叶根　汪　青　赵春雨　王　原　王晓铃　王　群　高　超　吴庆双
张　运　刘　莉　王　莉　徐致云　尹寿兵　蔡善柱　黄薇薇　王　咏　李俊峰　梁栋栋
鲁成树　沈　非　余　健　徐光来

生命科学学院：

黄永杰　李　晋　刘再群　孙庆艳　谢湘玉　邵美玲　晏　鹏　葛雅丽　李全发　汪建中
王源秀　温新利　张　莉　朱胜东　李　君　李　影　涂传林　张晓平　王　晖　刘爱民
杨安娜　杨　超　储　玲　项贤领　杨世勇　张　杰　卜兴江　陈冬生　程双怀　林　凌
汪　鸣　钱叶雄　陈夫贵　张　方　王　鹏

环境科学与工程学院：

陶海升　段文松　陶秀成　伍永钢　昝逢宇　方彩霞　曹玉红　董宗木　杨如意　杨文斌
李蜀眉　孟　菁　夏传俊　杨　耿　周宏标　徐苗青　胡培亮　孔　文　王　波　杨艳芳
刘　辉　王立龙　武晓果　方金武

（人事处供稿）

材料5：

兼职教授、客座教授名单

丁光涛　芜湖市人民政府副市长

卜宪群　中国社会科学院历史研究所研究员、所长、所学术委员会委员、专业技术资格评审委员会委员，中国社会科学院文史哲学部史学专业技术资格评委会委员，中国社会科学院研究生院教授、博士生导师，中国秦汉史研究会副会长兼秘书长

王　斌　一级作曲家，中国音乐家协会会员，安徽省民族管弦乐协会副会长

王大明　香港宝文置业集团公司董事长

王从信　三维动画教育专家,环球数码媒体科技研究有限公司创始人
王贵杰　中共池州市委常委、九华山风景区党工委书记、九华山风景区管委会主任
尹韵公　研究员,中国社会科学院新闻所所长
叶秀友　浙江沁园水处理科技有限公司总经理
田鹏颖　教授,沈阳师范大学马克思主义学院院长
邝　实　国家一级演员,中国音乐家协会会员,安徽省音乐家协会会员
刘　建　一级美术师,中国美协办公室主任,《美术家通讯》主编
刘廷龙　一级美术师,安徽省书协理事、省青年书协副主席
江鲲池　安徽省关工委副秘书长
许继伟　高级经济师,中共黄山市委常委,黄山风景区管委会党委书记、副主任
李向伟　教授,南京师范大学美术学院院长,全国艺术硕士专业学位教育指导委员会委员
杨国新　一级美术师,安徽省美协会员,阜阳师范学院美术学院兼职教授
时白林　著名黄梅戏作曲家,中国戏曲音乐学会会长
吴　笛　教授,浙江大学世界文学与比较文学研究所所长
吴元迈　教授,中国社会科学院名誉学部委员
何　斌　安徽省教育图书发行中心高级经济师
汪　斌　芜湖市财政局副局长,安徽省第六届财政学会常务理事
汪小全　中科院植物研究所研究员,系统与进化植物研究中心主任
张　冰　中科院武汉物理与数学研究所研究员
张　松　一级美术师,中国美协理事、安徽省美协秘书长
张卫明　中华全国供销合作总社南京野生植物综合利用研究院研究员,中华全国供销合作总社理事
张光世　芜湖市政府副秘书长
张望梅　新安传媒有限公司党委书记、董事长
张慧琴　著名钢琴演奏家,中央音乐学院声歌系教授,中国音乐家协会会员
陈泽坚　埃泰克公司总经理
范　阳　安徽国贸集团控股有限公司董事长
金　浩　安徽睿仪通讯技术有限公司CEO
金　燕　安徽省教育厅副厅长
周建春　高级工程师,安徽省长江河道管理局局长
赵登营　教授,中国音乐家协会会员
施昌旺　研究员,中共安徽省委党史研究室一处处长
娄晋生　恒鑫纸塑有限公司设计总监、总经理助理
洪　凌　中央美术学院教授,中国美术家协会会员
洪永平　省社科联党组成员、副主席
柴学友　省检察院党组成员,原公安学院高级讲师
徐　刚　中国作家协会会员、中国环境文学研究会理事、国家环保总局特聘环境使者
徐昌俊　教授,中央音乐学院副院长
徐登科　国家级裁判员
陶雪芬　高级经济师,中共中国人寿保险公司宣城分公司党委委员
桑建国　江苏省国画院画师
盘　龙　一级作曲,中国音乐家协会会员,省艺术系列职评评委
彭　斌　国家一级演员,中国音乐家协会会员,安徽省艺术系列职评评委

葛　莹　埃泰克公司技术部长

傅爱国　巢湖学院教授，省书法协会副主席

谢地坤　教授，中国社会科学院哲学所副所长、中华外国哲学史学会理事长

甄　奎　高级记者，合肥晚报副总编辑

Travis Glenn　博士，乔治亚大学

陶雪芬　中国人寿保险公司宣城分公司高级经济师

吴　浩　安徽省旅游局副译审、巡视员

张雪平　安徽省旅游局副局长，安徽省旅游协会副会长

李　想　副教授、国际旅游研究所副所长，美国南卡罗莱纳大学酒店、餐饮及旅游管理系·艾尔弗雷德·斯隆旅行旅游业中心副主任，国际旅游研究所副所长

乔耀章　苏州大学政治与公共管理系主任，教授、博士生导师

望月久　主编、理事长，北京国际研修大学客座教授

叶萍生　著名企业家

刘达政　爱国华侨、联合国前高级专员高级翻译家

汪羌生　世界著名摄影家

张　红　荷兰Amsterdam大学分子化学研究所教授

罗雪儿　中国扶贫基金会困难学生资助者

郜少华　教授，中国美术家协会会员

徐燕婷　著名画家、知名公益环保活动家

翁盈盈　联合国人事司副司长

唐金海　复旦大学中文系教授，中国新文学学会副会长、茅盾研究会常务理事、巴金研究会顾问兼职教授

曾　亮　国际著名计算机软件专家

廖僖芸　香港注册会计师

章于炎　副教授、主任编辑，密苏里新闻学院国际项目中心中国项目部主任（专职）

周巧龙　安徽华冶律师事务所所长，安徽省律师协会常务理事，马鞍山市律师协会副会长

时林华　高级经济师，安徽省旅游局副局长

王希蔺　教授，美国加州州立大学化学系教授兼美国加州化工公司总裁

李　彤　经济学讲座教授，美国范德堡大学

胡俊武　安徽移动芜湖分公司人力资源部门经理

姜兑昨　客座教授，韩国世宗大学（中国大学协力交流）

李亚栋　清华大学化学系教授，博士生导师，中国科学院院士

周　密　副教授，团省委副书记省少工委主任

何　涛　Andrew I.Cooper教授和Steven P.Rannard教授，英国利物浦大学化学系（与联合利华合作）

李　红　高级工程师，共青团安徽省委书记、党组书记

张保生　教授，中国政法大学副校长、2011计划司法文明协同创新中心联席主任

葛立三　国家一级注册建筑师、注册规划师、高级建筑师，芜湖市规划院总顾问

詹福瑞　教授，国家图书馆党委书记、常务副馆长

沈　浩　正高/总工，六国化工总工程师

周　烝　教授，高工（总经理），芜湖融汇化工有限公司总经理

胡云腾　教授，最高人民法院审判委员会委员、研究室主任

王凤丙　长江学者特聘教授，北京师范大学数学系博士生导师

黄胜利　高级研究员，慕尼黑大学，生物学（偏向摇杆）

蔡利平　普渡大学饭店与旅游管理系副教授，普渡大学旅游与饭店管理学院旅游与饭店研究中心教授、主任，普渡大学健康与人类科学学院副院长，普渡大学中国研究中心创始人、主任。

周晓平　国家一级指挥，安徽省艺术研究院副院长

张恒山　博士生导师、教授，中央党校政法部主任

史际春　中国人民大学教授、博士生导师，中国法学会经济法学研究会副会长、北京市人大常委会及法制委员会委员

刘　芳　二级演奏员，安徽省歌舞剧院

宋小刚　二级演奏员，安徽省歌舞剧院

光　明　中国证监会武汉稽查局局长

倪进祥　解放军总后勤部政治部文艺创作室创作员

王一涵　中国国际画廊博览会董事长、总经理

傅中望　一级美术师，湖北美术馆馆长

方力钧　国家画院当代艺术研究中心主任

林金来　芜湖华仁科技有限公司技术总监

韩　斌　研究员，中科院上海生科院植物生理生态研究所所长

翟　磊　博士、副教授，Carnegie Mellon University（卡耐基梅隆大学），国际期刊 Materials Express 编辑，国际期刊 International Journal of Polymeric Materials and Polymeric Biomaterials 编委

王启华　数学与系统科学研究院创新基地研究员、博士生导师

（人事处供稿）

六、学科建设与科学研究

（一）学科建设

【概况】 2014年，学校继续调整和优化学科结构，积极促进和扶持新兴学科、应用学科，加速升级基础学科，促进学科交叉渗透。学校学科涉及11个学科门类，已建成18个省级重点学科，其中省级重点学科A类（一级学科）1个、省级重点学科B类（二级学科）17个；有1个教育部人文社会科学重点研究基地，1个教育部重点实验室，3个安徽省高校人文社会科学重点研究基地，8个省级和省高校重点实验室（中心），1个省级工程技术研究中心，1个省高校工程技术研究中心，1个省科技创新公共服务平台，5个"2011协同创新中心"，7个校级高端科研平台，90个校级科研机构。（材料1：安徽师范大学省级以上重点学科一览表；材料2：安徽师范大学省部级重点科研机构一览表；材料3：安徽师范大学高端科研平台一览表；材料4：安徽师范大学校级研究机构一览表）

【学科平台建设】 校级"安徽省教师教育协同创新中心"晋升为省级"2011协同创新中心"；地理学学科被评为安徽省省级学科重大建设项目；设立首批13个校级特色优势研究领域项目；建设7个校级智库；认定5个校级科研机构。学校科研平台建设再迈新台阶。（材料5：安徽师范大学校级"2011协同创新中心"一览表；材料6：安徽师范大学"特色优势研究领域"一览表；材料7：安徽师范大学"校级智库"一览表）

（二）科研工作

【科研体制机制建设】 修订了《安徽师范大学校级科研机构管理暂行办法》《安徽师范大学科研培育基金管理暂行办法》《安徽师范大学学术著作出版基金管理暂行办法》《安徽师范大学创新基金暂行办法》《安徽师范大学横向科研项目管理暂行办法》，出台了《安徽师范大学发放横向科研项目间接费用绩效支出的实施细则》，健全体制机制，积极引导和鼓励教师投身科技创新和服务工作。

【科研项目管理】 继续加强科研项目从申报到结项的过程管理力度，做到项目申报讲质量，项目立项有批文，项目中检有实效，项目变更有申请，项目结题有档案，做到过程管理规范化、常态化。

项目申报与立项。申报各级各类纵向项目1 048项，涉及59个类别，立项351项，获得国家级基金资助63项、省部级基金资助81项、厅局级基金资助93项，资助经费总额3 844万元。其中，自然基金类获得国家级项目43项、省部级项目29项，厅局级项目7项，其他项目28项，总经费2 426万元；哲学社会科学类获得国家级项目20项（其中重点2项）、省部级项目52项、厅局级项目51项，其他项目39项，总经费715.8万元。（材料8：安徽师范大学2014年自然科学研究立项项目一览表；材料9：安徽师范大学2014年哲学社会科学研究立项项目一览表）

项目结项验收。完成厅局以上项目结题249项、中检101项、年检137项。其中，9项国家社科基金一般项目验收，1项优秀、6项良好；26项国家自然基金项目顺利结题，80项国家自然科学基金项目通过中检，其中任永教授的安徽省杰出青年科学基金项目结题结果为优秀。

科研经费管理。学校各类科研经费8 187万元，首次突破8 000万元。其中，纵向科研项目经费4 559.8万元，横向科研项目到账经费2 213万元，学科平台等其他科研经费1414.2万元。学校采取多种措施加强科研经费的管理，开发科研经费管理信息系统，加强科研经费预算、使用指导，保证经费使用合法、合规、合理；完成全国哲学社会科学规划办公室抽检的8项国家社科基金项目审计工作。

【评审专家推荐】 推荐全国文化专家3人、全国文艺评论人才4人、教育部人文社科研究项目专家库专家236人，教育厅专家库专家158人，安徽省社科联第七届代表大会代表5人，4位专家被评为全国哲学社会科学规划办“认真负责的鉴定专家”。

【学术交流】 通过“请进来、走出去”的方式，开展各类学术交流活动250余场。成立了安徽师范大学社会科学界联合会，落实安徽省社科界第九届(2014)学术年会学术论文征集和参会工作。参加上海市人民政府发展研究中心召开的“2014年度本市和部分市外高校、科研院所科研管理负责人工作会议”。各学院举办全国性、具有影响力的学术会议10余场。

【创新人才培养】 举办第三届本科生论文大赛、第五届动漫大赛、第七届学生专利发明大赛，参与学生3 000余人次，覆盖18个学院(含皖江学院)，参赛作品共计1 550项。出版《“求真·寻路”——第三届本科生科研论文大赛优秀作品集》，专利大赛和动漫及数字艺术大赛的赛后作品已成功申报专利77件。遴选167件专利发明作品参加芜湖市第三届大学生专利创新大赛，共获奖37项，其中特等奖1项，一等奖1项，二等奖7项，三等奖12项，入围奖16项。

【科研成果与获奖】 学校共发表论文1 491篇，205篇被SCIE收录，110篇被EI收录，86篇被Medline收录，2篇被SSCI收录，3篇科技会议论文被CPCI-S收录。据最新科技情报统计，我校2013年JCR一区论文74篇、二区论文54篇、三区论文46篇、四区论文39篇。出版学术著作70部，其中，受一类项目资助1部，受二类项目资助10部，受三类项目资助10部。获2009—2010年度安徽省社会科学文学艺术出版奖16项，获中国文联文艺评论奖二等奖1项，获国家旅游局学术成果论文一等奖1项，优秀奖2项。(材料10：安徽师范大学省部级科研成果奖一览表)

材料1：

安徽师范大学省级以上重点学科一览表

名　称	分　类	负责人
中国语言文学	省级重大	丁　放
化　学	省级重大	王绍武
地理学	省级重大	陆　林
中国语言文学	A类	胡传志
中国古代文学	B类	胡传志
马克思主义哲学	B类	张传开
汉语言文字学	B类	储泰松
教育学原理	B类	周兴国
生态学	B类	张小平
有机化学	B类	王绍武
人文地理学	B类	陆　林
中共党史	B类	王先俊

（续表）

名　称	分　类	负责人
课程与教学论	B类	阮成武
体育教育训练学	B类	魏登云
中国现当代文学	B类	方维保
音乐学	B类	张建华
专门史	B类	徐　彬
应用数学	B类	祝东进
分析化学	B类	王　伦
自然地理学	B类	程先富
生物化学与分子生物学	B类	朱国萍

材料2：

安徽师范大学省部级重点科研机构一览表

分　类	名　称	负责人
教育部重点实验室	功能分子固体教育部重点实验室	耿保友
教育部省部共建高校文科重点研究基地	中国诗学研究中心	储泰松
省高校文科重点研究基地	马克思主义研究中心	高正礼
	皖南历史文化研究中心	徐　彬
	旅游发展与规划研究中心	陆　林
	创意产业发展研究中心	黎泽潮
	教育改革与发展研究中心	王　伦
省重点实验室	安徽省重要生物资源保护与利用研究重点实验室	吴孝兵
	安徽分子基材料省级实验室	王绍武
	安徽自然灾害过程与防控研究省级实验室	程先富
高校省级重点实验室	化学生物传感重点实验室	王　伦
	功能性分子固体重点实验室	耿保友
	生物环境与生态安全重点实验室	席贻龙
省工程技术研究中心	安徽中医药日化工程技术研究中心	郑　艳
省高校工程技术研究中心	资源环境与地理信息工程技术研究中心	吕成文
省科技厅校企共建实验	安徽省电器设备电磁兼容(EMC)实验室	张持健
	安徽省粉末涂料实验室	周运友
省科技创新公共服务平台	安徽省生物标本数字化科技创新服务平台	席贻龙
国土资源部服务平台	安徽师范大学土地与规划研究中心	鲁成树
国家林业局服务平台	安徽师范大学林业调查规划设计院	吴孝兵
省质量技术监督局服务平台	安徽师范大学公共营养与安全监测中心	朱昌青
省级“2011协同创新中心”	皖江城市带退化生态系统恢复与重建协同创新中心	席贻龙
	安徽省教师教育协同创新中心	王　伦

材料3

安徽师范大学高端科研平台一览表

序号	平台名称	平台主任	牵头学院
1	纳米科技交叉科学研究中心	李亚栋	化材学院
2	中国区域文化研究院	卜宪群	历社学院
3	中国诗学资源发掘与利用研究中心	詹福瑞	文学院
4	法治中国建设研究院	胡云腾	法学院
5	随机分析与数理金融研究中心	王凤雨	数计学院

材料4:

安徽师范大学校级研究机构一览表

序号	名　称	依托单位	负责人
1	考试研究中心	出版社	张传开
2	校史研究中心	档案馆	王　峰
3	法律事务中心	法学院	吴俊明
4	诉讼法研究所	法学院	奚　玮
5	经济法研究所	法学院	汪维才
6	知识产权研究所	法学院	周俊强
7	当代中国政治发展研究所	法学院	李宗楼
8	地理信息系统实验室	国土资源与旅游学院	麻金继
9	江淮流域气候变化与水资源研究中心	国土资源与旅游学院	高　超
10	饭店管理与咨询研究中心	国土资源与旅游学院	王朝辉
11	土地评价与规划研究中心	国土资源与旅游学院	鲁成树
12	城市与区域规划研究中心	国土资源与旅游学院	苏　勤
13	旅游营销传播研究中心	国土资源与旅游学院	张宏梅
14	理论化学研究中心	化学与材料科学学院	王素凡
15	食品营养与安全检测中心	化学与材料科学学院	朱昌青
16	分析测试中心	环境科学与工程学院	赵广超
17	环境科学研究中心	环境科学与工程学院	周守标
18	环境工程研究所	环境科学与工程学院	赵广超
19	功能性食品研究所	环境科学与工程学院	周守标
20	女性研究会	教育工会	俞晓红
21	基础创新人才培养研究中心	教育集团	江家发
22	教育科学研究所	教育科学学院	王守恒
23	安徽省现代教育技术培训中心	教育科学学院	王　清
24	教育技术综合实验室	教育科学学院	张克松
25	心理健康教育研究所	教育科学学院	姚本先
26	媒介科技教育研究所	教育科学学院	张新明
27	陶行知教育思想研究中心	教育科学学院	金维才

（续表）

序号	名　称	依托单位	负责人
28	心理应用研究中心	教育科学学院	罗兴根
29	心理健康教育与指导研究中心	教育科学学院	桑青松
30	家庭教育研究所	教育科学学院	吴　玲
31	心理咨询研究所	教育科学学院	方双虎
32	基础教育课程改革研究中心	教育科学学院	王　伦　朱家存
33	高等教育研究所	教育科学学院	王　伦　阮成武
34	民办教育研究中心	教育科学学院	葛明贵　王　芳
35	教师教育研究所	教育科学学院	阮成武
36	生态经济学研究中心	经济管理学院	周端明
37	企业发展研究中心	经济管理学院	马陵合
38	地方发展研究中心	科研处	王世华
39	文化产业研究与开发中心	历史与社会学院	李琳琦
40	社区发展研究中心	历史与社会学院	陈爱如
41	徽州文化研究中心	历史与社会学院	徐　彬
42	社会调查研究中心	历史与社会学院	方　青
43	国家社会工作专业人才培训基地	历史与社会学院	王绍武　徐　彬
44	美育研究所	美术学院	高　飞
45	美术研究所	美术学院	高　飞
46	设计研究院	美术学院	詹学军
47	生物多样性研究重点实验室	生命科学学院	聂刘旺
48	野生动植物种及其产品鉴定中心	生命科学学院	吴孝兵
49	分子生物学及生物技术研究所	生命科学学院	朱国萍
50	园艺研究所	生命科学学院	肖家欣
51	饵料生物繁育研究中心	生命科学学院	席贻龙
52	中药资源研究所	生命科学学院	郑　艳
53	生物信息研究所	生命科学学院	阚显照
54	林业调查规划设计院	生命科学学院	吴孝兵
55	生物教育研究中心	生命科学学院	鲁亚平
56	数学研究所	数学与计算机科学学院	宋卫东
57	计算机科学与技术研究所	数学与计算机科学学院	方　群
58	数学教育研究所	数学与计算机科学学院	孙国正
59	瑞信软件研究所	数学与计算机科学学院	李汪根
60	网络与信息安全工程技术研究中心	数学与计算机科学学院	罗永龙
61	高性能计算研究中心	数学与计算机科学学院	章昭辉
62	运动与休闲研究所	体育学院	席玉宝
63	体育与健康科学研究所	体育学院	陈香仙
64	文献信息研究中心	图书馆	方　青

（续表）

序号	名　称	依托单位	负责人
65	外国语言文学研究所	外国语学院	朱少华
66	艺术文化学研究中心	文学院	李　平
67	语言研究所	文学院	储泰松
68	文学研究所	文学院	方维保
69	古籍整理研究所	文学院	俞晓红
70	美育与审美文化研究所	文学院	陈文忠
71	智能测控技术研究中心	物理与电子信息学院	张持健
72	原子与分子物理研究所	物理与电子信息学院	崔执凤
73	物联网工程技术研究中心	物理与电子信息学院	丁绪星
74	光电技术研究中心	物理与电子信息学院	朱向冰
75	原子与分子物理实验室	物理与电子信息学院	崔执凤
76	大学校园文化研究中心	校团委	顾家山
77	视觉文化研究所	新闻与传播学院	刘　刚
78	传媒与文化创意研究中心	新闻与传播学院	黎泽潮
79	媒体技术研究实验室	新闻与传播学院	焦庆争
80	青少年研究所	学报编辑部	叶松庆
81	大学就业研究中心	学生工作处	台启权
82	音乐研究所	音乐学院	施　咏
83	中国音乐文化研究所	音乐学院	施　咏
84	国学研究所	政治学院	郭淑新
85	中国特色社会主义研究中心	政治学院	张奇才
86	高校党建研究所	政治学院	王先俊
87	马克思主义哲学研究所	政治学院	张传开
88	诠释学研究所	政治学院	彭启福
89	伦理学与道德教育研究所	政治学院	钱广荣
90	马克思主义研究院	政治学院	高正礼

材料5

安徽师范大学校级“2011协同创新中心”一览表

序号	中心名称	负责人
1	安徽文化资源传承与利用协同创新中心	李琳琦
2	皖江城市带区域发展协同创新中心	苏　勤
3	新材料研发与应用协同创新中心	耿保友
4	安徽旅游发展研究院协同创新中心	王朝辉
5	安徽省小微企业成长协同创新中心	张廷龙

材料6

安徽师范大学“特色优势研究领域”一览表

序号	领域名称	所在学院
1	中国语言文学传承与创新	文学院
2	徽学研究	历史与社会学院
3	马克思主义中国化理论与实践	政治学院
4	教师教育研究	教育科学学院
5	稀土金属有机化学与材料	化学与材料学院
6	皖南国际文化旅游示范区协同创新研究	国土资源与旅游学院
7	长江中下游濒危物种致濒机制及保护生物学研究	生命科学学院
8	体育社会资源综合研究	体育学院
9	媒介文化与传媒产业发展研究	新闻与传媒学院
10	安徽地方音乐文化研究	音乐学院
11	安徽产业升级与小微企业发展	经济管理学院
12	随机分析与数理金融	数学与计算机学院
13	原子分子光谱及动力学	物理与电子信息学院

材料7

安徽师范大学“校级智库”一览表

序号	智库名称	负责人
1	中华传统文化研究院	丁　放
2	当代中国政治与地方治理研究中心	高正礼
3	社会治理研究中心	徐　彬
4	教育改革与发展研究中心	朱家存
5	媒介文化与传媒产业发展研究中心	黎泽潮
6	旅游发展与规划研究中心	陆　林
7	区域发展研究中心	苏　勤

材料8

安徽师范大学2014年自然科学研究立项项目一览表

国家级项目					
序号	项目名称	主持人	项目来源	项目批准号	资助经费(万元)
1	环的clean性及其相关广义逆的研究	崔　建	国家自然科学基金青年科学基金项目	11401009	23
2	几类随机发展方程的渐近行为及其相关问题	崔　静	国家自然科学基金青年科学基金项目	11401010	23
3	加法表示函数及相关加性数论问题的研究	汤　敏	国家自然科学基金面上项目	11471017	60
4	传感器网络中具有隐私保护能力的数据融合及查询技术研究	王涛春	国家自然科学基金青年科学基金项目	61402014	24

（续表）

序号	项目名称	主持人	项目来源	项目批准号	资助经费(万元)
5	基于随机Petri网的大规模网络服务系统行为适配模型及方法	章昭辉	国家自然科学基金面上项目	61472004	83
6	云计算环境下自适应的可信服务组合动态协同研究	张佩云	国家自然科学基金面上项目	61472005	80
7	稀有气体原子间色散相互作用的约化密度矩阵泛函研究	盛晓伟	国家自然科学基金青年科学基金项目	11404006	25
8	特殊关联结构的部分相干光束的实验产生和传输性质研究	袁扬胜	国家自然科学基金青年科学基金项目	11404007	30
9	格点玻色系统中奇异量子态的量子蒙特卡洛模拟	吕建平	国家自然科学基金青年科学基金项目	11405003	23
10	CVD法生长二硫化钼原子层的微观机理研究	卢　宁	国家自然科学基金青年科学基金项目	21403005	25
11	网络多媒体流QoS特征稀疏表示及柔性跨域映射方法研究	王再见	国家自然科学基金青年科学基金项目	61401004	25
12	水溶液中多种痕量重金属元素的高灵敏度激光诱导击穿光谱	崔执凤	国家自然科学基金面上项目	61475001	80
13	羧酸类多孔金属有机框架的设计合成及非均相光催化性能研究	季长春	国家自然科学基金青年科学基金项目	21401003	25
14	氮杂多羧酸金属有机框架化合物的设计合成及性能研究	云瑞瑞	国家自然科学基金青年科学基金项目	21401004	25
15	新型α,β位稠环Aza-BODIPY近红外染料的合成及性能研究	于长江	国家自然科学基金青年科学基金项目	21402001	25
16	新型免疫亲和嗜硫整体色谱材料的制备与性能研究	刘云春	国家自然科学基金青年科学基金项目	21405003	25
17	基于多功能石墨烯量子点的无酶催化荧光传感器的制备和应用	何月珍	国家自然科学基金青年科学基金项目	21405004	25
18	特异性分离亲脂性污染物的磁性仿生吸附剂的构筑及机理研究	张小璇	国家自然科学基金青年科学基金项目	21407003	28
19	分析化学	夏云生	国家自然科学基金优秀青年科学基金项目	21422501	100
20	杂芳香基金属有机化合物的合成、反应性质与催化应用	王绍武	国家自然科学基金重点项目	21432001	350
21	第十二届江淮有机化学论坛	王绍武	国家自然科学基金应急管理项目	21442401	3
22	三维石墨烯载无机纳米颗粒的制备及其储锂性能研究	黄家锐	国家自然科学基金面上项目	21471005	80
23	气溶胶喷雾辅助合成复杂介孔金属氧化物电极材料及其性能研究	耿保友	国家自然科学基金面上项目	21471006	90
24	基于竞争柯肯达尔效应的新颖纳米空心异质结构的设计、制备及其光电、催化性质研究	刘小网	国家自然科学基金面上项目	21471007	85
25	钯(II)-Bronsted acid-亚磷酸酰胺体系在氧化性反应条件下的不对称协同催化应用研究	柴　卓	国家自然科学基金面上项目	21472001	84
26	近红外多吡咯光敏剂的合成与性质研究	郝二红	国家自然科学基金面上项目	21472002	84
27	稀土纳米模拟酶的制备及其在生物传感中的应用研究	王　伦	国家自然科学基金面上项目	21475001	84
28	农户农地流转方式、行为及其效率测度研究——以中东部典型流转区为例	徐玉婷	国家自然科学基金青年科学基金项目	41401123	23

（续表）

序号	项目名称	主持人	项目来源	项目批准号	资助经费（万元）
29	杭州西湖"景中村"空间生产的过程、效应与机制研究	黄剑锋	国家自然科学基金青年科学基金项目	41401153	23
30	巢湖早中全新世气候事件的高分辨率湖泊沉积记录研究	吴　立	国家自然科学基金青年科学基金项目	41401216	26
31	旅游拥挤视角下的世界遗产地空间冲突特征、机制及调控研究	杨效忠	国家自然科学基金面上项目	41471129	80
32	旅游地聚居空间演化过程、驱动机制及其社会效应研究	杨兴柱	国家自然科学基金面上项目	41471130	80
33	Ⅱ类NAD-依赖型异柠檬酸脱氢酶的功能与进化机制研究	王　鹏	国家自然科学基金青年科学基金项目	31400003	25
34	石蒜复合体遗传多样性及与加兰他敏含量的相关性研究	刘　坤	国家自然科学基金青年科学基金项目	31400291	24
35	基于不同形态型个体生活史对策差异的轮虫优势形态型维持机制研究	葛雅丽	国家自然科学基金青年科学基金项目	31400352	19
36	竞争压力下轮虫的快速进化及其生态效应：生态进化动态实验研究	席贻龙	国家自然科学基金面上项目	31470015	30
37	扬子鳄精子储存机理及性选择机制研究	吴孝兵	国家自然科学基金面上项目	31472019	88
38	青檀的分子谱系地理学研究	李晓红	国家自然科学基金青年科学基金项目	41401062	25
39	中国绢蝶（凤蝶科：绢蝶亚科：绢蝶属）主要代表种类系统演化的时空格局及其相关地球环境背景	郝家胜	国家自然科学基金面上项目	41472028	88
40	产ACC脱氨酶细菌与AM真菌互作对茶树的促生效应研究	刘　辉	国家自然科学基金青年科学基金项目	31400589	25
41	关于偶数次单位根小q-Schur代数的若干研究	杨群广	国家自然科学基金数学天元基金项目	11426034	3
42	非均匀扰动下Shtanov-Sahni膜理论中的自生宇宙研究	张开拓	国家自然科学基金理论物理专款	11447104	6
43	创新力的早期养成——以未成年人科学素质与企业加精神联动培育实证研究为例	叶松庆	国家软科学出版项目	2014GXS3K035-3	3
省部级项目					
序号	项目名称	主持人	项目来源	项目批准号	资助经费（万元）
1	基于价值链的企业社会责任价值创造研究	吴秀莲	安徽省软科学研究计划项目	1402052035	5
2	安徽省物联网产业发展及皖江城带物联网产业链优化培育机制研究	陈付龙	安徽省软科学研究计划项目	1402052034	5
3	提升安徽公众知识产权素养研究	吴长义	安徽省软科学研究计划项目	1402052033	5
4	弹性材料若干数学问题的研究	黄守军	安徽省自然科学基金	1408085MA01	7
5	无限二阶矩过程驱动的OU过程的统计推断	方龙祥	安徽省自然科学基金	1408085MA07	7
6	受限Dirac电子系统中奇异的量子效应研究	王大理	安徽省自然科学基金	1408085MA15	7
7	羧酸类多孔配合物的设计合成及对Henry反应的非均相催化性能研究	季长春	安徽省自然科学基金	1408085MB32	7
8	新型免疫亲和毛细管整体柱的制备与应用	刘云春	安徽省自然科学基金	1408085MB36	7
9	蓝藻协同稻秸厌氧降解产甲烷的机理研究	刘爱民	安徽省自然科学基金	1408085MC53	7

（续表）

序号	项目名称	主持人	项目来源	项目批准号	资助经费（万元）
10	基于SSR和DNA barcoding的安徽地道药材种质资源研究	王　晖	安徽省自然科学基金	1408085MC59	7
11	轮虫优势形态型维持的生物学机制	葛雅丽	安徽省自然科学基金	1408085MC66	7
12	新型单分子聚合物胶束的合成及其功能化	罗时忠	安徽省自然科学基金	1408085ME83	7
13	环的强clean性及相关广义逆的研究	崔　建	安徽省自然科学基金	1408085QA01	7
14	高阶非线性偏微分方程的条件Lie-Backlund对称	朱春蓉	安徽省自然科学基金	1408085QA05	7
15	同核双原子分子中色散相互作用能的密度矩阵泛函研究	盛晓伟	安徽省自然科学基金	1408085QA14	7
16	电沉积金属/石墨烯复合膜及燃料电池应用	王银玲	安徽省自然科学基金	1408085QB27	7
17	红区/近红外区发光上转换纳米材料——金纳米棒FRET的构建及应用研究	陈红旗	安徽省自然科学基金	1408085QB40	7
18	腹泻毒素CytK多样性和检测方法研究	刘小锦	安徽省自然科学基金	1408085QC59	7
19	高斯光束阵列在大气传输中理论及实验研究	袁扬胜	安徽省自然科学基金	1408085QF112	7
20	金刚烷配合物纳米杂化体系的构筑及催化超氧自由基歧化的活性研究	张小俊	安徽省杰出青年科学基金项目	1408085J03	15
21	层状金属硫化物纳米材料光电、磁学性质的第一性原理研究	周映华	安徽省自然科学基金	1408085MKL21	8
22	淮河流域旱涝灾害时空演变规律、形成机理与灾害风险研究	黄玉成	安徽省自然科学基金	1408085MKL22	8
23	蝇蛹金小蜂交配行为习性研究	孙　鹏	安徽省自然科学基金	1408085MKL23	8
24	研究方向：材料电化学	胡好远	安徽省自然科学基金	1408085MKL24	8
25	江汉平原典型新石器遗址揭示的中全新世古洪水事件与人类活动响应	吴　立	国家重点实验室开放基金	SKLLQG1422	5
26	基于DNA构象变化的生物电化学传感器研究	王广凤	国家重点实验室开放基金		3
27	基于激光共聚焦技术上新世以来中国菊科特有属种的花粉研究	张小平	国家重点实验室开放基金	143115	8
28	微波辅助催化纤维素制取乙酰丙酸的研究	李　兵	国家重点实验室开放基金	201412	6
29	贵金属Y-S复合纳米结构的合成和催化	耿保友	国家重点实验室开放基金		3
			厅局级项目		
序号	**项目名称**	**主持人**	**项目来源**	**项目批准号**	**资助经费（万元）**
1	环的相关强clean性及其应用	崔　建	安徽省教育厅自然科学研究重点项目	KJ2014A082	6
2	若干相依随机变量序列的极限理论研究	郭明乐	安徽省教育厅自然科学研究重点项目	KJ2014A083	6
3	面向信息物理融合的可重塑嵌入式系统协同设计方法研究	陈付龙	安徽省教育厅自然科学研究重点项目	KJ2014A084	6
4	随机环境中随机游动的遍历性与慢速度性质	王华明	安徽省教育厅自然科学研究重点项目	KJ2014A085	6

（续表）

序号	项目名称	主持人	项目来源	项目批准号	资助经费（万元）
5	肥胖大鼠低氧环境下间歇耐力运动减体重机理研究	黄徐根	安徽省教育厅自然科学研究重点项目	KJ2014A086	6
6	变指数函数空间理论中的若干问题	瞿　萌	安徽省教育厅自然科学研究重点项目	KJ2014A087	6
7	云数据中心兼顾负载和能耗的资源调度模型研究	郭良敏	安徽省教育厅自然科学研究重点项目	KJ2014A088	6

材料9

安徽师范大学2014年哲学社会科学研究立项项目一览表

国家级项目					
序号	项目名称	主持人	项目来源	项目批准号	资助经费（万元）
1	英汉形容词的句法语义研究	熊仲儒	国家社会科学基金重点项目	14AYY002	35
2	他者伦理研究	吴先伍	国家社会科学基金项目	14BZX123	20
3	我国劳资收入分配改进与劳动力价值理论及其时代化发展研究	伍旭中	国家社会科学基金项目	14BJL042	20
4	高校内部改革利益协调机制创新研究	周元宽	国家社会科学基金项目	14BZZ063	20
5	环境犯罪刑事政策研究	汪维才	国家社会科学基金项目	14BFX183	20
6	抗战时期国共两党民众动员的比较研究	汪效驷	国家社会科学基金项目	14BZS110	20
7	媒介文化价值与实现机制研究	黎泽潮	国家社会科学基金项目	14BXW059	20
8	延安时期我党主要出版物与马克思主义大众化研究	李祥兴	国家社会科学基金项目	14CKS009	20
9	民主革命时期中国共产党解决民生问题的历史与经验	郭　理	国家社会科学基金项目	14CDJ001	20
10	民国时期南京江宁刑事司法档案研究	李晓婧	国家社会科学基金项目	14CFX059	20
11	空间视阈下的盎格鲁—撒克逊文学研究	张　涛	国家社会科学基金项目	14CWW021	20
12	汉语单音节多功能副词的语义地图模型研究	潘晓军	国家社会科学基金项目	14CYY032	20
13	徽州文化资源保护与产业融合研究	秦　枫	国家社会科学基金项目	14CGL056	20
14	乡镇干部行为的特征与规制研究	刘晓峰	国家社会科学基金后期资助项目	14FZZ002	20
15	无形财产权的类型化与体系化	周俊强	国家社会科学基金后期资助项目	14FFX016	20
16	明清徽州传统家训资料整理与优秀家风研究	徐　彬	国家社会科学基金重点项目	14AZD061	35
17	教育民生保障机制及压力纾解路径研究	阮成武	全国教育科学规划国家一般	BFA140043	18
18	小学生音乐素质标准的研制和评价研究	刘咏莲	全国教育科学规划国家一般	BLA140065	18
19	明清山陕乡村水利治理中的制度、权力与文化	王焕炎	国家社会科学基金后期资助项目	14FZZ004	20
20	青春的旋律	汪荣强	国家艺术基金项目	—	7
省部级项目					
序号	项目名称	主持人	项目来源	项目批准号	资助经费（万元）
1	农地流转模式的绩效评估及提升对策研究	徐玉婷	教育部人文社科研究项目	14YJC630155	8

（续表）

序号	项目名称	主持人	项目来源	项目批准号	资助经费(万元)
2	农村宅基地有序退出机制研究	吴九兴	教育部人文社科研究项目	14YJC630138	8
3	旅游小企业演化的驱动机制及空间差异研究	刘云霞	教育部人文社科研究项目	14YJCZH105	8
4	传统儒家人格教育思想资源的当代转化研究	孙德玉	教育部人文社科研究项目	14YJA880063	10
5	大学生学习成效的影响因素研究：基于SEM和HLM的分析	赵必华	教育部人文社科研究项目	14YJA880100	10
6	汉语词汇误解误用义产生的动因与机制研究	顾　军	教育部人文社科研究项目	14YJC740026	8
7	语言监测视角下媒体外文缩略语的使用及规范	张　荻	教育部人文社科研究项目	14YJC740112	8
8	高职院校学生心理危机预警及干预研究	付　梅	全国教育科学规划项目	DBA140225	3
9	历史和人民选择了马克思主义	张正光	教育部人文社科研究项目“高校思想政治理论课”专项	14JDSZK003	1
10	高校思想政治理论课分类教学改革研究	戴兆国	教育部优秀中青年思政理论课教师择优资助计划	14JDSZK081	10
11	我省城乡义务教育资源均衡配置实证研究	阮成武	省领导圈定课题	SLDQDKT14-31	1.5
12	明清徽州都图里甲资料选辑	丁修真	全国高校古籍整理项目		0.75
13	《新安女行录》校注	董家魁	全国高校古籍整理项目		0.75
14	中国古代官吏治理制度及其启示研究	郭淑新	中国法学会	CLS(2014)15D014	自筹
15	裁判文书说理研究	王为明 奚　玮	最高人民法院		2
16	安徽小微企业创业导向的机理与路径研究	何建华	安徽省社科规划项目	AHSKQ2014D21	1
17	城镇化背景下安徽农村义务教育发展压力及对策研究	李宜江	安徽省社科规划项目	AHSKQ2014D31	1
18	产业转移视角下安徽省城镇化与产业升级关系研究	朱　兵	安徽省社科规划项目	AHSKQ2014D51	1
19	政策变迁对安徽省旅游经济空间差异的影响过程及作用机制研究	韩卢敏	安徽省社科规划项目	AHSKQ2014D52	1
20	清末民初皖南下层士绅研究——以新发现苏荫椿手稿为中心	李永卉	安徽省社科规划项目	AHSKQ2014D67	1
21	安徽好人现象的伦理研究	王　艳	安徽省社科规划项目	AHSKQ2014D73	1
22	新时期安徽农村社会治理机制及其创新路径研究	何　晔	安徽省社科规划项目	AHSKQ2014D84	1
23	文化生态视域下徽州民俗体育旅游协同发展体系研究	崔　琼	安徽省社科规划项目	AHSKQ2014D93	1
24	陀思妥耶夫斯基小说的空间书写	张　磊	安徽省社科规划项目	AHSKQ2014D100	1
25	旅游经济背景下徽州民间文学资源的再生产研究	陈元贵	安徽省社科规划项目	AHSKQ2014D101	1
26	当代中国油画对民间美术形式的借鉴研究	裘　凤	安徽省社科规划项目	AHSKQ2014D114	1
27	徽派版画的风景建构与审美认同	刘坛茹	安徽省社科规划项目	AHSKQ2014D115	1
28	基于视觉文化理论的安徽城市形象塑造与传播策略研究	李化来	安徽省社科规划项目	AHSKQ2014D116	1
29	经典诠释视域下的朱熹与戴震孟学比较研究	余亚斐	安徽省社科规划项目	AHSKQ2014D131	1

（续表）

序号	项目名称	主持人	项目来源	项目批准号	资助经费（万元）
30	媒体介入刑事案件审判的时度效研究	雍自元	安徽省社科规划项目	AHSKY2014D06	2
31	道路交通事故认定研究——以安徽省芜湖市为视角	万尚庆	安徽省社科规划项目	AHSKY2014D07	2
32	安徽旅游形象传播设计研究	凌善金	安徽省社科规划项目	AHSKY2014D19	2
33	安徽省教育信息化可持续发展体系与策略研究	张新明	安徽省社科规划项目	AHSKY2014D29	2
34	基于马克思主义空间经济理论视角的“中等收入陷阱”的形成机理研究	蔡　敏	安徽省社科规划项目	AHSKY2014D52	2
35	安徽对非洲援助与合作的问题与对策研究	杜　英	安徽省社科规划项目	AHSKY2014D61	2
36	十年探索时期社会主义建设中的论争研究	佘　君	安徽省社科规划项目	AHSKY2014D69	2
37	电视剧文化对安徽未成年人价值观的影响与教育对策实证研究	荣　梅	安徽省社科规划项目	AHSKY2014D70	2
38	统计数据的标准化在体育综合评价中的应用研究	魏登云	安徽省社科规划项目	AHSKY2014D96	2
39	马克思社会协调思想对中国竞技体育创新发展的启示研究	王结春	安徽省社科规划项目	AHSKY2014D97	2
40	安徽民间体育文化生产的研究	花家涛	安徽省社科规划项目	AHSKY2014D98	2
41	皖南国际旅游文化示范区:体育旅游研究	陈建霞	安徽省社科规划项目	AHSKY2014D99	2
42	历代安徽诗文名家别集整理与研究	江增华	安徽省社科规划项目	AHSKY2014D105	2
43	大众传媒的道德冲突与化解策略研究	陈新平	安徽省社科规划项目	AHSKY2014D118	2
44	芜湖通草画的挖掘和整理	盛　容	安徽省社科规划项目	AHSKY2014D122	2
45	歙砚制作技艺与保护研究	陈克义	安徽省社科规划项目	AHSKY2014D123	2
46	安徽建国初期十七年中国画研究	朱德义	安徽省社科规划项目	AHSKY2014D124	2
47	安徽城市社区管理体制改革试点经验研究	王义德	安徽省社科规划项目	AHSKY2014D152	2
48	安徽省非物质文化遗产研究	沈喜彭	安徽历史文化研究专项课题	AHSKLW2014D03	5
49	徽州家谱的理论与方法研究	徐　彬	安徽省社科规划项目后期资助课题	AHSKHQ2014D07	5
50	近代祁门茶业经济研究	康　健	安徽省社科规划项目后期资助课题	AHSKHQ2014D02	5
51	中国跨越“中等收入陷阱”的战略研究	蔡　敏	安徽省社科规划项目后期资助课题	AHSKHQ2014D03	5
52	旅游治理对风景名胜区社区参与的影响研究:以黄山、西湖为例	尹寿兵	旅游业青年专家培养计划课题	TYEPT201427	9
厅局级项目					
序号	项目名称	主持人	项目来源	项目批准号	资助经费（万元）
1	安徽省教育民生改善的政策路径研究	阮成武	安徽省教育厅人文社会科学研究项目	SK2014ZD031	5
2	安徽省老年人精神健康与社会养老服务体系研究	陈爱如	安徽省教育厅人文社会科学研究项目	SK2014ZD032	5
3	基于Multi-agent理论的Web网络社团构建与演化路径研究	王　杨	安徽省教育厅人文社会科学研究项目	SK2014ZD033	5

（续表）

序号	项目名称	主持人	项目来源	项目批准号	资助经费(万元)
4	安徽省不同社会发展时期居民体育生活方式的变革	左新荣	安徽省教育厅人文社会科学研究项目	SK2014ZD034	5
5	桐城学派与诗学	潘务正	安徽省教育厅人文社会科学研究项目	SK2014ZD035	5
6	刑事错案纠控体制研究	李光宇	安徽省教育厅人文社会科学研究项目	SK2014A252	2
7	安徽古道徒步旅游发展与对策研究	崇玉萍	安徽省教育厅人文社会科学研究项目	SK2014A253	2
8	文化视域下的宋代诗僧及其诗学研究	钱　芳	安徽省教育厅人文社会科学研究项目	SK2014A254	2
9	安徽新型城镇化与休闲体育发展模式研究	王建琴	安徽省教育厅人文社会科学研究项目	SK2014A255	2
10	概率主观解释及其决策悖论研究	季爱民	安徽省教育厅人文社会科学研究项目	SK2014A256	2
11	标记理论视角下的汉语描摹助词研究	胡承佼	安徽省教育厅人文社会科学研究项目	SK2014A257	2
12	当代大学生马克思主义信仰生成机制与教育路径研究	陶永华	安徽省教育厅人文社会科学研究项目	SK2014A258	2
13	公司人格独立的实质化趋势研究	周啃龙	安徽省教育厅人文社会科学研究项目	SK2014A259	2
14	提升中小学校长管理能力路径研究——以金寨县为例	徐贵亮	安徽省教育厅人文社会科学研究项目	SK2014A260	2
15	面向教育电子政务的柔韧工作流研制	焦庆争	安徽省教育厅人文社会科学研究项目	SK2014A261	自筹
16	城乡统筹进程中县域内教师交流机制创新研究	李宜江 孙忠保	安徽省教育科学规划项目	JG14021	自筹
17	基于多媒体学习认知模型的Web微课程设计研究与应用	王　杨 章昭辉	安徽省教育科学规划项目	JG14022	自筹
18	依托园本课程开发的幼儿教师专业发展研究——以芜湖市安师大附属幼儿园为例	章姗姗 段兆兵	安徽省教育科学规划项目	JG14023	自筹
19	徽州民俗体育与学校体育融合研究	周　坤 王结春	安徽省教育科学规划项目	JG14024	自筹
20	中小学实践教学创新研究	孙　亮 郭　理	安徽省教育科学规划项目	JG14025	自筹
21	中学生英语写作中思辨能力表现和培养策略研究	周　玲 翟红梅	安徽省教育科学规划项目	JG14026	自筹
22	中学物理教师实验教学能力职前培养模式的改革与实践	钱长炎 谈力群	安徽省教育科学规划项目	JG14027	自筹
23	农村流动儿童城市融合过程中的思想变化及其引导研究	陶永华 王　琴	安徽省教育科学规划项目	JG14028	自筹
24	中小学教师网络教研现状及促进策略研究	陶　佳 张新明	安徽省教育科学规划项目	JG14032	自筹
25	未成年犯的信任倾向与家庭教养方式的关系研究	张志华 林健生	安徽省教育科学规划项目	JG14033	自筹
26	基于历史课堂的合作学习机制探究	王德民 徐汉平	安徽省教育科学规划项目	JG14034	自筹
27	安徽省青少年学生体质健康促进研究	吴本连 郑继强	安徽省教育科学规划基础教育三项改革专项	JGZXB201421	1.50

（续表）

序号	项目名称	主持人	项目来源	项目批准号	资助经费（万元）
28	农民工子女学校融合教育研究	周兴国 黄晓霞	安徽省教育科学规划基础教育三项改革专项	JGZXA201408	3
29	留守儿童心理发展特点与关爱模式研究	方双虎 夏胜先	安徽省教育科学规划基础教育三项改革专项	JGZXD201439	4
30	开展合肥环巢湖国际马拉松赛事可行性分析与赛事效益研究	李立群	安徽省体育局体育社会科学研究项目	ASS2014103	自筹
31	安徽省体育产业创新发展的深度研究	丁俊生	安徽省体育局体育社会科学研究项目	ASS2014104	自筹
32	三农建设与新农村体育发展的互动研究——兼论体育对农村进城人员市民化的研究	董满秀	安徽省体育局体育社会科学研究项目	ASS2014120	自筹
33	皖江城市带公共体育服务供求现状与发展研究	金　涛	安徽省体育局体育社会科学研究项目	ASS2014126	自筹
34	文化强国建设背景下芜湖市妇女体育文化发展研究	牛　芳	安徽省体育局体育社会科学研究项目	ASS2014132	自筹
35	基于体育旅游融合发展战略的“徽杭古道’徒步旅游开发研究	崇玉萍	安徽省体育局体育社会科学研究项目	ASS2014133	自筹
36	皖南城市居民体育行为与观念的实证研究	袁海强	安徽省体育局体育社会科学研究项目	ASS2014216	自筹
37	家庭体育视角下安徽省青少年体育现状与发展对策	赵俊红	安徽省体育局体育社会科学研究项目	ASS2014217	自筹
38	安徽省田径后备人才培养对策研究	吴爱兵	安徽省体育局体育社会科学研究项目	ASS2014235	自筹
39	安徽省运动会在城市形象塑造中的作用与策略研究	朱凯迪	安徽省体育局体育社会科学研究项目	ASS2014302	自筹
40	中小学武术身体技术向度教育模式的研究	花家涛	国家体育总局武术研究院院馆课题	WSH2014D006	自筹
41	芜湖市建筑废弃物利用模式研究	马　骥	芜湖市决策咨询委托研究课题	—	2
42	芜湖市养老服务体系建设研究	朱立冬	芜湖市决策咨询委托研究课题	—	1
43	芜湖市文化产业化比重问题研究——全面建设小康社会相关指标研究之三	姚国荣	芜湖市决策咨询委托研究课题	—	1
44	社会组织在城市社区文化建设中的功能与实现路径研究	陈爱如	“安徽社会组织发展”理论研究课题	2014ASODT2-003	自筹
45	城乡社区服务类社会组织现状与发展研究	李薇薇	“安徽社会组织发展”理论研究课题	2014ASODT2-011	自筹
46	香港社会组织评估经验对安徽的启示	夏　春	“安徽社会组织发展”理论研究课题	2014ASODT2-029	自筹
47	高校档案馆参与学校文化建设研究	彭　劲	安徽省高校档案工作协会基金研究项目	2014dw04	自筹
48	高校档案工作校内考核机制探索	朱　力	安徽省高校档案工作协会基金研究项目	2014gr05	自筹
49	晚清广学会的西学翻译研究	梅晓娟	全国高校外语教学科研项目	—	1
50	约翰·奇弗短篇小说的家庭主题及书写策略	胡织女	全国高校外语教学科研项目	—	0.5
51	我国高校ESP教学应然、实然与必然	詹　蓓	全国高校外语教学科研项目	—	0.5

材料10

安徽师范大学2014年省部级科研成果奖一览表

奖项类别	获奖等级	成果类型	获奖人	主办单位
论文类	二等奖	中国文联文艺评论奖	杨四平	中国文学艺术界联合会
论文类	一等奖	国家旅游局优秀旅游学术成果奖	陆　林	国家旅游局
论文类	优秀奖	国家旅游局优秀旅游学术成果奖	王朝辉 陆　林 方　婷 夏巧云	国家旅游局
论文类	优秀奖	国家旅游局优秀旅游学术成果奖	苏　勤	国家旅游局
论文类	二等奖	安徽省科学技术奖	吴孝兵	安徽省人民政府

七、社会服务

（一）产学研合作

【产学研合作】 学校以经济社会发展和科技创新需求为导向，充分发挥现有人才、智力和技术优势，大力推动各类要素向应用研究集聚，形成优势领域与研究平台互补共进的良好局面。深化政产学研合作，构建校企战略合作联盟。组织教师参加“繁昌县与安徽师范大学科技成果对接会”，与繁昌县人民政府建立科教战略合作关系；与芜湖海螺型材科技股份有限公司、信仪光伏产业（安徽）控股有限公司等39家企业签订产学研合作协议；与芜湖华仁科技有限公司共建产学研基地；与铜陵市规划勘测设计研究院有限公司等企业建立定期联系沟通机制的产学研战略合作联盟。校企合作的规模、层次、质量和效益明显提升。2014年，全校新增横向合作项目425项，合计到账经费2 213万元，再创新高。（材料1：安徽师范大学社会服务资质一览表；材料2：安徽师范大学2014年10万元以上横向项目一览表）

（科研处供稿）

（二）知识产权管理

【知识产权管理】 加强知识产权知识培训，先后举办相关知识讲座十余场。2014年，学校专利申请总数为248项，其中发明专利127项，同比增长60.8%；专利授权总数为84项，其中发明专利20项，实用新型59项，外观设计5项；进入实质审查程序的发明专利131项；学校注册登记软件著作权30项；许可专利1项，转化专利6项，成果转化经费11万元。（材料3：安徽师范大学2014年授权专利一览表）

（科研处供稿）

（三）各类考试基地工作

【招生办各类考试阅卷工作】 2014年，我校作为安徽省美术、音乐、体育专业招生考试阅卷基地和网上评卷基地，继续承担音乐、美术、体育类的全省统考和阅卷任务以及普通高考文科综合、理科综合阅卷工作。学校进一步强化措施，确保了各项招生考试工作顺利完成。在考试、评卷现场安装监控器材，对评卷和考试过程进行监控并全程摄像；把考生和考官随机编组；在评分专家住地安装无线通信屏蔽器，阻断专家与外界的通信渠道；专家起居及往返工作现场的过程中有纪检人员及安全保卫人员全程陪同，切实保障专家的工作不受外界干扰。第六次承担高考文、理综合科目网上评卷工作，学校共组织抽调评卷教师1 000余人，工作人员200余人，配备计算机约1 300台，投入了大量人力和物力，涉及学校10多个职能部门和6个学院。为高质量完成网上评卷任务，学校紧紧抓住评卷过程中的“三评率、仲裁率、恶性误差率、平均得分率”等核心数据组织阅卷，采取一系列具体措施，主抓落实，严把质量，坚持“进度服从于质量，进度和质量协调统一”的原则，顺利完成了评卷任务，受到了教育厅的充分肯定。

（教务处供稿）

【研究生院各类考试阅卷工作】 2014年，我校继续承担了安徽省硕士研究生入学统一考试试卷评阅工作。学校共组织抽调评卷教师190余人，工作人员30余人，共计评阅17门81 729份试卷。学校围绕“一切为了考生、为了考生一切，让社会满意、让考生满意”的工作目标，遵照“公平、公正、公开”的原则，秉承“严谨、务实”的工作作风，强化招生考试管理，建立和完善规章制度，规范操作。

（研究生院供稿）

（四）各级各类培训

【继续教育学院各类培训】 学校完成了安徽省高校英语应用能力考试(6月和12月份)、安徽省“特岗计划”教师招聘考试以及安徽省成人高校招生考试等5次阅卷工作，其中安徽省中小学新任教师公开招聘考试为学校首次承担。学校完成了各类培训工作：

国培计划。完成示范性培训项目、中西部培训项目和幼师国培共2 935人的培训任务。举办首期“农村校长助力工程”项目，共培训来自全国11省(自治区)10多个民族的50名幼儿园园长。完成了长三角地区(江、浙、沪、皖)幼儿园园长高级研究班结业高峰论坛任务，培训学员38人。继续和全国中小学教师继续教育网合作承担安徽省中小学管理者网络研修与校本研修整合项目、中小学教师信息技术应用能力提升工程项目培训，培训人数12 000余人。

省培计划。完成省教育厅下达的高(完)中校长、乡镇中心校骨干校长、中等职业学校校长、教育管理干部高级研修、幼儿园园长提高培训等各类教育管理干部培训班6期，共计培训学员400余人。完成省继续教育中心下达的中等职业学校教研组长、教务科长、学生科长近100人的培训。

委托培训。完成芜湖市、合肥市、马鞍山市、滁州市、六安市教育局等单位委托举办的教育干部、教研员、中小学教师、幼儿园教师等各类培训40余期，培训学员2 100余人。完成亳州、黄山、合肥、滁州、池州等13个地市地税局委托的地方税务系统人员培训33期，培训人数1 700余人。为北京市朝阳区、浙江省温州市、苍南县等地培训中小学校长、教育管理干部、骨干班主任、骨干教师、培训管理者等300余人。

（撰稿：姜永清　审核：王学灵）

【辅导员基地工作】 招收辅导员在职攻读博士学位研究生4人。承办安徽省高校辅导员2期上岗培训、1期专题培训、1期高级研修，共培训辅导员827人。承办教育部第82期高校辅导员“网络思想政治教育”专题培训，面向全国高校培训辅导员77人。组织并完成了基地2014年招标项目鉴定、评审工作，资助出版《高校主题班会研究与实践》。承办安徽省2014年高校辅导员职业能力比赛决赛，指导安徽省三名参赛选手参加第三届全国高校辅导员职业技能大赛。承办2014年全省高校辅导员优秀论文评比。

（辅导员基地供稿）

【高师中心培训工作】 2014年，中心坚持服务省厅，当好参谋；服务高师，确保质量；服务学校，提升贡献。全年各项培训总规模达7 228人次，受到省教育主管部门、各高等学校和培训教师的一致好评。

国培项目。举办国培班7期，覆盖国培计划的全部类别。国内培训：视觉传达、移动基站勘察设计与维护、三网融合与城市光网建设；企业顶岗培训：酒店管理；国外培训：美国高职教育课程设计与开发(2期)、中加高职课堂教学及跨文化研究培训。2014年是中心举办国外培训项目最多的一年，3期国外培训班共吸引了全国

214名高职教师报名，接收学员95名。同时，中心接收5名我校应用型专业的青年骨干教师出国参训，反响良好。教育部在《2014年全国高职高专教育教师培训联盟工作报告》中，特别公布了在培训人数、开班率、培训内容设计等方面反映较好的全国13所院校和机构，安徽省高等学校师资培训中心名列其中。

省培项目。继续实行高职国培计划和省培计划衔接，国培和省培互相依存、互为所用，实现一体化管理。管理我省高职“国培计划”7个培训基地，培训323人，其中直接培训153人；管理我省高职“省培计划”13个培训基地，直接培训1 171人。

岗前培训。2014年我省有3 385名高校新教师参加岗前培训。岗前培训由往年的单一集中培训改革为脱产集中培训、校本培训与在线学习三者有机结合的方式进行，其中集中培训开设《高等教育学》《高等教育心理学》《高等学校教师职业道德修养》《高等教育法规概论》等课程，突出新进教师实践技能的运用；校本培训由各培训点和各高校共同组织，协同完成；在线学习安排教育部全国高校教师网络培训中心设置的《青年教师职业生涯规划与发展》《高校新入职教师教学适应性培训》《现代教育技术在高校教学中的应用》《高校教学理念、教学方法与实践(文、理)》4门网络在线课程。参训新教师须提交“五个一”作业，并按各自权重比例汇总平时成绩，平时成绩不及格的新教师不得参加全省统考。

国家精品课程高级研修班。高级研修班2014年培训我省高校教师1 630人，位列全国第一。培训在原来的在线培训和集中培训的基础上，新增网络直播课程模块，最大程度挖掘网络教学资源，参训教师可根据自身情况有选择性地参加培训，有效提高了国家精品课程教学的普及率和受益率。

访学进修。2014年，安徽省教育厅共计选派300名国内访问学者，其中：教育部国家骨干教师访问学者计划40名，省教育厅一般访问学者计划260名，中心分别完成40名和225名。中心还协助学校接收国家骨干教师访问学者1人，一般访学学者23人。这是国内访问学者项目开展以来我校接受人数最多的一年。

交流培训项目。为配合我省新教师岗前培训改革，10月，中心邀请著名现代教育技术专家裴纯礼教授做客安徽师范大学，主讲三场《你所不知道的Word》，吸引了全省600名高校教师前来聆听。教育部全国高校教师网络培训中心对此次交流培训进行了全程录播，现已纳入网培中心在线培训课程。

(高师中心供稿)

(五)教育集团工作

【概况】 2014年，教育集团以“发挥集团化办学优势，打造一体化附校品牌”为目标，以“内涵建设，外延发展，开拓市场，提升效益”为思路，对内认真做好附属学校的宏观管理和教职工子女入学升学服务工作，对外做好合作办学和教育培训业务，为高水平大学建设提供优质服务和保障条件。

【提升附属学校品牌】 充分发挥集团的综合协调职能，统筹协调和地方政府的关系，加强附属学校与大学的资源共享，推动附属学校办学质量和教学科研水平提升。2014年附中高考理科一本达线率75.75%，文科一本达线率60.44%，在全省同类学校中名列前茅。保送清华、北大3人(全省共7人)。附小硬件建设在省内处于领先水平。成立幼教集团，创新附幼连锁管理模式。

【畅通教职工子女升学渠道】 摸底登记教职工子女(孙子女)小学升初中、初中升高中信息138条。积极与市政府及相关学校进行协调，向市政府、教育局递交专题报告6份，解决了60余名教职工子女“初升高”问题。教职工子女“小升初”渠道畅通，既可以选择萃文中学的附小“直升班”，也可选择附属外国语学校。

【凸显基础教育集团化办学优势】 集团化办学取得了“名校创名校”和“名校带分校”的社会效益。附中城北分校(芜湖市33中)办学水平不断提升；萃文中学中考省示范高中达线率32%，综合排名居全市65所初中第5位，在弋江区领先。附小城北和城南分校得到了开发区和三山区教育局的充分肯定，生源爆满。组建了"安徽师范大学幼教集团"（教育集团幼教中心），新签合作幼儿园4家，伟星城幼儿园秋季开始招生。支持芜湖市"跨江发展"，与宝能集团签订了15年一贯制的合作办学框架协议。基础教育集团化办学优势逐步凸显，在国内同类高师院校附属学校集团化发展中产生了积极影响，教育集团被吸纳为"高等师范院校基础教育合作办学工作研究会"理事单位。

【完善教育集团运行机制】 认真执行《安徽师范大学教育集团主任办公会议事规则（试行）》，建立健全民主决策管理机制。设立二级财务，规范财务制度，强化内部管理。附属学校15年一贯制的集团化发展意识得到充分认同，运行机制逐步完善。

【超额完成年度经济目标任务】 利用附中近年的办学成就和影响力，为附中筹集到450万元的建设与发展经费；利用幼儿园品牌输出，获得附幼品牌使用费100万元，幼儿园装修建设经费250万元，企业赞助轿车一辆。同时，多渠道争取建设经费，"事达中学"获得省发改委体育操场改造专项建设经费210万元。完成了集团上交大学100万元的年度经济目标任务。

（教育集团供稿）

材料1：

安徽师范大学社会服务资质一览表

序号	资质名称	级别	依托单位
1	国家建设项目环境影响评价证书	国家级	环境科学与工程学院
2	全国土地规划甲级资质证书	国家级	国土资源与旅游学院
3	全国旅游规划甲级资质证书	国家级	国土资源与旅游学院
4	国家职业技术鉴定站	国家级	法学院
5	安徽省清洁生产资质证书	省部级	环境科学与工程学院
6	林业调查规划设计资质证书	省部级	生命科学学院
7	安徽省社会工作专业人才培训基地	省部级	法学院
8	食品检验机构资质认定	省部级	化学与材料科学学院
9	资质认定计量认证证书	省部级	化学与材料科学学院
10	分析测试中心	校　级	化学与材料科学学院

材料2：

安徽师范大学2014年10万元以上横向项目一览表

序号	项目名称	负责人	到账金额（万元）	所在单位
1	认知负荷在管制行为差错中的作用机制及其评价	周佳树	15	教育科学学院
2	2014年中国综合社会调查之中国老年追踪调查（CLASS）	方　青	12.24	历史与社会学院
3	2014年度芜湖市群众安全感和公安工作满意度评价	王　杰	11.79	历史与社会学院
4	协助安徽体育局承办皖南地区体育场地普查工作培训	席玉宝	13	体育学院
5	六安市服务业发展规划	曹卫东	30	国土资源与旅游学院
6	《芜湖市土地整治规划》编制	程久苗	87	国土资源与旅游学院
7	三山区镇（办）土地利用总体规划数据库建库工作	程久苗	19	国土资源与旅游学院
8	马鞍山承接产业转移示范园区旅游发展总体规划	李俊峰	14.1	国土资源与旅游学院

（续表）

序号	项目名称	负责人	到账金额（万元）	所在单位
9	黄山市本级暨屯溪区和所辖五个镇土地利用总体规划	鲁成树	79	国土资源与旅游学院
10	安徽省怀宁县海子文化园控制性详细规划、修建性详细规划及建筑风格设计	陆　林	20	国土资源与旅游学院
11	合肥刘铭传故居海峡两岸交流基地概念性规划、核心区总体规划及肥西县旅游总体规划	陆　林	89	国土资源与旅游学院
12	无为县沿江景观带旅游开发规划	陆　林	15	国土资源与旅游学院
13	中高层大气OH自由基三维层析模型的构建研究	麻金继	66	国土资源与旅游学院
14	安徽省入境旅游市场营销行动计划编制	苏　勤	20	国土资源与旅游学院
15	定远县藕塘镇旅游总体规划编制	苏　勤	18	国土资源与旅游学院
16	徽州古城文化旅游与文化创意产业集聚区发展规划编制	苏　勤	30	国土资源与旅游学院
17	灵璧县四个旅游规划编制	苏　勤	51.60	国土资源与旅游学院
18	齐云山旅游规划编制	苏　勤	18	国土资源与旅游学院
19	芜湖市服务业集聚区规划编制	苏　勤	20	国土资源与旅游学院
20	宿松经济开发区“一张图”信息系统	王满银	10	国土资源与旅游学院
21	安徽省宁国市乡村旅游规划设计	杨效忠	12.15	国土资源与旅游学院
22	六安市旅游业发展总体规划修编等项目	杨效忠	23.50	国土资源与旅游学院
23	谯城区乡村旅游发展总体规划	杨效忠	15	国土资源与旅游学院
24	肥西西部片区旅游基础设施专项规划	杨　钊	16	国土资源与旅游学院
25	2014年度杨梅重大有害生物治理关键技术研究	胡好远	20	生命科学学院
26	杨梅重大有害生物治理关键技术研究	胡好远	12.60	生命科学学院
27	四川长宁竹海自然保护区植物资源及植被调查	刘　坤	20	生命科学学院
28	安徽贵池十八索湿地保护与恢复工程建设项目	吴海龙	16	生命科学学院
29	泾县汀溪湿地保护区生物多样性调查	吴孝兵	20	生命科学学院
30	九龙峰自然保护区调查	吴孝兵	12	生命科学学院
31	宁国市生物多样性保护规划编制	吴孝兵	15	生命科学学院
32	皖南山地野生动物调查	吴孝兵	45	生命科学学院
33	皖浙丘陵、江淮丘陵地理单元调查补助	吴孝兵	22	生命科学学院
34	湿地保护乡土教材编写	薛　辉	15	生命科学学院
35	巢湖湖滨带与圩区缓冲带生态修复技术与工程示范	严云志	20.24	生命科学学院
36	太平湖保水渔业方案	严云志	25.60	生命科学学院
37	安徽省交通航务工程有限公司校企合作研究经费	段文松	10	环境科学与工程学院
38	安徽中烟工业有限公司	方金武	10.30	环境科学与工程学院
39	雨山区人民医院项目	孟　菁	12	环境科学与工程学院
40	清洁生产审核	伍永钢	12	环境科学与工程学院
41	乔山三期安置房项目	伍永钢	13.8	环境科学与工程学院
42	当涂生态县建设规划	武晓果	20	环境科学与工程学院
43	马鞍山市花山区生态建设总体规划	武晓果	14.6	环境科学与工程学院
44	煤制氢工程配套发电项目	杨　耿	10	环境科学与工程学院

（续表）

序号	项目名称	负责人	到账金额(万元)	所在单位
45	恒生秀山郡项目	杨文斌	12	环境科学与工程学院
46	土地一级开发项目	杨文斌	15	环境科学与工程学院
47	姥长中心村、菱湖中心村	周宏标	16	环境科学与工程学院
48	安徽鹞落坪国际级自然保护区生物多样性观测合作项目	周守标	72	环境科学与工程学院
49	安徽岳西古井园自然保护区晋升国家级自然保护区科考、总规咨询	周守标	15	环境科学与工程学院
50	湖北石首麋鹿国际级自然保护区生物多样性观测合作项目	周守标	24	环境科学与工程学院
51	哲学社会科学规划项目管理系统技术升级与服务	付　勇	15	研究生院

材料3：

安徽师范大学2014年授权专利一览表

序号	专利名称	授权号	发明人	类型	依托单位
1	一种水陆两栖遥控玩具	201110419091.9	于忠跃	发明专利	教育科学学院
2	一种自适应前照灯	201210191018.5	朱向冰等	发明专利	物理与电子信息学院
3	复合电极、传感器和生物燃料电池及制备方法、应用	201110286734.7	高峰等	发明专利	化学与材料科学学院
4	一种四氧化三铁–四氧化三钴多孔磁性复合材料的制备方法及其应用	201210021078.2	耿保友等	发明专利	化学与材料科学学院
5	多孔氧化镍/二氧化锡微纳米球的制备方法	201210152688.6	黄家锐等	发明专利	化学与材料科学学院
6	多孔纳米二氧化锡的制备方法	201110332434.8	黄家锐等	发明专利	化学与材料科学学院
7	三维层状CoV2O6微纳粉体的制备方法	201210153730.6	黄家锐等	发明专利	化学与材料科学学院
8	一种功能二氧化硅纳米材料、制备方法及其应用	201210341900.3	刘金水等	发明专利	化学与材料科学学院
9	一种带状氧化银纳米阵列的制备方法	201210590905.X	张小俊等	发明专利	化学与材料科学学院
10	一种纳米阵列硫化亚铜的制备方法	201210243272.5	张小俊等	发明专利	化学与材料科学学院
11	保健口香糖	201210536456.0	陈明林等	发明专利	生命科学学院
12	一种臂尾轮属轮虫的线粒体12s基因的部分rDNA测序及鉴定臂尾轮属轮虫的方法	201210562562.6	程双怀等	发明专利	生命科学学院
13	一种臂尾轮属轮虫的线粒体ND5基因的部分DNA测序及鉴定臂尾轮属轮虫的方法	201210562964.6	程双怀等	发明专利	生命科学学院
14	一种臂尾轮属轮虫的线粒体16S基因的部分rDNA测序及鉴定臂尾轮属轮虫的方法	201310139349.9	程双怀等	发明专利	生命科学学院
15	一种饲料生产方法	201210525722.X	刘爱民等	发明专利	生命科学学院
16	一种用于铜绿微囊藻的抑制剂	201210380483.3	张庭廷等	发明专利	生命科学学院
17	一种牡丹花茶及其制备方法	201310156404.5	郑艳等	发明专利	生命科学学院
18	新型肥皂泡混合液及其制备方法	201210487419.5	郑艳等	发明专利	生命科学学院
19	育苗移栽种植用保护组合物及其制备方法	201310188074.8	郑艳等	发明专利	生命科学学院
20	抗氧化护肝酒伴侣产品及其制备方法	201210046146.0	郑艳等	发明专利	生命科学学院

（续表）

序号	专利名称	授权号	发明人	类型	依托单位
21	一种强化污水脱氮的两级蚯蚓生态滤池	201420425926.0	方彩霞等	实用新型	环境科学与工程学院
22	一种可重复使用的电池	201320834693.5	陶海升等	实用新型	环境科学与工程学院
23	一种传感器支架	201420031491.1	陶海升等	实用新型	环境科学与工程学院
24	一种水写板及其应用装置	201320812295.3	施新国	实用新型	美术学院
25	用于观察毛笔笔法机理的装置	201420044202.1	施新国等	实用新型	美术学院
26	习字板和习字装置	201420376756.1	施新国等	实用新型	美术学院
27	一种描摹习字板	201320705179.1	施新国等	实用新型	美术学院
28	一种车用置物架结构	201320876862.1	常红	实用新型	教育科学学院
29	一种手机壳体结构	201420044009.8	陈维雪	实用新型	教育科学学院
30	空调压缩机降温系统	201320736469.2	储秋玉	实用新型	教育科学学院
31	一种手提袋提手包裹部件	201420057526.9	董晓林	实用新型	教育科学学院
32	一种自动洗鞋装置	201320876709.9	高程程等	实用新型	教育科学学院
33	一种雨伞	201320813237.2	来佳晨等	实用新型	教育科学学院
34	一种电热饭盒	201320799374.5	李谯等	实用新型	教育科学学院
35	一种便携式移动电源	201320823185.7	林炳	实用新型	教育科学学院
36	一种书柜椅	201320834686.5	王倩倩	实用新型	教育科学学院
37	一种晾鞋装置	201320834691.6	王倩倩	实用新型	教育科学学院
38	一种晾衣架	201320834732.1	吴丽红	实用新型	教育科学学院
39	一种刷杯器	201320834412.6	张梦等	实用新型	教育科学学院
40	一种看书架	201320834405.6	章丽等	实用新型	教育科学学院
41	车载辅助控制装置	201420388623.6	赵传信等	实用新型	数学计算机科学学院
42	具有促进睡眠功能的台灯	201320736008.5	蔡文君等	实用新型	物理与电子信息学院
43	一种自动检测输液装置液体剩余量并报警的电路	201320863508.5	陈瑾等	实用新型	物理与电子信息学院
44	一种可自动调节温度和发热位置的电热毯	201420205169.6	陈瑾等	实用新型	物理与电子信息学院
45	一种无线打印装置	201320194944.8	杜友武等	实用新型	物理与电子信息学院
46	一种远程电源管理装置	201320395468.6	冯友宏等	实用新型	物理与电子信息学院
47	一种汽车零部件背光测试工装	201420106769.7	高菲菲等	实用新型	物理与电子信息学院
48	一种汽车后轮罩总成与后座椅靠背连接结构	201420381417.2	高菲菲等	实用新型	物理与电子信息学院
49	一种高压电故障检测指示装置	201320262802.0	黄重春等	实用新型	物理与电子信息学院
50	一种防跌落雨水井	201320680260.9	石建平等	实用新型	物理与电子信息学院
51	一种表面等离激元成像光刻结构	201320645119.5	石建平等	实用新型	物理与电子信息学院
52	新型电源插座结构	201320799465.9	王婷	实用新型	物理与电子信息学院
53	一种连续卷曲的垃圾袋	201320596022.X	谢小娟	实用新型	物理与电子信息学院
54	一种多功能旅行背包	201420161210.4	谢小娟	实用新型	物理与电子信息学院
55	一种电热鞋垫	201420221463.6	谢小娟	实用新型	物理与电子信息学院
56	手机触摸指套	201420316234.2	谢小娟等	实用新型	物理与电子信息学院

（续表）

序号	专利名称	授权号	发明人	类型	依托单位
57	一种电子体重秤	201320653154.1	谢小娟等	实用新型	物理与电子信息学院
58	一种甲醛检测盒	201320594656.1	谢小娟等	实用新型	物理与电子信息学院
59	一种智能地锁	201420447250.5	谢小娟等	实用新型	物理与电子信息学院
60	一种具有逃生功能的防盗窗	201420304489.7	谢小娟等	实用新型	物理与电子信息学院
61	一种新型工作牌吊绳	201320653081.6	谢小娟等	实用新型	物理与电子信息学院
62	一种车辆信息自动识别装置	201320847854.4	谢小娟等	实用新型	物理与电子信息学院
63	一种可调书挡	201420220470.4	谢小娟等	实用新型	物理与电子信息学院
64	一种智能蓝牙烘鞋器	201420161147.4	谢小娟等	实用新型	物理与电子信息学院
65	窗帘控制装置	201320736502.1	杨洁	实用新型	物理与电子信息学院
66	一种LED驱动器	201320700399.5	张爱清等	实用新型	物理与电子信息学院
67	一种具有远程报警功能的分布式汽车温度监控系统	201320573890.6	张持健等	实用新型	物理与电子信息学院
68	一种新型无线鼠标	201420146038.5	张持健等	实用新型	物理与电子信息学院
69	后向散射光分布式放大装置	201420090709.0	周正仙等	实用新型	物理与电子信息学院
70	一种带有无线传输功能的交通信号灯装置	201420309219.5	朱向冰等	实用新型	物理与电子信息学院
71	一种自整角机/旋转变压器的数字转换器电路	201320276915.6	朱向冰等	实用新型	物理与电子信息学院
72	一种适用于数字微镜元件的导光管装置	201320645118	朱向冰等	实用新型	物理与电子信息学院
73	一种基于复眼透镜的自适应前照灯	201420432720.0	朱向冰等	实用新型	物理与电子信息学院
74	一种塑料袋撑口架	201420283151.8	程双怀	实用新型	生命科学学院
75	一种塑料袋收集架	201420284147.3	程双怀	实用新型	生命科学学院
76	花盆	201420304999.4	沈炎等	实用新型	科研处
77	纸巾包	201420318007.3	沈炎等	实用新型	科研处
78	纸巾盒	201420305051.0	沈炎等	实用新型	科研处
79	孕妇背带裤	201420215718.8	王静	实用新型	科研处
80	明信片	201330552111.X	赵诚等	外观设计	数学计算机科学学院
81	包装袋	201330552112.4	赵诚等	外观设计	数学计算机科学学院
82	书签	201330552269.7	赵诚等	外观设计	数学计算机科学学院
83	包装纸	201330552270.X	赵诚等	外观设计	数学计算机科学学院
84	包装盒	201330552283.7	赵诚等	外观设计	数学计算机科学学院

八、对外交流与开放办学

（一）对外交流与合作

【国外友好大学的建立与来访】 学校与国(境)外15所大学建立了友好关系，15所大学为俄罗斯彼得罗扎沃茨克大学、米宁大学、莫斯科城市大学萨马拉分校、萨马拉国立大学，乌克兰国立师范大学，美国西南学院、北卡罗莱纳州立大学、密苏里大学、纽约电影学院、玛赫西管理大学，英国提赛德大学，韩国忠清南道教育厅、交通大学，台湾地区台南大学、屏东教育大学，使2014年成为我校历年建立国际友好大学最多的一年。周密做好了澳大利亚、俄罗斯、美国、日本、韩国等国的有关机构与大学来校访问、讲学、考察、合作项目洽谈事宜，接待来宾近130人次。

【出国(境)访问、访学、培训】 2014年因公派出人数88人；组织两批学术骨干教师共35人分别赴美国西东大学和俄亥俄州立大学学习交流。组织四批学生共62人分别两次赴俄罗斯高校、一次赴台湾地区高校、一次赴日本高校交流。继续推进海外实习平台建设，派出7人赴泰国高校、中学带薪实习；连续第三年选派学生赴新加坡就业；组织选派近10名志愿者赴菲律宾、柬埔寨、澳大利亚担任汉语教师。

【中外合作办学项目】 我校与韩国世宗大学共同申办的动画专业及旅游管理专业本科“2+2”项目，与美国布莱诺大学共同申办的学前教育专业本科“2+2”项目获安徽省教育厅批准并正式招生。

【引智工作】 新聘法语、韩语、葡萄牙语外教4人。通过安徽省“百人计划”聘请了一位高层次外国专家。组织外教参与全国“我最喜爱的外教”评选活动，俄语外教获得入围奖。

【孔子学院】 充分发挥我校查尔斯·达尔文大学孔子学院综合文化交流平台的作用，2014年有近50人次的人员往来互访。达尔文孔子学院工作受到所在大学和当地政府的高度认可，中方院长刘东合受到澳大利亚总理正式邀请，成为在澳孔子学院中唯一应邀出席习近平主席访澳晚宴的中方院长。

【中国·俄罗斯语言文化研究中心】 7月，学校党委书记顾家山一行访问了俄罗斯米宁大学，举行中俄两校共建“中国语言文化研究中心”揭牌。安徽省委书记张宝顺与下诺夫哥罗德州政府官员亲临该校出席仪式并为中心揭牌。10月，米宁大学校长费德洛夫率领代表团来校访问，出席了两校共建“俄罗斯语言文化研究中心”揭牌仪式并与我校王伦校长共同为中心揭牌。我校在国外大学首次建立了中国语言文化研究中心。

【外国语言文化培训中心】 6月，我校成立了外国语言文化培训中心。7月，中心完成我校访美教育代表一团20人的行前培训任务；12月，完成我校访美教育代表二团22人的行前培训任务。中心面向学校师生开设了葡萄牙语、韩语学习班，2014年共培训葡萄牙语班学员17人、韩语班学员10人，其中葡萄牙语班第一批培训10人、韩语班全体学员均已顺利结业。

【东南十一省(市、区)重点师范大学外事处长协作会】 11月7日，2014年东南十一省(市、区)重点师范大学外事处长协作会在我校召开，来自十所重点师范大学的外事部门负责人及部分工作人员参加会议。校长王伦出席会议并致辞。会议结合师范类院校外事工作特点、围绕外事工作中的重点和难点展开讨论，并举行了协作会会标交接仪式。

（外事办公室供稿）

（二）校友工作

【校友信息】 校友工作办公室按专业整理出不同届别近5万人的校友信息资料库，分地区梳理出共21个地区的校友信息表，提取出1 000余人的重点校友信息，并实时进行了更新。

【“梦想与传承”优秀校友论坛】 先后邀请了陈晓和、季昆森、卜宪群、韩斌等优秀校友做客“梦想与传承”优秀校友论坛，发挥榜样示范作用，传承师大精神，助力学子成才。

【杰出校友刘奇葆接见校领导】 5月20日，杰出校友刘奇葆接见了校党委书记顾家山一行，专门听取了我校建设发展情况，特别是省部共建、部校共建以及学校今后发展思路的汇报，刘奇葆就培育和践行社会主义核心价值观、继承和弘扬中华优秀传统文化、提高高校办学质量等作出重要指示。

【校友返校聚会】 积极为校友返校提供服务，全年共服务校友返校43批共2 708人。由校教育基金会提供资金支持，校友工作办公室首次设计并为返校校友提供了返校纪念品。

【校友通讯】 整理收集2014年度学校各个方面的发展讯息，编印了新一期的《校友通讯》，栏目设置有“今日师大”“校友论坛”“校友风采”“相约师大”“校友会动态”“品读师大”“校友文苑”等，向社会各界千余名校友寄送到位，向校友们报告了2014年度学校的前进与发展情况。

（校友办公室供稿）

（三）教育基金会工作

【概况】 2014年，安徽师范大学教育基金会严格按照国家相关法规和基金会《章程》开展工作，扩大对外宣传，加强对外联络，努力开拓善款募集渠道，积极开展各项公益爱心助学活动，安全有效运作基金，自觉接受社会监督。增设了“化学80春雨爱心基金”和“董子竹·臧宏国学研究基金”。2014年，基金会共接受各类捐赠合计180.56万元，公益支出合计153.87万元，年末基金余额1 895.84万元。

【接受捐赠与公益支出情况】 基金会接受各类捐赠合计180.56万元，包括宝文置业（安徽）有限公司捐赠85万元，深圳市精锐教育基金会捐赠35万元，芜湖正见建设有限公司捐赠20万元，其他单位和个人捐赠合计40.56万元。

基金会共开展了17项公益资助活动，公益支出合计153.87万元，包括学生奖助学金项目9项（资助学生959人，发放奖助学金103.3万元）、患大病学生医疗补助项目3项（资助患大病学生3人，每人1万元）、资助国旅学院青年教师培训项目1项、附属幼儿园“幼教师资素质拓展培训项目”1项，大学生暑期社会实践活动项目1项、校退教协“夕阳红敬老助老”项目1项、校青年交响乐团建设项目1项。

【学习交流】 基金会派员参加了中国社会组织联合会、安徽省民间组织管理局举办的“社会组织登记管理体制改革培训班”“在皖高校教育基金会首次联席会议”、全国高等教育学会财经工作分会举办的“高校教育基金会资金运作及财务管理专题研讨暑期培训班”“全国高等教育学会教育基金工作研究分会第十六次年会”，同兄弟单位基金会就新形势下做好基金会工作进行探讨和交流。

【重要活动】 2月25日，省人大常委会原主任孟富林，省人大常委会原副主任吴昌期、周本立，省企业联合会副会长李传银一行来校调研教育基金会工作情况，充分肯定了我校办学成就和教育基金会所取得的成绩，并就学校基金会下一步工作提出了建议。

5月14日，省人大常委会原副主任、省循环经济研究会会长、校教育基金会高级顾问、我校校友季昆森莅临我校教育基金会检查指导工作。

12月19日，基金会网站开通“在线捐赠”平台。

【安徽师范大学教育基金会组织机构】

名誉理事长：

黄　璜　全国政协原常委、安徽省委书记

王郁昭　中国扶贫基金会名誉会长、安徽省原省长

杨多良　全国政协外事委员会副主任、安徽省政协原主席

高级顾问：

吴昌期(驻会)　中国企业联合会执行副会长、安徽省人大原副主任

陆子修　安徽省人大原副主任

季昆森　安徽省人大原副主任

顾问：

杨新生　原校党委书记、安徽省委教育工委副书记

沈家仁　原校长、校党委书记、安徽省人大常委

丁万鼎　原校党委书记、校长

蒋玉珉　原校党委书记、校长

吴良仁　安徽省行政学院党委书记、安徽师范大学原党委书记

崔祖璜　世界华人华侨联合会副主席、陶行知教育基金会执行会长

张脉贤　省旅游局原局长、安徽师范大学兼职教授

陶光银　安徽省外事办公室(侨务办公室)原副主任、

李传银　安徽省企业联合会副会长、徽商交流协会副会长

夏望平　省委第五巡视组原组长、巢湖市委书记

张桂林　芜湖市人大原副主任

张亚平　安徽省民间组织管理局副局长

詹云超　安徽省地质矿产勘查局副局长

理事长(法人代表)：

高家保　安徽师范大学原党委副书记

副理事长：

李琳琦　安徽师范大学副校长

沈　洪　安徽师范大学校长助理

王大明　宝文置业(安徽)有限公司董事长

理事：

高家保　安徽师范大学原党委副书记

李琳琦　安徽师范大学副校长

沈　洪　安徽师范大学校长助理

王大明　宝文置业(安徽)有限公司董事长

俞士超　安徽师范大学继续教育学院原院长

傅乐义　安徽师范大学机关党委原书记

朱建彬　芜湖正见建设有限公司董事长

秘书长：

俞士超　安徽师范大学继续教育学院原院长

副秘书长：

傅乐义　安徽师范大学机关党委原书记

贡植斌　安徽师范大学体育学院原党委书记

何沛全　安徽师范大学继续教育学院原院长

监事：

丁育红　安徽省教育厅人事处副处长

陈文兵　安徽师范大学纪委副书记、监察处处长

法律顾问：

万尚庆　安徽师范大学法学院副教授、律师

公益慈善项目顾问：

罗本见　汪自云　张建民　汪继威

崔武梅　魏　萍　张建华

爱心助学项目代表

管必红　许瑞来　赵双喜

办事机构：

1. 办公室

主任　贡植斌(兼)

2. 资金管理部

部长　胡金戈(校财务处处长兼)

3. 项目资助部

部长　黄　强(校资产管理处处长兼)

(教育基金会供稿)

材料1:

2014年因公出国(境)人员统计表

姓名	性别	单位及职务	访问国家或地区	出访时间	出国(境)事由
高正礼	男	政治学院	德国	1月	培训
张更立	男	教科院	美国	3月	学术访问
余　鑫	男	音乐学院	美国	3月	学术访问
席玉宝	男	体育学院	美国	3月	学术访问
朱立冬	男	经管学院	美国	3月	学术访问
袁德水	男	体育学院	日本	3月	乒乓球交流
胡传志	男	研究生院	台湾	3月	学术会议
吴冬声	男	美术学院	澳大利亚	4月	学术访问
高　飞	男	美术学院	澳大利亚	4月	学术访问
范锡良	男	数计学院	英国	4月	学术访问
黄圣炯	男	外事办公室	美国	4月	交流访问
朱家存	男	教务处	美国	4月	交流访问
郑金泽	男	外国语学院	美国	4月	交流访问
石建平	男	物电学院	英国	4月	学术访问
王　伦	男	校长	俄罗斯、德国	4月	交流访问
刘和文	男	图书馆	新加坡	5月	学术会议
章　丽	男	图书馆	美国	5月	学术会议
杜　俊	男	外事办公室	美国	5月	交流访问
胡传志	男	研究生院	美国	5月	交流访问
葛明贵	男	教科院	美国	5月	交流访问
胡金戈	男	财务处	美国	5月	交流访问
聂竹明	男	教科院	美国	5月	交流访问
马陵合	男	经管学院	韩国	5月	学术会议
雷　震	男	体育学院	台湾	5月	学术交流
余　涛	男	体育学院	台湾	5月	学术交流
郝二红	男	化材学院	土耳其	6月	学术会议
焦莉娟	男	化材学院	土耳其	6月	学术会议
刘　鲲	男	信息管理中心	美国	6月	学术访问
吕　易	男	经管学院	澳大利亚	6月	学术访问
管玲玲	男	外国语学院	俄罗斯	6月	学生交流
方　群	男	数计学院	台湾	6月	学术交流
李汪根	男	数计学院	台湾	6月	学术交流
陈银珠	男	法学院教师	德国	7月	学术会议
高　超	男	国旅学院	韩国	7月	学术会议
王绍武	男	副校长	澳大利亚	7月	交流访问
程文海	男	信息管理中心	澳大利亚	7月	交流访问
曾黎明	男	发展规划处	澳大利亚	7月	交流访问

（续表）

姓名	性别	单位及职务	访问国家或地区	出访时间	出国（境）事由
陈秀庆	男	经管学院	澳大利亚	7月	交流访问
许　勇	男	教务处	澳大利亚	7月	交流访问
汪健萍	男	研究生院	台湾	7月	夏令营
宋　静	男	传媒学院	台湾	7月	夏令营
张　勇	男	文学院	香港	7月	学术会议
张　勇	男	文学院	台湾	7月	学术会议
顾家山	男	校党委书记	俄罗斯	7月	交流访问
余大芹	男	文学院	俄罗斯	7月	交流访问
吴世红	男	外国语学院	俄罗斯	7月	交流访问
沈　洪	男	学校办公室	俄罗斯	7月	交流访问
邱静娟	男	外国语学院	俄罗斯	7月	夏令营
黄圣炯	男	外事办公室	俄罗斯	7月	交流访问
罗永龙	男	数计学院	英国	8月	培训
方凤满	男	国旅学院	法国	8月	培训
陈明林	男	生科院	美国	8月	学术访问
曹卫东	男	国旅学院	英国	8月	学术访问
彭凤莲	男	法学院	韩国	8月	学术会议
焦华富	男	国旅学院	美国	8月	学习交流
汪俊武	男	人事处	美国	8月	学习交流
崔达送	男	文学院	美国	8月	学习交流
张正光	男	政治学院	美国	8月	学习交流
伍旭中	男	经管学院	美国	8月	学习交流
詹学军	男	美术学院	美国	8月	学习交流
辛治洋	男	教科院	美国	8月	学习交流
吴　玲	男	教科院	美国	8月	学习交流
詹　蓓	男	外国语学院	美国	8月	学习交流
王朝辉	男	国旅学院	美国	8月	学习交流
吴海龙	男	生科院	美国	8月	学习交流
周仁标	男	法学院	美国	8月	学习交流
周端明	男	经管学院	美国	8月	学习交流
徐　彬	男	历社学院	美国	8月	学习交流
雷　震	男	体育学院	美国	8月	学习交流
许凌虹	男	传媒学院	美国	8月	学习交流
方　群	男	数计学院	美国	8月	学习交流
牛　芳	男	体育学院	澳大利亚	9月	文体交流
王国凡	男	体育学院	澳大利亚	9月	文体交流
宣　宾	男	教科院	美国	9月	学术访问

（续表）

姓名	性别	单位及职务	访问国家或地区	出访时间	出国(境)事由
史国普	男	法学院	英国	9月	学术访问
赵建福	男	法学院	英国	9月	学术访问
周在莹	男	数计学院	美国	9月	学术访问
熊仲儒	男	文学院	香港	10月	学术会议
饶宏泉	男	文学院	香港	10月	学术会议
孙益民	男	化材学院	澳大利亚　新西兰	11月	交流访问
张宏梅	男	国旅学院	澳大利亚	11月	学术会议
卢　松	男	国旅学院	澳大利亚	11月	学术会议
高永周	男	政治学院	台湾	11月	学术访问
赵怀娟	男	历社学院	巴基斯坦	11月	学术会议
朱少华	男	外国语学院	俄罗斯	11月	交流访问
孙　亮	男	传媒学院	俄罗斯	11月	交流访问
姜　皖	男	传媒学院	俄罗斯	11月	交流访问
李琳琦	男	校党委副书记	俄罗斯	11月	交流访问

九、党建与管理工作

（一）党建与思想政治工作

【基层党组织建设】 制订出台《先进基层党组织、优秀共产党员、优秀党务工作者评选表彰办法》。开展《党政联席会议》执行情况检查。组织召开6次院级党组织主要负责人学习例会。受省委组织部和教育工委委托，制订了《安徽省关于进一步加强高校学生党员教育与管理服务工作的意见》。按照控制总量、优化结构、提高质量、发挥作用的要求，制订年度发展党员指导性计划，认真开展发展党员情况备案，首次开展发展学生党员工作专项检查。全面启动大学生党员培训工作，全年培训大学生党员2 305名、大学生入党积极分子2 713名，表彰优秀学员270人，评选2013—2014学年先进分党校10个。选派3名大学生党支部书记参加全省高校学生党支部书记示范培训班，举办全校大学生党支部书记培训班。做好党费收缴、管理、使用工作。完成2014届2 521名毕业生党员和500名新进师生的党组织关系转移工作。组织开展在职党员到社区报到为群众服务和慰问困难党员等工作。截至2014年底，学校共有25个院级党组织，其中院级党委21个、党总支1个、直属支部3个；党支部269个，其中教工党支部145个，学生党支部124个；共有党员6 078名，其中教工党员2 372名（含校直单位和后勤服务机构），占教工总数的53.6%，学生党员3 706名（含皖江学院），占学生总数的9.0%；年内发展教工党员29名、学生党员1 387名。

【干部队伍建设】 开展教育实践活动后续整改落实及"回头看"工作，对140项整改任务尚未全面完成的单位进行集中督查。开展"四风"突出问题专项整治，召开了校、院两级干部民主生活会，开展了《党政领导干部选拔任用工作条例》宣传教育活动，并承办省属高校中层领导人员选拔任用工作专题调研座谈会。做好处科级干部调整和选拔工作，推荐选拔7名处级干部，平级调整30名处级干部，完成9名科级干部跨单位交流，选派15名干部教师到地方党政机关和企事业单位挂职锻炼，考察推荐1名挂职干部到教育部任职。举办学习习近平总书记系列重要讲话和十八届三中、四中全会精神培训班，完成处级干部远程在线学习培训。选派干部教师参加上级调学调训38人次。做好处级干部个人事项集中申报、汇总上报和抽查核实工作。开展出国（境）证件自查工作。做好干部信息库日常维护、超职数配备干部专项检查、企业和社会团体兼（任）职，以及干部的任前谈话、工作交接、材料归档等工作。配合做好校领导班子及成员2013年度履职情况和学校选人用人情况民主评议、测评工作，做好学校领导班子及成员年度考核测评、干部选拔任用"一报告两评议"和2名厅级干部的推荐考察工作。完成23名处级干部试用期满（参照）和1名延长试用期满干部考核工作。组织开展处级领导班子和干部年度考核。做好2014届毕业生选调工作，全校25人被录用为安徽省选调生，录取人数占全省总数的13.8%，位居全省高校之首。

（撰稿：黄友生　审稿：季爱新、谢超峰）

【党风廉政建设】 坚持"标本兼治、综合治理、惩防并举、注重预防"的方针，以贯彻落实中央第二个惩治和预防腐败体系五年规划为抓手，深化作风建设，推进改革创新，加强监督检查，严明党的纪律，不断营造风清气正的校园环境。

党风廉政责任制建设。开展《中共安徽省委关于落实党风廉政建设党委主体责任和纪委监督责任的意见》学习，坚持“党委统一领导、党政齐抓共管、纪委组织协调、部门各负其责、依靠群众支持和参与”的党风廉政建设责任制领导体制和工作机制，推动党员领导干部切实履行“一岗双责”，牢固树立“抓好党风廉政建设是本职、抓不好党风廉政建设是失职、不抓党风廉政建设是渎职”的理念，按照学校党风廉政建设责任制实施办法要求，将党风廉政建设情况纳入单位年度绩效考核之中，加强日常性教育管理，确保责任制的刚性约束和“两个责任”的落实。

惩治与预防腐败体系建设。制订出台学校建立健全惩治和预防腐败体系暨建设廉洁校园实施办法，强化对权力运行的制约和监督，健全反腐倡廉责任分解和检查考核机制。畅通师生参与反腐倡廉建设的渠道，推荐7名专家参加芜湖市电视问政工作，听取广大师生员工对反腐倡廉建设的意见和建议，完成第四届党风党纪监督员、特邀监察员的聘任工作。

作风建设。按照“三严三实”的要求，贯彻落实中央“八项规定”和省委“三十条规定”精神，加强对《党政机关厉行节约反对浪费条例》执行情况的监督检查，核查省纪委暗访组督办的“疑似公款购买购物卡”“疑似节日期间公车私用”案例各1起。出台《关于贯彻落实改进工作作风、密切联系群众规定的实施办法》。加强对教育实践活动后续整改落实事项的集中督查，严肃整改纪律，确保整改任务有效落实。坚持“三项费用”(劳务费、包车费、招待费)年度支出统计报告和公开制度，对全校各部门、单位主要负责同志进行了集体谈话，并对各单位2013年“三项费用”支出情况进行书面通报。

重点环节监督工作。深化招生“阳光工程”，加强招生纪律教育，严格执行保密、回避等制度，完善特殊类型招生监管措施，抽调专职或兼职纪检人员全程监督全省音乐、美术、体育、研究生、高考网评、成人高考等各类招生考试及阅卷工作，查处各类违纪考生25人次。做好人才选拔的资格审查关和程序关，提高招聘工作的公信力。在经费使用监督方面，配合财务、审计、科研等部门开展科研经费的自查自纠，强化教育经费监管，完善相关管理制度。在招投标工作监督中，实施廉洁准入，要求投标企业必须提供检察机关开具的《无行贿犯罪记录查询证明》，对弄虚作假、串通投标的21家企业进行了查处，并限制学校市场三年准入。加强对教育培训、高校空调进校园、各类评比评审等工作的监督。组织开展了对2013年秋季以来学校教育收费行为的自查工作，对学前教育、义务教育、普通高中、高等教育等各级各类教育收费政策落实情况进行了全面自查，严格执行省物价部门核准的收费项目和收费标准，杜绝无证收费和违规收费行为。组织开展了经济合同履约情况专项检查。

查信办案工作。依纪依规办理群众来信来访来电，进一步完善信访情况通报和纪检监察建议书制度，协调有关部门妥善解决群众反映的相关问题。全年共办理各类信访41件(来信38件，来访3件)，其中上级主管部门转办9件，学校纪检监察部门直接受理32件。发出监督建议书6份，参与处理公共事件2起。运用教育部通报案例进行警示教育，贯彻落实上级部门关于规范办学的各项要求。根据省纪委和省教育纪工委的统一安排，开展案件质量检查工作，对2013—2014年发生的4起案件进行了认真自查。

廉政文化教育。抓好新任干部廉政谈话，五一、端午、中秋、国庆等节点，发送廉政短信，开展教育提醒，校纪委领导先后约谈干部22人次。组织开展廉政文化作品创作、征集等活动。邀请中国社会科学院历史研究所所长卜宪群研究员在校党委理论学习中心组(扩大)学习会上作了题为《以史为鉴，反腐倡廉》的专题辅导报告，编发《党风廉政建设学习材料汇编》，组织观看《四风之害》等警示教育片，举办学生党员纪律建设专题讲座，给学生党校培训班上廉政党课。

(撰稿：王俊恒　审稿：陈文兵)

【宣传与思想政治工作】 2014年，党委宣传部按照围绕中心、服务大局的要求，以学习宣传贯彻党的十八届三中、四中全会和习近平总书记系列重要讲话精神为主线，深入贯彻校第十次党代会精神，深化理论武装，强化舆论引导，推动文化荣校，服务内涵发展，努力为高水平大学建设提供有力的思想保证、精神动力和舆论支持。

新闻宣传工作。坚持正确舆论导向，强化新闻报道内涵。组织策划“聚焦两会”“深化教学改革”“学雷锋，在行动”“聚焦党代会”“省部共建”“部校共建”、聚焦“双十”工作、首个抗日战争胜利纪念日等16个专题宣传，撰写深度报道70余篇；紧扣学校中心工作，发表各类媒体稿件1 500多篇，中央媒体报道我校新闻21篇，实现中央媒体报道新突破，《经济日报》先后两次报道我校；策划采访了校友、中科院院士韩斌，奥运会冠军邓琳琳，留学生、女博士天娜等60多位校内外人士，宣传了“扬子鳄之父”陈碧辉、创业典型贺张、志愿服务典型陈媛、自强自立的新疆女孩古孜等先进典型20多人；开设“社会主义核心价值观”“校第十次党代会”专题网站，制作“感恩教师节”“校第十次党代会”专题视频，完成《身边的感动》典型人物合集编撰发行工作；审核发布学校新闻稿件2 500多篇，在安徽教育网发布新闻620条，首页显示102条；强化新媒体运用，开通新闻中心官方微博，师生关注度显著提升；发挥阵地育人作用，强化记者团、通讯员的业务培训，校记者团当选中国高校传媒联盟执行主席，系安徽省唯一当选高校媒体。记者团成员范雪作为记者团代表应团中央邀请赴韩国交流，记者团团长丁洁苒被评为省高校“十佳校园记者”，记者团成员撰写的十多篇作品先后荣获全国和省高校“好新闻”奖；校广播台不断创新节目制作形式，提高节目质量，贴近同学需求，制作各类专题节目10余个，努力做好学生和学校之间沟通的桥梁和纽带。校报报送的作品在全国以及安徽省高校各类新闻奖评比中荣获了10多项好新闻奖，其中中国高校校报好新闻评比奖选送的五件作品全部获奖，一等奖1项，二等奖一项，三等奖3项；安徽新闻奖和安徽省高校校报好新闻奖一等奖3项，2等奖3项，3等奖4项，获奖等级和数量位居全省高校前列；党委宣传部连续三年荣获2014年度教育事件和教育人物评选活动优秀组织奖。

思想政治工作。强化学习型党组织建设，坚持校党委中心组理论学习制度，选编学习辅导材料50多篇，发放各类政治理论学习读本2 000余册，开展校党委中心组组织集中学习8次，其中邀请卜宪群等专家作辅导报告4次；牵头组织召开安徽省思政研究会皖南片第26次年会，交流思想政治工作的经验和做法；组织实施了大学生思想政治教育工作自测自评，进一步加强和改进了我校大学生思想政治教育工作；开展社会主义核心价值观名师工作室申报工作，成功申报辅导员名师工作室2项，思政课名师工作室3项，获批数量和项目居全省前列；参加全省第二届大学生思想政治教育工作论坛征文评选，论文获全省一等奖；撰写思想政治教育工作特色做法《强化实践育人，打造升级版社会课堂》入选第二十三次全国高校党建工作会议交流材料；坚持报送舆情信息30多篇，2篇舆情获省委宣传部《舆情信息·专报》刊用，《安徽师范大学强化实践育人打造第三课堂》获2014年度好消息。

（撰稿：徐成进、王俊荣、袁黎平、叶荣国、郗强　审核：李裕鑫）

【**统战工作**】　学校民主党派组织健全，现有民革、民盟、民建、民进、农工党、致公党、九三学社等7个民主党派基层组织和无党派知识分子联谊会，其中党派成员296人，少数民族教职工27人，副处级以上职务的党外干部18人。民主党派中央委员1人，省人大常委1人，省政协委员12人（其中常委1人），市人大代表5人，市政协委员18人（其中常委6人）。在市级民主党派组织中，学校有2人担任主委（芜湖市政协副主席），2人担任副主委，1人担任芜湖市无党派知识分子联谊会副会长；学校现有省政府参事2人，省文史馆馆员2人。（材料1：安徽师范大学各民主党派、知联会基层组织情况）

统战主题教育实践活动。组织召开党外代表人士校情通报会和统一战线系统学习会，学习习近平总书记在中国人民政协会议成立65周年大会上的讲话和庆祝校第十次党代会报告；邀请博士生导师、国务院特殊津贴享受者、协商民主研究专家陶富源教授为统一战线系统作了题为“健全社会主义协商民主”的专题报告；组织开展“纪念人民政协成立65周年”和“我为学校发展建言献策”主题征文比赛；先后组织党外代表人士赴芜湖市鸠江区学习考察、赴合肥参观安徽省爱国主义教育基地——渡江战役纪念馆。

党外代表人士队伍建设。选派省人大常委、民革安师大支部主委李晋到芜湖市高新技术开发区管委会挂职并担任副主任；选送5名党外干部参加省、市社会主义学院党外干部的学习和培训；推荐彭凤莲、王自东进入安徽省统一战线梯队人才库。孙国正、崔执凤、彭凤莲和周守标等四人作为省级民主党派负责人后备人选；全年共发展党派新成员6名；完成省委督查组第六联合督查调研组来我校督查调研党外代表人士队伍建设工作，并组织召开"加强新形势下党外代表人士队伍建设"调研会。

统战工作规范化建设。配合省委统战部完成我校《党外代表人士情况统计表》；组织党外代表人士完成中央统战部党外知识分子网上问卷调查；完成党外知识分子、少数民族学生、学生信教状况等统一战线的基本信息采集工作，建立相关信息库。

统战实践活动及获奖情况。支持、协助、配合、服务各民主党派围绕主题，开展各具特色的主题教育实践活动；各民主党派成员向各级各类机构提交提案和建议100多条。民盟安师大委员会荣获民盟中央"先进基层组织"称号；民进安师大支部在2013—2014年民进中央开展的争先创优活动中，先后荣获"民进全国组织建设先进基层组织"和"民进全省组织建设先进基层组织"荣誉称号；民进安师大支部主委杨彬被评为"民进全省组织建设先进个人"。

民族宗教工作。继续开展芜湖高校大学生宗教信仰问题调研；深入学院宣讲《高校宗教渗透的成因分析及其应对策略》；协助芜湖市和我校相关单位，达成芜湖市宗教教职人员文化培训班在我校历社学院举办；与芜湖市弋江区开展校地"民族团结进步"共建活动，签订协议，明确共建的内容和方式，为我校民族工作争取到地方的经费和其他相关支持。

对外交流工作。参加上级组织举办的统战业务培训班、高校对台干部培训班、高校基层组织建设专题研讨班；华东师范大学统战部来我校开展访问交流活动；组织、选派两名学生代表安徽省高校大学生赴澳门参加第八届两岸四地青少年"民族心、中华情"演讲比赛，新闻与传播学院梁志宇勇摘桂冠，音乐学院王璐获"最具潜质演讲奖"和"优异奖"。

（撰稿：王方　审核：余国升）

材料1：

安徽师范大学各民主党派、知联会基层组织情况

党派名称	主委（会长）	副主委（副会长）	党派人数
民革安师大支部	李晋	汪安康	23人
		汪红诚	
民盟安师大委员会	李平	叶世勇	116人
		王国凡	
		凌善金	
民建安师大支部	许勇	孔庆洋	6人
民进安师大支部	杨彬	—	26人
农工党安师大支部	周守标	沈世培	25人
		孙继龙	
致公党安师大支部	马乃玉	殷晓斌	27人
九三学社安师大基层委员会	郑筱妍	杨高升	73人
		郑　艳	
校无党派知识分子联谊会	周晓光	刘　冰	23人

【校园文化建设】 坚持文化育人，弘扬师大精神，完成了学校校歌、校名、校徽、校训的版权注册登记，积极推进校园文化景观建设工作；联动学院、各部门力量，扎实推进学雷锋志愿服务活动常态化，挖掘典型人物教育资源，组织开展"安徽好人""心动安徽·最美人物"的评选推荐活动，先后推荐6人参加"安徽好人"的评选，其中陈媛获"芜湖好人"称号；依托学校优势学科，承担全省高校大学文化课题任务，牵头开展学校文化精神个案研究，完成安徽师范大学大学文化精神个案研究成果的撰写工作，组织专家撰写理论研究文章10余篇，成功申报大学文化精神校本专项课题，完成省文化建设专项研究课题一项；推进楼宇文化建设，定期对全校宣传栏进行检查评比，结合学校标识系统设计要求，完成社会主义核心价值观宣传标牌的设计和更换工作，全年共更换阅报栏报纸11 000多张，制作专题宣传展板180块；组织开展"中国梦·我的梦"师生书法作品征集评选活动，其中获评全省一等奖一名。

（撰稿：徐成进、王俊荣、袁黎平、叶荣国、郝强　审核：李裕鑫）

【团组织建设】 在校党委和上级团组织的正确领导下学校共青团组织不断发展壮大，目前，学校有17个学院分团委，511个团支部，22 047名团员青年，下设办公室、组织部、宣传部、社团部、素质拓展部等部门，下辖学生会、社团联合会、青年通讯社、大学生艺术团等学生组织。加强服务型团组织建设，不断提高共青团工作水平和服务能力。夯实基础团建，注重激发基层组织活力。做好团员发展、团组织关系转接及团费收缴、使用、管理等基础团务工作，做好团员民主评议、团内评优等工作，"青春导航"典型引路育人项目入围全国"基层团建创新典型案例征集展示活动"，3个基层团建项目在中国共产党新闻网上展播。拓展团建工作阵地。推进团委新媒体矩阵建设，规范优化官方微博、微信管理内容创作、栏目设计和运营，增强对青年学生的吸引凝聚和有效服务；以"与青春相伴、与时代同行、与信仰对话"为宗旨，改版推出师大青年网站，打造《向阳花》专题思想引领网络等阵地；学校入选团中央Myouth服务平台试点单位，团中央网络影视中心来校调研指导新媒体平台试点工作。以"学习型、研究型、创新型、务实型、廉洁型"为目标，坚持民主集中制，坚持团委中心组学习制度，坚持在学习中锤炼党性，做到自省自律。配合党委组织部分别选派李古州、王虹圆到团中央志工部和芜湖市人社局挂职锻炼，选派2名团干部参加团中央业务培训班学习。设立青年成长专项基金，支持团学骨干外出学习调研。开展校园文化研究中心工作，做好校级团建研究项目的申报、立项、结题工作。

（撰稿：井方明　审稿：张园园）

（二）发展规划工作

【校友工作】 安徽师范大学校友会（英文译名：Alumni Association of Anhui Normal University，简称AAOANU）注册成立于2008年，为我校校友自愿结成的联合性、学术性、非营利性社会团体。校友会成立以来一直以服务校友、服务学校的改革和发展为工作目标，以增强校友之间及校友与母校的联系为主要工作内容，广泛团结和联络海内外校友，增强校友对于母校的向心力，传达母校对于校友的关心和关注。近年来，建立了以学校校友会、学院校友分会、各地校友联谊会为基本架构的校友工作组织体系。安徽师范大学校友工作办公室承担校友会秘书处日常工作，一年来，按专业整理出不同届别近5万人的校友信息资料库，分地区梳理出共21个地区的校友信息表，提取出1 000余人的重点校友信息，并实时更新。编印了《校友通讯》，其中包含的"今日师大""校友论坛""校友风采""相约师大""校友会动态""品读师大""校友文苑"等栏目，并向社会各界千余名校友寄送。全年共服务校友返校43批共2 708人。

【杰出校友刘奇葆接见校领导】 2014年5月20日，杰出校友刘奇葆（我校1974届历史系杰出校友、中共中央政治局委员、中央书记处书记、中宣部部长）接见校党委书记顾家山一行。专门听取了我校建设发展情况，特别是省部共建、部校共建以及学校今后的发展思路等情况的汇报，并就培育和践行社会主义核心价值观、继承和弘扬中华优秀传统文化、提高高校办学质量等作出重要指示。

【“梦想与传承”优秀校友论坛】 “梦想与传承”优秀校友论坛先后邀请了知名校友陈晓和（1981届校友，上海财经大学国防经济学研究中心主任，国防经济学科带头人，博士生导师，“浦东新区科学技术委员会专家库”备选专家）、季昆森（1964届数学教育专业校友，安徽省人大常委会九届、十届副主任，第二届中华环境奖获得者，现任安徽省循环经济研究院院长，安徽省循环经济研究会会长，复旦大学城市生态规划与设计研究中心高级顾问）、卜宪群（1984届历史系校友，现任中国社会科学院历史研究所所长，研究员、教授、博士生导师，中国秦汉史研究会副会长兼秘书长）、韩斌（1985届生物教育专业校友，中国科学院院士）做客论坛与广大师生交流。

【其他工作】 作为2014年度“振兴计划”项目申报的牵头单位，注重加强申报过程的统筹协调工作，共组织申报振兴计划中教学与科研类项目85项，撰写了《安徽师范大学2014年振兴计划实施进展报告》。发挥决策咨询和发展信息服务工作，根据高教发展的热点和重点问题，分专题共编印了9期《高教动态》。参加了长三角教师教育联盟。

（发展规划处供稿）

（三）人事管理工作

【概况】 2014年，学校人事工作着力深化体制改革，积极推进校院两级管理。先后出台了《校院两级人事管理工作实施细则》《人才引进专项经费管理办法（试行）》和《培养培训经费管理暂行办法（试行）》等相关制度，完善学院内部治理结构，进一步健全完善学院人事人才工作的规章制度和运行机制，逐步扩大学院在教师引进、培养、设岗、聘任、考核、激励等方面的自主权。截至12月31日，我校在编教职工2 504人，人事代理72人，劳务代理24人，合同用工244人，离退休1 396人。

2014年，学校圆满完成年度单位绩效和教职工年度考核工作。启动了教职工参加社会医疗保险工作，参保工作稳步有序推进。完善绩效津贴分配办法，制订出台了《教职工校内劳务费发放管理办法》《校内专项经费发放教职工劳务费实施细则》，规范校内专项经费发放教职工劳务费秩序，办理和兑现各类人员工资变动3 388人次，办理合同工社保538余人次，吊唁27名去世职工，办理了83名遗属补助调标及补发，调整64名离休人员护理费标准，完成工资报批库信息建设。进一步清理、规范编外人员用工，整理备案合同工用工信息142条、劳动合同书189份。

【人才引进和稳定工作】 落实人才引进政策，将柔性引进和全职引进相结合，柔性引进胡云腾、张恒山、史际春、顾江、翟磊、陈刚、许岳慷、孙志华、丁晓波、张吉等10名高层次人才，全职引进高层次人才6人，其中，教授1人，副教授1人。签订了聘期目标任务书，围绕学校优势学科和特色学科，全力推进高端科研团队建设。认真落实2014年进人计划，通过全国人才网、高校人才招聘网及国内近百所985和211院校毕业生就业信息网发布人才招聘信息，组织参加多场人才招聘会，共收到网上求职材料2 609份，考核435人次，新进人员114人。其中引进博士44人，是2013年的2倍。科学编制了2015年进人计划，进一步规范计划论证程序，学院进人计划均经学院专业教师集体讨论、学院教授委员会论证和党政联席会议审定后上报，学校组织专家审核论证，最终由学校党委常委会研究确定。

及时兑现博士安家费和购房补贴、15位“高端平台特聘教授”人才经费。出台《博士科研启动金管理办法》，提高博士科研启动金，改变了资助形式，实现以资金一次性资助为项目立项资助的转变。学校积极与省、市有关单位沟通协调，解决高层次人才配偶安置问题，争取芜湖市人才引进政策，申请44名博士人才补贴、3名博士配偶工作安置，落实了30位新进毕业生享受芜湖市保险补贴。同时，在校内安置5名博士配偶工作。

【人才项目申报工作】 成功申报提升计划项目3项，资助金额1 000万元；振兴计划领军团队1个、领军人才1人、省学术技术带头人培养资助8人、优秀青年人才支持计划5人，资助金额合计438.7万元。同时积极做好各类人才推荐评选工作，推荐长江学者候选人3人、“万人计划”人选3人、百千万人才国家级人选3人、百人计划后备人选2人、省突出人才贡献奖人选1人、省学术技术带头人及后备人选57人(获批17人)、省学术技术带头人及后备人选资助12人(获批5人)、拔尖人才6人，青年英才6人、知识产权专家2人、教育专家2人、信息化专家6人、企业管理专家2人。获批政府特殊津贴1人、留学人员回国资助1人。

【博士后工作】 新招收1名博士进站，1名博士出站，组织4名在站博士申报国家和省博士后基金，获批省级资助项目1项。获批省拨建站工作经费10万元。积极组队参加全国博士后网球赛和羽毛球赛。

【人事档案工作】 收集归档各类材料5 600余份，整理装订档案196卷，转寄档案19卷，收到档案92卷，完善2013年退休人员档案54卷，移交档案馆去世人员档案108卷，档案利用500余人次。更换了全校干部人事档案临时袋。采集4 216名在职和退休教职工28 791条基础信息采集工作，完成人社厅高校教职工基础信息采集工作。

(人事处供稿)

(四)财务与审计工作

【财务工作】 收支情况。2014年，我校财务总收入9.87亿元。一是正常经费拨款27 586.9万元；二是专项经费拨款34 113.9万元；学校事业收入29 950.3万元，其中学费、住宿费收入15 011.2万元，科研经费2 907.0万元，其他收入6 002.9万元。总支出9.23亿元。一是加大民生支出，其中工资支出20 719.7万元，离退休人员支出7 165.2万元，津贴支出7 500万元，学生奖助学金支出3 611.7万元等。2014年，校内津贴净增加1 000万元左右，公积金净增加支出1 150.6万元。二是加大教学支出力度。三是加大专项经费支出力度，全年共投入34 113.9万元。四是加强科研经费支出管理。五是进一步压缩消耗性支出力度，其中招待费下降44%、公务用车费下降16%。截至2014年12月31日，我校资产按新的会计制度统计，总计18.7亿元，其中：固定资产原价18.2亿元，已提折旧10.3亿元，净值7.9亿元。银行负债1.68亿元，净资产总计13.5亿元。

专项改革工作。1. 深化预算改革。一方面，在进一步推进“零基预算”的基础上，强化了预算经费和工作任务密切挂钩的理念；另一方面，推进校院两级管理体制改革。取消了部门下达经费的模式，代之以学校直接赋予学院对所有经费的预算编制权，努力发挥学院办学的自主权和能动性。2. 进一步完善了“网上报销系统”。

资金管理。全年集中调度资金进出两百余次，在确保资金安全的情况下，实际操作购买理财产品100余笔，累计调度资金97 500万元，全年实现理财收益达500万元，较2013年增长215万元，增幅75%。连续三年超额完成了本届财务理财收益的目标任务。

债务管理。实施全校资金统筹后，偿还银行贷款5 100万元，年均节约利息支出350万元，我校债务余额由2013年底的29 100万元降至2014年底的16 800万元。

预决算管理。按照“促发展，重统筹，讲绩效”的原则，进一步细化了年度预算，一是根据省财政预算管理体制改革的相关要求，结合学校实际，进一步加强学校的预算管理工作，提高学校资金投入的有效性和科学性。努力提高预算的执行力和约束力，维护预算的严肃性，除部分政府采购预算需跨年度支付外，预算拨款和上缴的非税收入全部执行完毕，再次实现预算收支顺差；二是按照省财政厅和教育厅的要求，按时完成了2013年决算编制和2015年的预算编制等工作；三是开始实施校院两级预算管理体制改革，提高学院预算管理的能动性和积极性；四是2015年的校内预算编制“提速”，11月份开始启动并完成校内预算草案的编制工作，从而为2015年预算的执行工作打下了坚实的基础。

收费管理。严格执行国家各项收费政策，按照相关规定收费。执行收费报批和许可证制度。严格执行教育收费公示制度，将经有关部门审核批准的收费项目和标准制成公告牌在收费的办公场所、校园网络和招生简章上向学生和社会公示。主动接受学生、家长和社会的监督。认真完成年度各项学杂费收缴工作，实现2013—2014学年度零欠费，无一人欠费。收缴2014—2015学年学杂费1.63亿元，缴交率达到99.65%。为方便、快捷、安全进行各类收费项目的收缴工作，与相关银行合作，成功开发了网上校园统一支付平台，于2013年底正式开通投入运行以来，收费金额达547.13万元。进一步完善了多项功能，如英语四六级在线报名缴费、校园卡网上充值和校园网络分担费网上充值平台均正式投入使用，大大方便了广大学生和教职工的各种业务缴费。配合学生处做好学生助学贷款工作，整理助学贷款到帐情况、助学贷款发放和助学贷款扣缴学费等。

（财务处供稿）

【审计工作】 经济责任审计。完成了5位处级领导干部任中经济责任审计工作，审计涉及金额1.94亿元，发现问题并提出意见建议18条；及时完成了皖江学院、附属中学等2位离任处级领导干部、法人代表的经济责任审计，保证了两单位的事业法人证书顺利换发工作，审计金额3.82亿元，提出意见建议9条；开展6位离任处级领导干部经济责任审计工作，目前已完成审计底稿，正处于底稿签证阶段，本学期完成全部审计工作；完成5位处级领导干部经济责任审计结果的公开工作，并派出人员参加了安徽医科大学和安徽工程大学原校长离任经济责任审计。

项目造价审计。完成基建维修项目造价审计133项，审计资金总额8 576.72万元，审计核减927.13万元，核减率10.81%，其中内审核减853.40万元，核减率9.95%，外审核减73.73万元，核减率0.86%。

财务收支审计。完成花津校区秋实园B3－6#学生公寓项目全过程审计，审计金额5 506.09万元，发现管理不规范资金82.37万元，挽回经济损失1.38万元，从勘察设计、招标、合同签订和执行、工程管理、会计核算等方面，提出审计建议28条。完成师源物业公司2011年4月至2014年11月财务收支审计，发现管理不规范资金14万余元，违规资金1.59万元。

（审计处供稿）

（五）资产管理工作

【招标采购】 2014年招标采购总额1.5亿，完成了5 400万元的振兴计划等财政性资金政府采购预算采购任务，完成空调进高校项目的各类采购工作，合同总金额达6 800多万元。

【房地产管理】 2014年全面完成了新进教职工的住房安排工作，全年安排入住93户，退房116户，收缴租金90多万元。完成了公共用房CAD图纸制作工作，绘制出143栋建筑物共计691层合计80.5万m^2的公共用房平面图，占现有建筑总面积的95%。制订了行政办公用房调整方案，完成了机关办公用房的调整工作。完成了多媒体教室设备控制柜升级改造工作。

【经营性资产管理】 2014年对老校区的门面房出租协议进行了全面完善，改变了以往出租协议是与个人签订的情况，全部实现了签约对象企业注册制，进一步明确了责任主体，固化了管理程序和模式。对新校区的经营网点布局进行了整合，对分布于学生宿舍楼内的经营网点予以逐步取消。同时对人防进行了全新的整治，新建的人防商业网点实现了升级改造。全年资产经营收入达1 400万元。

【固定资产管理】 制订了固定资产清查工

作方案，通过此次资产清查，对全校固定资产的状况进行了详细的摸排，清查工作于10月份结束。

【服务保障】 改版了资产管理网页，增设了互动交流平台。深入一线调研，及时掌握第一手情况，统筹调用各种资源，及时解决了校内各单位的建设需求。

（资产管理处供稿）

（六）后勤管理与服务

【美丽校园建设】 按照整体设计、突出重点、分步实施的原则，做好校园绿化、美化、亮化工作。完成花津校区北门和赭山校区东门等绿化工程8项，整理美术学院南侧等荒地5万余平方米，配合做好菜地清理和绿植恢复。完成两个校区道路整修建设3 000余平方米，在美化校园的同时推动了人车分行。做好综合治理工作，组织开展毁绿种菜、乱倒建筑垃圾等专项清理活动。

【节约校园建设】 坚持管理节能与技术节能、宣传教育与行为引导、专项改造与源头控制相结合，做好节水、节电、节气、节材等工作。特别是抓好节能专项建设，连续四年申请获得全省节能示范项目，推进照明节能管理取得明显成效。我校同时获得全国和安徽省"第一批节约型公共机构示范单位"称号。

【"空调进校园"工程】 制订具体实施方案，认真做好线路改造、电网扩容、空调安装等工作。通过全方位现场监管、每周一次工程监理例会、每半月一次工程进展汇报、工程竣工集中验收整改等方式，确保工程施工质量。此项工程实现花津校区新增电力容量9 025kVA，赭山校区新增电力容量2 800kVA，对8 245间宿舍、600间教室和实验室、8个食堂就餐大厅进行线路改造，安装空调9 442台。

【维修工作】 按照围绕育人中心、涉及安全优先的原则，完成各类维修项目600余项，其中两校区图书馆、运动场、学院教室等专项维修改造项目45余项，应急性抢修33次，零星维修526项，专项维修比去年增长96%，完成赭山校区荷花塘栏杆新建、赭山校区东操场围栏加固、花津校区敬文图书馆钢化玻璃等涉及师生安全项目10余项。配合9个单位开展工程询价和工程监管22项。全年共组织118个工程项目进行审计前初审，送审金额共1 469.5万元。

【绿化保洁】 做好绿化日常养护工作，对两个校区行道树、路边绿篱等进行整修补种，全年修剪草坪388万平方米、树木2 000余棵，补植树木与苗木12万余株，补植及更新草坪8 000余平方米，整理荒地5万余平方米，清理蚁巢等20余处，对古树名木进行立牌保护。做好校园日常保洁工作，强化卫生保洁巡查制度。两校区本年度共清扫保洁面积累计达4亿平方米。

【水电保障】 做好水电管线、设备等日常检修养护工作，全年赭山校区零星水电维修共6378件次，抢修电线电缆线路3件次，抢修大的漏水点5处，抢修水泵房控制柜6件次；花津校区零星水电维修468件次，线路检修92次，应急抢修水管7处，处理各种跑冒滴漏24次。进一步加大水电费回收力度，全年回收合计716万元。做好学校重大活动的电力保障工作。

【餐饮保障】 打造阳光食堂、透明厨房，对食堂环境进行整体改造，增加电视机、免费WiFi等文化服务设施，开展了"光盘行动""推荐我的家乡菜"等学生参与的文化活动，实施了"餐厅环境卫生月"活动，开设了"爱心馒头"供应窗口，提供"免费汤"，根据餐饮服务意见簿等师生意见建议加强员工培训。省委常委、宣传部长曹征海参观了学生食堂并就餐，对我校学生餐饮工作给予充分肯定。

【物业监管】 通过省政府采购中心完成新一轮物业单位招标与合同签订工作，并实现承接单位的顺利交接。组建新的物业监管队伍，制订物业监管工作办法和监管人员工作职责，成立学生公寓管理委员会，分校区建立物业服务中心，受理网络报修信息2万余条，实现物业管理服务全程全方位监管和考核。做好两个校区1 845间新生宿舍维修出新和安排工作，做好新生卧具采购、发放等工作。做好九华山公寓、留学生公寓及花津校区部分公共楼宇的物业服务工作。完成公共楼宇和学生公寓便民服务物品采购配置工作。

【经营服务】 完成花津校区师资培训服务中心建设和营业准备工作，完成赭山校区五四堂维修改造，规划建设食堂三楼特色餐厅，同步做好服务人员培训和运行管理规范工作。印刷厂完成了《辅导员学刊》《文科学报》《学语文》《中学生化学》等10余个校内外刊物排版、印刷任务，没有出现一次印刷质量事故。完成花津校区文化服务超市建设工作和所有超市的自动化售卖改造工作，超市服务能力有了较大提升。推进校友纪念品、文化用品等文化服务项目。中医药高专、附小等食堂经营管理更加规范有序。

【承办全省高校后勤专项会议】 承办2014年度全省高校学生公寓管理人员培训、第二届安徽省高校学生公寓管理服务人员演讲比赛、省高校后勤协会餐饮专业委员会皖南片工作交流会等专项会议和活动3次，全省58所高校共140余名代表参会。

【其他工作】 加强交通班车管理，合理设置班车运行次数，提高班车司机服务质量。加强爱卫会工作，定期开展灭蟑灭鼠等活动，做好卫生宣传教育工作，组织好5 400余名本科生学生劳动实践课。做好后勤相关安全教育管理工作，强化卫生质量监管。推进后勤文化建设，改版推出新的后勤服务网，分工会开展三八妇女节趣味运动会等文化活动。

（撰稿：张正重　审稿：傅绪中）

（七）信息化建设与管理

【基础数据平台建设】 1月14日，《安徽师范大学信息编码标准与规范——公共分册》的发布，标志着学校信息标准建设全面启动并取得初步成效；2月至12月，先后完成了人事管理系统、教务管理系统、行政办公系统、校园卡系统、科研管理系统、图书馆管理系统6个系统的数据、身份认证和信息门户集成工作，占集成工作总量的三分之二，基础数据库核心有效数据表总量达到155张，表数据达到5GB，数据交换平台月交换数据量约1GB。在集成过程中，帮助人事和财务部门调整了工资号（职工号）的编订流程，帮助科研和财务部门理顺了科研项目经费管理相关数据，帮助资产和财务部门理清了资产登记和财务报销的对帐需求。12月2日，学校校园信息门户上线试运行，标志着基础数据库、数据交换平台、统一身份认证平台和信息门户框架建设工作基本完成。12月，完成了新版电子政务平台和电子邮件系统的采购工作。

【校园网络建设】 全面推进校园无线网（WLAN）建设，1月完成赭山、花津校区办公区域的无线覆盖，6月完成教学区域覆盖；年底无线入网用户数已达9 510（移动终端数13 490）。本年度1月完成核心设备升级，实现万兆互联；8月完成出口设备的升级改造，为未来拓展出口带宽创造了条件；校园网中国联通出口由500M扩展到800M，使得总出口达到1 600M；12月网络分担费实现网上在线充值，拓展了用户的交费途径。为满足空调进校园用电管理、录播教室、一卡通等特殊联网设备的接入需求，开展专网（线）建设，本年度建立专线130多条。

【校园云计算平台建设】 截至12月31日，学校虚拟化服务器资源池的CPU核心数为152个，总内存1.16TB，存储总量408TB，投入使用的虚拟机达到131台。虚拟化平台连通了中国电信、中国联通、中国移动、财务专网、无纸化考试专网、标准化考场专网、建设银行专网等业务网络，服务面进一步拓宽。9月至10月采购部署了虚拟化系统安全软件，增强了虚拟化平台的安全性。

【校园卡系统建设】 今年校园卡系统建设完成了多项重要工作。3月20日实现校园卡网上充值功能，全体师生员工都能通过校园统一收费平台完成校园卡网上充值；5月完成了校园卡系统与教务处成绩自助打印系统的对接工作；6月19日中国农业银行校园卡圈存系统建成并投入运行，加上2011年上线的中国建设银行校园卡圈存系统，已全面具备无现金充值的条件；8月16日完成了皖江学院校园一卡通系统的建设工作，至此，校园卡系统实现了赭山校区、花津校区、皖江学院的全覆盖。12月完成了校园卡系统和基础数据平台的对接，实现了校园卡消费记录的在线查询功能。

（信息管理中心供稿）

（八）基建工作

【实习实训中心项目建设】 1月21日，学校与芜湖市重点工程建设局签订代建协议，明确双方的主要职责、权利义务及运作机制；1月22日，经4次修改完善的实习实训中心初步设计，通过了省发改委设计审查处的审查；3月20日，安徽省招标集团组织专家评审，确定施工单位由浙江八达集团公司中标，监理单位由安徽省监理公司中标；4月25日，项目顺利开工；截至12月，A1区（化材实验中心）264套桩基施工完成，A2区（物电实验中心）五层主体结构封顶，B区（工科实训中心）四层主体结构封顶。

【启动文科综合大楼项目建设】 4月11日，学校成立了文科综合大楼项目建设领导组，并明确由发展规划处、人事处、财务处、资产管理处、审计处、基建处、后勤管理处、办公室等单位组成文科大楼功能论证小组，进行广泛论证，并拟定了《文科综合大楼建设前期论证工作方案》；12月，学校再次召开文科综合大楼建设领导组会议，决定在外出调研、内部摸底、征求意见的基础上，科学制订建设方案。

【文津花园工作】 1月23日，芜湖市城市房屋综合开发管理办公室批准同意文津花园小区综合竣工验收备案。5月开始，全面启动文津花园物业管理移交工作；7月1日，文津花园物业管理工作交由业主委员会监管。

（基建处供稿）

（九）安全保卫工作

【消防安全工作】 加强消防安全隐患排查与整治，学校保卫部门定期对学生公寓、食堂、图书馆、电子阅览室等人员密集场所开展消防安全检查，特别是加大对重点部位和重大活动场所的检查力度。4月，关闭赭山校区存在网络安全与消防安全隐患的电子阅览室2处；12月，协助图书馆解决赭山、花津两校区图书馆火灾报警系统维护与更新问题；同时，集中整治学生公寓违规使用大功率电器现象。认真做好消防设施维护工作，2014年赭山、花津两校区新增灭火器150只，新增灭火器箱15个，灭火器换粉1 249只，更换灭火器箱4个，更换室内消防栓箱玻璃59块，维修消防栓箱铝合金门套3个，更换水带324盘，补齐水枪11只，维修安全指示灯240只。

【交通安全管理】 贯彻执行《安徽师范大学校园道路交通安全管理办法》和《安徽师范大学赭山校区交通安全管理暂行办法》，出台了《关于调整〈安徽师范大学赭山校区机动车辆收费办法（试行）〉部分规定的通知》，认真做好外来机动车辆出入校园管理工作。同时，还在花津校区教学楼、学生宿舍区域增设车辆减速带和禁行隔离柱，有效预防了校园交通事故的发生。

【综合治理工作】 2014年6月，聘请保安公司驻校清理，彻底清除赭山校区存在多年的违规摆摊设点现象；10月份，彻底清理花津校区周边居民放牧现象；拆除赭山校区违章搭建房屋2处；11月份，阶段性解决花津校区西大门食品卫生和交通安全隐患；12月份，彻底根治赭山、花津两校区毁绿种植问题；并且继续对校园内无主流浪狗进行集中整治，有效防止了流浪狗伤人事件的发生。认真细致做好矛盾纠纷疏导化解工作，4月份，妥善处理经管学院学生非正常死亡事件；全年及时处置和化解各类矛盾纠纷18起。

【户籍管理工作】 认真做好户籍管理工作，2014年共完成本科毕业生、硕（博）士研究生

1 217人的户口迁移改派工作；录入2014级本科生、硕(博)士研究生户籍1 628人次；录入实有人口6 864人次；户政服务3 003人次。

【安全教育与检查】 为了进一步增强在校大学生安全意识和法制观念，学校保卫处举办大学生安全知识讲座达23场次，利用宣传栏举办各类安全知识图片展8次，利用校园网络平台发布各类案情预警信息7期，教育学生提高安全防范意识，时时处处注意防火、防盗、防骗、防人身侵害，学会冷静对待网络、手机、就业等信息，谨防误入各类诈骗圈套、传销陷阱以及各类邪教组织；同时，为了提高广大师生员工在遇到地震、火灾等突发事件时的避险自救能力，学校保卫处先后于2014年5月、6月、9月、11月、12月在赭山、花津两校区开展防震、防火安全知识培训(演练)10场次。2014年，我校申报的《持续开展应急预案演练　不断提高疏散逃生技能》荣获安徽省第二届平安校园建设优秀成果一等奖。

学校认真贯彻“预防为主、单位负责、突出重点、保障安全”的方针，坚持日巡查、月普检和重大事件通报制度，坚持重点部位安全检查与节假日或重大活动期间安全大检查相结合，坚持学校检查与单位自查相结合，发现安全隐患，及时提出整改意见和防范措施。2014年共整改安全隐患10处，有力保护了学校师生生命与财产安全。

【安全防范工作】 2014年，学校保卫处继续加强对校区物业公司的契约化管理力度，与在赭山、花津两个校区公共楼宇和学生宿舍提供物业服务的3家公司单独签订了《安徽师范大学校园物业服务安全工作责任合同》，进一步明确物业公司在校园安全保障方面的工作任务和相关责任，加强了业务监管和违约处罚力度，确保物业公司安全服务保质保量，并建立了两个校区物业公司安保服务监督与业务指导三级管理模式：“日检查制度、周报告制度、月度例会制度。”通过日常巡查和分层次、分项目有针对性检查，及时发现问题，堵塞安全漏洞。学校保卫处在赭山、花津校区实行固定值守与流动巡逻相结合的安全防范制度，有效预防了各类案件发生；组建学生安全员队伍，在校园内开展防范巡逻工作。2014年，赭山、花津两校区共接出警112次，利用各种措施抓获各类违法犯罪嫌疑人14人。

(撰稿：冯涛　审核：孙成岗)

(十)离退休工作

【离休支部工作】 根据省委老干部局和学校有关文件精神，立足离休干部工作实际，集中学习十八大、十八届四中全会和习近平总书记系列重要讲话精神，提高离休干部思想认识。加强“两项建设”，发挥支部作用。鼓励离休干部在家自学，为每位离休干部订阅了《大江晚报》和《开心老年》。

【关工委工作】 全面开展“老少同心共筑中国梦”主题教育活动。校关工委把“践行社会主义核心价值观，老少同心共筑中国梦”的主题教育活动作为全年工作重点。参与指导全国大学生百优社团。二级关工委联合学院团委、分党校组织召开“老少共话中国梦”座谈会，开展“自强之星”评选等活动。联合学生处、校团委，在全校大学生中开展了“我们的美丽‘中国梦’文艺作品征集”活动。在今年学雷锋活动月和五四青年节期间，开展了“我为党旗添光彩”“放飞美丽中国梦”“绿色论坛”等主题演讲活动。组织开展“净化、绿化、美化”校园活动，开展“三爱”“三节”活动。以邓小平诞辰110周年、中国人民抗日战争胜利69周年、甲午战争120周年为契机，在一年级本科生中大力开展以爱国主义为核心的民族精神和以改革创新为核心的时代精神教育。积极参与教育部关工委组织开展的工作品牌案例征集活动。修订了《关工委工作条例》，出台了校关工委内设机构《工作职责》，制订了《“双创建”活动实施方案》，确立了“五型”关工委建设目标和“五项”工作制度。发挥老同志“传、帮、带”作用，围绕青年教师培养，召开青年教师座谈会。成功举办了东南十一省(市、区)属重点师范大学关工委协作会。

【退教协工作】 充分发挥校退教协作用，开展多种类型的文体活动。组织开展了全校离退休女教职工庆祝三八妇女节游艺活动；选派代表队参加了芜湖市男女气排球、门球比赛；举办了第四届象棋比赛、首届扑克牌掼蛋比赛；赴合肥参加了省第九届老年气排球比赛，获“体育道德风尚奖”；开展了全民健身日系列活动，组织开展了健身走、太极拳、柔力球、气排球、太极剑、舞蹈、门球等活动；组织开展了庆祝第二个老年节（重阳节）活动；为八十岁老同志集体祝寿，在弋矶山医院干部病房为100岁离休干部吕炯祝寿。组织开展了庆祝新中国成立65周年系列活动：第四届竞技麻将比赛、第四届男（女）乒乓球单打比赛、离退休教职工书画摄影展，组织了一场文艺演唱会。组队参加了芜湖市第七届老干部麻将比赛，获男子团体第一和女子团体第三名，个人第一和第二名。组织编印了第一期《安师大退教协通讯》。鼓励离退休老同志到芜湖市老年大学学习。

（离退休工作处供稿）

（十一）教代会、工会工作

【教代会工作】 切实履行教代会职能，不断深化“二级教代会”内涵建设，积极参与校院两级民主管理和校务、院务公开。在全面建立“二级教代会”制度的基础上，坚持二级教代会年会制度。本学年，全校共有20个分工会先后召开了“二级教代会”年会，体育学院召开了二级教代会暨工代会换届大会。学校党政高度重视民主政治建设，明确要求各学院各单位年终津贴分配方案等重大事项必须经过二级教代会审议通过。会上，各学院教代会代表审议通过了《院长工作报告》《学院经费使用情况报告》《二级教代会工会工作报告》《学院年终津贴分配方案》，一些学院在年会上还专题讨论了涉及学院建设发展的管理办法。会议分别就学院工作报告、领导班子任期目标、年终津贴分配方案、相关规章制度等进行了认真讨论，结合学院自身的实际情况，集思广益，提出了许多积极的意见和建议。各学院“二级教代会”执委会按照闭会期间工作规程，积极开展工作，配合学院党政不断推进民主建设，切实履行民主管理和监督职能。

【召开了七届教代会执委会第十一、十二次会议】 3月13日下午，校第七届教代会执委会在花津校区行政楼会议室召开第11次会议，听取了校财务处关于2014年学校经费预算编制情况的报告以及补充说明。讨论审议了学校2014年经费预算方案（草案）。

10月29日下午，召开了第七届教代会执委会第12次会议，讨论审议《安徽师范大学章程（草案）》。校纪委书记、第七届教代会执委会主任程度，副校长王绍武出席会议并讲话，第七届教代会执委会委员参加了会议，会议由程度主持，对《章程（草案）》不断完善提出修改意见和建议，会议审议通过了《安徽师范大学章程（草案）》。

【校工会工作】 校工会坚持以党的十八大、十八届四中全会和全总十六大精神为指导，全面贯彻落实科学发展观，团结动员广大教职工，围绕中心，服务大局，认真履职：

“职工小家”建设。7月，学校又组织了第二批“职工小家”考评验收。教育科学学院获得校级“模范职工小家”荣誉称号；法学院、体育学院、新闻与传播学院、物理与电子信息学院、环境科学与工程学院、附属小学分别获得校级“先进职工小家”荣誉称号。同时，学校积极推荐生命科学学院、国土资源与旅游学院申报安徽省教育工会“模范职工小家”，10月，生命科学学院、国土资源与旅游学院顺利通过了安徽省教育工会评审工作组考核验收，获得了安徽省教育工会“模范职工小家”荣誉称号。

首次开展校“巾帼标兵”评选表彰活动。树立、宣传在学校事业发展中作出突出贡献的优秀女教职工典型，激励女教职工发扬“自尊、自信、自立、自强”精神，见贤思齐，岗位建功。根据校党委《安徽师范大学“巾帼标兵”评选办法（试行）》、校工会《关于开展安徽师范大学第一届“巾帼标兵”评选活动的通知》精神，6月，首次开展了以“建高水平大学，展巾帼风采”为主题的校“巾帼标兵”评选表彰活动。各学院、各分工会积极推荐教学科研一线的优秀女教师，共有19名候选人进入学校评审。学校评审工作组认真审核，充分评议，最终差额评选10名首届“安徽师范大学巾帼标兵”。教师节庆典大会上，学校在对她们进行了隆重表彰。

组织全校教职工向宿松县凉亭镇三德村捐款。在全国首个“扶贫日”，组织全校教职工向宿松县凉亭镇三德村捐款11.62万元。11月，工会和学校相关部门将爱心捐款16.096 4万元(其中校工会组织的教职工捐款11.62万元，团委组织的学生捐款4.476 4万元)送达三德村，此捐款将主要用于帮助三德村贫困学子完成学业。

坚持开展“送温暖”关爱活动。利用节庆日进行慰问：教师节期间，为全校2 473名工会会员发放了慰问金；两节、三八妇女节、五一国际劳动节、六一儿童节、重阳节等重大节庆日对全国劳模等特定群体开展慰问。开展“女性特别关爱”，慰问28人，慰问参加高考的教职工子女55人，离会教职工68人。为全体会员出资办理了为期3年的“中国职工互助保险会重大疾病互助保障”，依据自愿交费原则，同时办理了“女教职工特殊疾病险”，全年受理并慰问重大疾病教职工7人。根据基层分工会上报信息，及时开展各类补充慰问和送温暖活动。

女教职工委员会工作。三八妇女节期间，校工会、女工委组织开展了以“巾帼建新功，共筑中国梦”为主题的系列活动：举行了“第三届教职工文体活动节”开幕式暨庆祝三八妇女节集体趣味运动比赛，开展了第四期“女性特别关爱行动”，为千余名女教职工发放了慰问品、邀请专家讲授“女性保健知识”，利用宣传栏展出庆祝三八妇女节系列活动图片等。

2013年校工会及各学院分工会多次获得国家级、省级表彰，校工会女教职工委员会获“全国五一巾帼标兵岗”称号，校工会、生命科学学院分工会获安徽省教育系统“工会工作先进集体”称号，校工会还获得了“2013年安徽省教育工会创新工作成果奖”，政治学院教授路丙辉获“全国师德标兵”称号，校工会主席赵红获“全国教科文卫体系统优秀工会工作者”称号，校纪委书记程度获省教育系统“关心支持工会工作的好领导”称号，校工会主席赵红、数学计算机科学学院副院长储倩获省教育系统“优秀工会工作者”称号。

(教育工会供稿)

(十二)医疗卫生工作

【基本医疗工作】 以“医疗质量年”活动为主要内容，强化医疗管理，提高医疗服务质量，全年未发生医疗事故。门诊就诊24 330人次(含急诊750人次，出诊58人次)，输液1 589人次，注射1 639人次，换药2 429人次，各类检查(心电图、B超、X光)17 167人次和化验11 275人次。

【预防保健工作】 坚持传染病的疫情报告管理制度，做好传染病的网络直报工作和常见病、传染病的预防工作。对2014年8例学校感染结核病学生，均在第一时间与学院和学生管理部门联系，对密切接触者及时进行健康宣教和流行病学调查，并配合区疾控部门做好防控措施，有效地控制了疫情在我校的传播。

传染性疾病预防工作。完善大学生身体健康监测工作。对患病学生提出健康指导意见，并根据病情提出避免剧烈运动、免修体育课的建议。对因病不能坚持学习者或根据医院检查结果可复学的，根据大学生学籍管理规定，提出休(退)、复学处理意见，全年共审核休(退)、复学66人次。

学生体检工作。完成入校7 043名新生(含研究生、皖江学院)的体检复查和8 648名毕业生(含研究生、皖江学院)离校体检工作，建立和完善学生健康档案，对有身体疾患的学生进行分类，并提出处理建议。

教职工体检工作。2014年共对全校2 976名教职工进行了内科、外科、眼科、妇科、B超、心电图、血压、体重指数、胸部X光线、血液生化检查(CEA、血常规等16个项目)等体检工作，其中CEA为今年新增项目。体检结束后及时更新和完善职工体检档案，针对体检发现的问题，登记在册，及时通知本人进行复检或转往市级以上大医院进一步诊治。

【医疗管理工作】 完成全校职工（含职工子女）的门诊和住院医疗费用报销工作，并退还个人医疗账户余额。全年共报销职工住院医药费764人次，职工门诊医药费823人次，职工子女统筹医药费512人次，返还2013年2 885名教职工个人医疗账户余额。

完成学生参保和门诊医药费报销工作，扎实做好大学生省级医疗调剂金工作。配合镜湖区医保中心完成了我校2.5万名学生参保工作，2 375人次学生普通门诊医药费报销工作，11名学生获大病救助款10.1万元。省教育厅和省财政厅申请了大学生省级医疗调剂金45.1万元，已到账，尚未到账22.9万元，正在办理85人次的调剂金申报材料。

【健康教育工作】 强化宣传工作，普及健康知识。校医院利用本院网页、病历本首页和电话咨询宣传政策及健康知识，利用学校网站结合季节和天气变化情况及时在学校网站公告栏上发布温馨提示6次。结核病防治日、世界艾滋病防治日举行了大型宣传和义诊活动，散发各类宣传材料15 000余份，在大学生中开展传染病专题讲座5次。

与大学生社团组织（保健协会）合作，申请镜湖区防艾示范区专项基金，组织开展预防疾病、意外伤害防范等专项宣传教育活动。大力推广大学生预防艾同伴教育活动，在《大学生健康教育课》将同伴教育引进课堂，还与大学生社团举办《大学生保健知识大赛》，并指导暑期社会实践。

根据《学校卫生工作条例》有关精神，在学校教务部门指导下，全年完成了全校大学生健康教育选修课的各项教学任务共计72学时，承担新闻与传播学院航空专业课程204学时。

【计划生育工作】 贯彻落实计划生育政策，规范计划生育管理服务工作。认真做好计划生育宣传员的培训工作，强化流动人口的计划生育管理，与各学院、各单位签订了计划生育目标责任书，协助研究生学院完成了1 390名研究生婚育状况证明工作，还为首年实行的我校教职工“单独二孩”提供最为便捷的服务。全年我校新出生人数为38人，系全部符合政策出生，意外怀孕引产0人，持证生育率达100%，晚育率达100%。

【其他工作】 对现有两台X光机进行了大型维修，增添了大型医疗专用设备3项，其他一般医疗专用设备7项。完成了口腔科标准化建设工程改造，2014年12月初，镜湖区卫生局发文同意增设校医院口腔科，规范口腔科对师生服务的行为。进一步加大对药品的管理和监督，积极配合学校参加职工医疗报销进社会医疗保险工作，积极做好各项参保前期准备工作。

（校医院供稿）

十、图书、档案与出版编辑工作

(一)图书工作

【概况】 2014年图书馆馆舍面积4.691 1万平方米,两个校区共有各类阅览室(库)27个、阅览座位3 000余席。设有8部1室,在岗职工97人,其中中级以上职称54人(含正高5人、副高16人),本科以上学历45人(其中博士4人、硕士18人)。

图书馆始终坚持"以人为本,创新服务"的理念,不断丰富读者服务内容与形式,读者满意率持续提高,文献资源建设和读者服务处于安徽省高校图书馆先进行列,现为全国师范院校图书馆联盟首批成员馆、全国古籍重点保护单位、安徽省文献信息保障中心、安徽省高校教师教育数字文献信息服务中心、安徽省高校图书馆常委馆。

【文献信息资源建设】 图书馆馆藏文献资源特色鲜明、内容丰富、形式多样。

纸质文献资源建设。馆藏纸质文献资源总量283.5万余册。年采购图书6.158 1万册,其中,新购《中华再造善本》0.42万册、港台与外文原版图书0.173 8万册,完成招标采购图书3.745 3万册和零购图书698册、赠书699册、赠刊2 000余册的加工工作,完成中外文期刊1 448种、报纸78种的收发、记到与分配典藏工作,完成2013年度合订本报刊3 442册的装订与验收报账工作。

首次全面整理、清查两个校区图书馆6个普通图书阅览室62.962 6万册在架图书,解决图书信息误差、乱架、丢失、破损等问题;完成部分破损与剔旧图书整理加工工作。

数字文献资源建设。完成2014年能力提升项目、2014年学校经费项目,以及2013、2014年振兴计划项目的中外文数据库的招标采购工作,新增中外文数据库7个,现有数据库68种;完成万方中小学数字图书馆、超星教育视频、中华再造善本(一编)等新购镜像数据库的安装。

古籍文献资源建设。古籍文献总量近22万册,完成19.5万条古籍文献纸质清点登记单与电子目录的初次核对,基本建成馆藏古籍书目数据库,实现馆藏古籍文献电子目录的网上检索;完成1万余种民国时期图书登记与清点工作;申报《国家第五批珍贵古籍名录》54部,37部古籍入选《首批安徽珍贵古籍名录》;对上报国家古籍保护中心的7 272条古籍文献六项普查数据二次审核;完成徽州文献、《池州府志》书影的拍摄、整理、出版工作;完成民国时期教师教育文献图书数字化加工的目录遴选与前期准备工作。

校园文献资源建设。继续开展全校文献信息资源共知、共建、共享工作,全年22次深入美术学院、新闻与传播学院与皖江学院等单位,指导开展书刊编目。各学院资料室年新增纸质图书0.427 3万册。

【读者服务】 首次实现暑期全时开放,年接待读者131.758 9万人次,借还图书7.422 0万人次、39.906 9万册次(借出20.419 3万册、还回19.487 6万册),开通读者卡9 246人次(含校出版社聘用职工、高师培训中心各类进修人员),办理毕业生离校手续8 779人次(本科生7 509人、研究生1 270人),古籍与特藏阅览室接待读者3 500余人次,学院资料室图书流通量0.290 3万册次;通过QQ在线、电子邮件、电话、服务台等渠道提供信息咨询服务,实时报告我校最新被(WoS)收录的论文信息，通过安徽高校资源共享服务平台积极为全省高校师生提供2 640篇文献传递服务，为学校人事处完成代查代检工作115项，完成我校教师SCI与EI论文检索统计工作；为5 477名本科新生和1 439名研究生新生举办25场入馆教育讲座和入馆教育网上测试，举办数据库讲座26场次，组织指导12名学子参加以“熟悉网络课程，改善学习生态”为主题的第二届安徽省高校研究生信息素养夏令营活动；在阅览室设立“读者心语”专栏；首次发布《2013年图书馆文献资源利用报告》；自主开发古籍书目查询系统、“数字敬文”视频数据库平台和新生卡号网上查询系统。

【书香文化建设】 举办敬文讲坛13讲(校外知名专家11人)，制作完成2013—2014年(部分)敬文讲坛视频并上传至“数字敬文”数据库；编辑发行电子版《读书人报》4期、《读书人刊》2期，完成两校区图书馆宣传栏设计与布展4期；举办以“走进数字阅读，给力科研教学”为主题的第八届读者服务宣传月活动，举办“馆史实物展”；完成敬文图书馆文化环境改造设计方案；举办作家张佳佳读者见面会、湖南卫视主持人李锐新书慈善签售会；读者协会获校2013—2014学年“十佳社团”称号。

【基础建设】 清理冗余办公用房300余平方米；完成中央空调和消防设施维保招标和维护保养工作，完成环境改造工程设计和招标，协助后勤管理处做好屋漏维修工程；图书馆管理系统升级为ILASIII，做好ILAS系统数据的日常备份工作，完成网站升级改版与信息维护，做好图书馆管理系统与学校基础数据平台对接，完成1台刀片服务器、2台机架服务器及90TB存储设备安装，存储容量达180TB；完成图书防盗检测仪的采购、安装以及门禁的维修、升级，完成UPS电池招标采购工作。

【队伍建设】 派遣6位部主任赴上海同济大学图书馆进行在岗培训、2位部主任赴中国科技大学图书馆进行交流、2位部主任分赴美国和新加坡高校图书馆进行学习，与人事处共同组织全校图书资料人员赴南京大学和南京师范大学图书馆参观学习，组织古籍部职工参观考察安徽省图书馆、安徽中医药大学图书馆古籍部，其他专业培训30余人次；科研项目立项15项(省厅以上项目9项)，发表学术论文25篇(二级论文4篇，三级论文2篇，四级论文3篇)，出版学术专著3部；积极组织申报并通过“文献资源保护和利用”硕士二级交叉学科评审，获准设置该硕士二级学科授权点，新增硕士指导教师4人；完成部分部门负责人的岗位调整，招录应届硕士毕业生2人，安置人才配偶1人。

【馆际交流与协作】 承办以“高校图书馆设立经典阅览室可行性研讨”为主题的安徽省高校图书馆阅读推广馆长论坛，参加教育部首届师范院校图书馆联盟成立大会、部属师范大学第二十次馆长年会暨海峡两岸师范大学图书馆论坛、教育部高校图工委文献资源建设工作会议、东南十一省省属重点师范大学图书馆馆长年会等；安徽大学、安徽理工大学、江西师范大学等图书馆领导来馆参观交流，协助学校接待香港朱敬文教育基金会负责人、香港荣芝基金会负责人、广西师范大学党委书记以及安徽省人大领导等来馆参观。

【党建与管理工作】 认真贯彻党的群众路线教育实践活动精神，坚持民主集中制原则，贯彻落实《中国共产党普通高等学校基层组织工作条例》《中国共产党党员领导干部廉洁从政若干准则》，严格执行党风廉政建设责任制；合理安排项目经费预算，争取建设经费1 549万元，完成665万元招标任务，按时提交决算报告；推行图书馆职工首问负责制，努力为广大读者排忧解难；继续建立健全规章制度，重点加强古籍文献保护和整理制度建设，制订一系列管理制度和业务工作细则，此外，还制订《安徽师范大学图书馆借阅卡管理办法(暂行)》《图书馆职工慰问暂行办法》等规章；收集、整理、归档各类档案95件，送交学校档案馆72件。

【各类获奖】 荣获安徽省高校图书馆2013年度“先进集体”、科学出版社2013年度“关注科学，社馆同行”优秀图书馆称号；方青获2013年度安徽省高校图书馆优秀馆长荣誉称号，胡宏昇、钱广萍获2013年度安徽省高校图书馆先进工作者荣誉称号，周向华获安徽师范大学首届“巾帼标兵”荣誉称号；获安徽省高校图书情报工作委员会首届学术成果奖9人：刘和文获著作类一等奖、周向华获著作类二等奖，江增华、潘杏仙、梁新潮、章丽、董家魁获论文类二等奖，吴萍莉获论文类三等奖，朱东妹获其他类（软件）二等奖；荣获省第二届高校研究生信息素养夏令营“在线课程学习汇报”活动三等奖，周向华获本届夏令营活动“优秀带队老师”荣誉称号；荣获校“第三届教职工文化体育活动节”优胜单位，获校乒乓球男女混合团体赛二等奖、校“羽协杯”教职工羽毛球混合团体赛甲组第四名一等奖、校教职工女子排球赛女子乙B组第一名，成功晋级甲级队，再次荣获三八妇女节趣味比赛二等奖，在校43届田径运动会上获得女子足球射门第二名、拔河比赛第五名，王会梅、汤立媛分获女子1 500米第二名和第七名，胡宏昇、宛凤英与高洁、董家魁分获“三新杯”首届省高校图书馆系统羽毛球联谊赛女单第一、女双第一、男单第四的好成绩。

（图书馆供稿）

（二）档案工作

【概况】 档案馆馆藏档案始于1916年，反映了学校80多年来创建、变迁、发展的真实历史，现有省立安徽大学、国立安徽大学、省立安徽学院、合肥师范学院、安徽师范大学、芜湖师范专科学校6个全宗共89 450卷（件）。截至目前，集中统一管理全校党群、行政、教学、学籍、科研、基建、设备、出版、财会、外事、声像、实物等十二门类档案。档案馆现下设业务指导、管理利用两个科室，在编专职档案人员7人，兼职档案员66人。档案馆是在分管校长领导下的档案职能管理部门，同时又是永久性保管和提供利用我校档案的事业机构。

2014年修订出台了《安徽师范大学档案管理工作先进集体和先进个人评选办法》，对全校各部门、各单位66名兼职档案员进行了业务培训和指导，就文件材料归档工作、南大之星档案管理系统著录规范、档案实务工作、档案管理检查评比办法等问题进行了培训与交流。对珍贵历史档案和利用率较高的档案资料进行数字化处理，完成档案全文数字化扫描共计450 000页，包括党群、行政、学籍、教学四门类档案，核对修改档案系统数据信息13 215条，对南大之星档案管理系统进行升级维护4次和数据备份3次。不断提高档案安全意识，确保各项安全制度和安全措施的落实。档案装具符合标准，配备了必要的管护设备，采取了“九防”措施，做好档案库房安全管理与维护，完成库房温湿度的科学统计与记录，对库房的门窗、电源、安全出口、恒温恒湿设备、消防设备等直接关系档案安全的设备设施进行经常性检查。

【档案收集与征集】 2014年，接收各类档案20 718卷（件），整理各类档案10 877卷，8 006件。先后接受清理移交历年遗留老档案史料1 453卷。包括完成上级来文34 000条的修改目录情况，整理录入省立安大、国立安大老档案27卷，从人事处移交老档案120卷、73本、192件中清理加工出80卷芜湖师专全宗老档案，整改芜湖师专全宗教学档案271卷、学生派遣证存根456卷、教师考核登记表280卷、组织部老档案6大箱共计345卷。

【档案编研与利用】 2014年，利用档案馆馆藏档案资源，续编了《安徽师范大学大事记》《安徽师范大学荣誉汇编》《基础数字汇编》《安徽师范大学档案工作规章制度选编》《安徽师范大学档案利用效果典型事例汇编》《全宗介绍》《组织机构沿革》等13类编研资料。加强档案信息编研工作，系统整理出“中共安徽师范大学历次代表大会情况介绍”；系统整理出刘奇葆、单粹民、韩斌等知名人士个人相关资料。2014年共计接待查档服务650人次，查阅利用档案资料2 320卷（件），复印档案4 126张，较好地完成了档案管理和查档服务工作。其中我校原校长丁万鼎同志卸任后，致力于梳理安徽师范大学的校园地址和校舍布局的变迁，共调阅省立安大、安徽学院、国立安大时期案卷567卷，安徽师范大学党群类档案188卷，行政类档案168卷，搜集整理了大量有关校址变迁、校舍分布方面的原始文件和资料，出版《安徽师范大学校园变迁》校史研究丛书。同时还较好地完成了档案管理和查档服务工作。

【校史研究】 组织开展校史研究专项课题申报工作，撰写了印证我校悠久历史的文章《安徽师范大学校歌之由来》和《“关防”:安徽师大薪火相传的历史见证》(详见师大网站“师大新闻”),为多家媒体转载刊登,引起广大师生和社会的反响和共鸣;接受安徽电视台记者对我校历史沿革部分的校史专题采访,并于9月9日在安徽电视台第一时间播出。此外,在原有《安徽师范大学校史》的基础上,修订编排的《安徽师范大学简史》(2014年版),初稿即将完成,将于2015年出版,今后作为每届新生入学教育的教材使用;积极参加《安徽师范大学校园变迁》校史丛书的编研工作,该书稿现已出版。

【校史展览与教育】 认真做好校史馆陈列、实物充实等工作,把校史馆建设成为对师生员工进行传统教育、爱国爱校教育的重要基地。认真做好2014级新生校史、校情教育工作,历时9天,近180场次,接受教育学生6 926人,实现2014级本科生、研究生(博士、硕士)教育全面覆盖;认真做好上级领导、兄弟院校、有关部门及校友返校的参观接待等工作,2014年累计接待各级来宾156场次,共3 600人。全年校史馆接待参观人数达10 526人。

【业务交流】 为推动我校档案工作更上新台阶,档案馆主动与各级档案主管部门和兄弟院校的联系交流,积极参与全省以及皖南片高校的档案协作活动。先后参加了安徽省省直单位档案工作第十五协作组第二次年会、安徽省高等学校档案工作协会二届三次常务理事会、芜湖市档案学会第七届理事会第二次会议、安徽省高等学校档案工作协会2014年学术年会等,并热情接待前来交流的兄弟高校档案工作同仁,努力营造良好的外部发展环境。档案馆工作人员通过学习和交流,提高了工作与科研水平,并发表档案专业学术论文数篇。

【校档案工作委员会第四次全体会议】 3月28日下午,召开了学校档案工作委员会第四次全体会议。会议总结了我校2013年档案工作概况,肯定了近年来在各级关心下我校档案工作取得的显著成绩,并指出当下档案工作存在的不足,对2014年校内档案工作考评先进单位、个人进行表彰奖励。

(撰稿:侯彤　审稿:王峰)

(三)出版编辑工作

【安徽师范大学学报】 2014年,学报编辑部以繁荣科学研究,推动物质文明、精神文明、政治文明、学校学科建设为宗旨,加强了选题及约稿方面的工作,不断提升学报的学术水平、出版质量与社会影响。进一步明确了学报编辑部工作理念为“以论文质量为根本,以学科建设为路径,以学术发展为旨归”,办刊方向为“既以学术质量为生命线,又须适应各类评刊系统,争创佳绩”,年度工作重点为“通过制度建设,提高学报学术质量,扩大学报社会影响”。

制度建设。2014年5月22日校长办公会专题研究了学报工作,出台了多项有利于学报建设与发展的政策(安徽师范大学办公室抄告单,编号:2014005),统一思想认识,明确学报发展水平定位,树立全校为办好学报作贡献的意识;进一步提高了审稿费、优质稿稿酬,增设组稿费、约稿费等业务费;通过激励措施,扩大学报转播,并规定了学校高端科研平台支持学报发展的规定等。

文科学报刊文情况。在选题策划上,策划并刊发“中国梦:历史·理论·现实”“中国史研究的理论、方法与学科发展”等笔谈文章,彰显了主旋律,呼应了理论研究与宣传中心;“当代哲学前沿”“思想咨商”等栏目文章关注了学术研究前沿问题。2014年度共刊发文116篇,省部级以上基金文章67篇,占59%,其中国家级基金项目40篇,占34.4%;高级职称作者92人,占79.3%,其中正高职称71人,占61.2%。通过组稿、约稿,发表了含著名哲学家美国成中英、语言学家法国多米尼克·库尔塞乐以及国内名学者稿件40篇。如哲学有潘德荣、何怀宏、张允熠、乐爱国、张玉能等,文学有余恕诚、严明、陈汝东、胡晓明、蒋寅、陈文忠、彭玉平、张祝平、彭国忠等,史学有瞿林东、南炳文、万明、唐力行、阿风、李华瑞、陈支平、范金明、常建华等,思政与党史有张静如、汪青松、孙来斌、程美东等,经济学有夏先良、叶德磊等。

理科学报刊文情况。2014年度共发文120

篇，约稿13篇（占10.83%），是约稿数量最多的年份；基金论文比94.17%，省部级以上论文84篇，占70%；高级职称作者56人，占46.67%，其中正高30人，占25%。刊发了莫嘉琪、丁光涛、陆林、石云里、彭士香、吴成印、王宏利、方进、吴晓庆、潘必才、袁业飞、张玉忠、方新普等知名学者文章。

重要活动与事件。2014年10月，在第五届全国高校社科期刊评优活动中，文科学报由原先"百强期刊"晋升为"精品期刊"；2014年12月，文科学报入选中国社会科学院中国社会科学评价中心《中国人文社会科学期刊评价报告(2014年)核心期刊》；2014年10月，在第五届全国高校社科期刊评优活动中，"中国诗学研究"栏目获得"特色栏目"称号，陆广品编审获"优秀主编"称号；人民大学报刊资料、《中国社会科学文摘》《高等学校文科学术文摘》等共复印转载文科学报14篇，转载率1/8；2014年8月，在安徽省新闻出版局委托期刊协会主办的编辑业务考核中，马乃玉获"优秀学员"称号。

数据库建设。文科、理科两刊均与中国知网签订了"优先出版"协议，继续借助采编系统，完成了刊发文章数字版在编辑部网站同步发表与免费阅读的任务；文科学报持续向"中国高校系列专业期刊成员刊"推荐稿件，新增加入"超星高校期刊数据库""国家哲学社会科学学术期刊数据库"等数据库。

（撰稿：杨柏岭　核稿：杨柏岭）

【安徽师范大学出版社】 2014年末，全社职工57人。一年来，大力开展领导班子建设，不断提高政策理论水平；加强现代企业制度建设，保证出版工作有序健康发展；业务培训常抓不懈，社内岗位培训、延请专家讲座、外出参加培训有机结合；大力调整选题结构，优化合作伙伴，努力降低教辅选题比重，不断扩大自主品牌和一般图书、学术著作比重；借助学校学科学术优势和地方优质出版资源，努力服务于学校教研和地方文化建设；图书出版从数量增长型向质量效益型转变，社会效益、经济效益明显提高；传统出版和数字出版相融合，数字出版物和移动终端读物相继面市；整合发行部和图书代办站发行力量，成立营销中心，拓展营销空间；继续出资30万元，资助出版我校教师的优秀著作和教材。

图书出版。全年出版新书522种，重印图书88种，新书和重印书结构进入良性循环。完成2013年安徽省文化强省建设专项资金资助出版项目《安徽师范大学馆藏千年徽州契约文书集萃》(10册)。自主开发出版大学生思想政治课辅导读物《形势与政策》(2种)、"安徽省成人高等教育公共网络课程教材"(5种)、"安徽师范大学文学院学术文库"(10种)、"名家选评中国文学经典丛书"(12种)、"百年国学经典选刊"(10种)等系列图书。自主开发的"基础教育改革和教师教育丛书"重印19种，占该系列全部品种的50%。开辟年鉴出版新类别，出版《安徽师范大学年鉴》2种。移动终端技术广泛应用于《形势与政策》等众多图书，与化材学院合作的《中学生化学报》数字版全面上线。在一般图书和学术著作中，校内作者比重大幅度提高，占42.75%。为"折翼天使"朱麟洁免费出版《微麟心语》，受到社会广泛好评。全年共接受7次图书质量检查(3次全国性图书编校质量检查，2次全省性图书编校质量检查，1次教育部组织的图书内容和编校质量检查，1次全省性图书印制质量检查)，无一质量问题。

图书发行。进一步密切与各省新华书店、各大网店的关系，传统营销与移动终端营销相结合。积极参加北京图书订货会、第十届中国(深圳)国际文化产业博览交易会、第二十四届全国图书交易博览会(贵阳)、第二十七届全国大学出版社图书订货会(南京)，成绩显著。为韬奋基金会无偿捐书。图书代办站为高等教育出版社等260多家出版单位发行图书，为安徽工程大学等40多家高等院校等教育机构提供图书订购、配送服务，被高等教育出版社授予"重点经销单位"，北京大学出版社授予"2014年度全国优秀经销商"，清华大学授予"2013—2014年度A级经销商"，华中科技大学出版社授予"2014—2015年度A级经销商"，武汉大学出版社授予"2014年度优秀经销商"，机械工业出版社授予"2014年度全国优秀图书经销商"，《新华书目报》授予"全国优秀教材经销商"，中国传媒大学授予"2014年度优秀经销商"等荣誉称号。

重要活动与事件。《科普类图书语义导航阅

读》项目获2014年安徽省文化强省建设专项资金资助，《百官箴》《俗语注解小学古文读本》项目获2014年安徽省古籍整理出版基金资助。和国土资源与旅游学院联合投标“安徽省导游人员资格考试用书”项目（4种），获得成功。2013年国家出版基金资助出版项目《中国文化典籍计算机整理与开发技术研究》（6种）通过验收。在公安部2014年全国文明交通宣传作品评选活动中，《图解交通事故责任认定》荣获优秀奖；《古代徽州宗教信仰研究》在第八届华东地区书籍设计双年展中获封面设计优秀奖；《寻常一样窗前月》被《中国出版传媒商报》评为“近年国内出版的优秀散文图书”。

（撰稿：黄成林　审核：汪鹏生）

【《安徽师大报》】《安徽师大报》是安徽师范大学党委和行政的机关报，由学校党委宣传部主办，是学校加强思想政治教育和开展新闻宣传工作的重要阵地，是传播社会主义先进文化和精神文明成果的重要载体。2014年，编辑部编辑出版校报18期，其中专门出版了省部共建、思想政治理论课、校第十次党代会、部校共建等专刊5期。采访师生近百人次，刊载典型宣传和深度报道30多篇，宣传报道了单粹民、全莉娟、路丙辉、王沁、孙武、安娜等一大批师生典型；围绕学校中心工作进行特别采访，设置校情校史、校园形象标示系统、十八届四中全会、校运会、暑期社会实践、双十佳评选、国际交流、教师节等专栏、专论；在固化师大茶座、师说新语、画里话外等传统栏目外，校报上还新出现了校友飞鸿、校园观察等栏目及言论，丰富了校报内容及版面。在全国、安徽省高校校报各类奖项评比中荣获了10多项好新闻奖，其中选送的五件作品在中国高校校报好新闻评比中全部获奖，一等奖1项，二等奖1项，三等奖3项；安徽新闻奖和安徽省高校校报好新闻奖一等奖3项，二等奖3项，三等奖4项，获奖等级和数量位居全省高校前列。在省高校校园学生记者年度“双十佳”及校园“好新闻”奖的评比中，我校大学生记者团丁洁苒被省高等学校校报研究会和省青年新闻工作者协会评为“十佳校园记者”。丁洁苒、徐旻慧、王睿等多名学生记者采写的新闻作品分别荣获2013年度安徽省高校校园“好新闻”奖消息类一等奖、通讯类二、三等奖。

（撰稿：徐成进、王俊荣、袁黎平、叶荣国、邾强　审核：李裕鑫）

【高校辅导员学刊】 2014年，《高校辅导员学刊》编辑部全年出刊6期共发表论文150篇，刊物发行近3 400份。参加了全国高等学校“人文社科期刊编辑业务培训暨学术发展前沿报告会”和安徽省高校学报研究会2014年学术年会。针对不同高校学生工作的特色和亮点，强化固定栏目，策划专题栏目。安徽省教育厅将《高校辅导员学刊》纳入职称评审三类学术期刊范畴。上海各高校将《高校辅导员学刊》列为“思想政治教育高级职称聘任指导性刊物目录”（全国共36种）。福建省将《高校辅导员学刊》列为思政类“核心期刊”。申请加入国际DOI中国注册与服务中心（学术期刊）会员组织，使学刊有了国际期刊身份证。《高校辅导员学刊》编辑部正式购买西安三才网上期刊采编系统，目前已投入试运行。编辑部的网页同时进行了改版。

（《高校辅导员学刊》编辑部供稿）

【《学语文》】 本刊创刊于1960年3月，现由安徽师范大学主管、文学院主办。为国内外公开发行、具有CN刊号的中语类学术期刊，《中国期刊网》《中国学术期刊（光盘版）》全文收录期刊。现任社长：丁放；主编：李平；副主编：吴尚华、倪三好；编辑部主任：桑农；发行部主任：钱奇佳；秘书：夏和平；编辑：崔达送、芮瑞、陈新平。

本刊为安徽师范大学和文学院对外树立形象的一扇窗口，是高等师范教育联系中学语文教育的一条纽带。其办刊宗旨是服务中等学校语文教学，服务广大社会读者，兼具科学性、学术性、知识性、实用性，重品位、重质量、重信誉。

本刊常设栏目有：1.“专论平台”，下辟语文观察、课改探讨、教法新探、话题讨论等栏目；2.“备课网页”，下辟新教材助教、教学设计、教案选登、讲读参考、教学杂谈、各抒己见等栏目；3.“考试园地”，下辟考前训练、试卷选登、考试研究、解题技巧、应考指津等栏目；4.“读写频道”，下辟文学信箱、佳作欣赏、经典重读、写作教学、写作百法、写作趣谈、习作评点等栏目；5.“汉语广角”，下辟汉语教学、修辞长廊、语言文化、新词新语、汉语规范、咬文嚼字等栏目。

本刊年内1、3、5、7、9、11月(20日)连续出版六期。

本刊根据最新的《考试说明》，把握2015年高考新形势，凝聚安徽师大文学院专家和全省中语专家、教学精英的智慧，年内7月初推出全新的《徽典1号——2015年高考语文总复习》，由安徽师范大学出版社正式出版发行。

本刊于年内7月28日至31日，举办了“2015年高考语文研讨会”，来自全省多所示范高中和地市教研室教科所的50多位中语界专家、学者和高中语文骨干教师出席了会议。

(《学语文》编辑部供稿)

【《中学生化学》】 按照办刊标准要求，完成双月出刊，大16开，每期64页，全年共出版6期(总第95—100期)。设有教学论坛、课程改革、教材研究、学习指导、教学设计、解题指导、考试研究、实验研究、试题习题专栏、化学史教育、化学与生活、学生园地等栏目。

(《中学生化学》编辑部供稿)

十一、学院工作

（一）文学院

【概况】 2014年，文学院设有汉语言文学、汉语言、秘书学、汉语国际教育等4个本科专业；具有中国语言文学博士后科研流动站，中国语言文学博士学位授予权一级学科，中国语言文学、艺术学理论硕士学位授予权一级学科；设有12个硕士学位授权点和2个专业学位点。学院现有教职工100人，其中专任教师81人，科研1人，管理教辅等18人。博士生导师14人，教授27人，副教授37人，具有博士学历的教师55人（另有在读博士5人）。在校生2 069人，其中研究生578人（博士生26人，硕士生552人），本科生1 491人。

【教育教学】 本科生教学工作。推进卓越语文教师试验班人才培养工作；开办汉语言文学（非师范）辅修专业；获首批国家级卓越中学语文教师培养改革项目，秘书学获批省级特色专业，中国现当代文学获批省级教学团队，大学语文获批省级“大规模在线开放课程示范项目”；获振兴计划重大教改项目1项；发表教研论文8篇；出版教材5部；改善实验室条件，选建4个优质实习基地。确保“学海导航”等系列讲座的精品化；强化“三个课堂”联动，开展“硬笔书写过关”等活动；举办本科生原创作品大赛，择优出版《文苑初鸣集》；与国培计划结合，提升师范生实习水平；2人在学校青年教师教学基本功大赛中获奖；16名本科生推免攻读硕士研究生，12人保送北京大学等211以上学校；获全国大学生英语竞赛特等奖4项；获全国师范院校师范生教学技能竞赛二等奖1项，获“国家级大学生创新创业训练项目”4项；获省高校师范生教学技能竞赛特等奖1项，二等奖1项；获“本科生优秀毕业论文培育计划”项目26项，比去年增长6项；本科生科研论文大赛获奖4项，学院获组织奖。

研究生教学工作。一级学科博士点招收博士生7人。获评第四届安徽省优秀硕士学位论文4篇，校级优秀硕士毕业论文6篇，博士论文2篇，2人获2014年省古籍整理优秀研究生奖。2人获首届全国全日制教育硕士学科教学（语文）专业教学技能大赛一等奖，1人获二等奖。1人获全国语文学习科学研究会教坛新星说课大赛初中组特等奖，1人获高中组一等奖。1人获“第四届全国教育硕士优秀教学管理工作者”称号，1人获首届全国全日制教育硕士学科教学（语文）专业教学技能大赛优秀指导教师称号。

学院获评新生校规校纪考试先进集体、本科生就业工作先进学院、分党校先进集体，获评校“十佳班集体”1个、“优秀团支部”5个，校十佳大学生1人，校自强之星1人，校“十佳青年志愿者”1人。学费缴交率100%、学生违纪率不超过3%、责任事故率为零。新增和评定发放“新长城自强助学金”“儒林助学金”等校院两级奖助学金共计176万多元，惠及学生974人次，发放临时困补5.74万元。巩固和新建就业创业实习基地35个，初次就业率达到96.31%，获“本科生就业工作先进学院”。1人在暑期社会实践中被团中央授予“优秀带队教师”，2人获校优秀辅导员，5人获校社会实践优秀指导教师，1人获就业工作先进个人，1人获校辅导员职业技能竞赛特等奖。获评校优秀学生会，5人获校优秀学生会干部；获评校十佳学生社团等各类社团奖项。2个项目获2014年本科生素质拓展精品项目。学生在省师范生教学技能大赛、省原创话剧展演等比赛中获国家级特等奖5项、一等奖4项、二等奖20项、三等奖(铜奖)24项,省级特等奖1项、一等奖(金奖)4项、二等奖3项、三等奖2项。认真组织2014年暑期社会实践工作,新建、续建暑期社会实践基地10个,1支团队获团中央2014年"井冈情·中国梦"专项行动全额资助并获表彰,人民网、新华网等300余家新闻媒体报道我院活动,3支团队分获校重点团队一、二、三等奖,4人获团中央表彰,学院获评校暑期社会实践优秀组织奖。开展了"美丽师大特别行动"系列志愿服务活动。五四爱心学校获安徽省文明单位创建优秀品牌和首届中国青年志愿服务项目大赛银奖,获资助2万元。

【科研与社会服务工作】 全年共申报各级各类项目58项,其中省部级以上项目48项。获批省部级以上项目6项,获全校首项国家社科重点项目1项,各类项目经费共计306.2万(不含平台经费)。省部级以上项目结项19项。发表学术论文110篇,其中CSSCI刊以上论文33篇;出版著作20部,推出"文学院学术文库"(第一辑)12部;1篇论文发表于《京都大学人文科学研究所中心研究年报》;1人获中国文联文艺评论奖。召开"中华传统文化传承与创新研讨会",成立"安徽师范大学中华传统文化研究院",发表"芜湖宣言"。邀请10余位知名专家来校演讲。推进高端平台"中国诗学资源发掘与利用研究中心"建设。3人赴国外访问学习。与俄罗斯米林大学共建中国语言文化研究中心。组织本科生参加本科生科研论文大赛,12人获奖。与芜湖市弋江区教育局签订国学教育合作框架协议,为弋江区的国学教育提供全方位支持。承担多项国培计划与省培计划项目以及委托培训项目,共计培训教师800余人。

【学科与师资队伍建设】 推进安徽高校省级重点学科重大建设项目。制订"安徽省省级学科建设重大项目计划任务书",完成"安徽省高等教育振兴计划项目进展报告"。组建19个科研创新团队,设立12个教师学术沙龙。举行文学院2014年度科研创新团队与沙龙建设汇报会。成功申报安徽师范大学特色优势研究领域建设项目"中国语言文学的传承与创新",设立文学院优势特色领域建设项目"文艺理论批评与审美文化研究"。年内获聘教授1人、副教授2人。共资助50余人次参加全国性和国际性学术研讨会,其中出国(境)参加高规格学术会议5人次。支持1位青年教师赴外校访学,资助青年教师参加精品课程业务培训9人次,多位教师应邀赴韩国东国大学、香港中文大学、澳门大学、台湾大学等学术机构访问。2人入选安徽省学术和技术带头人,1人入选安徽省学术和技术带头人后备人选。分专业定期举办学术沙龙。利用省级学科重大建设项目、质量工程等平台经费,增设研究项目。建立学院教学、科研奖励机制资助科研团队与学术沙龙120余万元。资助学术会议30余万元。资助科研项目6万余元。教师培训投入5万元。奖励教学、科研等相关经费15万元。

【党建与管理】 现有15个党支部、415名党员。加强领导班子和干部队伍建设,坚持"控制总量、优化结构、提高质量、发挥作用"的总要求,全年共发展党员95名。学院分党校共开办一期党员培训班和一期入党积极分子培训班,337名学生参加了党校的学习,分党校被评为安徽师范大学"2013—2014年度先进分党校"。注重发挥先进典型的榜样和引领作用,推荐1人获评安徽师范大学终身成就奖,1人获评安徽省教育系统"师德标兵"称号,1人获评全国"三八红旗手"称号。组织"余恕诚先生追思会",开设余恕诚先生追思网,大力弘扬余恕诚先生的师德风貌和高尚人格。积极推进学习型党组织建设,选送班子成员1人参加全国哲学社会科学教学科研骨干研修班学习并获得优秀征文二等奖,推荐2名党员骨干教师参加安徽省哲学社会科学教学科研骨干研修班学习。院关工委获评学校"信息宣传先进集体"。重视校友工作,共接待7批校友返校。重视发挥教代会作用,学院在职称评审、津贴分配等方面充分尊重教代会执委的民主监督和参与的权利。全方位关心和服务离退休老同志。1人获评学校"档案工作业绩突出先进个人"。

【重要活动和事件】 1.3月,刘学锴先生新著《唐诗选注评鉴》一书由中州古籍出版社出版,此书是国家社科基金重大招标课题"唐诗学研究"的阶段性研究成果,历时四年撰写而成,选诗650首,计有290万字,集选诗、注释、集评、鉴赏为一体。

2. 3月22日，崔达送教授当选安徽省汉语国际教育研究会副会长。

3. 5月28日，选举产生出席校第十次党代会11位代表

4. 6月10日，召开“中华传统文化传承与创新研讨会暨安徽省属高校文学院院长/中文系主任协作会”，“安徽师范大学中华传统文化研究院”同时正式揭牌成立。

5. 7月25日，举行与俄罗斯米宁大学共建“中国语言文化研究中心”揭牌仪式，省委书记张宝顺出席揭牌仪式并为中心题词。

6. 8月23日，余恕诚先生因病在北京逝世。8月25日上午，余恕诚先生的遗体告别仪式在北京市东郊殡仪馆举行。原文化部部长、著名作家王蒙等学界同仁，先生的亲人、弟子和生前友好等一百多人前往参加告别仪式。9月2日上午，学校举行余恕诚先生追思会。

7. 9月10日，陈文忠教授被授予安徽省教育系统“师德标兵”荣誉称号，余恕诚先生荣获“安徽师范大学首届终身成就奖”，潘晓军和李丽芳二位老师荣获“安徽师范大学第四届青年教师教学基本功大赛”二、三等奖。

8. 10月14日，与芜湖市弋江区教育局签订国学教育合作框架协议。

9. 11月4日，在2014年“创青春”全国大学生创业大赛中，文学院作品《“秸秆起义”公益创业计划》继获得安徽省金奖后再夺国家级铜奖。

10. 11月6日，教育部中国大学生在线网络通讯站落户我院。11月中旬，江南诗社当选全国大学生文学社团联盟常务理事单位。

11. 11月，杨四平教授论文《现代中国文学海外传播与接受的差异性问题》荣获“第九届中国文联文艺评论奖”文章类二等奖。

12. 11月10日，承办国培计划教育部集中示范性短期培训项目，培训来自全国十四个省市高中语文骨干教师和优秀教研员100人。

13. 12月4日，五四爱心学校在首届中国青年志愿服务项目大赛上获得银奖。

14. 12月11日，与解放军外国语学院昆山校区共建大学生实习就业基地。

15. 12月11日，在第四届全国“语文教坛新星杯”说课大赛中，文学院两位硕士生分获初中组特等奖和高中组一等奖；12月13日，在首届全国全日制教育硕士研究生学科教学(语文)专业教学技能大赛决赛中，文学院3位选手两位获得一等奖，一位获得二等奖，带队老师获得优秀指导教师称号；12月14日，在第二届全国师范院校师范生教学技能竞赛中，文学院2012级本科生李雅雯荣获语文组二等奖第一名。

(文学院供稿)

(二)政治学院

【概况】 2014年，政治学院设有教育部高校辅导员培训和研修基地，《高校辅导员学刊》编辑部，安徽省高校思想政治理论课教师培训基地，安徽省高校人文社科重点研究基地——马克思主义研究中心，4个安徽省重点学科，5个国家级、省级教学团队和精品课程。设有马克思主义理论、哲学2个一级学科硕士授权点，马克思主义哲学、中国哲学、外国哲学、伦理学、马克思主义基本原理、思想政治教育、马克思主义中国化研究、中共党史、课程与教学论(政治学科)、教育硕士等12个二级硕士学位授权点，马克思主义基本原理、思想政治教育2个二级学科博士学位授权点，马克思主义理论博士后科研流动站。设有思想政治教育1个本科专业。学院现有教职工75人，其中专任教师63人，博士生导师10人，教授及相应职称20人，副教授及相应职称26人，具有博士学位的教师40人。在校生661人，其中，研究生257人(博士生41人，硕士生216人)，本科生404人。

【教育教学】 “房玫工作室”“丙辉工作室”“《形势与政策》课名师工作室”分获2014年安徽省高等教育振兴计划“弘扬核心价值观名师工作室”项目资助。张正光申报的高校思想政治理论课教学重点难点问题解答课题获教育部专项任务资助。“毛泽东思想和中国特色社会主义理论体系概论”精品资源共享课程等4个项目获

2013年安徽省高校质量工程项目立项。4门课程入选校本科课程考核改革试点项目。13位教师获2014年暑期社会实践优秀指导教师称号。李佳同学获第九届安徽省大学生职业规划之星(金奖)。陶寅、杨冉同学分获第五届安徽省高等学校师范生教学技能竞赛一、二等奖,同时获校第十一届师范生教学技能大赛一等奖。2项大学生创新创业训练计划获国家资助。6项大学生创新创业训练计划获校资助。8项课题获2014年本科生优秀毕业论文培育计划立项。2篇论文获校2014届优秀本科毕业论文。1篇论文获校第三届本科生科研论文大赛二等奖。

【科研与社会服务】 起草了《政治学院科研工作发展规划(2015—2020)》,在持续建设马克思主义哲学、中共党史2个省级重点学科的基础上,重点抓好马克思主义理论重点学科的建设工作,并在校级特色优势研究领域"马克思主义中国化的理论与实践"的基础上,主动设立专项课题26项。获批各类各级项目32项,其中国家社科基金一般项目1项、青年项目2项,省部级人文社科研究项目6项;出版学术著作11部,发表学术论文72篇,其中人文社会科学二级学科高水平期刊20篇。邀请知名专家讲学8人次,师生参加境内外学术会议50余人次;成功举办"开拓与创新:中国马克思主义的新发展"等学术会议。举办全省高校思想政治理论课教师培训、全省高校"形势与政策"课教师培训。承担第三届长三角高校思想政治理论课教学比赛安徽赛区选手赛前集训。编辑出版安徽省高校"形势与政策"专用教材。启动4卷本"思想政治理论课热点难点问题研究"丛书编写计划。福建医科大学思政部主任李治中研究员、南京师范大学马克思主义学院院长王跃教授等一行来学院交流。

【学科与师资队伍建设】 学院成立马克思主义研究院,"马克思主义中国化的理论与实践"获校级优势特色研究领域项目立项。新进博士2人,1人晋升教授职称,2人晋升副教授职称。1人考取博士生,2人取得博士学位。高级职称教师增加到46人,博士学位教师增加到40人。派出4位教师参加教育部举办的骨干思政课教师培训。3人在学校第四届青年教师教学基本功大赛中分获二、三等奖;2人在第三届长三角高校思政课教学比赛中分获二、三等奖。戴兆国入选教育部全国高校优秀中青年思政课教师择优资助计划,路丙辉获评全国"高校思想政治理论课教师2013年度影响力提名人物",汪盛玉荣获"全国高校思想政治理论课教学能手"称号。

招收辅导员在职攻读博士学位研究生4人。承办安徽省高校辅导员2期上岗培训、1期专题培训、1期高级研修,共培训辅导员827人。承办教育部第82期高校辅导员"网络思想政治教育"专题培训,面向全国高校培训辅导员77人。组织并完成了基地2014年招标项目鉴定、评审工作,资助出版《高校主题班会研究与实践》。承办安徽省2014年高校辅导员职业能力比赛决赛,指导安徽省三名参赛选手参加第三届全国高校辅导员职业技能大赛。承办2014年全省高校辅导员优秀论文评比。

2014年,《高校辅导员学刊》编辑部全年出刊6期共发表论文150篇,刊物发行近3 400份。参加了全国高等学校"人文社科期刊编辑业务培训暨学术发展前沿报告会"和安徽省高校学报研究会2014年学术年会。针对不同高校学生工作的特色和亮点,强化固定栏目,策划专题栏目。安徽省教育厅将《高校辅导员学刊》纳入职称评审三类学术期刊范畴。上海各高校将《高校辅导员学刊》列为"思想政治教育高级职称聘任指导性刊物目录"(全国共36种)。福建省将《高校辅导员学刊》列为思政类"核心期刊"。申请加入国际DOI中国注册与服务中心(学术期刊)会员组织,使学刊有了国际期刊身份证。《高校辅导员学刊》编辑部正式购买西安三才网上期刊采编系统,目前已投入试运行。编辑部的网页同时进行了改版。

【党建与管理】 深入学习习近平系列讲话、党的十八大、十八届三中全会和四中全会精神。将社会主义核心价值观教育进教材、进课堂、进头脑。把校第十次党代会精神的学习渗透到《形势与政策》课教学环节。成功举办分党校第二期党员培训班和第三期入党积极分子培训班。与社会接轨,组织党员到丽城社区开展志愿服务活动。根据党员发展计划,开展学生党员发展答辩工作,共发展党员30人。"理论宣讲""国学宣讲""丙辉漫谈"等党员阵地建设形成特色。利用重大纪念日和节点，开展爱院荣校、学雷锋志愿服务、美丽学院、感恩教育等主题活动，收效明显。以“三育人先进工作者”“十佳大学生”“自强之星”、优秀志愿者等评选为契机，选树了一批先进典型。积极推进关工委工作，关工委被评为校级先进关工委。始终重视退休教师工作，将退休教师的“七个一”制度逐一落到实处。积极创建合格“职工小家”。2014届本科生初次就业率达98.39%，位列全校前列。54人考取研究生，考研录取率为43.55%，名列全校文科院系第一、全校第二。以理论宣讲创新青年马克思主义者培养模式项目基层团建项目在人民网·中国共产党新闻网上展播。学院固定资产的清理和登记、办公用房的调整，以及房玫工作中心、五楼会议室、教工活动室的装修改造按期完成。

【重要活动和事件】 1.《高校辅导员学刊》编辑部承办2014年度全省高校辅导员优秀论文评选。安徽省教育厅启动了2014年度全省高校辅导员优秀论文评选活动，本次活动由安徽省教育厅思想政治工作处主办，《高校辅导员学刊》编辑部承办。编辑部高度重视此次论文评选活动，专门成立了评比组委会，制订了详细的评比方案。评比采取中国知网学术不端系统检测、初评、终评三个环节进行。

2. 戴兆国教授入选全国高校优秀中青年思政课教师择优资助计划。教育部社会科学司正式发布2014年“全国高校优秀中青年思想政治理论课教师择优资助计划”入围教师名单。经多位专家严格评审、候选人现场答辩、面向社会公示，戴兆国教授脱颖而出，成功入围。这是学院继高正礼教授、张正光教授之后第三位教师成功入选全国高校优秀中青年思政课教师择优资助计划。

3. 学院学子在第五届安徽省高等学校师范生教学技能竞赛中再展风采。2014年11月23日，历时三天的第五届安徽省高等学校师范生教学技能竞赛在合肥师范学院落下帷幕。我院2011级思想政治教育专业陶寅、杨冉同学代表我校参加竞赛，分别获得个人一、二等奖。

4. 院长高正礼出席全国首届马克思主义学院院长高端论坛。2014年11月24日，全国首届马克思主义学院院长高端论坛在清华大学举行，来自全国120余位高校马克思主义学院院长出席会议。论坛围绕马克思主义学院建设、马克思主义学科发展和人才培养等展开深入研讨，教育部副部长李卫红出席论坛并发表讲话，教育部社政司司长张东刚、副司长徐艳国等出席开幕式。院长高正礼教授作为安徽省属高校唯一一位马克思主义学院院长应邀出席高端论坛。

5. 学院推出首届“民族风情展”。2014年11月29日，学院德育研究会主办的首届“民族风情展”在花津、赭山两个校区同时展开，校党委顾家山书记、校团委梁燕书记亲临现场，观看展览并亲切慰问组织活动的同学。

6. 汪盛玉教授荣获“全国高校思想政治理论课教学能手”称号。教育部社科司正式公布2014年全国高校思想政治理论课社会主义核心价值观教学展示活动的评审结果，我院汪盛玉教授成功入选，并荣获“全国高校思想政治理论课教学能手”称号。全国高校思想政治理论课教师共有50名教师在此项教学展示活动中脱颖而出被评为教学能手，安徽省仅有2名教师获得这一殊荣。

7.《高校辅导员学刊》样刊缴送工作得到国家图书馆的肯定。国家图书馆专门向《高校辅导员学刊》编辑部发来感谢信，对编辑部自创刊以来一直及时完整地缴送样刊表达了由衷的感谢。

（政治学院供稿）

（三）法学院

【概况】 2014年，法学院设有法学、行政管理、政治学与行政学3个本科专业，法律硕士1个专业学位授权点，法学、政治学2个学术型硕士学位授权一级学科，其中宪法学与行政法学、地方政府学等8个硕士二级学科授权点招收培养研究生。法学专业是校特优强专业、安徽省综合教改示范专业和安徽省卓越法律人才教育培养基地。行政管理专业是省级专业综合教改示范点。设有“2011计划”司法文明协同创新中心设立的安徽卓越司法人才培养基地、“法治中国建设研究院”校级高端科研平台;有知识产权、经济法、诉讼法、当代中国政治发展等4个研究所;设有安徽师范大学法律事务中心、普法学校、法律援助中心。设有教学法庭(芜湖市中级人民法院第十六法庭)和电子政务2个实验室。学院现有教职工64人,其中专任教师52人,博士生导师1人,硕士生导师20人,教授5人,副教授17人,具有博士学历的教师16人。在校生1 186人,其中硕士研究生111人,本科生1 075人。

【教育教学】 召开首届教学实践与就业基地建设研讨会。探索竞争上岗与授课资格认证制度。1位教师获得校优秀教学奖,2位教师获得校青年教师教学基本功大赛三等奖。获得省级质量工程立项2项,其中应用法学实训中心获得“省级示范实验实训中心”立项建设。新增芜湖县法院、芜湖县检察院、无为县法院、芜湖市经济技术开发区法院等4个实习实践基地。设立院级教研项目17项。开展法学名家与实务专家进课堂活动。邀请中央党校政法部主任张恒山教授系统讲授了《法理学》课程和5位一线实务专家给本科生授课。特聘教授进课堂,分别获国家级和校级大学生创新创业训练计划项目立项3项和7项,获本科生优秀毕业论文(设计、创作)培育计划项目立项12项。获首届苏皖“未来法律之星”法科大学生辩论赛团体亚军,1人获得优秀辩手称号。获第六届“全国大学生版权征文”大赛二、三等奖各1个,优秀奖5个,学校获优秀组织奖。完成2013级(2月份)、2014级(9月份)卓越司法人才培养实验班招生工作,2013级卓越司法人才培养实验班首次进行暑期专业见习。继续加强“千人培养计划”联合培养研究生工作;实施研究生创新能力提升工程,8人获校研究生创新项目立项(含1项重点),16人获得院级研究生创新项目立项。编发《赭津论坛》(2014年卷)。新增法律硕士专业学位授权点,增补学术型导师3人,专业学位导师17人。获第四届安徽省优秀硕士论文1篇,获校优秀硕士论文1篇。研究生初次就业率100%,获校级“2014届毕业研究生工作先进单位”荣誉称号

实施《教师接待学生制度》,每周三下午分专业安排教师接待学生,全年教师50余人次,学生300余人次参与。1人获“校就业工作先进个人”荣誉称号。辅导员参与省校级课题2项,1人获全国辅导员论文大赛三等奖。成立大学生法律志愿服务中心,新建丽城社区、奥园社区法律服务站;举办“3·15”、“12·4”主题图片展、普法宣讲、法律咨询等活动,《光明日报》、新华网、安徽电视台等多家媒体进行了报道。组织700多名实践同学分赴全省开展“江淮普法、基层调研、志愿服务”三类社会实践活动。“江淮普法行”项目获校素质拓展精品培育项目立项。模联团队获第十一届中国模拟联合国大会比赛团体奖项“大使奖”。在第13届省运会上,3人(作为骨干成员)分别获得团体奖第二名3项,单项奖第二名2项,第四名1项,体育道德风尚奖1个;在第43届校运会上,院代表队获男子、女子团体冠军和体育道德风尚奖,打破8项校运会纪录。举办院级招聘会8次,本科生初次就业率90.25%,考研录取率22.02%。录取武警部队、公检法系统公务员及事业单位30人,选调生3人,西部计划3人,村官3人。新增青云、纬纶奖助学金以及学院优秀学生奖学金。

【科研与社会服务】 扎实推进高端科研平台建设工作,史际春教授以研究院研究员身份发表高质量的学术论文;平台设立三个研究方向,遴选校内、校外方向带头人各1人,发布课题7个,聘研究人员32人。邀请杰出校友最高人民法院审判委员会副部级专职委员胡云腾教授、教育部“长江学者”苏州大学博士生导师金太军教授、“全国十大青年法学家”北京师范大学博士生导师卢建平教授、台湾师范大学东亚系主任张崑将教授等知名教授22人次讲学。遴选8位院级学术团队带头人,设立17项院级科研培育项目。5个课题获国家社科基金资助,其中获国家社科基金年度项目2项,获国家社科基金后期资助项目3项,省部级项目4项,教育厅重点项目2项;在省级以上期刊上发表论文37篇,其中在CSSCI等三级期刊上发表论文13篇,在学校认定的二级期刊上发表论文6篇,获安徽省社会科学文学艺术出版奖著作类三等奖1项,出版学术专著2部。

安全生产培训2014年共计开班16期，培训2 100人。与芜湖市烟草专卖局合作单位开展了“法律法规”专题培训，与弋江区人社局开展了“鸠江区2014年机关事业工作人员行政素养和能力提升”专题培训合作项目；与市食品药品监督局开展了“公务员行政素养和能力提升”专题培训合作项目。承办中国联合国协会2014年人权知识培训班。

【学科与师资队伍建设】 引进博士3人。1人参加中央政法委的“双千计划”，到芜湖市人民检察院挂职公诉处副处长。2人到国内高校访学，2人到英国访学，3人到美国考察学习，2人参加高师中心网络课程学习，5人参加北京大学主办的民法课程教学高级研修班，4人参加2011司法文明协同创新中心“证据法”课程高级研修班，4人参加北京大学举办的十八届四中全会精神研讨班，34人参加国内外学术年会。2人晋升副教授，1人晋升讲师。2人获省振兴计划拔尖人才项目资助。主办安徽省高校政治学、行政管理专业与学科建设研讨会。

【党建与管理】 协助学校完成对3名试用期满处级干部考核工作，1名科级干部到弋江区人社局挂职，2名辅导员晋升副科。试行研究生发展党员“答辩制”。全年共发展党员54人。举办入党积极分子培训班、党员培训班各1期，分别培训学员93人、76人。选举参加校第一次党代会的代表6人。开展楼宇文化建设活动。1人获校首届“巾帼标兵”称号。5人接受安徽电视台采访，8人次为学校、兄弟学院做辅导报告，10人次为省政法、芜湖市政协、兄弟院校等其他单位宣讲。院“职工小家”被学校授予“先进职工小家”荣誉称号。

认真落实党风廉政建设责任制，做好群众路线教育实践活动整改活动。严格执行中央八项规定，认真落实“三严三实”要求，扎实开展院领导联系党支部、班级活动。启动党员志愿服务进社区工作。2014年，学院党委发文6件，行政发文13件，团学发文12件。

【重要活动和事件】 1. 2014年1月17日，1998级法学本科专业毕业生汪灵罡、费介华在我院设立青云助学金。

2. 2月22日，首届卓越司法人才培养实验班顺利开班。

3. 5月24日至25日，承办中国联合国协会2014年人权知识培训班。

4. 5月28日，选举产生出席校第十次党代会的代表。

5. 5月31日至6月2日，2004届法学专业毕业生毕业十周年返校聚会，捐助10 000元作为学长基金。

6. 7月，获批新增法律硕士专业学位授权点。

7. 8月，彭凤莲教授被聘请担任安徽省人民政府法律顾问。

8. 8月18日至20日，安徽省高校首届政治学、行政管理专业与学科建设研讨会在我院召开。

9. 10月20日，与芜湖市中级人民法院举行共建协议签字仪式。

10. 10月23日，与芜湖市镜湖区人民检察院签订校检共建合作协议。

11. 11月21日，举办实习、就业基地建设研讨会暨首届律师事务所、企业专场招聘会。

12. 11月29日，胡云腾教授做题为“司法改革与司法公正”的专题报告。

13. 12月5日，与安徽纬纶律师事务所签订大学生实习就业基地建立暨奖助学金协议。

（撰稿：瞿津津、王　兰、胡桂芳、许光大　审稿：马广见）

（四）经济管理学院

【概况】 2014年，经济管理学院设有经济、财务会计和工商管理3个系，经济学、财务管理、人力资源管理、市场营销、会计学、物流管理和投资学7个本科专业，拥有理论经济学和工商管理2个一级学科硕士点，与安徽工商管理学院合作培养MBA。学院设有企业发展和生态经济学2个研究所，1个经济管理实验中心（含经济学综合实验室、管理学综合实验室和会计手工模拟实验室)。截至2014年12月3日,学院有教职工76人,其中专任教师58人,博士生导师2人,硕士生导师24人,教授8人,副教授22人,具有博士学历的教师22人。在校生2 077人,其中本科生2 003人,研究生74人。2014届本科学生就业率达96%。科研水平得到进一步提升,有2名老师在管理类权威刊物《管理世界》发表学术论文,获得国家级课题1项,省部级课程5项,立项经费现已到账55.6万。

【教学工作】 2014年,学院共开设212门课程,其中专业课207门,通识教育课5门。获得省级本科教学工程项目5项。与国际认证机构和培训机构合作开办会计学ACCA班,与简柏特公司合作开办人才定制班,与国泰安公司合作,开办首届量化投资培训班,积极开展与美国西东大学合作“2+2”会计学人才培养的有关工作。同时,新增市场营销和人力资源管理两个辅修专业。多渠道安排学生集中实习,学院先后安排2014届本科毕业学生到简柏特、沃尔玛等企事业单位实习,实习总人数超过100多人次。与西安中汇会计集团合作成立圆通制工作能力培训班。强化课程实验和专业实验课程进教学进度表、进实验室。在教务处、资产处和财务处的大力支持下,对2007年建成的经济学综合实验室进行全面更新。积极参加学科竞赛,经管实验中心朱立冬主任带队参加第四届全国大学生电子商务“创新、创意及创业”挑战赛,最终获得1项全国二等奖,1项省级一等奖,2项省级三等级。张琼老师首次带队参加全国数学建模大赛。学院积极组织教师外出访学和交流,吴方、刘晶、孙丽、孙雪霞、吴秀莲等到国内一流学校访问学习。积极参与各种教学研究会议,交流经验,扩大学院影响,刘冰、孔庆洋、花冯涛、胡庆十、刘永珍、吕易、徐飞、蔡敏、胡承晨、钱瑞梅、张琼、陈小琼、许仁青、潘施琴等教师参加各种教学研讨会,提升了教师教学能力和水平,扩大了学院影响力。侯德帅参加上海财经大学举办的现代经济学研修班,徐飞参加ACCA青岛培训班,吕易参加上海国家会计学院举办成本会计培训班等。学院邀请专家来我院讲学交流,提高教师能力。聘请中烟欧洲公司董事长赵辉先生为我院学生做战略管理系列讲座。重启导师制,提高青年教师教学能力。

2014年,学院加强学工队伍建设。4人参加全国高校创业指导师培训并结业,3人获心理咨询师(三级)国家职业资格证书,2人参加安徽省高校思想政治理论课教师培训并结业。汪华伟获安徽省高校教师就业创业指导课程教学大赛金奖,孙良林获安徽省辅导员职业能力大赛一等奖,孙静的两篇作品分获安徽省青少年课题研究竞赛二等奖和三等奖,汪诚获校第四届辅导员职业能力大赛一等奖。学院获校第四届辅导员职业能力大赛优胜杯。以学生成人成才成功为落脚点,扎实做好各项日常管理教育和服务工作。学院获“2014级本科新生校规校纪考试先进集体”三等奖;校第43届田径运动会学生男团第四、女团第三、道德风尚奖;校学生乒乓球赛女双冠军、男单季军;学院分党校连续第六年获评校优秀分党校;学院第十届学生会荣获校“优秀学生会”称号;新雷锋青年志愿者协会入选8月份“感动江淮”志愿服务优秀典型,协会斩获校“十佳社团”称号;大学生创业协会获校“优秀社团”称号。28名学生获2014年全国大学生英语竞赛国家级奖项;9人在“创青春·中国联通”安徽省大学生创业大赛省级赛区中获奖;在第四届全国大学生“创新、创意及创业”电子商务挑战赛中,5人获国家级二等奖,9人获省级三等奖;两组团队8人分获大学生网络商务创新应用大赛华东区一等奖和三等奖;10人在安徽省第十三届运动会、安徽省第十三届健身操舞锦标赛中获奖;17人获第四届大学生艺术展演省级一等奖;1名学生获评校首届“爱暖师大”十佳青年志愿者;本科生发表学术论文40篇;41人获得安徽师范大学2014年本科生优秀毕业论文(设计、创作)培育计划项目立项。加强班集体建设和宿舍管理,2012级会计学专业2班、2012级人力资源管理专业2班分获校“十佳班集体”“五四红旗团支部”称号。将学生奖助勤补工作与育人和日常管理教育结合。2014年,共有1 165人次获国家奖学金、国家助学金、学校奖学金、朱敬文奖学金及各类奖助学金。1名学生获评校“自强之星”。加强本科生就业工作,继续完善、拓宽全校第一个学院就业专题网站;积极拓展就业市场,年内与3家地市级人力资源中心建立了友好联系,与3家企业建立了校企合作关系。获校2014年文明离校奖,1人获就业工作先进个人称号。

【科研与社会服务工作】 2014年，学院共申报厅局级以上纵向项目49项，立项17项。共发表论文49篇，其中三级以上论文20篇，有2篇被SSCI收录；出版学术专著1部。强化学术交流。2014年举办了全国性学术会议1次，邀请专家作学术报告3次，学院教师参加全国及地方性学术会议20余次。10月17日，华东师范大学经济地理学博士生导师、华东师范大学城市与区域规划研究院院长曾刚教授应邀在学院二楼报告厅做了一场题为《长江经济带协同发展战略初探》的学术讲座。4月12日，邀请《农业经济问题》杂志社吕新业社长来我院进行了关于农业经济热点问题探讨以及相关论文撰写指导的交流。5月31日，邀请安徽财经大学副校长周加来教授作了一场以“我国城镇化建设”为主题的专场报告。5月17日，马陵合教授应邀赴韩国仁川大学参加“中国东北地域的企业与金融”国际学术研讨会，并作了题为《清末民初东北地方外债研究》的报告；2014年10月14日，周端明教授和刘冰教授应邀参加在香港城市大学举行的“食物与可持续发展：亚洲的食物生产、消费与关系（Food and Sustainability: Production, Consumption and Food Relations in Asia）”国际学术会议，周端明教授、博士汇报了合作研究成果“资本逻辑、技术创新与农业微观经营方式的变迁”。强化项目管理力度，推进项目过程管理的常规化，共完成17项课题的结项工作，其中国家级项目1项，省部级项目6项，厅局级项目2项，完成省部级以上在研项目的中期检查上报工作。学院共参与政府决策咨询研究项目3项，并提交了相应的咨询报告。重视科研成果的宣传与推广。与《安徽日报》理论部密切合作，先后两次在理论专版上集中发表科研团队的专项科研成果，产生了一定的社会影响。首次出台并实施《经济管理学院科研成果奖励办法》，加大科研奖励力度，大力提高教师科研积极性。年终分配拿出14.36万元对35位科研成绩突出者进行奖励。其中，奖励论文成果5.94万元；奖励著作1万元；奖励横向项目0.65万元；奖励纵向项目6.77万元。

【学科与师资队伍建设】 2014年，学院通过多渠道宣传和扎实工作，共引进4名博士生。2位教师考取博士，3位教师到复旦大学等高校进修。2位教师晋升为教授，2位教师晋升为副教授。推荐4名教师增补为硕士研究生导师。学院教师的学历、职称层次均有了明显的提高。学院组织申报提升计划项目，获批7项，获批资金27万元。组织申报振兴计划5项，获批2项，获批资金45万。马陵合、陈秀庆、张廷龙、朱立冬、伍旭中、周端明、刘冰、张建华、吕易等分别到国外大学和港台大学访问交流和接受专项培训。学院重点围绕“三大平台”的建设来展开学科建设，即特色优势领域“安徽产业升级与小微企业发展”研究、安徽师范大学哲学社会科学繁荣发展计划首批重大项目“皖江区域产业升级的动力机制与发展路径研究”和安徽师范大学第二批2011协同创新中心“安徽小微企业成长协同创新中心”建设工作。初步形成了“现代农业和新型农业经营主体”研究、“小微企业成长与产业升级”研究和“现代金融创新研究”等三支研究团队，取得了一批具有较高水准的研究成果。安徽小微企业成长协同创新中心重点开展了安徽省小微企业成长调查。

【党建与管理】 2014年，学院党委充分发挥思想政治工作的核心作用，通过组织中心组理论学习、组织青年教师发展规划座谈会以及观看视频等方式引导师生深入学习党的十八届三中、四中全会和习近平总书记系列重要讲话精神，着力加强师德师风建设。认真完成群众路线教育实践活动“回头看”和相关整改任务的落实，着重加强制度的执行力度。积极配合学校，认真完成校第十次党代会的各项工作。学院分党校成功举办第1期党员培训班和第19期（校第52期）大学生入党积极分子培训班，分别对138名党员和166名入党积极分子集中进行党的理论知识培训。坚持标准，严格程序，各党支部积极发展优秀大学生入党，共接纳预备党员101名（含3名研究生党员），113名预备党员转正（含1名研究生党员）。积极推进党员发展答辩试点工作，并在下半年学生党员发展工作中全面实行答辩制。继续开展“116工程”（第五期），为学生党员的教育和管理搭建平台。加强对工会和共青团工作的领导。学院“职工小家”申报“合格职工小家”并成功获批。坚持党建带团建，通过思想引领，模范践行，规范团组织建设，创新工作机制，以不同载体对青年团员进行思想教育，搭建锻炼服务平台。

【重要活动和事件】 1. 建院十周年纪念活动。总结十年的发展成就，学院精心制作院庆十周年纪念册，全面介绍学院十年的发展历程，成为学院对外宣传的重要载体。

2. 10月18日，学院成功主办“第二届全国高等师范院校经济管理学科教学科研研讨会暨长江经济带建设专题学术会议”。

（撰稿：彭树燕、孙静　审稿：陈秀庆、李海燕）

（五）音乐学院

【概况】 2014年，音乐学院设有音乐教育、音乐表演、舞蹈表演、作曲与作曲技术理论等四个本科专业，拥有音乐与舞蹈学、艺术学理论两个一级学科硕士学位授权点。拥有“音乐与舞蹈学”省级重点学科（B类），教育部和财政部第四批全国高等教育特色学科建设点、学校“特优强”专业——“音乐学”。学院现有在职教职工91人，其中专任教师74人，正高职称11人，副高级职称24人，具有博士学历的教师7人。共有在校生884人，其中研究生175人，本科生709人。2014年录取本科新生200人、硕士研究生50人。

【教育教学】 规范本科生、研究生教学和实践管理，认真落实“三教”。创新教学方式，举办2013级舞蹈专业师生同场展示汇报会。组织各类教学观摩课、示范课近20场，完成专业舞蹈教学教室和交响乐团、民乐团教学实践场地建设工作。强化研究生专业技能培训，举办研究生毕业音乐会43场。规范研究生学位管理，全年授予56人研究生学位。

学生系统围绕成长、成才、成功主题组织开展各类教育活动20余次，无偿献血30余人次，做好典型选树工作，2011级二班获评校“十佳班集体”，2010级学生高燕获评校第十届“十佳大学生”和首届“爱暖师大”十佳青年志愿者，10名学生被中国青基会授予“优秀志愿者”称号。做好学生日常教育管理与服务，规范“奖助勤贷补”工作，实现学生工作“零欠费”，加强院企合作，提高就业质量，2014届毕业生就业率为92.35%（考研率25.29%）。

发挥实践在人才培养过程中的作用，全院师生累计开展教学性、交流性演出60余场，完成“第十三届教学艺术实践周”活动，组织教学类汇报15场次。举办“爱乐杯”等专业比赛，本科生66人次在省级以上比赛中获奖。开展社会实践，组建4支校级重点团队、17支院级重点团队，分赴江苏、河南、山东等6省、20余市（县），结合专业特色重点开展艺术支教、送文艺进军营进基层、地方音乐采风等志愿服务活动，学院连续第六年荣获校“优秀组织奖”和优秀重点团队奖。圆满完成省“星愿计划”项目，所指导的响肠镇石化希望小学在项目汇演活动中获最佳精神风貌奖。

教学成果方面，获省级教学成果奖1项，学院有1人获校“巾帼标兵”称号、1人获校“教学名师”称号，学院教师指导学生参加各专业技能竞赛共获省级以上奖项30余项。学生获省级以上奖项50余项，在全国普通高校音乐教育专业本科生基本功展示大赛中获“学校团体三等奖”1项和“个人全能三等奖”2项，在省第四届大学生艺术展演中获专业组一等奖4项等。

【科研与社会服务工作】 组织开展各级各类研究项目申报工作，获批全国教育科学规划国家一般项目1项、省高等学校质量工程项目多项、校级科研项目2项、校特色优势研究领域建设项目1项，资助经费50万元，加大教研项目申报力度，获省级特色专业1个、省级教学成果奖1项。全年共发表论文19篇，其中二级论文6篇，出版专著1部，参编译著1部；中青年教师在国际艺术节、安徽群星奖等国内外专业竞赛中获奖项近10项。

连续第七年圆满完成全省“高雅艺术进校园”活动任务，首次承担了由省委宣传部等部门联合主办的“徽风皖韵进高校”活动，与宿州市委宣传部、芜湖雨耕山文化园实业集团、工商银行、芜湖三山区等单位合作演出4场，代表学校赴武警芜湖市、马鞍山市支队慰问演出，受到安徽电视台等多家媒体专访报道。完成校教师节颁奖晚会、学生颁奖典礼、新年音乐会等演出任务30余场。承担国家级培训项目5期,完成了第十四次全省音乐统考专业加试和我校省外音乐类招生专业加试工作任务。校青年交响乐团、民族管弦乐团演出水平不断提升,成为学校服务地方经济社会发展,提升精神文化生活品质的重要载体。

【学科与师资队伍建设】 修订完善人才培养方案,完成了音乐学教师教育、音乐表演、作曲与作曲技术理论、舞蹈等四个本科专业的《本科专业培养标准》制订工作。加大人才引进工作力度,引进中央音乐学院博士1人,其他音乐院校硕士毕业生4人。做好人才培养工作,晋升三级教授1人,副教授1人,讲师2人,考取上海音乐学院博士1人,学院每年从年终分配总盘子中预留5%经费,为教师提高学历提供支持,并增设观摩学习专项经费,鼓励专职教师提升教学能力,年内有6名教师先后赴中央音乐学院、上海音乐学院等院校访问学习。严格辅导员工作制度,固化业务培训会、研讨会等学习制度,切实提高辅导员业务能力,学院获批校级辅导员工作精品项目1项,获辅导员技能大赛、优秀辅导员等奖项10人次。

【党建与管理】 学院现有10个支部,党员190人,其中在职教职工党员47人,离退休党员13人,本科生党员50人,研究生党员80人。领导班子和干部队伍建设,坚持中心组学习“跟踪”制度,全年累计开展各类理论学习十余次。加强宣传工作,全年累计发布各类信息、新闻近200条,编制宣传专刊4期,新建LED电子屏,规范做好归档管理工作。认真抓好党的群众路线教育实践活动“回头看”和相关整改任务的落实。调整优化党支部设置,配齐配强支委,规范组织生活,开展了学生党员发展工作专项检查,完成了党内管理系统维护工作。完成两期党校培训任务,全年发展教师党员1人,学生党员37人。继续加强党风廉政建设,认真贯彻执行中央八项规定,扎实开展办公用房调整、科研经费管理等专项整治工作,严格执行学校财务管理制度,坚决杜绝“小金库”,加强对招生、就业等重点领域的监管。充分发挥教代会、工会和关工委在学院建设和人才培养等方面的作用,重视党外人士参与学院民主管理等方面的作用,成立了学院首届教授委员会,新建了关工委办公室。关心离退休老同志生活,充分发挥老同志在教学督导组、关工委中的传帮带作用,建立学院80岁老教师慰问制度,开展“空巢”离退休老同志帮扶活动。

【重要活动和事件】 1. 召开年度教师代表大会。1月10日,音乐学院2014年教代会工作年会召开,学院党政领导、院教代会执委、全体教职工参加了会议。会议由党委副书记奚泰来主持。会上,党委书记王景旭从本科生培养质量、学位与研究生教育、科研与学术交流、人才队伍建设、学团工作、党群工作、经济效益等七个方面总结了2013年学院工作的成绩和不足,汇报了班子任期目标届中完成情况,明确了学院下一阶段发展目标。李叶青副院长做了《学院年度经费使用情况》的报告,详细地解读了学院在本年度的收支情况,并宣读《学院年终津贴分配方案(草案)》,解读工作量的计算办法、津贴的组成以及分配方案。

2. 我院舞蹈系主任刘丽历受邀执导温哥华第五届华人春晚。受中加国际文化艺术交流中心和温哥华春晚剧组邀请,我院舞蹈系主任刘丽历副教授加盟加拿大温哥华第五届华人春晚,担任中方导演一职。作为加拿大规格最高的华人春晚活动,“2014 The Vancouver Spring Show”得到了加拿大政府的极大支持和肯定。晚会于当地时间2014年1月4日晚在温哥华伊莉莎白女王剧院(Queen Elizabeth Theatre)落下帷幕。

3. 著名男高音歌唱家王红星来我院举办音乐会。10月9日晚,著名男高音歌唱家王红星教授交流音乐会在安徽师范大学音乐学院音乐厅举行。学院党政领导、部分教师及声乐专业学生观看了音乐会,音乐交流会特别邀请到了南京师范大学音乐学院原院长俞子正教授参加。王红星教授出生于安徽淮北地区,自幼喜爱音乐,曾获得过全国青年歌手电视大奖赛美声组金奖、中国音乐金钟奖声乐比赛金奖、意大利贝利尼国际声乐比赛第一名等多项国际国内声乐大赛的金奖,2009年入选“新世纪百千万人才工程”国家级人选,2013年获国务院特殊津贴。现任云南艺术学院音乐学院院长、教授、硕士生导师。

4. 完成2014年省高雅艺术进校园演出任务。10月13日至18日，由省教育厅主办、安徽师范大学青年交响乐团承担的安徽省2014年"高雅艺术进校园"专场音乐会在安徽工业大学、河海大学文天学院、合肥市第一中学、安徽医学高等专科学演出，安徽导视频道全程报道了活动，在社会上引起了热烈反响。

5. 完成2014年省"徽风皖韵进高校"演出任务。10月24日至27日，由省委宣传部、省教育厅、省文化厅联合主办，安徽师范大学音乐学院承担的"徽风皖韵"进高校活动在安徽财经大学、安徽科技学院举行。

6. 完成宿州市新年音乐会演出任务。12月26日，由安徽师范大学青年交响乐团承演，中共宿州市委宣传部、宿州市直机关工委、宿州市文化广电新闻出版局主办的宿州市2015年新年音乐会在宿州大剧院举行，开启共创校地合作的新模式。安徽师范大学党委书记顾家山、宿州市委书记张曙光、市长史翔、校党委宣传部部长李裕鑫等领导和宿州各界群众代表一同欣赏了音乐会。音乐会由宿州电视台全程转播，《宿州新闻联播》也对此进行了大篇幅报道。

7. 完成学校新年音乐会演出任务。12月28日晚，安徽师范大学青年交响乐团完成了学校2015年新年音乐会演出任务，在花津校区大礼堂为全校师生献上新春祝福。

（撰稿：于珊珊　审稿：王景旭）

（六）美术学院

【概况】 美术学院现有中国画系、油画系、艺术设计系、雕塑系4个系，美术学、绘画（包括中国画、油画2个方向）、视觉传达设计、环境设计、工艺美术、产品设计、服装与服饰设计等7个本科专业，其中美术学、工艺美术为省级特色专业，艺术设计为省级专业综合改革试点专业，绘画专业为校级"特强优"专业，素描课程为省级精品课程。拥有美术学一级学科硕士点（有中国画、油画、美术理论、艺术设计、书法5个研究方向）和艺术硕士（美术）专业学位（有中国画、油画两个方向）。设有美术研究所、徽派艺术研究院、设计研究院等3个科研机构，并建有素描基础实验室、中国画临摹室、油画材料实验室、雕塑工作室、陶艺工作室、视觉传达专业实验室，环境设计专业实验室，工艺美术专业实验室、电脑工作实验室、徽派艺术陈列园等实验室中心，美术展厅、陈列室面积达900多平方米。学院图书资料室现有各种藏书5万余册（包括一些中外画册），各类期刊共40个品种，非纸质资料近百种。学院现有在职教职工72人，其中专任教师57人，教授10人，副教授19人，具有博士学位的教师4人。2014年共招收研究生65人，本科生234人，目前，学院有在校生1 111人，其中，硕士研究生195人，本科生916人。

【教育教学】 本科生教学工作。教学建设方面，初步完成美术学等6个专业本科人才培养标准的编制工作和学院电子试题库的初建工作，落实大类招生，打造本科精品教育。明确教师专业归属，实施青年教师导师制。教研成果方面，获校青年教师教学基本功大赛二等奖1人，三等奖3人，获省级重点项目立项1项，另申报省级教坛新秀、校级教学名师和优秀教学奖各1人，校级课程考核改革项目3项。教学改革方面，组织"新进教师课堂教学培训会"，进行岗前再培训，评选"最受学生欢迎的青年教师"，深化课程考核方式改革，修订和完善专业考核方案，鼓励并支持教师进行教学改革和创新。教学效果方面，获全省大学生书画大赛专业组一等奖3项、二等奖4项和三等奖5项；2014年度本科生在学科和技能竞赛方面共有112人获奖100项。

研究生教学工作。积极加强招生宣传，规范研究生管理，组织进行了艺术设计专业学位点的备案工作，并自今年开始招生。加强研究生过程培养，规范教学指导、开题、论文答辩、作品展等环节，严把质量关。组织学生参加"中华传统文化与当代文明建设"长三角研究生论坛，组织学院全体研究生赴杭州观看十二届全国美展油画展、国美之路展及俄罗斯精品绘画展，组织观展学习"视界——巫俊油画展""东巡西游

——李方明作品展”，评选出张燕燕、张国英两位同学毕业论文为优秀硕士论文。8位研究生获2014校研究生科研创新立项，2位老师获教研立项。研究生总计发表论文123篇，作品入选省级展览172件，获奖2件，其中入选国家级展览8件。完善研究生招生考试办法，编制修订与完善2015年研究生招生目录。遴选出周群、余超、汪安康、王屹4位教师为专业硕士新增导师。

学生工作。2014年，学院选聘了2名专职辅导员，学工队伍获校级以上基金项目4项，校就业创业教学指导大赛获奖1人，校优秀辅导员1人，发表思政论文4篇。构建网络思想教育体系，拓宽思想教育领域和空间。注重学生日常教育和分类指导，成立“一对一”学习帮扶组，积极开展“第二届美院之星”评比活动，举办“美院艺术大讲堂”和“美院沙龙”。实施“红色工程”，加强思想引领。先后举办“我为社会主义核心价值观代言”系列活动3次，组建“青春导航”优秀大学生宣讲团开展宣讲8次；举办第2期“青年马克思主义者培养工程”培训班。推动“三个课堂”联动育人，创建“新青年”器乐社；成功申报首批素质拓展精品项目1项；举办“吾乡吾土”“高雅艺术进校园”六校联展等专业活动30余次，连续2届举办安师大“呐喊青春”音乐节；1人获校大学生职业生涯规划大赛铜奖。积极开展社会实践和志愿服务活动，开展“社区美术学校”品牌志愿服务86次，1人获“十佳青年志愿者”荣誉称号。获评校暑期社会实践重点团队一等奖1支，三等奖1支。强化日常基层团组织建设。新增新生团支部7个，并成功申请以创新项目和特色活动为重点的“五四红旗团支部”5个。本科生在2014年获得省级以上奖项53人次。1人获“师大骄子”称号；1人获“中国大学生自强之星”称号；1人获“淘宝杯”创业大赛金奖；1人获省运会女子组5 000米冠军等。毕业生初次就业率达89.7%，其中考编11人，考研20人，安徽省双优生毕业生3人。

【科研与社会服务】 科研方面。全年共获国家艺术基金项目2项，省哲学社会科学规划部级项目5项，安徽师范大学项目2项。另外，国家艺术基金集体项目一项进入第二轮答辩。发表论文26篇，出版专著16部，取得发明专利4项。全年作品入选省级以上展览23项，其中国家级16项。入选全国十二届美术大展4项，分别有油画2件，水彩、粉画1件，雕塑1件，漆艺1件。举办方力钧文献展、70年院庆教师作品展、上海大学王文杰师生作品展、安徽省第五届美术大展版画作品展、北京师范大学与安徽师范大学美术教育研讨会暨师生作品展等系列活动。编辑出版《原点精神——安徽师范大学美术学院建院70周年纪念集》《丹心育桃李 妙笔绘人生——郑震教授纪念集郑震教授纪念画册》，筹建了郑震教授纪念馆。邀请了天津美院景育民教授、华侨大学江绍雄教授、天津美术学院蔡锦教授、美国加州大学、英国提赛德大学教授等来学院作学术报告。组织教师先后3次赴杭州、无锡、合肥等地参展等。

社会服务方面。承担了安徽省美术高考阅卷、省外美术类招生阅卷、安徽省第四届大学生艺术展演作品评审和中国体育文化·体育旅游博览会艺术类作品收件，以及安徽省“第五届安徽美术作品大展·版画作品展”的承办工作。组织校考工艺美术专业招生宣传、考试工作。组织完成了2个函授本科生班、1个研究生课程班、5个国培计划项目（其中1个高职高专美术教师培训、2个中小学美术教师置换培训、2个中小学美术教师送培送教培训）、3个中小学美术教师委托培训（马鞍山、滁州）、1个工艺美术培训班等共计12个培训班的培训任务。完成国培计划视觉传达专业培训班申报工作，组织中小学幼儿园教师培训课程标准研制申报工作。承接美术类安徽省年度中小学教师全员培训工作。

【学科与师资队伍建设】 学科建设方面。完善专业布局，2014年雕塑专业实现首次招生；筹建产品设计专业，拟在明年招生；恢复版画，在绘画专业中分出版画方向；拟在明年正式开设产品设计专业，主要以特色方向（如珠宝设计、家具设计等）构架本专业的发展目标，努力培养出富有安徽地域文化特色的产品设计人才。2014年学院根据安徽省高等教育本科能力提升计划和振兴计划项目经费落实情况，实施了美术学、工艺美术专业特色建设。一是徽派艺术陈列园规划与设计（目前正在施工中）；二是图书阅览室及学院珍藏名画陈列馆的改造与建设，以及美术馆、学生作品陈列展柜等教学辅助设施的改造与建设。

师资队伍建设方面。学院从外校调入1名教授、1名副教授，引进5位应届硕士（中央美院、中国美院、天津美院、江南大学、广西艺术学院）；2人晋升教授、1人晋升副教授、4人晋升讲师；3位教师赴美国、韩国培训，2位教师赴澳大利亚达尔文大学出访交流，2位教师赴中央美院、首都师大进修，4位教师在国内进行短期学习交流培训，1位教师获安徽省高校优秀青年基金项目资助，2位新进教师在全国十二届美展获奖。

【党建与管理】 学院现有9个党支部、200名党员，其中在职教职工党员33人，退休教职工党员7人，学生党员160人。学院认真开展党的群众路线教育实践整改活动和精神文明创建活动。大力加强党风廉政建设，坚持以党风带教风促学风转作风。加强院领导班子和干部队伍建设，选优配齐了2名业务副院长。加强基层党支部和党员队伍建设，将教工党支部分设为中国画、油画、设计和管理四个党支部，选优配强支部书记；2014年开办2期党校，邀请10余位专家为学生授课。共有85名入党积极分子和89名学生党员参加了党课培训，全年发展党员47名，转正24人。认真做好统战及群团工作，充分发挥民主党派和无党派人士在办学中的积极作用，及时调整充实院关工委队伍，切实发挥院工会、教授委员会的民主治院作用，定期向教职工、民主党派和党外人士和退休老同志通报校、院发展情况，做到党务、院务公开。

（美术学院供稿）

（七）历史与社会学院

【概况】 2014年，学院现有在职教职工75人，其中专任教师61人，博士生导师16人（含院外5人），教授及相应职称15人，副教授及相应职称20人，具有博士学历的教师34人（10人在读）。现有在校学生1 328人，其中研究生304人（博士生21人、普通硕士生255人、教育硕士28人），本科生1 024人。另有继续教育类学生100多人。

【教育教学】 编制国家级特色专业历史学和其他三个应用型专业的专业建设标准；5门专业基础课程在校级本科课程考核改革中立项，完成了省级精品课程《中国近代史》的课程录像。加强教研团队建设，中国历史教学团队获批省级教学团队。获省教学质量工程4项。开展院第七届暨校2014年青年教师“微课”大赛，路幸福获校第四届青年教师教学基本功大赛一等奖，3人获三等奖，1人获“校级教学名师”称号，1人获校优秀教学奖。新增实习基地11个，其中在深圳、安庆、六安、池州等地新拓展实习实践基地7个。获国家级大学生创新创业训练计划项目立项3项，“大学生创新创业训练计划项目”立项18项，“本科生优秀毕业论文（设计、创作）培育计划”项目立项20项；获校首届研究生教育教学改革研究项目3项。

提升学生的专业素养。在第二届全国历史教育专业本科生教学技能竞赛中，荣获一等奖1个、二等奖2个、三等奖1个，并获大赛“优秀组织奖”。在第五届全国“挑战杯”大学生课外学术科技作品竞赛中，获得省级一等奖1项、校级一等奖2项。在全国大学生英语竞赛初赛（安徽省赛区）中，一等奖1人、二等奖2人、三等奖4项。获校级本科生毕业论文培育计划3项。获第六届中国社会工作大学生论坛论文二等奖2人。暑期社会实践评比中，获得优秀重点团队一等奖1支、二等奖1支；优秀调研报告一等奖3篇、二等奖3篇、三等奖2篇。注重文化育人。2012级社会工作专业获校“十佳班集体”荣誉称号，赭山史学社荣获校“十佳社团”荣誉称号，徽学宣讲营获校素质拓展精品项目。2012级社会工作安丽泽获校首届十佳志愿者。获校第43届田径运会女子甲组团体第二名、男子甲组团体第八名及体育道德风尚奖。勇夺校男女篮球、排球赛1个冠军3个亚军。获校五四红旗团支部、优秀学生会等集体表彰20余次，校级个人表彰250余次、省级及其以上奖项50余人次；募集社会人士爱心捐助5.2万元。抓好就业创业工作。芜湖市科技局党委书记、局长杨少华在花津校区为师大学子们做了名为“励志点亮人生，创业成就未来”的就业讲座。本科生就业率达95.5%、考研录取率达23.45%。获2013—2014年度本科生就业先进学院。

研究生获省优秀博士、优秀硕士论文各1篇。67人次获研究生国家奖学金、省优秀古籍整理奖、朱敬文奖助学金、华藏奖学金、优秀研究生奖学金、2014年度安徽省普通高等学校品学兼优毕业研究生。6人参加民政部“三区”支援项目。成功申报13项校研究生科研创新与实践项目。获首届“我和我的导师”研究生羽毛球赛优秀组织奖，校第五届研究生趣味运动会团体总分第三；获第七届“先锋杯”研究生学术论文大赛二等奖和三等奖各1名，首届全日制教育硕士专业学位研究生教学技能大赛一等奖1名。“安徽省家风、家训调查与研究”研究生校级暑期社会实践重点团队开展暑期实践活动，并由王世华教授主持编写近11万字《徽商家风》于9月上旬出版。认真开展“三助”工作，成功申报助管25人、助教20人、助研22人，我院2014级新生共109人(含博士7人)中，“三助”申报学生占新生比例61.2%。

【科研与社会服务】 “中国区域文化研究院”网站开通，“徽学研究”入选校首批特色优势研究领域；纵向课题立项12项，其中首次获国家社科基金重点项目1项，国家社科重大项目子课题1项，中国博士后科学基金第七批特别资助项目1项，省规划办首次设立的历史文化专项课题立项2项；出版学术著作7部，发表学术论文65篇，三级以上论文16篇；获省人文社科奖一、二、三等奖各1项，民政厅“安徽社会组织发展”理论研究课题三等奖3项；承办中国社会工作教育协会苏皖片区第六届年会和安徽省历史学会2014年年会暨换届大会，协办两岸四地朱子教育思想与当代教育学术研讨会暨儒商经贸论坛、第十五届中国社会史学会年会暨“中国历史上的生命、生计与生态”国际学术研讨会；支持教师30余人次参加国内外学术会议，邀请国内外知名专家讲座17场。

完成合肥市68位历史教师的培训任务。与芜湖市宗教局联合举办首届宗教教职人员成人高考补习班，成功录取51人；顺利中标“民政部2014年福彩公益金社会工作培训项目”，组织社会工作师考前培训600余人。主持中国社会状况综合调查(CSS)安徽项目、中国综合社会调查之中国老年追踪调查(CLASS)、民政部公平发展公共治理、中国宗教调查(CRS)、新芜经济开发区企业青年职工工作满意度调查、市公安局群众安全感和公安工作满意度评价等调查活动；开展首次全国可移动文物普查工作，鉴定的博物馆文物1 630件(套)的资产清单及照片上交学校。

【学科与师资队伍建设】 重新修订社会工作、学科教学(历史)及非全日制教育硕士培养方案和论文指导标准。中国古代史博士点校内评估获优秀。首次承担留学博士生培养工作。积极组织申报MPA专业学位，引进博士7人，4位教师分别赴北大、中国社科院、华东师大和南京大学访学，4位教师出国访学和参加学术会议。晋升教授1人、副教授3人，中职7人，3人考取博士研究生。由清华大学张国刚教授、中国社科院历史所卜宪群教授和山东大学陈尚胜教授为首的“中国传统文化与中外文化交流研究”团队获安徽省振兴计划高校人才团队引进项目立项。获第四届全国教育硕士优秀教学管理工作者和优秀教师各1人。

【党建与管理】 认真做好群众路线教育“整改方案”的对账销号工作；认真办好院首届学生党员教育培训班，培训党员115名，学院分党校被评为2013—2014年度先进分党校，6位同学被评为优秀学员。在院第20期入党积极分子培训班中，培训学员107名，5位同学被评为优秀学员；开展学生党员发展答辩制试点工作，全年共接收61名学生为中共预备党员，接收62名预备党员转正；重视党员和干部队伍建设，1人到地方挂职县教育局副局长结束；继续做好档案工作，上交校档案馆档案243卷，学院被评为2014年度先进集体；认真做好统战、工会、关工委和退教协工作，顺利召开院第一届教代会2014年年会，定期向广大党员和教职工通报党费、学院经费的管理与使用情况，积极推进党务、院务公开。

推进科学管理。健全和完善学院的各项工作制度，组织修订《历史与社会学院经费管理与使用规定》等10余项工作规定和办法；进一步优化学院内部治理结构，对班子成员、党政管理和实验教辅、政治辅导员和教学科研等类人员，根据相关规定和岗位履职情况，启动分级分类考核和评价，并在年终津贴分配中予以适当体现；做好各项经费预算与管理、教职工岗位聘期考核和年度考核、固定资产的自查和清理、办公用房调整、空调进高校等常规工作。

【重要活动和事件】 1.4月18日至20日，成功举办第二届全国高等师范院校历史教育专业本科生教学技能竞赛。来自华东师范大学、东北师范大学、华中师范大学、陕西师范大学、西南大学及相关省属重点师大等48所高等师范院校的146名学生同场竞技，竞赛还吸引了省内外部分单位观摩。

2. 11月，徐彬教授申报的《明清徽州传统家训资料整理与优秀家风研究》获批国家社科基金重点项目。这是我院获得的首个国家重点项目，该项目的立项进一步丰富了我校徽学研究的项目类型，形成了国家社科"两个重大""一个重点"和一般项目26项相互支撑的局面。

3. 5月19日，全国招标信息网公布，民政部社会工作专业人才培训基地（安徽师范大学）在民政部2014年福彩公益金社会工作培训项目（B0708－CMC14N8002）招标中中标。11月10日，安徽省2014年度福彩公益金社会工作培训项目在我校顺利开班。安徽省民政厅党组成员、省老龄办专职副主任张文达、安徽师范大学副校长李进华、芜湖市民政局副局长刘萍、安徽省民政厅社会工作处陈莉莉等出席了开班典礼。11月10日至16日在赭山校区8607录播教室举办了为期7天的社会工作实务能力培训，来自安徽省16个地市的80名一线社工参加了培训。

4. 12月13-14日，成功举办中国社会工作教育协会苏皖片区第六届年会。苏皖片区30多所高校社工专业教师及我校社会工作、社会学、公管专业师生出席会议。安徽省民政厅陈超英副厅长、安徽省社工协会陈文华会长、芜湖市民政局李达志副局长、中国社工教育协会副会长史柏年教授、美国南加州大学社工学院齐铱教授、萧夙真副教授、Michal Sela-Amit副教授、黄霄柠讲师及省内外部分社工服务机构负责人应邀参会。

5. 8月23日至24日，成功协办"两岸四地朱子教育思想与当代教育学术研讨会暨儒商经贸论坛"。来自安徽、福建、江西、台湾、香港等地专家学者、企业家100余人参加了本次会议；2014年11月22日，由安徽省徽学学会主办，安徽大学徽文化传承与创新中心承办的"安徽省徽学学会第四次会员代表大会暨2014年学术年会"在安徽大学召开，我院王世华教授担任该会第二任会长；12月20日，我院举办"安徽省史学会2014年年会暨换届大会"，十余家省内高校和研究机构的近百名代表参加了本次盛会。大会一致通过了新一届学会领导候选人推荐名单并进行了换届选举，新任会长由我校党委副书记李琳琦教授担任，我校经济管理学院院长马陵合教授、我院院长徐彬教授当选为副会长。

（撰稿：胡婷、刘丽　审稿：王如意、徐彬）

（八）教育科学学院

【概况】 2014年，学院现有教职工93人，专任教师70人，其中教授20人，副教授30人，30位教师拥有博士学位。教师队伍中，"新世纪百千万人才工程"国家级人选1人，安徽省学术与技术带头人3人，安徽省学术与技术带头人后备人选3人，"皖江学者"讲席教授1人，省级教学名师1人，安徽省高校中青年学科带头人5人，安徽省中青年骨干教师3人。专任教师中，博士生导师5人，硕士生导师40人。在校全日制本科学生900余人，各类研究生600余人，在籍本、专科函授学员4 400余人。学院常年承担各级各类培训任务，涵盖国培、省培、地市委托培训等。学院目前已在教育政策、课程与教学、教师教育、高等教育、心理健康教育、创新与认知心理、心理测量与评价、学习与发展心理、信息技术教育、青少年媒介素养等学科领域，形成结构合理的学术研究团队。

【教育教学】 学院坚持以提高人才培养质量为根本目标，以建立高水平的教学团队为主要途径。在学院举办的第二届青年教师微课教学基本功大赛中，13人获奖。在校第三届青年教师教学基本功大赛中，3人获奖。学院加大了国家级、省级质量工程项目的申报和建设工作。质量工程及振兴计划项目建设集中检查验收学院国家级特色专业“教育学”、省级教学成果项目“服务引领型”教师教育人才培养体系的实践应用、省级精品课程《现代教育技术学》、省级重点教研项目“大学生学习方式与自主创新能力培养的实践研究、省级重大教学改革研究项目“提升高校青年教师课堂教学能力的实践研究”等通过了阶段性检查和结题验收。省级质量工程通过项目“名师（大师）工作室”、精品资源共享课程“现代教育技术学”、教学研究项目“基于Transana平台的高校教师专业发展视频案例分析研究”。教育技术学专业与美国约翰逊大学合作办全校首个教育部批准中外合作现代教育技术硕士双学位。吴玲教授荣获安徽师范大学教学名师荣誉称号。朱家存、王守恒、周兴国主编的《教育学》教材获“十二五”普通高等教育本科国家级规划教材第二次遴选推荐。李宜江指导的《分层教学与初中生全面个性化发展》、王道阳指导的《大学生择偶观的心理学分析》、张更立和王成刚指导的《孤儿教育救助问题的调查研究》入选校级大学生创新创业训练计划2014年校级大学生创新创业训练计划项目。

学生工作方面。学院继续坚持“三课堂”联动，积极鼓励学生参与暑期社会实践。院学生会被评为2014年度“优秀学生会”，大学生心理研究会被评为“十佳社团”，周玉平荣获校第十届“师大骄子”十佳大学生，古孜丽努尔·艾尼瓦尔荣获2014年度“中国大学生自强之星”标兵称号，在全国大学生英语竞赛NECCS安徽赛区决赛中，张泽西等多名同学均获得C类一等奖；2012级刘梓先、康侦艺等同学获得大学生创新性试验项目国家级立项，何二林、严雅琴同学在校第三届本科生科研论文大赛中分获二等奖和三等奖。院舞蹈队同学参演的舞蹈《呼唤绿荫》代表学校参加省第四届大学生艺术展演获舞蹈类二等奖。

研究生教育方面。学院完成2013级教育硕士74名、2014级普通硕士研究生149名（学术型69名，专业学位80名）、博士生2名的招生任务。完成2014届143位普通硕士研究生、34位教育硕士、4位同等学力研究生申请学位资格审查、学位论文盲审、答辩工作。按期完成2013级全日制研究生、2012级教育硕士和同等学力学员的论文开题工作。强化学位论文学术规范的检测，协助学校对所有申请学位论文进行学术不端检测。安排2013级全日制专业学位的实习任务，开展优秀实践成果奖评选。在高年级研究生中，选聘品行端正、政治立场坚定、综合素质较高的优秀研究生担任2014级研究生兼职辅导员。学院研究生喜获1项2014国家科协科普课题，这是连续四年在该项目评审中获得资助，同时也是我校此次申报中唯一入选的项目，创学院该类项目资助历史成绩新高。6篇学位论文参加校级优秀硕士学位论文评审。13位同学在校首届专业学位研究生教学技能大赛决赛分获特等奖、一等奖、二等奖、三等奖。4位同学在校第七届“先锋杯”研究生学术论文大赛分获一等奖、三等奖。6位同学在2014年度研究生科研创新与实践项目中获得资助。20位同学参加7月上海市研究生学术论坛暨第一届长三角教师教育联盟研究生学术论坛，4位同学参加2014长三角中华优秀传统文化与当代文明建设研究生学术论坛。制订学院《毕业研究生就业工作奖励暂行办法（试行）》。学院在校第八届研究生科技文化艺术节活动中获优秀组织奖。在首届“我和我的导师”羽毛球团体比赛中获得第一名。在校第五届研究生会干部“趣味运动会”上获团体总分第六名、最佳组织奖等奖项。研究生会举办首届“赭麓·求索”研究生学术论坛。

【科研与社会服务】 全院教师申报各类课题百余项，共有15项课题获准立项。其中国家社科基金2项，省部级课题6项，厅级项目7项，横向项目2项。共获纵向和横向项目经费72.75万元。2项全国教育科学规划教育部重点项目顺利结项。教师发表论文111篇，其中一级论文2篇，二级论文6篇，CSSCI收录10篇，获学校突出业绩成果11篇。1位教师在SSCI发表论文1篇，1位教师在《教育研究》发表学术论文1篇，1位教师在《中国教育报》理论版头条发表2篇论文；共出版著作10本。共获省部级以上政府奖励3项，其中安徽省社会科学文学艺术出版奖（社科类）二等奖2项，三等奖1项；14位本科生同学被国家知识产权局授权专利，数量居文科学院第一。学院加强科研团队和科研制度建设，出台了《关于进一步加强科研课题申报工作的意见》(院〔2014〕10号)。学院邀请国内学者讲学交流16场次，派出60余人次参加境内外各种学术会议。学院牵头申报的安徽省教师教育协同创新中心，获批省级协同创新中心。中心成功开发了省内首个教师教育慕课平台——教师教育慕课网(www.9iteacher.com)，设计开发了安徽师范大学首个公共课移动教学平台——《现代教育技术》移动在线教学系统V1.0；中心与芜湖市弋江区教育局举行深度合作座谈会，积极筹建教师教育协同创新实验区。中美合作现代教育技术硕士教育项目喜获安徽省中外合作办学示范项目。建成全校首个教师能力训练中心。省人文社科重点研究基地教育改革与发展研究中心发布并立项了年度招标课题3项，首批资助了4部学术著作出版。学院组织专家积极参与《关于建立健全高校师德建设长效机制的意见》《教育部关于实施卓越教师培养计划的意见》等全国性教师教育政策性文件的意见征集工作，所提的政策建议部分被吸纳；制订了教师教育专业评估认证办法及实施方案，并且被安徽省教育厅采纳；积极参与团省委、省少工委《关于进一步加强少先队辅导员队伍建设的若干意见》的研制工作，所提建议稿已经被采纳。2014年中央编办、教育部、财政部颁发了《关于统一城乡中小学教职工编制标准的通知》(中央编办发[2014]72号)，经过比对，学院团队2012年提交的有关城乡统一的教职工编制标准政策建议稿主体部分均已被采纳。

学院成功申报2014国培项目6项，项目数位于全校前列。举办少先队辅导员专题培训，受众达300余人。积极推荐多名专家赴教育部参加全国教师资格考试命题工作，参与全省教师入编考试大纲的研制和相关命题工作，参加省中小学教师资格考试面试考核政策的研制；积极自主举办心理健康指导师培训及中小学校长干训市场；做好自考助学及函授教学等成教工作，完成自考阅卷、成考阅卷、教师考编阅卷任务。成功获评年度校级唯一"模范教工小家"。

【学科与师资队伍建设】 学科与学位点建设方面。学院细化学位点负责人制度条例，完善师生双向互选、专业学位双导师制。定期召开学位点建设及研究生培养工作研讨会。不断完善《研究生学位论文评审管理办法》，严格规范学位论文的开题、中检、预审、盲审和答辩等环节，严把论文质量关。协助学校对年内新增和续聘专业学位研究生外聘指导教师进行业务培训。学院共有5位导师获得2014年度研究生教育教学改革研究项目资助。

师资队伍建设方面。学院教师海外研修常态化，青年教师深入中小学制度化。年内，选派1名青年教师赴美国西南大学访学、1名青年教师赴纽约城市大学皇后学院认知神经科学实验室研修访学。向"三附"、芜湖市育红小学等单位派驻3名中青年教师挂职；组织教师教育专业负责人2名赴美国西东大学、阿肯色大学等高校进行培训和教师教育考察活动。年内，1位教师晋升教授，1位教师晋升副教授，2名教师考上博士。

【党建与管理】 学院坚持党委中心组学习制度和党政联席会议制度。学院有6个教工党支部，6个学生党支部，在校学生党员203人，教职工党员85人(在职教职工党员65人)，分别占学生和教职工总数的18.0%和63.9%。院党委讨论并制订了《关于在我院教工党员中开展"三学三比三评"活动的通知》，在教工党员中开展"三学三比三评"活动；在学生党支部中实行"双百计划"，各学生党支部在理论学习的同时也开展了丰富多彩的实践活动，多举措开展党员民主评议工作，增强学生党员进步新动力。3月，院首期学生党员教育培训班开班。院党委坚持将党校培训班结业典礼与预备党员宣誓大会合并举行，将新党员宣誓活动制度化。院党委进一步完善学生党员发展答辩制，不断对《教育科学学院发展大学生党员公开答辩制度实施办法》进行修订。院党委创新形式加强青年大学生思想政治教育，开展了寻找身边的"星"雷锋活动，落实精神文明创建工作。一年来，院党委深入贯彻落实党风廉政建设责任制，深刻领会"八项规定"的精神实质，积极开展廉洁教育和"四风"建设，落实主体责任。

【重要活动和事件】 1. 我校首个中美合作硕士培养项目(现代教育技术)落户我院。

2. 教师教育协同创新中心成功获批省级“2011协同创新中心”。

3. 我校首个教师教育MOOC网成功上线。

（撰稿：柳丽娜、卞纲要、张景慧、过婴宝、孟庆娟、龚伟　审稿：刘晓宇）

（九）外国语学院

【概况】 2014年，外国语学院设有英语、俄语、日语、法语等4个本科专业和大学外语教学部，拥有英语语言文学、比较文学与世界文学、课程与教学论（英语）、翻译硕士、学科教学（英语）等5个硕士学位授权点。拥有1个校级重点学科（英语语言文学）。设有外国语言文学研究所和俄罗斯语言文化研究中心。学院现有教职工154人，其中专任教师136人．博士生导师2人，教授及相应职称9人，副教授及相应职称25人，具有博士学历的教师14人，省学术和技术带头人1名，省学术和技术带头人后备人选1名，省高校中青年学科带头人1名。在校生1 254人，其中硕士研究生216人，本科生1 038人。

【教育教学】 本科生专业外语教学工作。编制英、俄、日、法各本科专业人才培养标准；探索实施专业负责人和课程组组长制度；加大各专业核心课程和新开课程建设；推进电子试题库建设工作；年内7月21日至30日举行下诺夫哥罗德俄罗斯语言文化夏令营文化交流。开展夏令营等活动，促进日语、俄语专业对外交流；实施“卓越中学英语教师培养计划”；遴选卓越中学英语教师实习基地；探索应用型翻译人才培养模式；加强英语学科教学论团队建设；推进毕业论文设计改革，增大翻译实践与反思类论文写作比例。校第四届青年教师教学基本功大赛5人获奖；获批校级本科课程考核改革项目、安徽省教育科学规划课题、安徽省质量工程项目各1项，获评安徽师范大学教学名师1名。8人荣获学生专业技能比赛指导证书。获批“本科生优秀毕业论文培育计划项目”20项；“大学生创新创业训练计划校级15项，其中国家级3项；校第三届本科生科研论文大赛获奖12人，我院获组织奖。“2014年全国大学生英语竞赛”17名英语专业学生获B类（专业组）国家级奖项；俄、日、法专业5名学生获C类（非专业组）三等奖；1名英语专业学生代表我校参加第二届全国师范院校师范生教学技能竞赛获三等奖；2名英语专业学生参加“外研社杯”全国英语演讲比赛和写作比赛安徽省复赛，分获二、三等奖；2名英语专业学生参加第十一届中国模拟联合国大会，夺得“大使奖”；2名俄语专业学生参加全国俄语大赛，1人获复赛第14名，并获国家资助赴俄两年攻读硕士学位资格；俄语专业学生参加第六届全球俄汉翻译大赛，6人获奖，我校获优秀组织奖第一名。

大学外语教学工作。通过采用“C-learning（面授课）+E-learning（网上课）”的混元式教学模式，促进学生英语综合运用能力和自主学习能力的全面提升。与此同时，大学英语积极推行多形式、多阶段、多类别、多种评定方式的考核制度，构建并实施课程过程性考核指标体系，实行每月网络自主学习考核成绩通报制，加强学生过程学习的考核与评价。我校四级通过率由原先的25.72%，上升到今年的78.15%。有近300名学生在全国大学英语竞赛中获三等以上奖项。特等奖总数连续4年位居全省各类高校之首，其中非英语专业本科生特等奖数占全省特等奖总数的近1/3。韩文锴同学在2014年全国大学生英语竞赛总决赛暨全国大学生英语夏令营活动中，获英语风采大赛一等奖（第一名）、英语辩论赛二等奖和英语演讲比赛三等奖，综合成绩在我省参赛选手中位列第一。赖力同学获英语辩论比赛三等奖；闻天同学被评为“优秀参赛选手”。韩文锴同学在“外研社杯”全国英语演讲大赛安徽赛区比赛中获二等奖，李泽兵同学在“外研社杯”全国英语写作大赛安徽赛区比赛中获三等奖。杨元老师在“第二届外研社‘教学之星’大赛”中获三等奖；陈丽、张小琴、丁广华、周昆翔等老师荣获安徽师范大学第三届青年教师教学基本功大赛二等奖。6名教师获高校大学外语教学指导委员会和高等学校大学外语教学委员会颁发的全国大学生英语竞赛B

类、C类、D类特等奖指导荣誉证书；2名教师获“外研社杯”全国英语演讲大赛和全国英语写作大赛指导奖。教师课堂测评成绩均在80分以上。获国家社会科学基金青年项目、振兴计划重大教学改革项目、全国高校外语教学科研项目各1项，获校级课程项目2项。

研究生教学工作。调整专业学位课程体系；建成翻译硕士口、笔译实验室；积极推进专业学位研究生双导师制，建立实习基地6个；进一步规范中期考核读书报告制；成功申报“2014年度研究生教育教学改革研究项目及研究生科研创新与实践项目”6项；获校级优秀论文2篇，申报第四届全国优秀教育硕士专业学位论文评选工作2篇。研究生“博约论坛”开展系列活动8次，第七届“先锋杯”研究生学术论文大赛2人获奖，首届“我和我的导师”羽毛球团体比赛获三等奖，全日制教育硕士专业学位研究生教学技能大赛2人分获特等奖、一等奖。第五届研究生会干部“趣味运动会”中获“最佳组织奖”。组织研究生参加安徽省社科界第九届学术年会征文，6人获奖。2014年校学生专利发明大赛获优秀奖2人。全年发表学术论文62篇。

推进教育专题化和班会主题化，引领学生践行社会主义核心价值观。以专业发展为导向，坚持三个课堂联动，组织学生申报创新创业训练项目，共获批国家级4项、校级9项。积极开展社会实践活动，暑期社会实践活动中获评校级优秀重点团队二等奖一个，优秀指导教师3名，学院获暑期社会实践优秀组织奖。重视典型选树，发挥榜样引领作用，2012级英语（非师范）1班获评校十佳班集体。积极推进思想工作进公寓、进网络、进社团，印发学院思政工作进公寓管理试行办法，4个学生宿舍被评为校级文明宿舍标兵。“2011级日语专业徐莉被评为第五届校”自强之星，利用暑期开展家庭经济困难学生回访工作。高度重视毕业生就业工作，推行毕业班“1+X”党员联系人制度，2014届毕业生实现充分就业，考研录取率23.57%，实现连续两年增长，学院荣获就业工作年度先进单位。加强对学生组织的指导，英语之角协会、翻译协会分别被评为校“十佳社团”“优秀社团”。重视辅导员队伍建设，选派辅导员参加职业指导师、创业指导师和心理咨询师等职业资格考试，学工队伍相关工作项目获校级立项4个，省级立项1个，1篇论文获全国辅导员论文评比二等奖，11人获校级以上表彰。

【科研与社会服务】 以校哲学社会科学繁荣发展计划重大培育项目、优势特色领域项目为基础，多次邀请校内外专家指导，推进学科建设。积极申报各级项目46项，立项10项，其中国家社科1项。4项省部级以上项目进行了开题和中检，1项国家社科青年基金项目和1项教育部人文社科青年基金项目结项；“十一五”以来各类纵向科研项目结项26项；认真学习国家科研经费、科研行为等各项管理办法，做好科研经费自查自纠工作；发表学术论文47篇，其中专业高级别论文10余篇，是“十二五”以来最为突出的一年，出版译著6部，首次突破安徽省社会科学文学艺术出版奖，获论文二等奖1项。组织参加国内重要学术会议6次50余人次，邀请全国著名学者来学院作学术报告13次，其中11月“学术月”系列活动举办学术讲座及专题辅导8次。

以社会需求为第一要素，不断拓展社会服务，认真组织、精心实施，成功申报2014年全国示范性国培项目（初中教师、培训机构、高校教师、英语教研员、优秀青年教师成长助力研修3年）5项，学员来自全国16省市，参训学员250余人；成功申报安徽省义务教育中小学骨干教师置换脱产研修项目2项，参训学员100余人；我院是省内为数不多的“PETS”考点之一。进一步加强对外交流和合作，与弋矶山医院合作举办涉外医生口语强化班，历时半年，受训人员80余人；完成了寒暑假成人继续教育、实践性环节考核等常规性教学工作，先后承担全省自学考试、6月、12月英语AB级专科考试、成人高考、对口招生、特岗教师招聘及新任教师招聘考试等阅卷工作，阅卷约35万份。

【学科与师资队伍建设】 学院分别从纽约州立大学布法罗分校第二语言教育专业、法国帕斯卡大学法语专业共引进2名博士毕业生，从上海外国语大学英语语言文学专业、南京师范大学法语语言文学专业引进2名硕士毕业生充实英语专业和法语专业师资队伍；在职攻读博士学位已毕业回校2名（英语语言文学专业、比较文学与世界文学专业各1名）；国内高校进修2

名、美国高校访学1名；1名讲师聘为副教授、4名教师和1名辅导员聘为讲师。

【党建与管理】 学院坚持学院中心组学习制度和党政联席会议制度，制订年度学习计划。加强党风廉政建设，领导班子带头认真学习党风廉政建设有关规定，严格执行《廉政准则》；严格执行谁分管谁负责的制度，强化“一岗双责”的风险防控机制。加强基层党支部建设；开展支部书记换届改选工作，选优配强支部书记。认真做好组织发展工作，共发展党员61人，其中青年教师党员1人。加强分党校建设，举办了一期入党积极分子培训班和一期学生党员专题教育培训班，共有98名入党积极分子和101名党员参加了培训，获评年度先进分党校。加强宣传和思想政治工作，积极发掘师生典型。重视统战、离退休和关工委工作，获评全校关心下一代信息宣传工作先进集体和先进个人。积极发挥党外人士和离退休老同志的作用，创建和谐学院。重视档案管理工作，按要求做好档案归档工作。

（外国语学院供稿）

（十）体育学院

【概况】 安徽师范大学体育学院成立于1993年10月，前身为始建于1957年的安徽师范学院体育科。现有体育教育、舞蹈表演、社会体育指导与管理、运动训练和休闲体育等5个本科专业，拥有体育学一级学科硕士点、体育硕士专业学位等2个硕士学位授权点，1个二级学科博士点（运动生物学）。设有1个实验教学中心，1个学生体质健康测试中心以及2个研究所。现有教职员工146人，其中专任教师125人，教授20人，副教授62人，硕士生导师36人。安徽省学术和技术带头人2人，省学术和技术带头人后备人选4人，安徽省高校拔尖人才1人，有国际级裁判1人，国家级裁判10人。现有运动场地总面积为160 153平方米，其中室内场馆30 000多平方米。在校本科生1 263人，各类硕士生212人。

【教育教学】 学院以人才培养为中心，规范日常教学运行与管理，不断深化专业建设与教学改革。2014年，休闲体育专业获批招生，社会体育（体育表演）专业调整为舞蹈表演专业，在艺术类招生；学院加强核心课程和教学团队建设，撤消原有教研室，成立课程组，实施课程负责人制度；本年度学院教师参编专业教材8部，其中高教社5部。加强听看课查检力度，实施专业实践课教考分离制度，全年教师零违纪。学院新增专业实习基地4个。学生获第十一届师范生教学技能大赛二等奖1项、三等奖1项，获立国家级创新创业训练计划1项，本科生优秀毕业论文培育项目10项。学院落实青年教师导师制度，在校青年教师教学基本功比赛中获得二等奖1项、三等奖5项；选派青年教师参加各类专业培训学习10余次。在大学体育教学中，制订切实有效的规范管理制度，实施学生成绩考评的“三个统一”，大学生体能素质得到有效控制，积极锻炼意识得到提高；同时加强课程组负责人制度，不断选派青年教师外出培训，构建《安徽师范大学新型体育课程建设方案》，拓展大学生选项内容，完善课程大纲，丰富教学内容体系。在研究生教育教学中，全年邀请10多位国内知名专家学者莅临讲学，发挥校外导师和联合培养基地的优势，共有7名学生获校研究生科研创新与实践项目立项，81名硕士研究生顺利获得学位。

学生工作中，体育学院坚持育人为本、德育为先的理念，以“三个课堂”联动为抓手，结合实际，开展系列活动，取得良好成效。制订了《体育学院突发事件处置预案》《体育学院领导班子联系班级工作制度》等系列规章，成立基础文明创建办公室。巩固学生党建三级培训机制，建立学生党员活动室，开展学生党员宿舍挂牌、床位展示工作，全年共发展学生党员69人。实行寝室安全卫生、教室课堂秩序检查周报制，实行辅导员定点巡考制度；在全校率先发起“禁摩”倡议。积极募集社会资金，继陶绍新助学金后又成立“晋涛”助学金，累计争取社会捐资助学110万元；继续实现“零欠费”目标；院领导带队共15人次实地回访困难生。制订《体育学院毕业生就业工作奖励办法》，组织了首届专场招聘会，累计提供400余岗位，打造创业教育“三全”模式。全年完成30余项素质拓展活动的规划、实施及认证工作。继续打造暑期社会实践特色品牌，组织编写《“阳光体育”教学指导手册》；加强新生入学系列教育，实施“结对帮扶”计划等。2014年，球类协会获评“全国百佳体育公益社团”、中国大学生快乐健康发展挑战赛优秀组织奖，学院获评校暑期社会实践优秀组织奖。涌现出全国大学生健身健美邀请赛（华东区）健美小姐冠军方萍、省大学生职业规划设计大赛金奖获得者张晓羽、校“十佳大学生”李梦莹、校首届“十佳志愿者”黄彦锴等一批先进典型。

【科研与社会服务】 学院加大投入，多措并举提升教师科研参与积极性。2014年，获得厅局级以上立项课题27项，其中国家级重大子课题1项，省部级课题5项；另有3项横向研究项目，课题经费57万元；完成了国家社科基金项目等24个项目的结项工作。共发表学术论文64篇，其中，一级论文9篇，二级论文10篇，三级及以下论文45篇；共出版专著5部，其中，导向性出版社专著1本，一般出版社专著4本；在教师专业成果、实践业绩方面共获243项成果。荣获2011—2014年安徽省体育社会科学研究先进单位称号，2人获得省级优秀成果奖。在校特色优势研究领域建设项目支持下，组建了体育产业资源管理与开发、公共体育服务、民俗体育资源保护与开发三支科研团队。共邀请国务院学位委员会体育学科建设评议组成员、国家社科基金评审专家周爱光教授等18位专家来院举办学术报告、专题讲座和学科发展座谈等活动。社会服务工作中，受教育部体卫艺司委托，选派30名研究生赴湖北省进行4个地市、78所中小学、6所高校开展学生体质健康标准的抽查复核工作。

【学科与师资队伍建设】 按照学校发展方略，学院稳步推进学科与师资队伍建设。2014年，学院调整专业结构和招生规模，开展新专业休闲体育的招生培养论证工作，修订完善新调整专业舞蹈表演Ⅱ的招生考试内容和人才培养方案。落实校院两级管理体制改革要求，进一步完善学院教师职称评审推荐办法；制订和实施体育学院关于教职工外出进修、业务学习、教学奖励、参加学术活动、申报项目和奖项等多项激励措施，鼓励教师从事教学和科研；健全学院外聘教师、临时用工人员等人事管理制度，提高工作效能。回校工作博士2人，在职攻读博士学位8人；新晋升教授2人、副教授2人，现有教授20人、副教授62人；入选安徽省学术和技术带头人及其后备人选各1人。选派8名教授、副教授担任青年教师导师，开展青年教师传帮带；改善硕士生导师科研工作条件，增加经费投入，全年专项科研配套经费总投入20多万元。关心支持广大教师外出进修学习，3人赴美国大学培训学习，2人赴澳大利亚达尔文大学孔子学院指导教学，2人赴北京体育大学进行高访；近20位教师参加国内6个项目的短期培训。

【党建与管理】 坚持院党委中心组理论学习制度，全年集中学习8次。落实院党委会、党政联席会和“三重一大”等决策制度，贯彻执行民主集中制原则；坚持院领导联系班级、院党委委员联系党支部制度；顺利完成7个教工党支部的换届选举工作，把支部建在专业和课程组之上，选优配强党支部书记。按照规定程序和要求，完成出席校第十次党代会代表和学院新一届教代会、工代会代表的选举工作。落实院党委党风廉政建设主体责任，巩固群众路线教育实践活动成果，严格控制“三公经费”支出。全年教职工零违纪；连续17年全省高考体育加试工作零投诉。做好党员管理和组织发展工作，对118名入党积极分子和140名预备党员进行了分级培训，按计划组织发展新党员69人，按期转正41人。

【重要活动和事件】 1. 成功举办2014年中国体育文化·体育旅游发展论坛、2014年全民健身优秀论文报告会和“奥运冠军进校园”活动。

2. 受教育部体卫艺司委托，完成了湖北省4个地市、78所中小学、6所高校6 300名学生的体质健康标准抽查复核工作。

3. 受国家体育总局和省体育局委托，完成了第六次全国体育场馆（安徽地区）普查工作。

4. 体育学院荣获2011—2014年安徽省体育社会科学研究先进单位称号。

5. 成功承办第六届全国体育产业经营管理学科建设研讨会、国家体育总局体育哲学社会科学重点研究项目结题专家评审会和2015年省体育局社会科学研究项目评审会。

6. 我校球类协会荣获“全国百佳体育公益社团”称号。

7. 学院2013级运动训练专业黄俊伟同学荣获2014年全国大学生射击锦标赛冠军。

8. 体院学子张晓羽荣获安徽省大学生职业规划设计大赛金奖，方萍同学荣获2014年“安康杯”华东区健身小姐冠军。

9. 体院学子佘小雪是从我校走出的南京军区特战女兵，入伍二年不到即荣立三等功，被《解放军画报》誉为“虎妞”。

10. 骆午凤老师受邀参加南京青奥会网球裁判工作；何章明老师荣获全国健体冠军，入选国家队参加世界大赛获得第5名；沈剑英教授获得武术最高级别“国际A级裁判”证书。

11. 2014级研究生黄彦锴获校首届“十佳志愿者”荣誉称号。

12. 2011级体育表演李梦莹获校第十届“十佳大学生”荣誉称号。

（撰稿：朱凯迪　审稿：袁德水、黄德春）

（十一）新闻与传播学院

【概况】 2014年，新闻与传播学院设有新闻学、广告学、动画、摄影、文化产业与管理、播音与主持艺术等6个系，新闻学、广告学、广告设计、文化产业与管理、摄影、动画、播音与主持艺术Ⅰ（侧重播音与主持）、播音与主持艺术Ⅱ（侧重空乘与礼仪）等8个本科专业，拥有新闻学、广告学、动画3个省级特色专业和1个省质量工程综合改革试点专业（播音与主持艺术），新闻传播学、戏剧与影视学2个一级学科硕士学位授权点和1个专业硕士点（新闻与传播），开设了新闻学、戏剧戏曲学等5个二级硕士点。建有安徽省重点人文社科基地、创意产业发展研究中心和安徽省校企合作实践教育基地、传媒与艺术实验中心。设有27个各类专业实验室，下设安徽省经致科技文化传播有限公司。学院现有教职工87人，其中专任教师67人，教授及相应职称7人，副教授及相应职称20人（含行政、教辅），硕士生导师15人，博士学历教师10人。在校生2 192人，其中，硕士研究生110人，本科生2 082人。

【教育教学】 本科生教学情况。启动了新闻人才培养方案，举行“学习和践行马克思主义新闻观”系列讲座；推动校媒协同育人，省市主流媒体与学校就人才培养等开展实质性交流合作。芜湖电视台“兹鸠影像工作室”、《金周刊》编辑部先后落户新闻与传播学院，吸纳师生共同参与节目、版面的创意策划和编辑制作，《芜湖日报》报业集团在学院设立总额达100万元的奖学金项目，芜湖市新闻策划会走进学院。获批教育部、中宣部及省教育厅人才培养方案“安徽省卓越新闻人才”项目；播音与主持艺术专业先后获批省质量工程专业综合改革试点专业、省高等教育“振兴计划”和专业改造与建设项目；2位教师获得省级重点教研项目立项，1位教师获得省级一般教研项目立项。学院与美国密苏里大学新闻学院进行战略合作，与韩国世宗大学合作招收“2+2”项目21名动画专业学生，联合培养国际化人才。

研究生教育情况。新闻与传播学院召开研究生及科研工作（重点基地、特优领域建设）务虚会，推进新闻传播学、戏剧影视学2个一级学位点内涵建设。成功申报新闻与传播学专业学位点，制订了专业学位点培养方案。实行双导师制。启动与《芜湖日报》报业集团、宁波大红鹰学院等联合培养研究生工作。学院硕士点报考人数达到171人，211以上高校生源不断增加。研究生就业率达100%，获得“2014届毕业研究生就业工作先进单位”荣誉称号。制订研究生学术研究能力提升计划。学院通过学生自控、导师监督、研究生院测试及外校专家审核四个环节严格控制研究生学位论文质量。学生工作方面坚持“育人为本、德育为先”的理念做好学生的教育管理和服务工作，加强思想政治教育。注重典型选树，产生了校“十佳大学生”李梦醒，校“十佳志愿者”夏琪，爱心中转站、微校师大创始人徐衡等优秀学子。志愿服务徽商博物馆义务讲解、慰问抗战老兵、“青禾梦”助残计划等大型活动。

提升就业工作水平，全院就业率达到98.17%，学院在全校毕业生就业工作考评中获“就业工作先进单位”称号。落实暑期社会实践建设，全院共成立4支校级重点团队、24支院级团队、1 300余人积极走进基层，40余家媒体累计报道120余篇次，学院荣获“优秀组织奖”。原创话剧《扎根这土地》获安徽省一等奖并展演，广告学专业2011级1班团支部获校“五四红旗团支部”称号，2012级文化产业管理班获校“十佳班集体”称号，院学生会获校“优秀学生会”称号，普通话协会获校“十佳社团”称号，文化产业管理专业2013级团支部等4个团支部获校“优秀团支部”称号。学生获省级以上奖项205项。

【科研与社会服务】 全年共申报各级各类纵向项目81项，立项11项，其中国家级项目2项、省部级项目6项。学院教师发表学术论文69篇，其中在《新闻战线》《中国出版》《光明日报》等高级别刊物上发表论文20篇，出版学术专著2部，编著4部。“媒介文化与传媒产业发展研究”项目入选校级特色优势领域建设项目并获得资金20万。学院申报的两个院级特优领域项目“媒介文化与传媒产业发展研究”和“文化创意产业与视觉艺术”也获得立项。在科技开发、咨询等社会服务类项目方面，先后与浙江义乌、安徽宿州、中影集团等签订合作项目。由学院教师主持的横向课题合同经费总额达到72.8万元。

【学科与师资队伍建设】 先后制订了各学科建设“十三五”规划，最后形成《新闻与传播学院学科建设十三五规划》方案。借助省级重点研究基地打造科研团队，提升社会服务能力。围绕省级人文社科重点研究基地平台，打造科研团队和应用开发团队两个集团军。组建动漫研发生产、品牌营销推广、艺术创意研发等6个开发应用团队和10个工作室。加大师资的引进与培养力度，今年共引进1名博士、5名硕士和1名高层次人才；选派2名教师和干部到有关高校攻读博士学位；引进南京大学顾江、北京大学陈刚等领军人才。大力培养“双师型”教师。在中宣部和教育部实施的“千人计划”中，学院选派新闻学专业周建国到芜湖电视台担任台长助理，桂万保到《芜湖日报》报业集团挂职副总编辑，推荐李商雨到《大江晚报》挂职锻炼，摄影专业李化来到《金周刊》挂职总编助理，不断提升教师的学历层次、专业水平和实践能力。芜湖市选派5名总编辑、副台长或记者编辑到学院新闻系挂职任教。组织教师申报专业技术职务评聘和专业技术岗位分级聘任工作。3人晋升为副教授，5人晋升为讲师，1人晋升为助理研究员；3人聘任五级副教授，4人聘任八级讲师，3人聘任9级讲师，1人聘任九级中职。组织新进教师参加岗前培训和校本培训。科学编制2015年进人计划，涉及卓越新闻传播人才培养7个领域的8位高层次人才。

【党建与管理】 加强学习型党组织建设。组织党员认真学习贯彻党的理论精神。推荐4篇论文参与校党委宣传部开展的2014年党建和思想政治工作论文征集活动。组织教师学习加强理想信念教育和职业道德教育。各党支部定期组织在职党员进社区开展服务。认真组织校第十次党代会党代表选举和校“两委”委员推荐工作。做好党员和入党积极分子培训工作，年内新闻与传播学院共培训党员118名，入党积极分子177名。发展学生党员94名，转正预备党员71名。试行“院系两级本科教学经费”院内预算改革，下放经费预算权限。学院教工之家建设获校“先进职工小家”。学院还申报获批了全国“高职高专教师文化产业理论素养提升国内培训项目”。完成传媒电视台的软硬件建设工作，制作并播出四期校运直通车节目。完成播音与主持艺术I专业录音室和演播厅的改造招标工作。完成3号楼部分电路改造任务。学院依托经致公司成立“新闻与传播学院大学生创意与创业实践教育中心”，承担了“芜湖市十二中校史馆项目”“浙江义乌邮政微笑服务项目”等大型文化项目，项目金额达93.6万元。公司完成了对花津大礼堂一期、二期改造项目，对大礼堂各方面进行维修维护和改造升级。经致公司同时与中国新闻传媒出版集团下属中兴院线公司合作投建了安徽师范大学“大时代影城”项目。

【重要活动和事件】 1. 部校共建顺利开局。安徽师大作为首批试点单位，要把新闻与传播学院办成新闻人才培养基地、宣传思想文化系统干部职工培训基地、宣传思想文化领域的智库。

2. 举办第四届江南片大学生电影节。4月23日，第四届江南片大学生电影节启动仪式在校MMC校园影院举行。6月11日，电影节颁奖盛典在校团委多功能厅完美落幕。

3. 汪家驷、曹征海来校调研部校共建与传播学院工作。5月23日，省委宣传部副部长汪家驷到我校主持召开部校共建新闻与传播学院工作现场会。7月22日和12月9日至11日，省委常委、宣传部长曹征海先后两次来学院蹲点调研。

4. 启动"微笑服务·快乐服务"品牌工程合作项目。8月25日，学院正式启动了与浙江省义乌邮政局"微笑服务·快乐服务"品牌工程合作项目。该项目合同金额为67.8万元人民币。

5. 校媒协同育人扎实推进。9月19日，学校召开了与芜湖市新闻单位从业人员互聘对接会。12月8日，《芜湖日报》报业集团总编辑刘光率团来学院调研并就设立奖学金洽谈合作。12月17日，芜湖市委宣传部副部长罗智全率等市直主流媒体来校举行本月度的新闻策划会。12月30日，芜湖广播电视台台长张克庚一行来到新闻与传播学院洽谈部校共建等合作事宜。

6. 省直有关部门来院调研。9月29日，省社科院来校专题调研部校共建新闻与传播学院工作。12月24日，省教育厅副厅长李和平莅临我校就贯彻曹征海同志部校共建新闻与传播学院工作重要精神进行专题调研。

7. 聘任领军人才。10月16日、19日，与南京大学经济学院教授顾江、北京大学新闻与传播学院党委书记陈刚教授签署协议并颁发"特聘教授"聘书。

8. 主办第五届中国发展广告学暨新闻传播学科特优领域建设论坛及芜湖市首届高校新媒体交流峰会。10月19日，由新闻与传播学院、北京大学新闻与传播学院主办的"第五届中国发展广告学暨新闻传播学科特优领域建设论坛"隆重开幕。11月8日，首届高校新媒体交流峰会在我校花津校区团委多功能厅举行。

9. 举办传媒视界和马克思主义新闻观系列学术讲座。新闻与传播学院先后邀请了省委宣传部副部长汪家驷，华中科技大学新闻与信息传播学院副院长钟瑛教授等传媒界资深人士来校举办专题讲座。邀请中国传媒大学王武录、中国人民大学郑保卫等著名专家开展马克思主义新闻观系列讲座。

10. 制作完成安徽师范大学宣传片《追梦》。由我校办公室和党委宣传部牵头，新闻与传播学院具体承接历时一年多完成，是安徽师范大学建校87年来的首部正式宣传片。

11. 获多项2014年度高等学校省级质量工程项目立项。2014年度高等学校省级质量工程项目名单中，新闻与传播学院共有15个项目获得省级立项建设。大学生创新创业训练计划项目9项。

（撰稿：杨国丽、蒋向晖、王蕾、杨礼玉、朱罗莎、刘佳、马星宇　审稿：胡靖、宋静、沈正赋、吴杰）

（十二）数学计算机科学学院

【概况】 2014年，学院设有基础数学、应用数学、数学教育、统计、计算机科学与技术、软件工程、网络工程等7个系，高等数学、计算机基础公共课等2个公共课教学部，1个实验实训中心，1个省级计算机基础实验示范中心，数学研究所、计算机科学与技术研究所等6个校级科研机构以及1个校级高端科研平台"随机分析与数理金融研究中心"。现有数学与应用数学、统计学、计算机科学与技术、软件工程、物联网工程等5个本科专业，应用数学、计算机应用技术等2个校级重点学科，基础数学、应用数学等2个省级重点学科，数学、计算机科学与技术、统计学等3个一级学科硕士点和9个二级学科硕士点，学科教学（数学）、应用统计等2个专业硕士点，生物数学、生物信息学等2个二级学科博士点。资料室藏有图书5万余册，建有传感网络实验室、通信原理实验室、嵌入式系统实验室、软件工程实验室、统计学实验室等10余个专业实验室，拥有各类高档品牌微机1 200余台。现有在职教职工161人，其中专任教师127人。专任教师中，教授22人，副教授52人，博士62人（含在读），省学科带头人或中青年骨干教师12人，全国或省级优秀教师5人。现有全日制本科学生1 958人，全日制研究生224人，非全日制硕士52人。为国家培养大批优秀毕业生，如中国工程院院士王文兴、王如松以及国家杰出青年基金获得者肖杰、田捷、朱江、徐飞、周先银、王启华、王凤雨、杨同海、章璞等。

【教育教学】 学院重视本科教学工作。建立专业负责人制度，以专业和系为单位对院内教学组织架构进行调整和优化。提升计划、振兴计划和质量工程建设项目稳步实施。调整2011级计算机科学与技术、软件工程专业的教学计划，修订并优化部分专业人才培养方案。推免生得到985高校以及著名科研院所认可且连续三年得到北师大等高校补偿计划推免生指标。深化"两公"课程改革，调整计算机公共课程内容体系及在线考试方式，开展计算机公共课系列教材的修订再版工作；高等数学系列课程固定时间答疑辅导，针对性编印习题册，实行教考分离。推进学生实习实训、毕业设计与就业工作一体化进程，实现高质量就业。学生学科竞赛再创佳绩，获得国际奖项4个，国家级奖项43个，省级奖项80个。获批国家级大学生创新创业训练项目9项，本科生优秀毕业论文培育计划16项。研发本科毕业论文管理系统并投入使用，新建物联网无线传感器实验室、物联网基础实验室等专业实验室并投入使用，改造升级新老校区的公共课机房。学生学籍预警工作实现常态化。加强专业硕士学位点实践教学建设，重新修订2个专业型硕士点实习方案和联合培养方案，建立2个专业学位联合培养基地。完成研究生的"师生互选"工作，获批研究生教育教学改革项目2项和研究生科研创新项目8项。4篇论文获校级优秀硕士论文。3支研究生代表队分获"第十届全国研究生数学建模竞赛"二、三等奖，学院获得第七届"先锋杯"研究生学术论文大赛二等奖、首届全日制教育硕士专业学位研究生教学技能大赛一等奖。

学生工作方面，开展社会主义核心价值观、家风传承等系列教育活动。召开2014级新生家长会，开展新生专业思想、安全知识、诚信考试等专题教育活动，获得新生军训会操三等奖、新生校纪校规考试三等奖。数学建模协会获得校"优秀社团"称号。开展"数计学子大讲堂"活动，编辑《数计人》学生刊物。1人获校级"十佳大学生"，1人获校级"自强之星"。2013届毕业生斯义谱成功入选安徽省首届"国家资助 助我飞翔"励志成长成才优秀学生典型。开展"基础文明建设年"创建活动，举办"法制安全伴我行"专题报告会，举行"正见"爱心助学金颁发仪式，利用校友资源捐资助学，实现学费零欠费和资助工作"零投诉"。修订素质拓展活动规划24项，毕业生素质拓展学分合格率100%。承办第三届芜湖市ACM程序设计大赛。打造以"五朵金花"为代表的志愿服务品牌，"平民电脑学校"志愿服务活动成功入选校首届素质拓展精品项目，1个团队获得暑期社会实践校优秀重点团队一等奖。本科生就业率达91.89%，考研录取率16.60%。开展学院辅导员工作论坛，学工队伍申报课题3项，发表论文5篇。举办学生骨干培训班。

【科研与社会服务】 2014年获国家自然科学基金7项（含天元基金1项）、省部级项目13项，累计纵向经费300多万元。完成各类科研项目结项20余项。学院教师以第一作者（或通讯作者）发表国家级以上论文100余篇，其中被SCI（E）、EI期刊源收录50余篇。在科学出版社出版专著2本。获批发明专利4项，软件著作权授权23项，实用新型和外观设计授权9项。1个项目获安徽省科学技术三等奖。修订《学术交流管理办法》《科研经费使用暂行办法》等规章制度。学院"零壹论坛"邀请了一批著名学者讲学14场，举办学术讲座20余场，近30位教师外出参加学术交流。积极与安徽材料工程学校、芜湖市统计局等多家单位开展产学研合作交流研究。获得横向课题立项4项，累计经费20余万元。完成函授、自考、阅卷等各类成人教育和全国计算机等级考试7 000余人的考务工作 。成功申报"国培计划"——安徽省数学专业脱产置换培训2个项目、贫困县小学数学"送培送教"项目1个、安徽省中小学综合改革初中数学研修项目1个，以及计算机专业安徽省中小学幼儿园教师信息技术应用能力培训项目1个。根据省教育厅安排，义务为枞阳、寿县、霍邱等三个贫困县送培送教。

【学科与师资队伍建设】 完善学科建设管理制度。不断推进“生物数学”和“生物信息学”2个二级学科博士点的建设工作，积极申报工程专业学位硕士点。加强科研团队建设，召开博士教师发展规划会、高端平台团队建设研讨会。获批校级特色优势研究领域1个。加强高层次人才引进工作。柔性引进北京师范大学长江学者特聘教授、国家杰出青年基金获得者王凤雨教授，中科院数学与系统科学研究所研究员、国家杰出青年基金获得者王启华，澳大利亚南昆士兰大学张吉博士等4位专家学者。增强师资队伍国际化水平和实践能力，修订《师资培养规定》，遴选7位教师赴国(境)外大学进修访学、10余位教师到企业开展社会实践。开展新晋升高级职称及新进教师的谈心活动，加强师德师风宣传教育。新引进2名博士学位专任教师和1名专职辅导员，2人晋升教授，6人晋升副教授。1人获得“全国第四届教育硕士专业学位优秀教师”称号，1人获得安徽省教育系统“师德先进个人”荣誉称号，1人获得霍英东教育基金青年教师奖，1人被推选为省级教学名师，1人获批为校级教学名师，1人被推选为省级教坛新秀，8人分别获校级青年教师教学基本功大赛一、二、三等奖，1个教学团队被推选为省级教学团队。

【党建与管理】 完善中心组理论学习制度，认真组织师生政治理论学习，学习贯彻党的十八届三中、四中全会精神以及习近平总书记系列重要讲话精神，巩固党的群众路线教育实践活动成果，开展社会主义核心价值观教育活动。加强领导班子和干部队伍建设。完善学院《党政联席会议议事规则》，不断提高领导班子履职能力和决策水平。推荐1名处级干部赴教育部挂职、1名科级干部交流到机关工作。院党政班子每学期召开一次党风廉政建设专题会议，认真落实党风廉政建设主体责任制，严格执行中央八项规定。全面实施发展学生党员答辩制，全年共发展党员101人(其中教职工党员1人)，学生预备党员转正107人。创建网上党校，分党校全年培训入党积极分子166人，培训党员171人，分党校被评为2013—2014年度先进分党校。组织在职党员到社区服务群众活动。积极参与校第十次党代会等中心工作。召开第一届教职工代表大会暨第三届工会会员代表大会第三次会议，5次召开教代会执委会会议。教职工文体活动获学校第三届教职工文化体育活动“优胜奖”。加强“模范职工小家”建设，新建“职工小家”网站，积极组织女职工“三八节”活动。加强统战、退教协、关工委、校友工作，积极主动与党外教职工交流，充分发挥民主党派人才的作用；召开4次关工委工作会议，发挥关工委在青年教师培养、促进学生成才方面的积极作用；常年坚持慰问困难、生病住院教师，及时收集、更新校友信息。建立健全档案管理制度，1人获校档案管理工作先进个人。

【重要活动与事件】 1. 1月，校党委书记顾家山出席学院第三次博士教师发展规划会，学院领导、博士教师60余人齐聚一堂，共话发展。此次会议主题是“凝练学科特色，加强团队建设”。

2. 2月，建立专业负责人制度，以专业和系为单位对院内教学组织架构进行调整，进一步优化教学管理体系。

3. 5月，学院申报的“统计学前沿问题及其应用研究团队”项目获批为安徽省2013年振兴计划人才团队项目，我校杰出校友、长江学者特聘教授、国家杰出青年基金获得者、中科院百人计划入选者、中国科学院数学与系统科学研究院博士生导师王启华研究员担任该项目负责人。

4. 年内，柔性引进了北京师范大学长江学者特聘教授、国家杰出青年基金获得者王凤雨教授，中科院数学与系统科学研究所研究员、国家杰出青年基金获得者王启华，澳大利亚南昆士兰大学张吉博士等4位专家学者。

5. 2015年1月，召开第一届教职工代表大会暨第三届工会会员代表大会第三次会议，促进学院的民主管理、院务公开。

(撰稿：储倩、牛忠梁、刘玉艳　审稿：陈树贤、祝东进)

(十三)物理与电子信息学院

【概况】 2014年,物理与电子信息学院设有物理学(师范)、电子信息工程(国家级特色专业)、通信工程、光电信息科学与工程(省级特色专业)、自动化5个本科专业,建有理学实验中心、工学实验中心和工科实训中心,其中物理实验中心和电子通信实验实训中心为省级实验示范中心。拥有二级学科博士点2个,一级学科硕士授权点1个,二级学科硕士授权点10个(含一级学科覆盖点6个)。原子与分子物理实验室为校级重点实验室,原子与分子物理学科和光学学科为校级重点学科,《原子物理学》为省级精品课程,《网页与设计》为省级精品资源共享课程。共有教学和科研仪器设备8166台,价值约4 229万元。藏有中外文图书近12 971册,合订本期刊5 300多册,现刊73种。学院现有教职工120人,其中专任教师89人,教授19人,副教授34人,高级实验师5人,博士(含在读)54人。在校生1 723人,其中研究生146人,本科生1 577人。

【教育教学】 本科生教学工作。学院围绕"立德树人"和"提高质量、内涵建设"的理念,新建非师范专业实习基地2个,继续开展5个本科专业平台负责人及平台建设成效的考核工作;围绕专业人才培养方案,制订《专业课程考核改革实施总方案》,组织教师积极申报课程考核改革项目,开展电子试题库建设。加强教学质量监控,坚持院领导、专业负责人和督导组听课评课制度。重视"质量工程"的申报与建设,组织申报各类项目20多个,获批省级教研项目3项,光电信息科学与工程专业获批省级特色专业,物理与电子虚拟仿真实验教学中心获批省级教学中心;学院各级质量工程项目和国家级特色专业顺利通过年度检查,省级特色专业和电子通信示范实验中心项目顺利结题。自动化专业建设项目顺利进行。实施本科生创新人才培养计划和第二课堂培养模式,出台《关于推进"雏鹰工程"的实施意见》,遴选学生组成学术团队并有专业教师进行指导,让学生走进教师项目和实验室。年内学院获批大学生创新实验计划项目国家级8项、省级28项,本科生优秀毕业论文培育计划31项;拓宽办学渠道,与皖江学院合作办学,招收三本自动化专业57人。

研究生教学工作。学院10个二级学科硕士点继续全面招生,新增补学术型导师8名,专业学位型导师17名,开展了教育硕士专业学位培养基地建设工作,挂牌成立芜湖市第一中学、安徽师范大学附属中学和芜湖市第十一中学3个研究生教育培养基地,并完成教育硕士专业学位外聘导师聘任工作。开展2014年优秀研究生指导教师评选工作,有2人获得校级优秀导师。注重专业课程教学质量和学位论文的完成质量,认真修订了学科教学(物理)专业全日制和非全日制两大类的培养方案和论文标准;以学科(科研)平台为单位,扎实开展研究生开题报告、研究生学术报告和毕业设计等工作;举办首届物电学院研究生学术沙龙活动。入选省级优秀硕士论文2篇、校级优秀硕士学位论文2篇,6人入选研究生"千人培养计划"联合培养项目,研究生作为第一作者发表四级以上学术论文25篇;在学校第七届大学生专利发明大赛中,6人获奖;获国家奖学金3人;学院研究生初次就业率90.69%,首次获得了学校毕业研究生就业工作先进单位。

学生工作方面。学院招收普通硕士生43名,物理专业学位研究生5名、本科生409名,本科毕业生391人,研究生毕业生42人;本科生考研率33.8%,就业率95.92%。学院扎实做好学生教育管理与服务工作。获评学生思想政治工作进公寓先进学院和新生思想政治专题教育工作先进学院;寻找"身边的感动之星"活动获校"感动师大"校园精神文明创建十佳事迹。孙武获校"十佳大学生";2012级自动化专业获校十佳班集体和优秀团支部;暑期社会实践获校优秀组织奖;电子爱好者协会获评校"十佳社团",获芜湖市"一米阳光"志愿服务团队称号;学院专职辅导员获校主题班会项目2项、优秀辅导员表彰2人、就业先进个人称号2人,1人获辅导员技能大赛二等奖,学院获辅导员技能大赛"优胜杯”先进集体奖。

【科研和社会服务工作】 科研工作。召开了学院首届科研工作会议，全院上下共谋学科与科研平台建设建设。加强学术交流，共有60余人次参加国内外各种学术交流活动，邀请国家杰出青年基金获得者、国内外知名专家学者来学院做报告16场，学科科研平台有计划地组织院内资深教授、科研项目承担者、新引进高层次人才开展学术沙龙，进行内部学术交流。组织科研项目申报，新增国家自然科学基金项目立项7项，省自然科学基金项目立项3项，省科技攻关项目立项1项；新增横向合作项目立项2项，校创新基金立项7项，校培育基金立项1项，青年项目培育基金立项1项，出版基金1项；科研到账经费245万。着力提升科学研究水平，学院共发表学术论文93篇，其中国家级以上学术论文90篇，被SCI、EI和ISTP收录论文32篇；学院申报专利75项，已授权的发明专利1项、实用新型专利29项。

社会服务。为皖南地区参加奥林匹克物理竞赛的中学生提供了实验辅导；承担了安徽省第三届大学生物理实验竞赛任务。

【学科和师资队伍建设】 学科建设。学院重视学科平台建设，制订了学科平台负责人岗位职责和平台建设任务，开展平台建设成效的考核工作，院长和平台负责人签订了责任书；成功申报原子分子光谱及动力学校级特色优势研究领域；新增工程硕士（光学工程）专业学位硕士点，并制订专业学位导师遴选办法。

师资队伍建设。学院坚持校外引进和校内培养相结全，加强青年教师培养，鼓励学院青年教师到国内外重点高校、研究所、企业访学、进修和攻读博士学位。2014年，1位教师到高校访学进修，1位教师到高校做博士后，4位教师到企业挂职，4位教师攻读博士学位，1位教师到美国做博士后；加大人才引进力度，专门组织招聘小组赴南京、西安、大连等高校招聘人才，接收2名优秀博士毕业生，引进3名高层次人才和1名专职辅导员。组织开展公开示范课、青年教师基本功大赛、观摩课等多层次的教学交流活动，提升教师教学技能和教研水平。2014年，学院在首届“高等教育杯”全国高等学校物理基础课程青年教师讲课比赛安徽赛区预赛中获一等奖1人，校教学基本功大赛二等奖1人、三等奖5人，省教学名师1人，省教学成果二等奖2项，学院年轻教师课堂教学优秀率达92%以上；晋升1名教授、5名副教授、1名高级实验师、2名讲师。

【党建和管理工作】 党建工作。学院现有15个党支部，党员286人，其中在职教职工党员71人，退休教职工党员25人，本科生党员152人，研究生党员63人。学院坚持民主制度，凡涉及学院建设“三重一大”事项必须经过集体讨论决定，制订并落实整改任务；健全领导成员联系党支部、学生班级等制度；完善深入教室、实验室和学生寝室制度。完成教工党支部按专业设置重新调整工作，定期召开党支部书记学习会。规范发展党员程序，实行本科生党支部党员发展对象公开答辩制；强化入党培训和党校管理，举办党员培训班和入党积极分子培训班，培训了262人，分党校获校先进集体称号；发展学生党员78名，按期转正党员70名。注重学院科级干部队伍的业务培训与管理工作，3名科级干部正常晋级。继续推动民主建院，尊重并注意发挥民主党派民主监督和参政议政作用、教授委员会在学院建设发展中的作用和关工委“五老”作用。学院关工委信息宣传工作被校关工委授予先进集体荣誉称号，陶绪德老师被授予先进个人荣誉称号。

管理工作。加强并完善考核与激励，修订本科教学工作量的计算办法和年终津贴分配方案，实行考核结果与年底绩效奖励挂钩。推进实验室建设和学校资产清理工作；购置300多万元设备，安装了多台空调。加强档案管理，先后收集上交了多件2013年党政、教材类、声像类档案。档案管理工作获2014年“先进集体”称号。丰富教职工业余生活，积极组织参与学校球类赛事活动与文体节活动，举办新年教职工联谊会，加强教职工之间的沟通和交流。学院职工小家建设通过验收，获“先进小家”称号。

【重要活动与事件】 1. 新增工程硕士（光学工程）专业学位硕士点。3月份由省评审通过、教育部授权的专业学位授权点是学校首个工程硕士专业学位硕士点。

2. 召开首届科研工作会议。3月15日，学院召开2014年科研工作会议，全面总结近年来学院的科研工作。院长崔执凤作科研工作报告，系统回顾了“十二五”以来学院取得的科研成绩以及剖析工作存在的问题，并从指导思想、总体目标和主要措施等方面对学院下一阶段科研工作进行科学谋划。校科研处陆林处长做了专题辅导报告。本次会议是学院首次重要的科研会议，全院教师共商学院科研工作发展，不断推动学院科研工作上水平、上台阶。

3. 举办首届研究生学术沙龙活动。3月19日下午，拟在每学期开展两个月学院研究生学术沙龙第一讲正式开讲。主讲人主要来自高年级研究生同学，每次报告会由三位不同专业方向的学生展示他们的科研学术成果，以促进各专业之间的学术交流。活动结束后学院开展评优活动，对优秀报告人和指导老师进行表彰奖励。

4. 举办安徽省第三届大学生物理实验竞赛。12月6日，由安徽省物理学会主办，安徽省高校物理实验教学协作组协办，安徽师范大学物理与电子信息学院承办的“绿扬杯”安徽省第三届大学生物理实验竞赛决赛在我校成功举办。本届竞赛促进我省高校大学物理实验教学体系、教学内容和教学方法的改革，推动大学物理实验教学平台建设。

（物理与电子信息学院供稿）

（十四）化学与材料科学学院

【概况】 2014年，化学与材料科学学院设有化学、应用化学、材料化学、化学工程与工艺4个本科专业，有机化学、分析科学、材料科学、应用化学、化学教育、理论化学6个研究所，拥有1个一级学科博士学位授权点，7个二级博士学位授权点，1个博士后流动站，1个一级学科硕士学位授权点，10个二级学科硕士学位授权点，1个国家级实验教学示范中心，1个国家级特色专业，1个国家级教学团队，1项国家级专业综合改革项目，1门国家级精品资源共享课程，1个国家级高中化学骨干教师培训基地，2个省级重点学科，1个教育部重点实验室，2个省级实验室，2个省级高校重点实验室，1个省级教学改革示范专业，1个省级基础课实验教学示范中心，1个校级协同创新中心，5门省级精品课程，1个安徽省政府设立的特聘教授岗位学科，1个省级高中化学骨干教师培训基地，1个省级刊物《中学生化学》，4个校级重点学科，2个校级特优强专业，2个校级实验室，4门校级精品课程。现已形成了“本科生—硕士生—博士生”完整的人才培养体系。现有在岗教职工140人，专职教师91人，正高职称39人，副高职称45人，青年教师73人，具有博士学位职工89人（含在读），另有境外学习工作背景教师30人。现有全日制本科学生1 540人，硕士研究生375人，博士研究生38人。教学资源丰富，截至到年底，资料室藏有中外文图书11 510册，博、硕士学位论文958册，合订本期刊5 798册，现刊72种。实验室拥有仪器设备6 718台件，总价值5 297多万元。2014年共招收本科生414人、博士生10名、普通硕士生130名、教育硕士17名。

【教育教学】 教育工作。学院积极创新人才培养模式，开设了“化学英才班”，单独招收39人，优化了学校“理综卓越教师实验班”人才培养方案，探索了“观摩—见习—研习—实训—实习”五阶段特色实践教学体系和“三师（高校教师、教育硕士、中学化学教师）结合”的教育实习指导制度，化学工程与工艺专业初步达成了与澳大利亚查尔斯·达尔文大学合作办学，在本科生中积极开展考研和就业指导，本年度，考取985、211高校106人，中科院12人，出国深造5人，占读研人数的74.5%。在日常教学管理方面，制订、修订了《安徽师范大学化学与材料科学学院系主任工作条例（试行）》本科教学管理制度18项，开展了课程考核改革方案的制订以及电子试题库建设，开设了“中学化学名师、校长论坛”和化工行业高级工程师“化工论坛”。大力推进教学改革与研究，年内获省级重大教学改革研究项目1项，完成“国家级十五修订教材《化学实验》的修订工作，获国家级教学成果奖二等奖1项。参加学校“青年教师教学基本功大赛选拔赛”，1人获二等奖，3人获三等奖，黄玉成老师获省教坛新星称号。

学生工作。年内学院注重学生思想引领，

结合重要节点，组织开展主题教育、大学生骨干培训、安全教育等活动。积极组织素质拓展和社会实践活动，1位同学获第四届全国高等院校化学专业师范生教学素质大赛特等奖、2位同学获一等奖。成功申报“绿色使者美丽校园服务活动”校园文化创新研究项目，“绿色使者环保宣教”校园素质拓展精品项目。关爱贫困学生，制订了《化材学院勤工助学管理办法》等4项规章制度，发放各类奖助学金及困难补助达140万元。开展心理健康教育，建立了“寝室长→班级心理委员→学生辅导员→学院学生工作组”学生心理健康监测网络。强化学工队伍和学生组织建设，3位辅导员参加了心理咨询师的培训，1位辅导员获全国优秀辅导员荣誉称号，1位辅导员获2014年安徽省高等教育振兴计划教学改革与质量提升计划“弘扬核心价值观名师工作室（辅导员）”建设项目资助，1位辅导员参加全国辅导员论文大赛获得二等奖，学工队伍撰写思政工作研究论文5篇。院学生会荣获2013—2014学年优秀学生会荣誉称号，2012级化学2班荣获校第四批“五四红旗团支部”。在“全国第四届高等院校化学专业师范生教学素质大赛”中，获“教学设计”比赛全国一等奖3人，二等奖15人，三等奖5人，获“说课”比赛全国特等奖1人，一等奖2人，在“第二届全国师范院校师范生教学技能竞赛”中，1人获二等奖，在“第五届安徽省高等学校师范生教学技能竞赛”中，1人获理科组一等奖。获大学创新创业训练计划国家级级项目10项，校级项目16项。

【科研与社会服务】 科研成果、科研项目立项取得新突破。学院获国家自然科学基金项目立项15项，经费1 113万元。其中，王绍武教授再次获得国家自然科学基金重点项目，夏云生教授首次获批国家自然优秀青年科学基金项目，获批安徽省杰出青年基金项目1项，安徽省自然科学基金项目5项，获批国家重点实验室项目4项，获横向科研课题3项。科研成果质量也大幅提高，全年发表第一单位产权国家级以上论文153篇，其中SCI期刊源论文140篇，影响因子大于3的论文91篇，影响因子大于5的论文25篇，在Angew. Chem. Int. Ed.上发表论文1篇，申报发明专利86项，获授权8项，推荐申报安徽省优秀博士论文1篇、优秀硕士论文8篇。积极开展学术交流活动，年内先后邀请了30多位国内外著名学者来校讲学，举办了第十二届江淮有机化学论坛，300多名专家出席了会议，组织硕本联动系列学术论坛10多场次，参加国内外学术会议50余人次。

社会服务。我校食品营养和安全检测中心积极拓展社会服务市场，参加了省市相关检测能力的评估。《中学生化学》继续按照办刊标准要求，全年共出版6期（总第101—106期），顺利通过了省新闻出版总局的年检。举办了初中化学骨干教师“送培送教”项目的国培计划班。

【学科与师资队伍建设】 特色优势领域学科逐步彰显。学院结合学科和专业特点，组建了稀土金属有机化学、生物分析化学和功能纳米材料三个特色优势领域，其中稀土金属有机化学与材料获批校级特色优势学科领域，学院科研方向进一步明确，研究特色逐步形成。积极推动“纳米技术交叉科学研究中心”高端平台建设，举办了“无机纳米材料的构效关联与化学本质”高端研讨会，邀请了4名院士和12名国家杰出青年基金获得者来校参加，高端平台全年发表SCI论文40多篇，其中在Angew. Chem. Int. Ed.上发表论文1篇，获国家自然科学基金6项，国家优秀青年基金1项，申请发明专利20多项；以新材料研发为中心，进一步推进校级协同创新中心建设，建立了较为完善的机制体制；召开了教育部重点实验室学术委员会年会，设立了重点实验室开发基金；“安徽分子基材料省级实验室”顺利通过省财政厅和科技厅的年度审计工作。

师资队伍得到了充实优化，引进高层次人才2人，博士4人，实验员2人，辅导员1人，圆满完成博士引进计划；2人去国（境）外访学，1人留学归国，4人考取博士；入选学术带头人1人，后备人选2人，安徽省杰出青年人才1人，国家优秀青年基金获得者1人；学院2人晋升教授职称，1人晋升研究馆员职称，3人晋升副教授职称，2人晋升讲师职称，5人晋升实验师职称。实施青年教师助教制，制订了“青年教师教学能力提升”实施方案，为新进的5位教师配备了导师；实施青年教师科研团队融入制度，新进教师分别加入了相关科研团队；选派3名工科教师到企业挂职锻炼；组织开展了学院第三届“最受本科生喜爱的青年教师”评选活动；组织20多名教师参加了短期培训和网络培训；熊言林获校级教学名师荣誉称号，焦丽娟老师被评为校“巾帼标兵”。

【党建与管理】 学院以科学发展为主题，加强党建和思想政治工作，创新党员培养和发展工作，建立和完善了培养联系人、培养档案袋和入党积极分子目标考察公示表等制度。特别注重抓好入党积极分子的培养教育工作，构建以培养为主线，抓好“中间”带动“两头”；以质量为目标，抓好“公示”带动“监督”；以制度为保障，抓好“联系”带动“培养”的“抓培养促发展”的大学生党员发展的质量保障体系。学院分党校培训学生预备和正式党员165名、学生入党积极分子181名，获校“先进集体”荣誉称号；发展学生党员89人，教工党员1人，转正81人。加强基层支部建设，围绕“四系一中心”调整组建了5个教工党支部，编制了《化材学院基层党支部文件制度选编》，进一步规范了党费收缴、党内统计、组织关系转接以及党员信息库的录入、维护、更新、管理等工作。落实了教代会执委参与学院日常管理工作，召开了教代会年会，听取了学院年度报告，通过了《学院2014年终津贴分配方案(草案)》。学院的档案工作继续秉承一把手亲自挂帅，定期召开工作会议，学院在招生、教学、科研、管理、对外服务等工作中形成的文件与制度都能做到及时归档。完成了大型仪器实验中心门禁和监控系统的改造任务，实现了中心管理的现代化，提高了设备的使用效率，顺利完成了政府采购47万元仪器，购置紫外光度计等50余万元本科实验仪器。完善了工会组织机构，成立了新的工会小组，改建了教工之家，扩大了活动场地，积极组队参加校工会组织的各项文体活动，举办了丰富多彩的教工活动，并获校运动会教工组第五名，获校工会第二届体育文化活动节总分第三名。

(化学与材料科学学院供稿)

(十五)国土资源与旅游学院

【概况】 2014年，国土资源与旅游学院设有地理科学、旅游管理、土地资源管理、地理信息科学、城乡规划等5个本科专业。现拥有人文地理学博士点、13个硕士点以及两个专业硕士点，地理学一级学科获得安徽高校省级学科重大建设项目资助，拥有自然灾害过程与防控省级实验室、旅游发展与规划研究中心省级人文社科重点研究基地、省高校资源环境与地理信息工程技术研究中心。学院现有教职工85人，其中专任教师68人，博士生导师8人，教授18人，副教授及相应职称23人，具有博士学位35人、博士在读10人。在校生1 824人，其中研究生335人(博士生26人，硕士生309人)，本科生1 489人。

【教育教学】 本科生教学。学院教师主编出版教材3部，《旅游管理信息系统》入选“十二五”普通高等教育本科国家级规划教材。注重以质量工程建设带动本科教学研究与改革，并获得省级卓越人才教育培养计划、省级专业综合改革试点、省级名师(大师)工作室、省级教学研究项目各1项；获得国家级大学生创新创业训练计划项目1项，省级大学生创新训练项目16项；本科生优秀毕业论文(设计、创作)培育计划27项，校级大学生创新创业训练计划项目15项。完成438名同学的野外实习和159名同学为期半年的专业实习，3名师生还参加了全国地理学国家理科人才基地跨区域联合实习。教学示范观摩课系列活动参与面提升，1人获得本年度安徽师范大学优秀教学奖，青年教师基本功大赛中3人分获二、三等奖。中外合作办学取得突破，首届旅游管理专业中韩合作“2+2”班正式招生。

研究生教学。为进一步加强研究生招生咨询和宣传工作，学院共招收博士研究生5名，硕士研究生111名，其中专业学位研究生41名，有4名同学为免试推荐生源。2014年，举办研究生“学术活动月”，获得省级优秀博士论文1篇、省级优秀硕士论文1篇。注重专业学位研究生能力的提升，建立了黄山、合肥六中、芜湖市十二中等专业硕士研究生实习基地。2014年共毕业博士和硕士研究生104人，其中博士毕业生5人，硕士毕业生99人。博士毕业生全部就业，硕士毕业生就业率位居全校前列，荣获我校“2014届毕业研究生就业工作先进单位”。

学生工作。学院注重思想引领，稳步推进学生微博、微信等新媒体平台建设。围绕专业巩固育人成果，全面推行本科生导师制，持续推进“一专一品”第二课堂素质拓展活动建设。在读本科生在各类专业竞赛中累计获得省级以上奖项30余人次，包括全国大学生英语竞赛一等奖2项等。学生团队获安徽省第13届运动会高校部健美操比赛甲组混合五人操第1名，安徽省第12届健美操舞锦标赛冠军等荣誉。注重强化实践育人工作，新建芜湖方特欢乐世界主题公园实践基地1处，组建校级暑期社会实践重点团队5支，院重点团队18支，活动范围遍及14个省市；获暑期社会实践校级优秀组织奖1项，省级优秀调研报告1篇，校级优秀团队2支。注重培养发掘学生典型，舒心同学作为青年环保志愿者代表参加了《联合国气候变化框架公约》第二十次缔约方大会；张海洲和程玲玲同学入选全国第十七届研究生支教团。同时也注重扩大学生工作社会影响，“国旅风华”团学骨干论坛经验作为“全国基层团建创新典型案例”被人民网、中国共产党新闻网等媒体刊载报道，爱心者协会创建十年来公益服务有关事迹被光明网教育频道重点报道。

【科研与社会服务】 学院获批国家自然科学基金项目5项、教育部人文社科研究项目3项、安徽省哲学社会科学规划项目2项、旅游业青年专家培养计划课题1项，纵向课题累计立项经费达279万元。年内全院师生共发表论文110余篇，其中一级论文13篇、二级论文31篇。我校第三届本科生科研论文大赛中，2人获二等奖、4人获三等奖、3人获优秀奖、学院获组织奖。为强化学术交流和国际化，学院先后邀请了美国北亚利桑那大学Alan A. Lew等26位专家学者来院讲学，主办了“2014旅游品牌化和旅游传播国际研讨会”和“2014年安徽省旅游院校合作联盟旅游研究高级研修班”，并派遣20余人次参加国内外学术会议，曹卫东教授赴英国曼彻斯特大学访学，王莉副教授赴美国北亚利桑那大学访学，张宏梅教授应邀参加2014年卓越旅游与酒店管理教育国际中心专家论坛，发表论文“酒店管理专业的校企合作：以安徽师范大学为例”，并获得最佳展示论文奖等。社会服务工作也取得新进展，共签订横向课题34项，纵横向科研总经费连续第三年突破1 000万元大关，新增了城市与区域发展、区域环境与生态规划等领域的课题。

【学科与师资队伍建设】 学科建设。学院地理学科获得安徽省学科建设重大项目立项，建设周期为5年，总资助金额达1 000万元。学院以地理学科建设重大项目为引导，按照“开放管理、自愿组合、交叉融合”的原则，组建了八个研究团队，全力推进学科重大项目的建设工作。

师资队伍建设。年内学院师资队伍结构进一步优化，全院专任教师达68人，其中教授18人，副教授及相应职称23人，博士学位35人，引进博士3人、硕士3人、专职辅导员1人，高级职称教师占专任教师数的60.3%。注重对教师的培训，年内共资助2名教师赴国外大学访学1年，20余人次参加全国性和国际性学术研讨会，组织开展院内青年教师教学基本功大赛和院内示范课、公开课活动，并选拔1人赴省旅游局挂职，4人赴校外合作单位挂职锻炼，2人考取博士研究生。

【党建与管理】 领导班子和干部队伍建设学院现有15个党支部，党员303人，每周至少召开1次党政联席会，推荐1名党员博士到省旅游局挂职，2名科级干部参加学校公开竞聘并成功晋升。院党校组织党员网上在线学习，对学生党员集中培训，1名教师党员到中央党校学习等，共培养入党积极分子144人，发展党员79名。在宣传与思想政治工作方面，加强了网络、橱窗等宣传阵地建设和管理，完善并丰富学院网站内容，在校园网及以上媒体发表宣传报道100多篇，向学校提交党建和思想政治工作研究论文3篇。在民主政治建设方面，关心支持7位民主党派人士工作与生活，向退休人员发放年终生活补贴和节日慰问费，定期召开退休职工座谈会，组织老同志赴怡龙生态园参观考察，发挥关工委成员在青年教师培养和青年大学生思想政治教育方面作用。

创新日常管理制度。年内学院档案管理工作进一步加强，改善办学硬件条件，定期对实验楼进行安全检查，消除用电用水的安全隐患，提升突发事件应急处理能力并制订了方案。学院通过各类讲座、教职工大会、学生主题班会等形式对教职工和学生加强教育，自觉抵制各类非法活动。在财务管理方面，建章立制，精心编制财务预算，提高专项资金使用效益，开发效益稳中有升，在完成正常函授、自考等继续教育工作外积极拓宽省级培训覆盖面。7月，顺利完成7个项目的培训任务，承办了我省中职学校骨干教师培训班。学院也重视教代会制度建设，依托教代会加强对评先、评优、津贴分配、课题申报、教师培训、外出开会的民主管理。学院工会组织开展丰富多彩的活动，在学校第三届教职工文化体育活动节中获优胜奖。党、政、工合力"建家"，11月被安徽省教育工会授予省级"模范职工小家"称号。

【重要活动和事件】 1.3月15日，学院联合举办了我校首届"职旅天下"酒店、景区专场招聘会。

2.4月，我省首届"国家资助 助我飞翔"励志成长成才优秀学生典型评选结果揭晓，学院推荐的王娟同学成功入选。

3.6月，韩玉刚的博士论文《边界效应、产业集聚与省际边缘区经济增长研究——以安徽省宁国市为例》被评为安徽省第四届优秀博士学位论文。钱树伟的硕士论文《世界遗产地旅游者空间感应测度——以苏州古典园林为例》被评为安徽省第四届优秀硕士学位论文。

4.7月，汤加王国的天娜同学获得人文地理学博士学位，这是我校培养的第一位外籍博士，汤加王国的教育部长参加了毕业典礼。

5.9月，学院地理学科获得"高等教育振兴计划"省级学科建设重大项目立项，总资助金额达1 000万元。

6.9月10日教师节，学院吕成文荣获校级教学名师，方凤满荣获"巾帼标兵"，洪娟获青年教师教学基本功大赛二等奖，钱璐和王原获三等奖接受表彰。

7.10月18日，学院被我省教育工会授予省级"模范职工小家"称号。

8.10月23日至24日，来自复旦大学、暨南大学等全国各高等院校、研究机构的旅游相关专业的青年教师和研究生100余人，参加了学院主办的"第一届安徽省旅游院校合作联盟旅游研究高级研修班"。

9.10月25日，学院主办"2014旅游品牌化和旅游传播国际研讨会"，来自美国普渡大学、美国北亚利桑那大学、香港理工大学、台湾景文科技大学、英国伯恩茅斯大学、东南大学、复旦大学、首都经济贸易大学、暨南大学、香港中国旅行社有限公司等几十所境内外旅游院校和业界专家、学者、研究生近100人参加了本次研讨会。

10.10月27日，学院与芜湖市国土资源局签订战略合作框架协议，"1中心、2基地"隆重揭牌。

11.10月28日，安徽省旅游局局长万以学一行莅临我院调研指导，并与部分同志进行了座谈。

12.12月1日，学院土地资源管理专业2012级本科生舒心同学，应邀前往秘鲁首都利马，参加《联合国气候变化框架公约》第二十次缔约方大会，并代表中国青年大学生作交流发言。

13.学院在全校2014年度本科生和研究生就业工作评比中，荣获先进单位称号。

14.学院在2014年度学校集中述职测评中荣获一等奖。

（撰稿人：赵冬梅　审稿人：吴春雷、焦华富）

（十六）生命科学学院

【概况】 2014年，生命科学学院设有生物科学、生物技术、生态学、园艺和应用生物科学5个本科专业，生物学、生态学一级学科博士学位授权点，生物学博士后科研流动站，生物学一级学科硕士学位授权点，生态学一级学科硕士学位授权点，野生动植物保护与利用硕士学位授权点，课程与教学论硕士学位授权点以及教育硕士学位授权点。国家级高等学校特色专业1个，省级生物学基础实验示范中心1个，省级精品课程1门，省级重点学科3个，省级重点实验室2个。现有教职员工113人，其中教授24人、副教授30人，博士生导师16人、硕士生导师52人，聘请了一批国内外知名学者担任客座教授和兼职教授。教师中有国家“百千万人才工程”人选1人，教育部新世纪优秀人才1人，全国模范教师1人，安徽省“百人计划”1人，“皖江学者”讲席教授3人，安徽省学术与技术带头人5人，安徽省学术与技术带头人后备人选4人，安徽省高校拔尖人才3人，安徽省高校中青年学科带头人7人，安徽省高校骨干教师7人，安徽省优秀教师2人，具有硕士以上学位者占94.9%，其中获博士学位者67人。学院教学科研用房总面积13 000多平方米，图书资料总册数约9 000册，实验仪器总价值2 600余万元。生物标本馆由9个分馆组成，展区面积达2 500平方米，馆藏各类标本共7万余件(套)。2014年学院在校学生1 491人，其中全日制普通本科生1 211人，各类研究生280人。

【教育教学】 教育工作。学院推进落实专业负责人制度，撤销教研室建立了课程群，基本完成了课程考核改革和试题库建设，“卓越生态学人才实验班”首次招生。加强本科生实践教学平台和基地建设，新增“上海源垦沼气工程管理有限公司”等10余个大学生校外实践基地或专业实习基地，新增省级质量工程项目3项，编写《淡水生态学》等教材10部。累计获包括国家级10项、省级15项等在内的校级以上创新创业训练计划项目35项，优秀本科毕业论文培育计划立项24项，设立院级本科生创新创业训练计划30余项。出台《生科院本科毕业论文管理办法》，引导本科生参与各类学科竞赛活动，本科生发表论文10篇。顺利完成57名硕士生、11名博士生和17名教育硕士招生录取工作。选聘2位专职辅导员、1名团委副书记，选派6人次参加心理咨询师等培训，定期举办学习交流理论研讨，获批团学、工会研究项目3项，2人获校和全省党建、思想政治工作论文奖，2人获校就业创业指导课程大赛二等奖，在校首届全日制教育硕士教学技能大赛中6人获奖。

学生工作。学院致力完善奖助体系，实现了研究生“三助”岗位全覆盖。积极搭建研究生学术交流平台，举办首届“研究生学术论坛”，全日制研究生学位论文实行全盲审，其中有8人获国家奖学金、1人获朱敬文特别奖学金。举办团校暨学生干部培训班，获团中央“2012年保护母亲河——生态环保社团项目”等资助2项，院学生会获校“优秀学生会”，获校“十佳班集体”和“五四红旗团支部”各1个。注重文明宿舍创建，20余个寝室获校文明寝室标兵、文明寝室表彰。多措并举分类指导毕业生就业工作，初次就业率达93.1%，并坚持思想教育与解决实际困难相结合，关爱“五特”学生，发放助学金18万元，临时困难补助2.7万元。注重结合重大活动和重要节点组织开展“国家公祭日”等主题活动，20多家市级以上媒体对活动进行了报道，“预防艾滋病同伴教育”获评“感动师大”十佳事迹，“四季爱心”志愿服务活动获中国青少年发展基金会、英国大使馆文化教育处等“希望工程激励行动”项目资助。学院着力提升学生的综合素质，开展师范生教学技能赛、应用型专业学生实践操作赛等，赵英杰等4人次在全国师范生教学大赛中获奖，获全国大学生英语竞赛等校级以上奖项40余项，1个团队先后获中国青少年科技创新奖“小平科技创新团队”称号、安徽省创业大赛金奖、“创青春”全国大学生创业大赛银奖，创造了学校此项赛事最好成绩。暑期社会实践获校“优秀组织奖”，其中5人获评“优秀指导教师”、34人获评“先进个人”。

【科研与社会服务】 科学研究。学院获得各类项目共38项，获校研究生科研创新与实践项目10项，经费总额699.23万元，并通过早撰写、早提交、专家点评、分类指导等方式，共申报国家基金23项，立项7项，总额299万元，立项率达30.4%(学校排名第二)，为三年来最高，尤其4项国家基金青年项目为历年青年基金立项数之最。发表科研论文80篇，其中SCI(E)收录论文54篇，获省第四届研究生学位论文优博1篇、优硕2篇。申报专利19项，获授权专利12项，其中国家发明专利10项、实用新型专利2项，申报并获得安徽省科学技术奖自然科学二等奖1项。

社会服务。年内，学院稳步推进2011协同创新中心工作，建立健全中心管理机构和运行机制，论证通过了有关恢复、重建项目。以国家星火计划重大项目为依托，先后主办2场技术培训会，为300余名地方养殖人员进行培训；以“林业调查规划设计资质”为依托，承担地方生物多样性调查项目多项，全院到帐横向项目经费274.83万；以标本馆为依托，面向全市小学生举办了第三届“生命科学小博士夏令营”活动，增加了学院美誉度。成功申报2014年“国培计划”初中生物项目，联系学校委托培训项目，完成了芜湖市汤沟中学全体教师计算机能力提升培训任务。

【学科与师资队伍建设】 学科建设。学院致力于推进省级学科平台建设，严格规范重点实验室开放基金课题管理，推动生物学和生态学一级学科博士点建设均衡发展。遴选出1个校级、2个院级特色优势研究领域，并积极筹建“生命组学与健康研究院”，搭建生命组学与其他相关学科交叉合作的高水平研究平台。

师资队伍优化。学院注重人才的挖掘，新引进3名教师、2名辅导员，协助落实引进人才的科研、生活等相关待遇；博士化比例进一步提升，5人在职获得博士学位，顺利完成职称晋升考核推荐工作，晋升教授1人，副教授2人，高级实验师1人，实验师3人，师资队伍学历、年龄、职称更趋优化。同时也重视年轻教师从教技能培训，学院分别组织教学观摩课校级2场、院级4场，每场参与教师30余人；召开第四届青年教师论坛，听取青年教师发展现实需要，组织青年教师参加校教学基本功大赛，3人获奖。开展教学、学术交流，鼓励外出研修，6名教师赴国内外开展学术交流和访问，2名教师到地方挂职锻炼，并邀请了韩斌院士等22位国内外著名学者来院讲学。重视师德师风养成，实现全年老师无违规违纪记录、无教学事故等。

【党建与管理】 领导班子建设。学院加强党员的思想建设，采取党委中心组集中研讨等形式开展理论学习，先后选送2人分别参加省委党校和国家教育行政学院学习，同时注重调动党员的积极性，坚持大事上会集体决策，小事相互通气分头落实，强化大局观念，自觉贯彻落实学校决策部署。巩固深化教育实践活动成果，进一步构建践行群众路线长效机制，研究制订了《生命科学学院密切联系师生改进工作作风实施意见》，坚持党组织联系统战对象、离退休老同志制度，发挥他们参政议政的积极性。组织并顺利完成了学院出席校党代会代表的选举和“两委”委员候选人三轮推荐工作，制订了学院党委工作制度，落实入党积极分子和党员培训任务，审批发展了73名预备党员和转正59名党员。同时注重发挥示范作用，陈壁辉先生荣获校首届“终身成就奖”，华田苗教授荣获“全国模范教师”称号，朱国萍教授先后荣获“全省、全国优秀科技工作者”称号，先后有孙芳、朱承节、宋明明荣获校“十佳大学生”“自强之星”“爱暖师大”十佳青年志愿者等称号。

日常管理工作。2014年，学院积极推进文化建设，及时完善更新学院网页板块和内容，审核发布217篇学院动态新闻报道，重视档案建设，更新完善学院荣誉室等场所的展示内容，按时完成立卷归档工作；积极组织参加各项文体活动，顺利举办第十届“生命杯”乒乓球师生联谊赛及邀请赛，荣获学校“教职工文化体育活动节”优胜单位；工会和教代会成功获批安徽省教育工会“模范职工小家”荣誉称号。开展爱心助学活动，通过合作单位、校友、职工等募集奖助学金近20万，其中退休教师陈壁辉先生一次性捐赠4万元爱心助学基金。严格执行学校财务“刚性预算”制度，学院采购严格依规办理，并邀请财务处领导来院开展财务业务讲座以增进财务管理和财经纪律意识。学院同时注意强化安全稳定意识，以申报国家级实验教学示范中心为契机，加强实验室管理及安全教育，改善实验教学环境，多次召开学生安全教育专题会议进行动员部署，全年没有发生宿舍火灾、群体性事件和非法组织活动。

（生命科学学院供稿）

（十七）环境科学与工程学院

【概况】 2014年，环境科学与工程学院设有环境科学、环境工程、食品质量与安全、食品科学与工程4个本科专业，拥有环境科学与工程一级学科硕士学位点、环境科学研究中心（建设项目环境影响评价国家乙级资质单位）、环境工程研究所（拥有清洁生产审核资质）、分析测试中心、安徽绿研环境科技有限公司等教研平台。学院现有教职工62人，其中专业教师38人，教辅人员11人，党政管理8人，专职辅导员5人。现有全日制硕士生51人、本科生1 007人。本年度，学院环境科学、环境工程、食品质量与安全、食品科学与工程4个本科专业共招收新生296人。

【教育教学】 教学工作。学院以提升本科教学质量为目标，以实践教学改革和课程考核方式改革为抓手，在完成常规教学工作的基础上，重点开展了以下工作：一是进一步强化了青年教师培养力度，通过举办本科教学示范观摩活动、青年教师"教学基本功"大赛、青年教师教学能力提升培训讲座等活动，为青年教师提供了更多展示教学水平、交流教学经验的舞台，以提高学院教师的整体教学水平。1名教师开设了校级教学示范观摩课，受到师生好评；3名教师获学校第四届青年教师"教学基本功"大赛三等奖。二是大力推进课程考核方式改革，健全本科教学质量保障体系建设，3门课程获学校本科课程考核改革试点项目立项，年内完成了四个专业的课程考核实施总体方案和84门具体课程的考核方案制订工作，制订和完善了四个专业的本科专业人才培养标准。三是高度重视教学研究，深化实践教学改革，通过专业综合改革试点等省级质量工程项目积极开展专业建设和教学研究，完成了6个项目的年度建设计划，并顺利通过学校的检查和验收；年内完成振兴计划共100万元的设备招标采购工作，新增大型设备19台(套)，进一步完善了实验教学平台；加强对实习过程和实习质量的监管，积极开拓实习基地，年内新增5个实习基地，其中食品专业新增4个实习基地。四是加强招生宣传，扩大办学影响力，完善了学院招生网页，印制宣传材料1 000多份，赴合肥、芜湖、安庆、蚌埠等地积极开展招生宣传工作，赴江南大学、合肥工业大学开展专业建设和学生就业工作调研，扩大知名度和办学影响力。

本科生工作。学院坚持"以生为本，育人为先"的工作理念，以学风建设为抓手，以安全稳定和考研就业为主线，圆满完成预定工作目标。学院以专题讲座、主题班会、主题团日、志愿服务等活动为载体深入开展学习和贯彻党的十八届三中、四中全会精神；制订新生、毕业生专题教育方案，广泛开展爱国明礼、理想信念、诚实守信、职业生涯等专题思想教育20余场，举办心理健康相关培训讲座7场，新建学生心理咨询室1个。启动"最青春"主题寝室创建工作，落实奖助贷补免资助工作，学院评定和发放各类奖助学金21项，共191万元，获奖受助779人次，实现了零投诉、零失误的目标。积极谋划，推进实践育人，获评校"素质拓展精品活动"1项、1人获评校"自强之星"，1人获省体操锦标赛冠军，1人获省运会标枪季军，获校运会女子团体第五名，评选了首届"环科之星"10人；成立蒲公英志愿服务队、蒲公英环保学校，涌现校"十佳青年志愿者"1人。暑期组建了校、院、班三级实践团队32支，新建实践基地6个，获校暑期社会实践优秀团队二等奖1个、三等奖1个、先进个人22人，优秀指导教师6人。学院递交入党申请书学生达学生总数90%以上；获评校"优秀团支部"3个，校"十佳社团"1个；加强企校联系，多次赴江苏、浙江等地开拓就业市场，举办专题招聘会40余场。

研究生工作。学院不断加强研究生的培养管理，相继制订了《环境科学与工程学院研究生日常考勤管理办法》《环境科学与工程学院研究生学术报告会制度规定》《环境科学与工程学院联合培养优秀研究生实施办法》《环境科学与工程学院关于实行硕士研究生学位毕业预答辩制度的暂行规定》，落实研究生指纹签到制度，配备研究生辅导员、定期开展实验室和研究生宿舍安全检查，定期召开研究生座谈会。2014年环境科学专业共毕业研究生18人，同年招生人数达20人，研究生就业率达100%，获2014届毕业研究生就业工作先进单位。2014年研究生发表学术论文20篇，其中二级以上论文16篇。建立考研辅导三维机制(阶段性指导、个体性差异指导、多重化关系指导)。2014年学院考研率达46.7%、就业率达98.68%，分列全校第一和第二，分别比上年上升3.7个百分点，荣获就业考评先进学院。

【科研与社会服务】 学院不断加强科研队伍建设，通过以老带新等举措将青年教师整合到学院的环境专业特色优势领域和食品专业重点发展领域中，成立了"安徽师范大学功能性食品研究所”校级科研机构。申报省级以上纵向课题13项，获批国家自然基金1项，省自然科学基金1项，校培育基金1项，获得了校级特色优势领域项目资助25万元，全年纵向项目获批经费56.1万元。学院承担委托咨询和社会服务等横向科研课题数达450余项，合同金额1 132万元，到账经费达983.78万元。学院教师发表论文58篇，其中一级论文27篇。专利申报工作取得突破性进展，共申报专利11项（受理7项，实审2项，授权2项），参与出版专著4部。学生获芜湖市专利大赛三等奖1人；校级专利大赛一等奖1人，三等奖1人。学院积极组织引导大学生创新项目申报与建设，年内共有15项大学生创新创业训练计划项目获学校立项，其中3项获国家立项；16项本科生优秀毕业论文（设计、创作）培育计划项目获学校立项；9项国家级大学生创新创业训练计划项目、9项本科生优秀毕业论文（设计、创作）培育计划项目均顺利结题；2人分获学校第七届学生专利发明大赛一等奖和三等奖。

【学科与师资队伍建设】 学院进一步强化学科建设力度，不断完善食品专业课程体系，同时加大食品专业综合实验室建设力度。学院高度重视教师队伍规划和建设工作，本年度学院教工总数达62人，其中专业教师38人，全部具硕士以上学位；博士学位教师23人、在读博士5人，占专任教师总数的73.6%；2名教师赴美国访学；年内晋升教授1人，晋升副教授1人，讲师3人，教授和副教授已达20人，占专任教师总数52.6%，职称结构有一定改善。完成了5名教师的试用期考核以及学院教职工的年度考核等工作。加强辅导员队伍建设，实施辅导员工作目标化管理，并纳入年终考核；探索工作创新与研究，学工组积极撰写、申报学生资助育人功能、辅导员队伍建设、就业等相关工作论文（3篇）、课题（1项），努力提高工作研究能力、创新能力。

【党建与管理】 学院党委重点强化思想政治教育，党委中心组组织集中学习11次，学习了十八届三中、四中全会精神以及习近平总书记系列重要讲话精神。深入贯彻中央八项规定和习近平总书记“三严三实”要求，切实开展教育实践活动后续整改落实及“回头看”工作，加强作风建设。各支部紧紧围绕党和国家的重大决策部署，牢牢把握校第十次党代会精神，利用党员组织生活会开展学习、讨论、交流活动，引导广大党员自觉践行和弘扬社会主义核心价值观，学院党委加强基层组织建设，合理设置党支部，创新支部活动方式。根据学校党委组织部的要求和学院学生党员队伍变化情况，对各支部进行更名，并调整本科生党支部。严格按照《党章》规定的标准发展党员，完成了年初校党委组织部的下达指标，全年发展预备党员48人，其中本科生46人，研究生2人；41名预备党员转正，其中本科生40人，研究生1人。组织89名同学参加了学院分党校入党积极分子培训班学习，55名党员参加了学院分党校党员培训班学习，完成了毕业党员和新进党员组织关系转接工作，及时做好了党员信息管理系统数据库更新和维护工作。各支部严格落实“三会一课”制度，加强对党员和入党积极分子的日常管理，引导和督促他们在各自的岗位上充分发挥先锋模范作用。学院党委重视统战工作，支持周守标、杨如意两位民主党派副院长的工作，支持省政协委员周守标积极履行参政议政、民主监督职责，邀请校党委统战部部长余国升作关于高校宗教渗透的专题报告，注重发挥无党派民主人士建言献策和参与学院民主管理等方面的作用。学院党委注重完善工会、教代会工作机制，维护和保障教职工的合法权益，开展丰富多彩的教职工文体活动，成功举办了教职工新年联欢会，并获得校“先进职工小家”荣誉称号。学院还积极落实学校关工委的工作部署和要求，充分发挥关工委对青年教师和学生的教育指导作用。

（环境科学与工程学院供稿）

十二、皖江学院工作

【概况】 安徽师范大学皖江学院是由安徽师范大学按新机制、新模式举办的独立学院，办学层次为全日制普通本科。现设有10个系以及思想政治理论课教研部、实验中心和图书馆。现建有1个动漫研究中心，3个省级特色实训中心，4个省级特色专业，1个省级教学团队和近150个校内外实习（实训）和就业基地。目前共开设36个本科专业，现有在校学生8 316人。图书馆现有中外文纸质图书60万册，中外文报纸125种、期刊947种，并共享安徽师范大学图书馆全部馆藏资源。教育部高校招生阳光工程发布的2014年“本科院校学生满意度评分榜”中，皖江学院位居安徽省独立学院榜首，在全省所有高校排名第八。

【教学工作】 完成了学分制下各专业人才培养方案的修订工作，制订了2014版学分制人才培养方案。共确定了43门通识教育课程，并通过使用优质网络教学平台，实现高校优质课程资源共享。制订了《安徽师范大学皖江学院通识教育学术讲座学分认证暂行办法》，规范管理学分制下学生听报告的学分认证工作。进一步对相关课程进行视频教学改革，建立数字化教学平台，实现网上实时答疑、网上提交、批改作业。确定《大学英语》《大学语文》等8门课程为课程考核改革项目，不断充实试题库，积极推进无纸化考试。立项省级“质量工程”项目18项，省高校“重大教学改革与研究项目”2项。立项皖江学院“质量工程”项目31项，培育项目10项。

【科研工作】 组织省高校人文社会社会科学研究项目、省高校自然科学研究项目、省高等教育振兴计划项目、省质量工程项目等多类项目的申报工作和学院第二届科研项目申报工作。目前已有在研项目90余项。启动各级各类教科研项目的结题和阶段性检查工作，召开教科研项目检查验收评审会。成功获批省级科研项目2项，其中省级自然科学研究项目1项，省级人文社会科学研究项目1项。教师发表教科研论文与艺术作品50篇、出版著作1部、举办学术报告35场。

【党建与管理工作】 现有党员578名，其中教工党员142名，占教工总数的5.4%；学生党员436名，占学生总数的5.2%。举办第18期入党积极分子培训班，培训入党积极分子665名，举办首届学生党员培训班，培训学生党员372名。完成了476名毕业生党员和11名新进师生党员的组织关系转接。新发展学生党员214人。

开设“皖江道德讲堂”，举办5场“崇尚经典文化皖江”系列讲座，启动“皖江200”读书活动，召开庆祝第30个教师节暨先进个人表彰大会，宣传报道“三育人先进工作者”典型事迹。

【学科专业建设】 积极开展专业申报与建设工作，不断调整与优化学科专业结构。现有学科涵盖文学、理学、工学、管理学、经济学、艺术学、教育学6大门类，形成了应用性学科为主，文学、经济学、管理学、理学、工学、艺术学等多学科相互支撑、协调发展的学科专业体系。共立项省级特色专业1个，专业综合改革试点项目1个，院级专业综合改革项目6个。

【师资队伍建设】 11月30日，召开青年教师队伍建设工作会议，明确学院师资队伍建设的总体思路和建设目标。修订了在职读研相关规定。与11名专任教师签订了在职培养硕士、博士研究生协议，实现专任教师国外高校读博零的突破。30位教职工取得了专业技术职务任职资格，其中讲师25人。17人取得高等教育教师资格证，40人参加芜湖市继续教育公共课及专业课学时认定，认定课时数逾8 000。管理系教师徐宁获得“省级教坛新秀”荣誉称号。

【学生管理工作】 建立学生常规和质量管

理“随机督查”机制，突出做好过程性动态监管和终结性检查评估相结合的教育管理。制订印发2014级学生大一年级教育管理方案。积极整合社会资源、有效对接志愿服务需求，引进市内志愿服务平台，与芜湖市鸠江区文化馆、芜湖市第二人民医院等多家单位，共同建立雷锋志愿服务站，创建了青年学子志愿服务品牌。

【招生就业工作】 招生专业33个，计划招生数2 300人。报到新生2 106人，新生报到率91.57%。截止12月12日，2014届毕业人数为1 953人，已就业人数为1 822人，就业率达93.29%。其中考取研究生155人，22人被招录为大学生村官，15人考取特岗教师，8人预征入伍，11人实现自主创业。

【对外交流与合作工作】 通过“4+1”英国本硕连读项目，共推荐6名本科毕业生前往英国深造。共聘请来自英国、澳大利亚、乌克兰、日本等国的外教9人次。6月，荣获中华人民共和国国家外国专家局授予的“我与外教”全国征文大赛暨“我最喜爱的外教”评选活动“优秀组织单位”称号，乌克兰籍教师Tamila Zakharchenko（塔密拉·扎哈尔千科）获得全国“我最喜爱的外教”荣誉称号。

【重要活动、事件】 1月8日，乌克兰外教Tamila Zakharchenko（塔密拉·扎哈尔千科）荣获安徽省人民政府“黄山友谊奖”。

3月8日，副院长俞晓红荣获全国“三八红旗手”荣誉称号。

3月18日，学院确定了院徽原型和“厚德、开物、自强”的院训，以及皖江精神即“革故鼎新的创造精神、笃学尚行的实践精神、上善若水的包容精神、自强不息的拼搏精神”。

4月2日，香港孔教学院汤恩佳捐赠的孔子铜像落户皖江学院。

5月27日，召开安徽师范大学第十次党代会皖江学院代表选举大会，402名党员参加会议，经差额投票，马三保等8名同志当选为出席校第十次党代会代表。

9月10日，思政部主任赵平教授荣获“全省优秀教师”荣誉称号，受到安徽省教育厅的表彰。

9月28日，党委书记马三保当选为中共安徽师范大学第十届委员会委员，院长李子华当选为中共安徽师范大学新一届纪律检查委员会委员。

11月30日，召开青年教师队伍建设工作会议，探讨青年教师职业发展，共话皖江美好明天。

12月9日，学院领导班子进行了调整：王传辉任党委副书记、副院长；俞晓红调任安徽师范大学文学院副院长。

12月22日，安徽师范大学与繁昌县人民政府签订合作共建皖江学院新校区意向性协议。

12月24日，举行庆祝建院十周年暨“迎新年、迎新生”文艺晚会。

（撰稿：池程远　审稿：马三保）

十三、附属单位工作

（一）附属中学工作

【概况】 2014年，学校现有教职工189人，其中含上级委派1人，人事代理9人，聘用人员9人，代课教师4人。专任教师161人中特级教师6人，高级教师74人，高级政工师1人，一级教师52人，二级教师34人；有硕士学位55人，其中教育硕士42人。现有高中42个教学班，2053名在籍学生。在2013年高考一本达线率53.52%的基础上，2014年高考一本达线率再创新高，理工类为75.75%，文史类为60.44%，一本达线率在全省同类学校中名列前茅。

【教学工作】 加强教学工作，推进教育教学改革。在务实常规教学、打造高效课堂基础上，坚持"以人为本"，积极实施"双轮驱动，两翼齐飞"的发展战略。充分发挥教研组、备课组、年级组和教学指导委员会的组织协调、专业引领作用，全方位提升教育教学水平。

2014年我校参加高考的615人中，600分以上的共有56人，其中文科参加高考人数为182，600分以上共13人，理科参加高考人数为433，600分以上共43人。达一本线的共438人（其中理工类一本达线328人，文史类一本达线110人），理工类一本达线率为75.75%，文史类一本达线率为60.44%。一本达线率在全省同类学校中名列前茅。文史类二本以上人数169人，达线率92.86%，三本以上人数176人，达线率96.7%；理工类二本以上人数396人，达线率91.45%，三本以上人数415人，达线率96.1%。芜湖市区理科前两名为附中学生，第一名高欣，656分，列全省31名；第二名纪楚廷，653分，列全省48名。芜湖市文史类语文单科第一名为谢铭琪，125分；理工类英语单科第一名是郜斯嘉，149分。

2014年学科竞赛获奖"人数多，档次高"。3人获得全国金牌，4人获得全国银牌，5人获得全国铜牌；43人次获省一等奖；12人次进入安徽省代表队；71人次获得省二等奖，34人次获省三等奖。凌展、金戈、吴宇涵三位同学保送清华大学，占据安徽省9个保送席位中的3个，居全省第一。寇明阳获一本线录取清华大学资格，罗齐尧获一本线录取复旦大学资格，陈思涵、钱子涵获一本线录取中国科技大学资格，汪岳鹏获降40分录取中国科技大学资格，管建洲、吴嘉豪获降20分录取中国科技大学资格。龚臻、白子御、罗睿康、闫卓然四位同学被新加坡国立大学和南洋理工大学录取，在新加坡项目全省7人中占有4席，居全省第一。

【德育工作】 在德育"一二三四"工程模式基础上，构建学校的德育管理新体系，实行"校长一德育处一年级组一班主任一班委会、团支部"多层次德育管理模式，管理重心下移。召开德育工作研讨会，不断加强班主任队伍建设；强化"文明班级"的创建评比，继续狠抓行为习惯养成教育；利用入学教育、开学典礼、升旗仪式、国旗下讲话、黑板报、橱窗等宣传阵地，大力弘扬校园精神文明。组织开展2014年学生篮球春季联赛、春游、第28届艺术节、国防军训教育、第42届田径运动会、第15届科技文化节、第15届校园书市、首届心理社团活动周展示、阳光冬季体育活动、经典诵读等一系列中学生喜闻乐见的文体活动。活动效果明显，成绩斐然。赵清源在第20届爱国主义读书活动"走复兴之路·圆强国之梦"演讲比赛中，荣获芜湖市一等奖，安徽省二等奖；王翀等13名同学获第9届全国少儿书信大赛芜湖市一、二、三等奖；附中获“芜湖市中小学生经典诵读展评”一等奖。高三(14)等2个班级获“芜湖市先进班集体”荣誉称号，高三(9)班等3个团支部获“芜湖市教育系统先进团支部”荣誉称号，陆欣等6名学生获“芜湖市优秀学生干部”荣誉称号，胡明峰等15名学生获“芜湖市三好学生”荣誉称号，曾宿桐等7名学生获“芜湖市优秀团干”荣誉称号，莫培等13名学生获“芜湖市优秀团员”荣誉称号；附中国旗班和凤凰英语社获“芜湖市优秀学生社团”荣誉称号。学校充分发动、广泛宣传，层层落实，较好地完成了国家资助、学校资助和奖励、社会资助、校内“爱心捐款”等工作。

【师资队伍建设】 学校制订师资队伍建设计划，着力实施“一年合格、三年成熟、六年骨干、十年名师”的“一三六十”名师培养工程。继续发挥骨干教师，特别是特级教师的专业引领作用，实行“青蓝工程”新老教师结对活动，帮助青年教师专业成长。通过开展“常态化教研”“专项性教研”“课题式教研”，努力搭建“学、教、研一体化”平台，助推教师专业发展。继续实施主题“全员公开课”“素质教育开放周”和“教学观摩公开周”活动。12月23日至26日，举行以“一师一优课、一课一名师、课课有精品”为主题的优质课评比活动，最终评出陈晨等4位老师为特等奖获得者并推荐参加芜湖市“优质课”评选，丁竹霞等12位老师获一等奖。继入选教育部“国培计划”专家库后，马林、王为民再次入选首批安徽省教育评估省级专家库。王为民成为芜湖市第二批“名师工作室”主持人，毛宣海、严景东荣获芜湖市“优秀教师”荣誉称号。顾涛获全国中学生物课堂实验教学展一等奖，许敏获全国高中化学优质课微课评比二等奖，杨惠群获安徽省赛课二等奖，吕李永获得芜湖市高中语文优质课大赛一等奖，顾涛获“践行群众路线，为民亲切服务”主题演讲芜湖市一等奖。

【课题研究与后勤工作】 课题研究工作。2014年，附中新增两项省级立项课题，并完成开题工作。2014年获准立项的由许敏、曹林翔主持的市级课题“手持技术在高中化学教学中的运用”着眼实验性研究，与学校2015年重点投入的硬件建设不谋而合。汇聚教师成果，助推教师发展校报《凤凰枝》和校刊《附中科研谭》顺利复刊升级。

后勤保障工作。加强监管，及时跟踪协调，按时完成图书馆楼报告厅的装饰装修和音响灯光工程的施工和验收及报审、校园监控设施的安装调试和验收、校园节能改造工程项目的施工监管和工程验收、教工活动中心的装修搬迁等工作。9月1日附中新食堂开始营业。

【党建与管理工作】 继续坚持中心组学习制度，深入学习领会习近平总书记系列讲话精神。强化支部建设，规范党员发展，发展新党员6人，其中2名教师，4名学生。坚持“党管干部”原则，不断加强干部队伍建设，发挥干部队伍的整体效能。开展师德师风教育。5月30日，附中召开党员大会，选举马林、李红梅、吴树烈、张祥云、胡和平、夏吉中、章志学、程六三、谢莉、翟佳为学校第十次党代会的代表。1月18日，召开附中第五届教职工代表大会暨第九届工会会员代表大会，选举马林、王为民、王飞、张祥云、凌光明、唐俊、夏吉中、曹林翔、章志学、谢健为第五届教代会执委会委员，夏吉中、李剑平、曹多保、顾涛、白凌志、王金华、孙海燕为第九届工会委员会委员。工会积极组织参加学校各项文体活动，乒乓球团体赛和女子排球赛均获冠军，羽毛球获乙组冠军。12月10日，召开附中第十次团代会、学代会，选举产生了第十届团委委员7名，学生会委员19名。选举王万元为团委书记，谢莉和杨惠群为团委副书记。

【重要活动、事件】 1月24日，经学校党委全委会研究决定：聘任马林为附属中学校长（试用期一年），校任免字〔2014〕9号。1月24日，经学校党委全委会研究决定：聘任张祥云为附属中学副校长（试用期一年），校任免字〔2014〕11号。

附中学生参与“中法中学生数学交流活动”。3月19日，附中高一、高二年级863名学生参加了一场特殊的数学竞赛。此次竞赛是在中法建交50周年之际，由中国教育部和法国国民教育部合作举办的中法中学生数学交流活动。活动由中国教育国际交流协会与法国法中教育友好协会具体实施。中法两国青年学生以数学为纽带开展交流活动旨在进一步加强两国在数学教学、师资培养等领域的深入合作，打造中法教育人文交流的新亮点。中国和法国分别有25

所中学的学生同时参加了此次活动。

附中成为"安徽省普通高中骨干教师专业能力提升高端培训"实训基地。9月15日至19日，数学、语文、生物三学科的"安徽省普通高中骨干教师专业能力提升高端培训"实训活动在附中举行，实训导师马林、唐俊、罗菲和三个教研组全体教师及14位参训老师上课、听课、研讨、总结，聚焦课堂，彼此学习，密切融合。实训活动对于营造教研氛围、提高教研质量、激发教研热情起了很好的推动作用。

举办"英雄航天员科普报告会"。11月7日，英雄航天员张晓光科普报告会在附中图书馆楼报告厅隆重召开。报告会由芜湖市军分区吴小明司令员主持。著名跳水运动员、世界冠军周吕鑫出席了报告会。张晓光的报告以"追梦"贯穿始终，整场报告历时三小时，最后互动环节，来自宝岛台湾的小学生表现出色。张晓光向参与互动的同学赠送了纪念品，并合影留念。报告会之前，张晓光参加了简短的植树纪念活动，并在会议室签名留念。张晓光莅临附中做精彩报告的新闻上了11月7日中央电视台新闻联播的联播快讯。

宿松县教育考察团来附中考察并与附中签订战略合作协议。12月26日，宿松县副县长黄毛怀、教育局局长汤国华率宿松县教育考察团一行29人来附中考察、调研，共商教育发展大计。附中校长马林代表附中与宿松县程集中学、宿松中学签订了战略合作协议。

（撰稿：夏吉中　审核：马林、胡和平、吴树烈、程六三、张祥云）

（二）附属小学工作

【概况】 2014年，共有教职员工160人，其中校聘教师64人，原儒林柏庄学校教师11人；拥有56个教学班，在校学生2 808人。

【教学及科研工作】 深入推进教学改革。12月上旬，在省教科院、师大教科院、市教科所的指导下，学校成功举办了全省"生本课堂"教学研讨会，全省各地500多名教师与会，充分展现了学校"生本课堂"的阶段性研究成果及教师团队的专业水平，得到与会专家和老师的高度赞誉。2014年全市小学毕业班质量监控中，在毕业学生总数远远高于同类学校的情况下，各项成绩数据均名列前茅。学校连续被省厅指定为"长三角名校长"实训基地，继续作为"国培项目"跟岗实践影子学校、教科院校外研究生培养基地，先后接待市级各科教研活动及黄山、安庆、阜阳、宣城等多个地市兄弟学校的参观学习、研讨交流，合计共十八批次近1 900人次的对外展示、交流与合作活动。积极支持教师参加各项比赛，其中获得市级一等奖27项，省级以上刊物论文发表8篇次。此外，学校还被安徽省评定为"安徽省少儿素质教育先进集体""基于微课的翻转课堂项目研究实验学校""安徽省小学语文校本教研基地学校"。

【学生工作】 学校实行了正副班主任教育管理机制，校园受伤事故较去年同比下降了50%。9月底，新装修的功能室投入使用，学校全面启动活动课程，成立学生社团，开设了必修、选修课程49门，2—6年级重新组班达到66个，每周下午利用一小时走班授课的方式开展活动。全市经典诵读比赛连续三年夺得一等奖（2次第一，一次第二）；全市舞蹈、声乐大赛6个节目5个一等奖，1个二等奖；在全国青少年车辆模型比赛中，全市5名选手代表安徽省参赛，附小占2名，且皆获一等奖。综合统计全年各类获奖人次：全国一等奖2人次，省一等奖4人次、二等奖2人次、三等奖3人次，芜湖市一等奖39人次、二等奖23人次、三等奖16人次，其中单项加团体一等奖个数较前一年提升了52.2%。

【后勤工作】 2014年完成了楼梯改造、后门整改、功能室器材、设备采买项目等57个万元以上的大小项目，增加了9个校园安全监控点，同时在6个楼梯的天井加设了防护网，并在防护网上贴上孩子们的笑脸照片，着力消除安全隐患。

【工会工作】 学校创建了书法、篮球、羽毛球、舞蹈、摄影等教师社团，开放了教师阅览室，建立了教工之家，使教职员工的业余生活更加丰富多彩。在参加大学文化体育节"趣味比赛”、男篮、女排比赛中分获2个一等奖，1个二等奖，取得第43届教职工运动会总分第一的好成绩；在芜湖市教育工会组织的教师素养大赛中，全校26幅教师作品入选参展，属于同类学校最多；此外，学校的教工之家被师大评为“先进教工小家”，宋玲老师获评“巾帼建功标兵”，严慧老师被评为市级“优秀教师”。

（附属小学供稿）

（三）附属幼儿园工作

【概况】 2014年，附幼有20个班级，616名幼儿，为芜湖市最大的公办园。6月28日，安徽师范大学幼教集团成立。随着幼教集团的成立，附幼的办学规模也日益扩大，新添一所由大学全额投资的幼儿园——伟星城分园，并于9月正式开园。目前，集团已有附幼总园、左岸分园、文津分园、碧桂园分园、平湖秋月分园、伟星城分园等6所幼儿园。集团现共有57个班级，1 830名幼儿。

【课程建设】 加强教学管理工作，充分发挥教研组、年级组的作用和功能，实行教师电子备课，并加强监管力度。其次，注重课程建设，以《3—6岁儿童学习与发展指南》精神为指引，对幼儿实施科学保教。结合幼儿的身心发展规律和学习特点，践行“以幼儿为本，在生活中学、游戏中学、做中学”教育理念，实施主题背景下的基础课程、园本课程和特色课程，并通过游戏、个别化学习、小组教学、集体教学等形式来实现三大课程、区域游戏、环境创设间的联通和融合，促进幼儿健康、快乐成长。

【师资队伍建设及教学管理】 2014年，集团有教职工239名，其中在编教职工38人，人事代理教师3人，自聘教职工198人；其中附幼本部教职工103人，自聘教职工65人；现有中学高级职称教师3名，安徽省特级教师3名，芜湖市教坛新星1名，芜湖市骨干教师4名，省市级先进教师数十名，专任教师100%拥有专科学历，其中本科学历教师占总数的88%，研究生学历教师占总数的2.7%。

继续加强教师队伍建设。首先，制订师资队伍建设规划，有计划、有步骤地招聘在编教师，增加专任教师数量，优化教师队伍。在学校相关部门的大力支持下，通过面向应届毕业生招聘考核，张旭、谢嘉筠、上官金曼等3名毕业生加入到附幼教师的队伍行列，为附幼注入了新的活力。其次，为了促进青年教师的快速成长，开展了“导师带徒”“师徒结对”等活动，全面提高青年教师的专业水平和专业能力。其次，还通过开展各项教学研讨和教学大练兵活动，促进教师的专业化发展，提高教育教学质量。

【课题研究】 由钱和平、朱芃艳主持的安徽省教育科学规划课题《基于合作文化的幼儿园教师专业发展研究》（编号JG10032）4月顺利结题，由余捷、徐晓蓉主持的《3—6岁幼儿自主阅读能力培养策略研究》（编号JG10031）12月顺利结题。

【分园建设】 2014年，经过为期4个多月的设计、装修，伟星城分园9月正式开园招生。9月经弋江区教育局协调，安徽师范大学幼教集团与万科房地产开发有限公司海上传奇项正式签约，承办“安徽师范大学附属幼儿园万科海上传奇分园”，该园将于2017年开办。

【对外交流与合作】 8月，徐晓蓉老师赴香港参加为期一年的“教育部与香港教育局内地与香港教师交流协作”工作，担任香港幼稚园的教学指导工作。9月16日至19日，安徽师大幼教集团主任、附幼园长余捷赴韩国又松大学参加中日韩三国幼儿教育研讨会，并在会上做了15分钟的题为《在生活中学、做中学、游戏中学——中国安徽师范大学附属幼儿园教育理念与实践》的简要报告。11月7日上午，余捷主任作为安徽中小学、幼儿园校园长代表在合肥“长三角中小学名校长高级研修班高峰论坛”主会场上开展专题演讲。10月20日，芜湖市首批名园长工作室——余捷园长工作室圆满完成了芜湖市不同区县共5所公、民办幼儿园6名园长为期2年的研修指导任务。

【重要活动、事件】 1月7号，安徽师范大学校长王伦、副校长李琳琦及校办公室、人事处、财务处、资产管理处、后勤集团等部门领导一行来附幼进行工作调研。

4月17日上午，由安徽省教育厅主办、芜湖市教育局协办的“安徽省幼儿园游戏观摩与培训”活动开幕式在安师大附幼举行。安徽省教科院院长李灿莉、省教育厅基教处汪祥贵科长、安徽省教科院幼教教研员汪秋萍、芜湖市教育局副局长刘育红、芜湖市教科所所长俞宏胜以及来自各地市的幼教专干、幼教教研员、省级一类幼儿园园长约200余人参加了此次活动。

5月25日上午，省委教育工委委员、省教育厅总督学李明阳先生应邀为幼教集团全体家长开设题为《弘扬传统文化，建设幸福家园》的家教讲座，附幼总园和五所分园的近千名家长、老师共同聆听了这场讲座。

9月27日，香港教育研究发展中心总监、香港创新教育学会主席詹华军先生，应邀在安徽师范大学花津校区大礼堂开设了《9A状元是怎样炼成的——家庭教育中的行知与赏识》家庭教育专题讲座，幼教集团属下各分园200余名教职员工和近1 000名家长聆听了此次专题讲座。

9月30日开始，安师大幼教集团向各园发出了一封“让爱心插上翅膀·飞得更远”——“百家衣”爱心捐赠活动倡议书，集团内的近2 000名幼儿家长参加了此次捐衣活动。10月11日，131个60 cm×90 cm包裹顺利发往青海、四川、金寨、岳西4个地区，圆满完成了此次爱心捐赠活动。

（附属幼儿园供稿）

十四、获奖情况

（一）获得各级各类奖励的单位名单

全国大中专学生暑期“三下乡”社会实践活动先进单位：安徽师范大学

2013年度全国大学生科普作品创作大赛优秀组织奖：安徽师范大学

2013—2014年度全国大学生志愿服务西部计划优秀项目办：安徽师范大学

第二届全国大学生简历大赛“组织奖”：安徽师范大学

“创青春”安徽省大学生创业大赛优秀组织奖：安徽师范大学

第五届安徽省百所高校百万大学生科普创意创新大赛优秀组织奖：安徽师范大学

全省大中专学生暑期“三下乡”社会实践活动优秀组织奖：安徽师范大学

全省就业工作先进集体（省人民政府授予，全省高校仅2所）：安徽师范大学

安徽省十佳心理服务机构：安徽师范大学

安徽省第三届就业创业指导课程大赛“最佳组织奖”：安徽师范大学

“昆山花桥杯”第九届安徽省大学生职业规划设计大赛暨大学生创业大赛“最佳组织奖：安徽师范大学

全省共青团信息工作先进单位：校团委

安徽省教育工会“模范职工小家”：生命科学学院分工会、国土资源与旅游学院

安徽省高校图书馆2013年度“先进集体”：图书馆

科学出版社2013年度“关注科学，社馆同行”优秀图书馆：图书馆

2011—2012年芜湖市无偿献血先进单位：安徽师范大学

2013年度芜湖市教育宣传工作先进集体：附属中学

芜湖市教育局“乐享童年·畅想未来”幼儿歌舞调演一等奖：附属幼儿园

芜湖市中小学生经典诵读展评活动一等奖：附属中学

芜湖市中小学生阳光体育运动会男子篮球高中组冠军：附属中学

校级毕业生就业工作先进学院：外国语学院、文学院、国土资源与旅游学院、新闻与传播学院、环境科学与工程学院、历史与社会学院

大学生暑期“三下乡”社会实践活动优秀组织奖：文学院、政治学院、经济管理学院、音乐学院、外国语学院、体育学院、新闻与传播学院、物理与电子信息学院、国土资源与旅游学院、生命科学学院

（二）获得各级各类奖励的教职工名单

全国三八红旗手：俞晓红

全国辅导员工作优秀论文大赛：涂薇（二等奖）、瞿津津（三等奖）

全国高校辅导员工作优秀论文评选：高媛媛（二等奖）

第六届全国高校辅导员年度人物：汪婕（入围奖）

第二届全国大学生简历大赛优秀指导教师：郭志春

中国翻译协会“资深翻译家”：王文干

中国福利会上海宋庆龄基金会幼儿教育提名奖：余捷

第十三届中国教育学会“现代教育论文实践全国教师论文评选：李元元（一等奖）

“井冈情·中国梦”全国大学生暑期实践季优秀带队教师：杨穆龙

全国小学信息技术优质课展评：胡飞翔（一等奖）

全国中学生物课堂实验教学展：顾涛（一等奖）

全国高中化学优质课微课评比：许敏（二等奖）

安徽省教育系统“师德标兵”：陈文忠

安徽省教育系统“师德先进个人”：孙国正

2013年全省高校辅导员年度人物：汪婕

2013年全省优秀共青团干部：李古州

全省共青团信息工作先进个人：张海兵

安徽省十佳心理咨询师：陶金花

“创青春”安徽省大学生创业大赛优秀指导教师：张建华、胡好远、刘振杰、戴和圣、吴青山、梁燕、井方明

第五届安徽省百所高校百万大学生科普创意创新大赛优秀指导教师：孙亮、吴杰的

2012—2013年度安徽省青少年课题研究竞赛二等奖：宫超、孙静

安徽省辅导员职业能力大赛：龚伟（特等奖）、孙良林（一等奖）

安徽省第三届就业创业指导课程大赛：田超（一等奖）、汪华伟（一等奖）

安徽省高校优秀辅导员博客：徐彪（优秀博客奖）、李高举（优秀博客奖），徐彪（优秀博文奖）、朱凯迪（优秀博文奖）

安徽省高校辅导员工作优秀论文：涂薇（二等奖）

安徽省第十届高校毕业生就业优秀论文评选：张玉新（一等奖）；王传辉、张师帅（二等奖）；李成新、马兴、左方敏（三等奖）

2013年度安徽省高校图书馆优秀馆长：方青

2013年度安徽省高校图书馆先进工作者：胡宏昇、钱广萍

安徽省高校图书情报工作委员会首届学术成果奖：刘和文（著作类一等奖）；周向华（著作类二等奖）；江增华、潘杏仙、梁新潮、章丽、董家魁（论文类二等奖）、朱东妹（软件二等奖）、吴萍莉（论文类三等奖）

安徽省美术学科赛课：杨惠群（二等奖）

安徽省基础教育论文评选：顾学雷（三等奖）

安徽省基础教育论文评选：周莉莉、郭娟、钱和平、秦雯雯（一等奖）

安徽省幼儿园优秀自制玩教具评选：徐娟、张翠翠、秦云霞、马海珍、汪红诚（二等奖）

安徽省幼儿园音乐游戏教学：付秀丽（三等奖）

芜湖市优秀教育工作者：陈海燕

芜湖市第二批名校长：陈海燕

芜湖市中小学优秀教师：毛宜海、严景东

芜湖市高中语文优质课大赛：吕李永（一等奖）

芜湖市个别化学习区域环境创设及材料投放评选活动：万丹丹、周莉莉、李元元、阮晨宇、周莹、秦雯雯、薛丽、司敏（一等奖），岳怡、赵艳、吴倩、胡文婷（二等奖）

芜湖市幼儿园优秀自制玩教具评选：徐娟、张翠翠、秦云霞（一等奖）；马海珍（二等奖）；刘大庆、陈隽、胡心婷（三等奖）

芜湖市基础教育论文评选：秦雯雯、钱和平、周莉莉、郭娟（一等奖）；秦云霞（二等奖）；朱美玲（三等奖）

芜湖市第六届"体彩杯"幼儿基本体操大赛：石菁、阳霞玲、王吕杰（三等奖）

"践行群众路线，为民亲切服务"主题演讲芜湖市：顾涛（一等奖）

2014年"建书香校园树文化新人"暑期读一本好书征文比赛中学组优秀指导教师奖：俞文莉

安徽师范大学"教学名师"：熊言林、何宗祥、吴玲、周晓梅、袁立庠、蔡玉辉、解光云、吕成文

安徽师范大学"优秀教学奖"：吴俊明、吴世红、许仁青、汪盛玉、汪红艳、孙艺辉、傅新球、麻金继、王大理、李源

安徽师范大学首届"巾帼标兵"：彭凤莲、朱小芸、吴玲、李立群、马梅、焦丽娟、方凤满、刘桂云、周向华、宋玲

青年教师教学基本功大赛：路幸福、程智、吴浚（一等奖）；胡承晨、王晓玲、盛晓伟、周艳、蒋莹、潘晓军、崔明海、崔静、陈丽、范劼、王影、程奇、黄玉成、李晓博、洪娟（二等奖）；赵忠仲、张小琴、阙荣辉、李天珍、杨希、王群、晏菁、昌毅、汤玲、侯德帅、孙丽萍、蔡路路、王玉洁、乔媛、何国栋、尹雷、丁修真、赵月娥、凌灯荣、冀睿、何心伟、秦臻珍、聂竹明、武晓果、李丽芳、崔琨、张磊、张爱清、孙永梅、王原、王涛春、金迪、李靖、吴钦金、王银玲、翁倩舒、马原、陈婷婷、王鹏、吴静、李卉、钱璐、徐林、燕杨、安建增、丁广华、王桂丽、王翠莲、李冰仙、钱昀、张帆、窦玉玉、周桂琴、赵诚、王旸、陈夫贵、施媚、周昆翔、刘辉（三等奖）

安徽师范大学第四届辅导员职业能力大赛：左方敏、吴青山（特等奖）；宫超、郁悦、汪诚、张磊（一等奖），于珊珊、崔玉凤、刘飞、马星宇（二等奖），郜雪、熊义信、吴辉、王艳、陈德洋、李成新、朱罗莎、李晨、孙月婷、胡君（三等奖）

校级毕业生就业工作先进个人：杨穆龙、芮先红、刘晓峰、李进、李碧鹰、杨涛、谢超峰、龚伟、王亚男、仲飞、田超、杨利红、倪健、徐玲、王昭昀、锐、超、汪倩倩、孔文、李成新

大学生暑期"三下乡"社会实践活动优秀指导教师：刘颖、鲁华峰、郜雪、李震、王坎、朱露露、杨穆龙、章征科、余君、曹明臣、许磊、牛菲、戴家芳、吴兴华、王玉侠、汪盛玉、张正光、高正礼、路丙辉、张磊、周俊强、胡桂芳、刘晓峰、王虹圆、李路根、刘冰、闵继胜、孙静、孙良林、汪华伟、汪海元、戴剑武、高爽、吕茵、于珊珊、文武、盛贤、李高举、朱亚运、刘道胜、张金俊、何晔、胡君、王建辉、王彦章、阮成武、龚伟、马兴、孟庆娟、吴文涛、崔玉凤、孙彦、熊义信、赵华杰、蔡维敏、吴家发、徐梦涛、朱凯迪、秦宗财、郁悦、马梅、陈德洋、王艳红、李汪根、许晓峰、李妍、徐彪、莫霏、丁绪星、米佳佳、宋凤楼、汪光麒、朱骞、商永嘉、阚显文、涂薇、孙影、陈露、高超、陈仁钧、张鑫、梁栋栋、杨钊、李恩、黄振新、张磊、郭志春、何所惧、昝逢宇、吴婷、周守标、杨如意、李宁、陈潘、陈骁、张海兵

本科生素质拓展精品项目优秀指导教师：杨四平、崔达送、项念东、杨穆龙、路丙辉、姚宏志、张正光、李路根、陆在春、张廷龙、孙静、赵洁、王亚楠、王健、谢传斌、徐彬、王彦章、郑筱妍、王道阳、郑

金泽、孙彦、黄德春、徐梦涛、田超、郁悦、徐彪、李妍、倪建、朱骞、孙影、赵全胜、袁青兵、张园园、洪娟、张鑫、段萍、黄振新、孔文、陈潘

（三）获得各级各类奖励的学生集体名单

大学生“小平科技创新团队”：安徽师范大学中贺生物创新团队

全国百家体育公益社团：球类协会

首届中国青年志愿服务项目大赛银奖：五四爱心学校

“创青春”全国大学生创业大赛：《芜湖中贺生物技术有限公司》（银奖），《安徽出众教育文化咨询有限公司》《芜湖中梦影业有限责任公司》《“秸秆起义”公益创业计划》（铜奖）

“井冈情·中国梦”全国大学生暑期实践季优秀团队二等奖：赴井冈山“红色故事采编演绎”团队

“创青春”安徽省大学生创业大赛金奖：《芜湖中贺生物技术有限公司》《安徽出众教育文化咨询有限公司》《芜湖中梦影业有限责任公司》《“秸秆起义”公益创业计划》

全省大中专学生暑期“三下乡”社会实践活动：

优秀团队：“五四爱心学校”赴山东沂蒙山区服务实践团队、安徽省家风家训调查与研究实践团队

优秀调研报告：《安徽省农村家风建设现状调查研究——以安庆市枞阳县柳峰村为例》《基于GIS的芜湖市公共交通优化调研报告》《关于农村留守儿童社会支持网的调查报告——以安徽省岳西县方边乡为例》《关于安徽省志愿服务体制发展现状的调研报告》

“青春·理想”安徽省第三届大学生自创话剧展演一等奖：文学院原创话剧《心愿》、新闻与传播学院原创话剧《扎根这土地》

芜湖市首届大学生合唱节一等奖：校大学生艺术团

芜湖市先进班集体：附属中学高二（1）班、高三（14）班

芜湖市先进团支部：附属中学高一（8）班、高二（13）班、高三（9）班

2013—2014学年五四红旗团支部：思想政治教育专业2011级团支部、人力资源管理专业2012级2班团支部、广告学专业2011级1班团支部、化学专业2012级2班团支部、应用生物科学专业2012级团支部

2013—2014学年优秀团支部：汉语国际教育专业2013级团支部、秘书学专业2013级团支部、汉语言文学（师范）专业2013级1班团支部、卓越语文教师实验班2013级团支部、思想政治教育专业2012级2班团支部、法学专业2013级2班团支部、会计学专业2013级1班团支部、会计学专业2012级2班团支部、人力资源管理专业2012级2班团支部、音乐表演专业2013级3班团支部、环艺设计2012级2班团支部、环境设计2013级2班团支部、社会工作专业2012级1班团支部、公共事业管理专业2012级1班团支部、学前教育专业2013级团支部、学前教育专业2012级团支部、俄语专业2013级团支部、法语专业2013级团支部、英语（非师范）专业2012级1班团支部、体育教育专业2012级1班团支部、体育表演专业2013级团支部、文化产业管理专业2013级团支部、广告学专业2013级团支部、广告学专业2012级团支部、文化产业管理专业2012级团支部、物联网工程专业2013级团支部、数学与应用数学专业2012级1班团支部、数学与应用数学专业2013级2班团支部、自动化专业2012级团支部、自动化专业2013级1班团支部、材料化学专业2013级1班团支部、应用化学专业2012级1班团支部、化学专业2012级2班团支部、地理科学专业2012级团支部、土地资源管理专业2012级团

支部、应用生物科学专业2012级团支部、应用生物科学专业2013级团支部、食品科学与工程专业2012级团支部、食品科学与工程专业2013级1班团支部

2012—2013学年十佳班集体：文学院2012级对外汉语专业、经济管理学院2012级会计学专业2班、音乐学院2011级音乐学2班、历史与社会学院2012级社会工作专业、教育科学学院2012级学前教育专业、外国语学院2012级英语（非师范）1班、新闻与传播学院2012级文化产业管理专业、物理与电子信息学院2012级自动化专业、生命科学学院2011级生物科学1班、环境科学与工程学院2011级食品科学与工程专业

2013—2014学年优秀学生会：文学院学生会、经济管理学院学生会、历史与社会学院学生会、教育科学学院学生会、新闻与传播学院学生会、化学与材料科学学院学生会、国土资源与旅游学院学生会、生命科学学院学生会

2013—2014学年十佳社团：江南诗社、新雷锋青年志愿者协会、美术爱好者协会、赭山史学社、心理研究会、英语之角协会、普通话协会、电子爱好者协会、环境与健康协会、读者协会

2013—2014学年优秀社团：赭麓书画社、五四爱心学校、中国特色社会主义理论体系研究会、创业协会、翻译协会、棋类协会、数学建模协会、环境保护协会、生命科学协会、新长城自强社

第31期团干培训班暨第11期学生干部培训班先进集体：文学院学习小组、政治学院学习小组、法学院学习小组、历史与社会学院学习小组、教育科学学院学习小组、外国语学院学习小组、物理与电子信息学院学习小组、生命科学学院学习小组、环境科学与工程学院学习小组、花津校区青年通讯社学习小组

2013—2014学年优秀团小组：名单略

（四）获得各级各类奖励的学生名单

国际大学生数学建模竞赛：桂建秀、李露、张婷婷、虞威、石蓉荣、程孝侠、韩文锴、杨文建、晋珊（二等奖）

“中国大学生自强之星”：周琦

“中国大学生自强之星”标兵：古孜里努尔·艾尼瓦尔

“中国大学生自强之星”提名奖：周玉平

第九届中国大学生年度人物：周琦、贺张

第32届全国青少年信息学奥林匹克竞赛全国决赛：凌展（金牌），寇明阳（银牌），罗齐尧、黄松皓（铜牌）

2014全国中学生数学联赛全国决赛：寇明阳（银牌），罗齐尧（铜牌）

2014全国中学生物理联赛全国决赛：吴宇涵（金牌）

2014全国中学生化学联赛全国决赛：陈思涵（银牌），钱子瀚（铜牌）

2014全国中学生生物联赛全国决赛：金戈（金牌），徐唱（铜牌）

第十届两岸大学校园歌手邀请赛暨首届两岸大学校园民谣节：吴辉（金奖铜牌），《花开盛夏》（原创歌曲奖）

“井冈情·中国梦”全国大学生暑期实践季第四期培训班优秀学员：李雅雯、李映、李景瑞、孙伟静

全国研究生数学建模竞赛：常强强、汪庆亚、陶文晶、封彬、夏林、林雪勤（二等奖），祝煦、彭炎亮、贺磊（三等奖）

首届全国全日制教育硕士研究生学科教学（语文）专业教学技能大赛：李媛媛、张凡（一等奖）；黄安娜（二等奖）

全国语文学习科学研究会教坛新星说课大赛初中组：祝林（特等奖），查妮（高中组一等奖）

全国大学生英语竞赛：获奖名单略

“作家杯”第十六届全国新概念作文大赛：王睿茜（一等奖）

第十四届“明天小小科学家”：倪星宇（全国三等奖）

2013年度安徽省“十佳大学生”提名奖：刘傲、洪子波、吴嫣然、韩莹

全国励志成长成才优秀学生典型：王娟、斯义谱

第五届安徽省高等学校师范生教学技能竞赛：施瑶、杨冉、李雅雯、陶寅（文科团体二等奖）

全省师范生教学技能竞赛：施瑶（特等奖），盛婷、胡玉珍、陶寅（一等奖），杨冉、李雅雯、张艺、黄璐（二等奖）

安徽省高校古籍整理优秀研究生奖：路元敦、庞杰、何靖宇、金捷、姚硕、李永卉

第五届安徽省百所高校百万大学生科普创意创新大赛：刘梓先（二等奖）；魏雪、张盼盼、张梦园、尚庆敏、宋闻达（三等奖）

“昆山花桥杯”第九届安徽省大学生职业规划设计大赛暨大学生创业大赛：张晓羽、李佳荣（金奖）；汪丽友（铜奖）

“我的中国梦——青春故事汇”微电影大赛铜奖：高佳慧、陈晨、曹申

安徽省优秀学生：罗齐尧（附属中学）

2014全国中学生数学联赛（安徽赛区）：寇明阳、罗齐尧、刘达鹏（一等奖），缪庆、胡恒雨、凌展、齐志远、王浩、曹赟、徐永川、查子元、李世欣、考图南、刘理、马庭昊、潘新宇、张明月、俞昭峰（二等奖）；童一帆、王智韬、龚瑞平、王雪毅、王蕴韵、束放、夏倩如（三等奖）

2014全国中学生信息学联赛（安徽赛区）：罗哲正、倪星宇、蒋子潇、李世欣、陈天乐、汪乐平、王蕴韵、黄松皓、李超磊、魏华寅、吴作凡、凌展、徐德民、考图南、李想、王子澳、史如夷、魏秦汉、王君梅、乐陶然、钱伟康、吴凡、余圣杰、承君阳、肖舒鉴、张明月、俞旭铮、童开轩、曹若骁、刘闽晟（一等奖）；田鑫、王峥、杨竞天、王选良、黄越、许劭文、胡博、刘事泽、左从宇、朱训、许叶航、杨鲲淼、董敏轩、秦朗、吴昕凯、席方乐（二等奖）；程泽群、孙啸晗、程芸倩、陶成璋、赵昌明、孙旸（三等奖）

2014全国中学生物理联赛（安徽赛区）：吴宇涵（一等奖），王子澳、谢宇涵、蒋子潇、倪星宇、诸格慧明、熊绍源、吴凡、陈鸿凯宁云峰齐志远、陈晨、侯远震、张忆晨、寇明阳、余圣杰（二等奖），张楚声、魏秦汉、董敏轩、文天成、陶妍、汪岳鹏、罗齐尧、罗哲正（三等奖）

2014全国中学生化学联赛（安徽赛区）：陈思涵、管建洲、钱子瀚、汪岳鹏、吴嘉豪、刘明辉（一等奖），胡家耀、胡严峻、金书意、李正政、梁杨、刘浒、商铭洲、吴童、徐畅、于思为、迟宇航、黄耀宇、李雨晨、刘一江、茆宁悦、吴熠伟、熊绍源、岳书膺、张玉明（二等奖），赵杰、陈前坤、张明月、施超凡（三等奖）

2014全国中学生生物联赛（安徽赛区）：金戈、徐唱、姜悦慈（一等奖），张鑫、陈静白、江天行、赵翔宇、凌峻、黄嘉睿（二等奖），周雪航、许梓妍、陶俊、易冉、李逸凡、刘真伟、周瑞阳、田鑫、陈嘉政（三等奖）

第20届全国青少年爱国主义教育读书活动演讲比赛安徽省：赵清源（二等奖）

芜湖市优秀团干：张雨晴、曾宿桐、顾袁璠、滕馨雨、黄蕊玉、金戈、曹赟

芜湖市优秀团员：莫培、陶豪毅、陆宝钢、葛进皓、陶佳艺、余瑞、许启彬、陈京盛、洪语辰、姚鑫杰、刘甜甜、张笑、董明轩

芜湖市三好学生：胡明峰、齐敏、韩雨晨、奚清风、王易檀、贺子航、李潘林、闫卓然、严海峰、夏艺虹、罗齐尧、王耀东、孙媛媛、王敏、倪星宇

芜湖市优秀学生干部：陆欣、谭超、唐尧月、吴雪香、汤旸、查影

第20届全国青少年爱国主义教育读书活动演讲比赛芜湖市:赵清源(一等奖)

第九届全国少儿书信文化活动(芜湖赛区):王翀、吕琼(一等奖),宗姗、陈照圆(二等奖),黄梦云、周静、孙悦、胡勤勇、汪露、翟笃奇、花梦蝶、周浩、陈哲(三等奖)

2014年"助学·诚信·铸人——谁的青春不奋斗"征文(普高组):詹玉蓉(一等奖),陶晨晨(三等奖)

2014年"建书香校园树文化新人"暑期读一本好书征文比赛中学组:章旭(一等奖),陆晔、高杜佳、陶翠(二等奖),周瑞阳、罗启航(三等奖)

第十届"师大骄子"十佳大学生:王珊珊、高燕、周琦、黄伟、周玉平、李梦莹、李梦醒、韩文锴、孙武、孙芳

第五届"自强之星":古孜里努尔·艾尼瓦尔、朱承节、徐莉、李露、付传香、余鑫、詹慧娟、张美金、毕学成、郑孝美

第一届"爱暖师大"十佳青年志愿者:饶雁鸿、徐茜茜、高燕、杨哲、安丽泽、王倩茹、黄彦锴、夏琪、宋明明、汪洁

2013—2014学年博爱环保奖学金:宋晴晴、江山、张琴、臧妍、孙超、赵雷、王倩茹、高梦雪、朱姗、陈姣姣、王莉、盛婷、柯芮、宋明明、谷静、付传香、朱海啸、马林、苏珊珊、闫少凯

2013—2014学年优秀团干、优秀团员:名单略

2013—2014学年优秀学生会干部:名单略

2013—2014学年优秀社团干部:名单略

第31期团干培训班暨第11期学生干部培训班先进个人:名单略

大学生暑期社会实践活动评选(校级):名单略

第二届"青春好声音"校园主持人大赛:名单略

第六届大学生涯与职业规划大赛:名单略

第六届读书报告会暨优秀读书笔记评选:名单略

第二十五届"三字"书法艺术比赛:名单略

第六届"青春新秀"新生才艺大赛:名单略

第八届"青春畅想"歌手大赛:名单略

十五、大事记

2014年大事记

1月

4日—6日	5 000余名考生在我校考点参加研究生入学考试
8日	学校举行处级领导班子及成员年度考核集中述职测评大会
25日	学校召开党的群众路线教育实践活动总结大会
1月	学校开展年度绩效考核工作 韩国忠清南道教育厅代表团来我校访问

2月

11日	“安徽师范大学与美国约翰逊大学合作举办现代教育技术专业硕士研究生教育项目”获教育部批准建设
19日	学校召开2014年工作布置会 学校召开2014年党风廉政建设工作会议
22日	学校首届“卓越司法人才”培养实验班开班
25日	省人大常委会原主任孟富林，省人大常委会原副主任吴昌期、周本立，省企业联合会副会长李传银一行来我校调研
2月	“我校成功跨入省部共建高校行列、我校成功入选‘地方高水平大学’建设高校、我校深入学习贯彻十八大和十八届三中全会精神、我校扎实开展党的群众路线教育实践活动、省委宣传部与我校共建新闻与传播学院携手培养一流新闻人才、我校入选‘全国毕业生就业典型经验高校’、我校高端科研平台和重大科研项目取得新突破、国家司法文明协同创新中心首个卓越司法人才培养基地落户我校、我校开设首届创新实验班培养卓越教师、我校获批国家首批‘社会工作专业人才培训基地’”等十件新闻事件被评选为学校2013年度“十大新闻事件”

3月

6日	学校召开2014年中外合作办学推进会
20日	学校召开年度学院预算编制工作专题会议
28日	教务处副处长许勇参加教育部“卓越教师培养计划示范项目”协作会，并做专题报告 总投资1.98亿元的“安徽师范大学实习实训中心”工程开工

4月

4日	学校召开地方高水平大学项目建设推进会
9日	学校举办第六届大学生涯与职业规划大赛
11日—12日	学校举行朱敬文奖助学金设立十五周年纪念活动
16日	程艺厅长来我校调研指导教育实践活动“回头看”工作
18日—20日	学校举办第二届全国历史教育专业本科生教学技能大赛
25日	我校学习习近平总书记系列重要讲话和十八届三中全会精神培训班开班

4月	我校新增3个本科专业，其中雕塑专业填补我省空白，至此，我校本科专业已达到86个
	我校学生乒乓球队应邀赴日本开志国际高等学校访问交流
	我校《完善“五化”机制，打造第二课堂——安徽师范大学探索打造高校学生第二成绩单》获批团中央学校共青团重点工作创新试点项目
	我校乒乓球代表队在安徽省第十三届运动会高校部乒乓球比赛中获4金、2银、1铜的成绩

5月

9日	学校评选产生第五届大学生“自强之星”
10日	学校评选产生第十届“师大骄子”十佳大学生
13日	学校召开部校共建新闻与传播学院工作推进会
16日	2014年高考网上评卷工作在我校正式启动
17日	学校举办第四届青年教师“教学基本功”大赛
20日	中央政治局委员、书记处书记、中宣部部长刘奇葆在北京接见我校领导
23日	省委宣传部副部长汪家驷一行来校推进部校共建新闻与传播学院工作
24日—25日	中国联合国协会2014年人权知识培训班在我校举办

6月

14日	省委教育工委书记、教育厅厅长程艺来我校检查指导高考评卷工作
19日	学校举行党委理论学习中心组(扩大)学习会，中国社会科学院历史研究所所长卜宪群做专题报告
20日	2014年安徽省高考文科综合、理科综合评卷工作在我校结束
24日	教育部第82期高校辅导员培训暨安徽省2014年高校辅导员专题培训班在我校开班
26日	我校举行2014届研究生毕业典礼暨学位授予仪式
	校长王伦、副校长李琳琦亲切会见了前来我校参加2014届研究生毕业典礼暨学位授予仪式的汤加王国驻华大使Siamelie Latu先生和汤加籍博士毕业生天娜及其父母
28日	学校举行“幼教集团”成立大会暨揭牌仪式
6月	学校第十次党代会代表选举工作顺利完成
	化学与材料科学学院耿保友教授课题组在国际著名刊物德国《应用化学》上发表VIP论文

7月

2日	学校举行2014级在职教育硕士研究生开学典礼
8日	学校召开暑期工作布置会
9日	2014年安徽省高校思想政治理论课教师培训结业典礼在我校举行
12日—14日	第六届全国体育产业经营管理学科建设研讨会暨《体育产业概论》课程师资培训会在我校举行
22日	省委常委、宣传部长曹征海来我校调研部校共建新闻与传播学院工作
23日—28日	校党委书记顾家山率领学校相关部门和学院负责人赴俄罗斯米宁大学(又名下诺夫哥罗德国立师范大学)和彼得罗扎沃茨克国立大学进行友好访问
25日	省委书记张宝顺出席我校与俄罗斯米宁大学共建中国语言文化研究中心揭牌仪式
7月	在澳门辛亥·黄埔协进会主办的第八届两岸四地青少年“民族心、中华情”演讲比

赛决赛中，我校新闻与传播学院梁志宇同学获第一名，音乐学院王璐同学获最具潜质演讲奖和优异奖

学校新增新闻与传播、法律、工程硕士(光学工程)3个硕士专业学位授权点，我校硕士专业学位授权点数量达11个

在第31届全国青少年信息学奥林匹克竞赛上，学校附属中学凌展同学获金牌，寇明阳同学获得银牌，罗齐尧、黄松皓同学获得铜牌

8月

7日	省属高校中层领导干部选拔任用工作专题调研座谈会在我校召开
21日	由我校主办的“中国安徽师范大学·俄罗斯米宁大学2014年徽文化夏令营”正式开营
25日	著名学者、第八届全国政协委员、第六届安徽省政协委员、第八届安徽省政协常委、原安徽省人民政府参事、国务院突出贡献专家、安徽师范大学中国诗学研究中心名誉主任、安徽师范大学文学院教授、博士生导师余恕诚先生的遗体告别仪式在北京举行
26日	省委教育工委常务副书记高开华来校宣布省委、省政府关于我校领导班子调整的决定，李琳琦任校党委副书记，朱家存、毕明福任校党委常委、副校长
27日	学校召开新学期工作布置会
8月	我校校友、四川大学教授周啸天凭借旧体诗集《将进茶》荣获第六届鲁迅文学奖诗歌奖
	我校兼职教授、校友林金来博士获“中国侨界贡献奖”
	我校“中贺生物创新团队”获共青团中央、全国青联、全国学联、全国少工委共同授予的大学生中国青少年科技创新奖“小平科技创新团队”荣誉称号
	在第十届两岸大学校园歌手邀请赛上，政治学院吴辉同学获金奖并获得大赛“原创歌曲奖”

9月

5日	学校举行2014级新生开学典礼暨军训动员大会
10日	学校举行庆祝第30个教师节颁奖典礼
11日	澳大利亚查尔斯·达尔文大学代表团来校访问
17日	我校1981级校友、中国科学院院士韩斌来校讲学，并受聘为我校兼职教授
18日	教育部民族教育司新疆宣讲团来我校宣讲
19日	日本早稻田大学乒乓球队来我校交流访问
21日	2010年度教育部“新世纪优秀人才支持计划”结题验收会在我校举行
	学校召开安徽省教师教育协同创新中心建设规划论证会
23日	省政协主席王明方来我校调研指导工作
	学校召开2014年度国家自然科学基金项目工作总结会
27日	我校查尔斯·达尔文大学孔子学院举办孔子学院日暨全球孔子学院成立十周年庆典活动
27日—28日	学校召开中国共产党安徽师范大学第十次代表大会
28日	我校召开第十届党委、纪委第一次全委会
9月	在年度国家级、省级优秀教师等评选中，生命科学学院华田苗获“全国模范教师”称号，化学与材料科学学院张园园获“全国优秀教师”“全国优秀辅导员”称号，宣传部徐成进获“全国优秀教育工作者”称号，政治学院张正光获“全省优秀教师”“全省高校优秀思政课教师”称号，物理与电子信息学院凤尔银获“全省优秀教师”称号

我校“安徽省教师教育协同创新中心”升格为省级协同创新中心

10月

11日　学校举行2014年大学生暑期“三下乡”社会实践活动总结评比汇报会
13日　美国布莱诺大学校长爱德华·施莱德一行访问我校
15日　美国佩斯大学代表陶立新教授访问我校
16日　我校举行首批引进领军人才、南京大学顾江教授签约仪式
18日　第二届全国高师院校经济管理学科教学科研研讨会在我校召开
19日　第五届中国发展广告学暨新闻传播学科特优领域建设论坛在我校举行
20日　芜湖市中级人民法院与我校法学院基地共建协议签字仪式在学校举行
21日　学校召开了2015年度国家自然科学基金和国家社会科学基金项目申报工作启动会
22日—24日　学校召开第43届田径运动会
24日　学校召开地方高水平大学建设方案制订工作推进会
28日　我校社会科学界联合会成立暨第一次代表大会召开
省旅游局万以学局长一行来我校调研
10月　俄罗斯米宁大学校长阿列克山大·费德洛夫一行来校访问
学校开展2014年专业技术职务聘任工作
我校完成2014年安徽省“高雅艺术进校园”“徽风皖韵进高校”演出任务
学校评选出2013—2014学年“十佳班集体”

11月

3日—6日　在省第七届少数民族传统体育运动会上，我校代表团共获得4个一等奖、6个二等奖和11个三等奖的成绩
4日　学校召开“十三五”事业发展规划制订工作专题研讨会
5日　美国玛赫西管理大学副校长朱允祥来校访问
6日　澳大利亚北领地教育代表团来校访问
7日　中国人民解放军航天员大队二级航天员、“神舟十号”飞行组成员张晓光大校来我校附属中学做科普报告
2014年东南十一省(市、自治区)重点师范大学外事处长协作会在我校召开
安徽省高校图书馆阅读推广会议在我校召开
10日　安徽省2014年度福彩公益金社会工作培训项目在我校开班
11日—17日　校党委副书记李琳琦率团赴俄罗斯高校开展“安徽高校动漫展交日”活动
15日　东南十一省(市、自治区)属重点师范大学关工委第三次协作会在我校召开
17日　我校查尔斯·达尔文大学孔子学院中方院长刘东合参加国家主席习近平和夫人一行访澳晚宴
22日—29日　学校举行2015届师范类毕业生招聘周活动
22日　2014年中国体育文化·体育旅游发展论坛在我校举行
我校阳光体育冬季长跑活动正式启动
23日　“奥运冠军走进校园”活动在我校举行，安徽籍体操运动员邓琳琳来校与师生互动交流
29日　最高人民法院审判委员会副部级专职委员、二级大法官、最高人民法院研究室主任、我校杰出校友胡云腾教授来校为师生做专题报告
30日　在第28届中国化学奥林匹克(决赛)中，学校附属中学陈思涵同学获得银牌，钱子瀚同学获得铜牌

11月　我校获“全国第一批节约型公共机构示范单位”和“全省第一批节约型公共机构示范单位”称号
在安徽省第四届优秀博士、硕士学位论文评选中，我校3篇博士学位论文和14篇硕士学位论文入选优秀博士学位论文、优秀硕士学位论文

12月

2日　澳大利亚查尔斯·达尔文大学孔子学院澳方院长马丁·贾维斯教授访问我校
中央电视台著名主持人张悦来校讲学
4日　我校首个大学生创业孵化园正式开园
5日　学校举行公文写作培训会
学校召开本科生就业工作考评暨经验交流会
9日　学校为80岁离退休老同志集体祝寿
9日—11日　安徽省委常委、宣传部长曹征海到安徽师范大学蹲点调研部校共建工作
13日　美国科罗拉多州立大学代表团来校访问
中国社会工作教育协会苏皖片区第六届年会在我校召开
17日　我校生命科学学院朱国萍教授获“全国优秀科技工作者”称号
学校举行2013—2014学年学生先进集体、先进个人颁奖典礼
19日　学校举办第四届辅导员职业能力大赛
20日　省史学会2014年年会暨换届大会在我校举行
28日　学校举行2014—2015年度学生足球联赛
12月　学校开展发展学生党员工作专项检查
学校“空调进校园”工程竣工验收顺利结束
教育科学学院教育技术学团队开发的学校首个慕课平台——教师教育慕课网正式上线
学校2014年专业技术岗位分级聘任工作顺利完成

十六、附　录

（一）2014年教职工名单

（一）校领导（8人）

顾家山　王　伦　程　度　王绍武　李琳琦　李进华（12月份调出）　朱家存　毕明福

（二）学校办公室（21人）

李　忠　王继民　张　伟　张师帅　操伊芬　王少仁　苏　军　熊伯能　王　涛　尹为民　李建立　王　平　陈克华　黄恒强　李亚彬　苏　敏　王华忠　赵富元　朱代莲　李海燕　雷　桁

（三）纪委办公室（监察处）（4人）

陈文兵　李叶青　唐皖宁　王俊恒

（四）组织部（党校）（5人）

季爱新　谢超峰　李智发　黄友生　朱　琳

（五）宣传部（新闻中心）（8人）

李裕鑫　詹剑锋　徐成进　袁黎平　叶荣国　王俊荣　郗　强　孙厚发

（六）统战部（港澳台侨事务办公室）（2人）

余国升　王　方

（七）机关党委（机关工作处）（3人）

方　泓　张继红　张鹏云

（八）发展规划处（5人）

曾黎明　宋　波　江　宁　王　婷　陈刚锋

（九）人事处（13人）

朱为民　汪俊武　马三保　叶旭萍　王传辉　杨友谊　王　标　芮先红　章姗姗　王波涛　孙忠保　汪　凯　李　艳

人才交流服务中心（6人）

方新枝　何承军　金增新　李　玲　吕　琳　茆振兴

（十）教务处（招生办公室）（20人）

席贻龙　许　勇　黄　亮　谭志安　李　进　周　攀　邹　艳　袁素文　童　静　陈　琪　吕　军　曹　军　董书宝　汪启年　刘四红　汪文文　张　钢　周淑芳　俞　钢　胡炜佳

（十一）学生工作处（学生工作部、人武部）（13人）

台启权　聂全高　陈　莉　杨一飞　王亚男　项家春　王丽珍　何元庆　陶金花　黄　妍　何丽华　齐怀峰　张玉新

（十二）保卫处（30人）

孙成岗　杨　强　冯德山　崔世兵　周海燕　柴芜宁　储　明　高　勇　刘彬彬　钱孝东

邵　军　沈又民　束　平　宋兴华　陶运周　滕海安　王　斌　王　凌　王全民　尹金龙
俞　南　郑小芳　郑雅灵　周建平　周　勇　陈　旋　孙晓红　杨　敏　洪方明　杜振岳

(十三)科研处(13人)

陆　林　龚基云　姜长付　李小文　姚莉莉　戴忠朝　汪小丽　王　静　王士武　杜　凤
谭书龙　吴长义　沈　炎

(十四)研究生学院(10人)

胡传志　商永嘉　高媛媛　葛　睿　李检舟　付　勇　汪　勇　严　俊　孙河青　李靖宇

(十五)财务处(28人)

胡金戈　叶连顺　张　明　周玉柱　陈晓红　葛玲玲　华　莉　李俊秀　任立新　汤蓓娣
王成新　汪红弟　徐淑媛　朱玲玲　苏　菁　蒋利梅　王刚军　徐朝晖　何　芸　华克进
韦芝菊　余国传　张　鋆　周国良　吴　萍　潘　玲　吴彤珺　刘　晨

(十六)审计处(8人)

王爱民　郑继辉　刘婷婷　谢文珊　张兴平　王德荣　朱　炎　缪红梅

(十七)资产管理处(16人)

黄　强　周　伍　朱　棣　陈庆荣　杨利红　贾　瑞　张锡明　赵庆华　杨善群　李　玲
唐　美　徐　飞　郑翔峰　姚　静　程啸天　王　云

(十八)离退休工作处(4人)

方百盈　钟　莉　芮东华　刘治林

(十九)后勤管理处(143人)

傅绪中　邵登辉　吕幸华　叶　丹　步献新　徐成文　董雪峰　张正重　桂晓骏　胡正栋
何陆葆　王齐保　朱金云　陈光富　桂万宏　胡肆斌　赵家静　方　龙　李　源　张晓明
张金才　胡一春　陈银会　洪善斌　孟庆仁　金晓天　钱必龙　奚东林　许贤峰　杨　群
王　可　吴剑波　陈　斌　陈春明　程云峰　窦昌轩　方　舒　方玉华　葛剑峰　郭　欣
洪至祥　姜永金　解明金　李庆华　吕文忠　孙在好　谭　军　叶　峰　袁　镏　章　钢
鲍春生　丁厚才　康德州　陶绍山　姚小春　陈莉莉　陈饶其　陈雨龙　程荣康　冯明华
付　庆　焦忠才　靳文启　乐庆发　乐庆友　李传皋　李　健　李年发　裴茂祥　秦　龙
王　斌　颜世云　杨善杰　杨善平　张正才　赵家珂　郑世兵　朱修成　朱修林　步献新
江新誉　沈　卫　丁征勇　韩　枚　胡德贵　李红然　邵宇勤　汪宗广　王　艺　王昭智
俞前根　恽庭启　周建国　陈平棋　程方伟　段大海　冯太保　胡昌恒　乐家斌　乐家祥
邱小永　孙承文　孙广保　王　军　王宗全　魏祥胜　许新宇　薛廷松　袁之凯　赵　栋
赵　鸣　钟有华　周明青　邹维宝　金晓明　王　华　吴　俊　李学礼　程小峰　方仁贵
黄　辉　贾　敏　贾　强　浦幼文　王爱京　王　瑾　吴桂兰　夏　成　徐海华　杨维田
翟必惠　张德生　陈　华　陈寿红　刘金华　陶运军　魏国清　夏恩军　许从和　杨梅生
俞昌安　郑宏祥　朱云峰

(二十)基建处(科创公司)(12人)

孔德新　罗　振　高　远　王沁峰　苏长凤　丁营所　陶官成　於　敏　张　健　赵国正
蔡　伟　孟　梅

(二十一)教育工会(6人)

赵　红　牧运前　吴佑平　李　平　金秀兰　方咏梅

(二十二)团委(7人)

梁　燕　刘长生　李古州　张海兵　井方明　张薇薇　陈　骁

(二十三)文学院(99人)

余大芹　储泰松　戴和圣　俞晓红　王　昊　张树文　陈爱兰　储晓军　何更生　马长安

倪三好　夏家顺　张雪莉　戴长江　丁　放　郭自虎　李建栋　刘运好　鲁华锋　潘务正
汪亚君　王海洋　王　轶　吴　微　吴振华　武道房　叶帮义　叶文举　袁　茹　邹春秀
崔达送　胡承佼　陆昌萍　饶宏泉　汪红艳　温志权　熊仲儒　徐　莉　杨荣贤　詹绪左
周元琳　朱　蕾　潘晓军　常　清　陈　俊　李小荣　李玉栓　王茂跃　李丽芳　刘　萍
钱奇佳　张　磊　陈元贵　侯宏堂　江守义　李　平　乔东义　桑　农　夏　艳　项念东
杨柏岭　张　勇　章　池　方维保　郭传梅　黄　静　王　中　吴尚华　徐德明　许　德
杨　惠　杨四平　叶永胜　张公善　张应中　朱菊香　李定乾　刘　颖　芮　瑞　吴怀志
张　华　周俊明　宫　莹　刘　倩　汪　晶　余本玉　陈　霄　余红梅　张　敬　陈点春
韩震军　钱　芳　吴青山　顾　军　李　伟　李　震　杨穆龙　赵　静　徐　建

(二十四)政治学院(74人)

陈孔祥　高正礼　梁齐军　戴兆国　姚宏志　何海燕　陈九如　刘桂荣　晏　艳　方　敏
王玉侠　方　芳　干成俊　郭淑新　郭应传　胡梅叶　季爱民　李冬冰　李晓明　李　新
彭启福　汪盛玉　王　艳　吴兴华　宣庆坤　余在海　余亚斐　高文娟　胡安全　解　莉
李文婷　李祥兴　余　君　沈燕培　孙　亮　王先俊　许　磊　张奇才　张燕华　张正光
章征科　崔明海　戴家芳　戴　锐　葛为群　郭　理　孔德萍　路丙辉　牛　菲　陶永华
王　艳　王振钰　吴先伍　杨　希　赵　冰　赵凤伟　赵　平　朱　平　王习胜　孙利平
汤小宾　陈　勇　温建萍　乐　程　李　卉　李　靖　管月飞　陈旭东　李　晨　张　磊
张　涛　曹明臣　单传友　罗智国

(二十五)法学院(62人)

马广见　彭凤莲　屈光峰　周俊强　严　宏　贾会明　何源章　陈旭玲　邓劲松　高永周
何宏胜　李胜利　沈向华　万尚庆　张　翀　张素凤　赵建福　周哨龙　周　新　黄　莹
李光宇　汪维才　雍自元　张　磊　胡桂芳　王虹圆　刘名成　陈　鹏　王焕炎　王义德
陈国强　胡旗保　冀　睿　李公国　李路根　陆在春　史国普　吴俊明　程　敏　江　琦
陶东平　吴世林　奚　玮　谢　浩　翟志文　陈　勇　冯万勇　吉　青　李　琦　周仁标
彭　鹏　王　兰　许光大　刘晓峰　纪媛媛　徐步华　瞿津津　陈兴宇　李晓婧　陈银珠
郭敬东　余筱兰

(二十六)经济管理学院(74人)

陈秀庆　马陵合　张　顺　周端明　刘　冰　张立新　陈小琼　戴家龙　何凤平　胡庆十
花冯涛　刘永珍　潘施琴　汪　洋　徐尚友　许仁青　张旺玉　刘　丽　万寒生　吴寿其
马丽荣　吴春玲　胡倩燕　刘　勇　彭树燕　胡　敏　马　骥　茆　巍　吴秀莲　严瑞丽
姚国荣　姚　韬　张建华　张廷龙　朱　兵　周桂琴　郭　斌　江争红　孔庆洋　李祖繁
钱瑞梅　宋淮丰　唐志祥　吴　方　伍旭中　余攀峰　蔡　敏　何建华　柯春生　刘　晶
倪　蕾　申建旗　孙　丽　孙雪霞　朱立冬　张　琼　孙良林　谢　康　韩玉刚　吕　易
王文哲　闵继胜　史后波　孙　静　汪　诚　胡承晨　侯德帅　徐　飞　汪华伟　梁　倩
杨　康　马长伟　胡小文　冷　昕

(二十七)音乐学院(85人)

王景旭　王自东　奚泰来　李庆丰　张建华　汪健萍　李碧鹰　季　红　王　旭　柴珂芙
陈　星　范　劼　黄　萍　卢　鸣　马丽丽　孙艺辉　许　凤　张旭良　钟　明　周晓梅
陈　雷　程炳杰　冯　杰　耿劲松　何　静　孔静柳　刘　莉　刘咏莲　叶长春　余　鑫
张晓琳　张　毅　赵　洁　周春阳　韩　丽　李红梅　陆　娟　逯治江　牛　林　邱　波
汪海元　吴　静　薛　军　袁　泉　张迎春　赵来琳　燕　杨　陈自勤　程　飞　戴剑武
金　莲　李　蔚　吕　茵　荣　蓉　王恩勤　王　琳　王　妍　吴园园　杨　丽　朱小芸
倪　梅　叶　华　李翔宇　颜　洁　李　城　潘　竞　宋颐清　王文正　杨留兵　朱　敏

梁 超 涂金伟 王亚楠 崔 琨 姚 琦 于珊珊 高长春 程 慧 李春犁 张馨予
田 园 曲 磊 白 婧 单泓斐 石 磊

(二十八)美术学院(71人)

王 刚 高 飞 张 韬 陈克义 詹学军 刘曼玉 黄汇平 陈 健 王 骏 杜俊萍
韩燕梅 刘 莉 施兴国 汪 军 汪荣强 吴冬声 吴同彦 张 迪 赵文坦 赵 震
杨 涛 姚 玲 邓艺梅 方 政 胡祥龙 李 颖 钱 昀 盛 容 王 健 王 霖
王瑞云 杨晓芳 朱 鸣 朱镇涛 陈 琳 程 奇 贺 靖 胡 棋 花 永 李方明
鹿少君 裘 凤 宛俊勇 汪安康 熊言钧 叶 勇 余 超 周 群 朱德义 胡 虹
黄 彦 施申兰 史 文 沈 乐 王 鲜 李 辉 郭兵要 谢传斌 林恩迎 王 旸
刘坛茹 张学峰 文 武 吴 桐 翁倩舒 巫 俊 李高举 巫 澜 袁 磊 王 屹
汪 洋

(二十九)历史与社会学院(74人)

王如意 徐 彬 胡悦超 刘道胜 吕俊龙 安建增 何 晔 李薇薇 孙 静 吴翠萍
夏 春 叶德明 钟 颖 朱丽霞 王德民 杜 英 方国学 韩家炳 蒋道霞 解光云
徐尚平 张士昌 周 军 成玉华 刘 丽 秦 军 胡 婷 李贺林 杨 静 李琳琦
梁仁志 卢建英 孙华莹 王旭东 吴晓萍 杨善富 周晓光 庄华峰 刘灿华 欧阳跃峰
沈世培 宋曲霞 王彦章 肖克芬 蔡小冬 柴文杰 刘 玲 王 杰 王先进 张金俊
赵怀娟 朱鲲鹏 陈爱儒 傅新球 李冰仙 路幸福 宋 标 项青松 宫 超 李成新
丁建文 高修娟 朱小阳 丁修真 奚庆庆 胡 君 王建辉 刘 铮 吴金芳 丁守伟
孔卫拿 康 健 胡 宁 仇凤仙

(三十)教育科学学院(92人)

刘晓宇 葛明贵 张如华 桑青松 阮成武 陈 挚 陈满堂 潘新安 丁晓云 高 宇
刘和海 刘世杰 刘延华 聂竹明 庞士焕 陶 佳 汪 坚 汪四清 王 清 熊仕阳
许之民 杨先海 袁同庆 袁晓斌 张克松 张新明 过婴宝 柳丽娜 张景慧 卞纲要
马 兴 孟庆娟 王道阳 何 军 孙东华 方双虎 付 梅 胡海燕 李小平 刘伟芳
龙文祥 徐胡燕 宣 宾 赵必华 郑筱妍 葛金国 金维才 李宜江 孙德玉 王 芳
夏益军 辛治洋 姚运标 周元宽 查晓虎 陈家斌 段兆兵 马家安 谈力群 吴支奎
徐 群 严开胜 张 丽 周兴国 李晓博 梅养宝 童慧玲 王成刚 王芬莲 王 萍
吴 玲 张更立 赵学菊 朱立新 丁园园 桂守才 郭振娟 胡荣华 罗兴根 全莉娟
张冬梅 周 策 周佳树 李子华 龚 伟 吴钦金 吴文涛 姚本先 葛 燕 张志华
杨颖慧 李 卯

(三十一)外国语学院(157人)

顾 凌 孙胜忠 汪贻洋 詹 蓓 翟红梅 张德让 孙玉英 郑金泽 耿丽萍 管玲玲
邱静娟 王进波 吴世红 朱少华 程 琼 顾正敏 江 群 刘 丽 路 遐 吕 瑛
马忠香 沈洁瑕 孙艳艳 汪春娣 王 瑜 吴 颖 徐建国 余方明 余 蕾 张瑰君
郑高红 周昆翔 朱 琴 方阿离 胡红梅 金 蕾 王桂英 张 舒 赵文珍 赵月娥
奚 晨 方 华 顾海洲 侯 超 胡祥鑫 李葛送 赵 鹏 陈亚君 顾捷昕 郭 颖
黄朝俊 刘 钰 罗 奕 倪 响 邱少波 盛 萍 宋志俊 汪精玲 王家根 吴海霞
徐 智 张圣素 张 涛 张小琴 周 玲 蔡 静 陈郿娜 丁广华 董兰芬 端木霆
黄顺红 江柳英 江永霞 李光华 刘前进 孙 畅 孙玉莲 王木春 吴红芳 吴宗西
夏月霞 俞维玲 朱振国 陈 丽 胡织女 李永莲 林绪芹 钱 渝 时 慧 万初鸣
汪 宁 吴 平 吴晓燕 夏道静 夏 怡 杨 艳 杨 元 叶 红 虞惠红 张晓花
宋庆文 孙 勇 俞 珏 张 荷 赵江宁 周 艳 解 华 裴学梅 孙 翀 汤国强

王幼军 谢　冰 许炳坤 张　萍 陈孝顺 付维贤 孔维晟 乔　媛 王昌玲 韦　虹
谢娅娴 叶　超 陈雪梅 胡婷婷 梅晓娟 张　洁 蔡玉辉 顾发良 李　菊 李为民
卢　路 孙　妮 谢劲秋 仰　鑫 张孝荣 刘建斌 陶春明 周俏华 欧阳俊玲 郭　昕
胡成蹊 高柳敏 孙　彦 窦玉玉 张丽华 崔玉凤 王奕涵 陈婷婷 杨　帆 魏巢凤
吴京京 赵华杰 王　菲 王红丽 胡　迅

(三十二)体育学院(139人)

袁德水 席玉宝 黄德春 高　升 金　涛 钟　晨 胡　斌 胡　飞 蒋先军 刘　波
宁　云 孙　影 王　芳 王学坤 王逸群 吴爱兵 吴本连 薛训水 袁海强 岳建军
赵德云 鲍东毅 方　敏 郭小苏 何　斌 何也明 李伟勇 刘成华 鲁　兵 孙家明
王结春 杨勇杰 尹　文 曾小莉 朱怀远 朱昭丛 柏友萍 陈香仙 黄徐根 舒迟发
王　莹 王运良 魏登云 过静雯 袁　健 曹中江 陈建霞 郝利玲 鲁建仁 孙继龙
王艺兰 吴本亮 何章明 张伦之 梁　颖 方　斌 雷　震 李立群 刘　应 娄道舰
魏本好 吴　峰 许俊柱 姚　欣 花家涛 李　伟 沈剑英 王方春 王国凡 王少军
朱奋飞 公培红 李丽影 陈　实 仲　飞 贝迎九 丁俊生 倪瑞芳 王井洲 王俊智
吴　跃 杨向明 袁铜墙 张信春 张　毅 张振华 程　燕 崇玉萍 董满秀 宫兵兵
李天珍 卢　玉 吕争荣 牛　芳 沈建文 王建琴 许　杰 赵　芳 邹华刚 鲍　烨
陈晓明 崔　琼 郜贻红 葛　蓓 李帮华 刘徐军 骆午凤 石　旅 王卫荣 薛玉喜
张　清 赵俊红 赵　武 丁俊武 宣海德 严　珺 杨　彬 余　涛 周　坤 左新荣
付银鹰 高守东 戚玉楼 易明兵 张　雁 周　燃 潘绪伶 张晞民 尹　雷 吴家发
金　迪 蒋　莹 张海燕 张　楠 朱凯迪 孙永梅 王　敖 王家忠 李景玲

(三十三)新闻与传播学院(78人)

胡　靖 宋　静 沈正赋 刘　刚 吴　杰 冯明荣 张军辉 蒋向晖 杨国丽 张　力
冯　霞 胡亚宾 邓修斌 丁云亮 韩雪松 李商雨 马　梅 马　原 王晓玲 王友群
袁立庠 翟光勇 张泉泉 周建国 陈新平 黄　辉 黎泽潮 罗　铭 芮宏明 沈幼平
王宜春 魏　岚 吴来安 徐丽娜 张　荻 李化来 李　楠 陆青霖 孙树群 张忠娟
赵　昊 梁晶晶 卢晓红 孙　亮 夏莹莹 左叶松 林　燕 秦宗财 沈喜彭 秦　枫
王霞霞 蒋建国 焦庆争 赵忠仲 汪　婕 吴　浚 杨礼玉 王玉洁 邵振奇 桂万保
姜　皖 朱罗莎 田　超 凤　鸣 昌　毅 马晓璐 肖叶飞 方　圆 陈德洋 孙　翔
吴杰的 郁　悦 杨瑾瑜 王　蕾 秦臻珍 陈若飞 马星宇 陈接峰

(三十四)数学计算机科学学院(159人)

陈树贤 祝东进 喻　娜 罗永龙 任　永 殷晓斌 储　倩 徐　飞 程海霞 程　智
储茂权 雷　震 李玉洁 梁　峰 凌灯荣 聂晓冬 宋贤梅 孙翠芳 汤　敏 吴　俊
吴星桥 何春蕾 黄守军 李向阳 鲁世平 严　平 张道祥 朱春蓉 朱　敏 崔　静
郭明乐 瞿　萌 申广君 徐　静 胡兰英 陈怀军 陈　勇 程美芳 范锡良 费明稳
巩万中 何宗祥 李伯权 倪　玲 束立生 孙爱文 孙国正 汪义汉 王　敏 韦静华
姚静荪 张　慧 周　文 何国庆 刘　敏 潘雪艳 宋卫东 张　量 陈凤祥 陈　灵
葛雨生 韩丽丽 李凤萍 刘文涛 秦殿英 唐建军 汪　滴 王仕良 王　涛 吴　旭
叶丹辉 赵春光 周　红 高可飞 王　强 许建东 高勇钢 杭后俊 李　杰 李汪根
罗晓萍 汪小寒 伍长荣 夏　芸 俞庆英 朱皖宁 陈克胜 戴普庆 邓凡茂 郭要红
杨海东 曹亚文 徐　蔚 费晶晶 桂万云 郭良敏 李文利 凌宗虎 刘　莉 沈贤华
孙玉香 腾　莉 王敏生 征　宇 杜安红 胡桂银 接　标 李炳火 孙丽萍 王涛春
张佩云 章昭辉 赵传信 周有顺 左开中 陈传明 陈少军 董　尼 方　群 刘永斌
王　杨 赵　诚 郑孝遥 卞维新 陈付龙 程桂花 冯年荣 刘项洋 齐学梅 秦忠基

沈　展　孙道清　汪金宝　徐德琴　薛　峰　张　捷　丁新涛　方龙祥　何道江　黄旭东
李　芳　刘　晓　王翠莲　徐　林　张金洪　周在莹　戴　扬　刘卫东　刘玉艳　牛忠梁
王建强　徐　彪　杨群广　王华明　崔　建　许晓峰　莫　霏　赵大东　祝玉军

（三十五）物理与电子信息学院（117人）

李　娟　崔执凤　丁绪星　郑贤锋　甘为民　陈向群　陈卫松　方明星　高　伟　胡寒筠
石建平　台德艳　陶文海　汪慧兰　王冬菊　王桂丽　王　芸　吴　彬　吴朝晖　晏　菁
张持健　张道秧　张　勤　宁利新　屈　军　唐晓闩　汪茂胜　许新胜　张季谦　凤尔银
黄时中　黄万霞　梁　军　王中结　朱仁贵　王根宝　王亚青　张法保　陈　浩　程小健
郭怀中　汪志荣　张　红　陈　瑾　高菲菲　葛有根　杨　峰　喻其山　翟从鸿　宫明艳
黄守芳　黄武英　李宽国　彭　湘　沈建智　陶松涛　王大理　朱光来　朱慧霞　蔺玉柱
王家驷　冯友宏　韩凌云　何国栋　王再见　谢小娟　徐　治　杨凌云　叶新荣　张爱清
陈庆园　崔光磊　冯　霞　黄佩俐　金　伟　刘广菊　柳文玄　彭雪城　钱长炎　陶圣荣
汪千凯　姚关心　叶　频　尹　杰　张先燚　征　洋　邹文兵　左则文　蔡继盛　陈　鹏
黄云飞　靳蓓蓓　汤萍萍　王元航　许长安　余瑞兰　仲志平　朱向冰　王梦晓　刘　飞
倪　建　董国青　李　辉　杜友武　卢　宁　廖仲明　高爱英　盛晓伟　袁扬胜　张开拓
朱　骞　徐　玲　卢自宝　秦正波　吕建平　郑　睿　郭宏艳

（三十六）化学与材料科学学院（133人）

史铁杰　朱昌青　余妍霞　耿保友　高　峰　刘桂云　胡　敏　刘守华　桑　艳　沈业青
宋　波　孙益民　王秀华　宇海银　陈红旗　阚显文　李茂国　李永新　刘云春　王广凤
王海燕　夏云生　张明翠　张玉忠　朱英贵　程瑶琴　阙荣辉　孙　影　熊言林　闫蒙钢
张四方　谷翠萍　何月珍　胡继平　刘小网　沐小龙　盛恩宏　孙红霞　孙军勇　陶贵德
汪　祺　王纯柿　王　淦　王小龙　韦　芸　吴凤兮　肖艳玲　叶　寅　余　楠　张德兴
张　萍　张　武　赵成安　朱琼霞　余　锐　王昭昀　查庆庆　承　勇　杜　俊　方　臻
黄家锐　季长春　章　青　贾卫国　李世凤　陆晓晶　倪永红　彭　银　王正华　魏先文
翟慕衡　张　莉　周映华　孙　健　许　名　张年荣　程　林　郝二红　胡益民　孙礼林
柴　卓　谢美华　晏利琴　杨高升　张丽军　张新明　朱先翠　苏桂琴　涂　薇　汪丰云
张园园　何心伟　焦莉娟　李　伟　田瑞芬　王　俊　王伟智　王银玲　许发功　张洪涛
周双六　卓淑娟　罗时忠　张小璇　陈华茂　杜金艳　黄玉成　金莉莉　刘金水　沈伟丽
唐业仓　王素凡　吴正翠　叶世勇　张小俊　周　涛　杨书蓉　赵长庆　李一梅　刘安联
王　华　王　露　吴孔林　凌从祥　张付强　赵全胜　云瑞瑞　袁青兵　陈　露
李　望　柳守杰　房彩虹　李　兵

（三十七）国土资源与旅游学院（79人）

吴春雷　焦华富　乔　静　卢　松　苏　勤　赵冬梅　麻金继　方凤满　方叶兵　房　莉
胡春生　刘学梅　孙叶根　汪　青　张平究　赵春雨　王　原　鲍　静　王晓铃　刘雪梅
杨立辉　金　刚　余伶莲　施华转　王　群　周迎秋　程先富　高　超　凌善金　吕成文
曲乐安　吴庆双　张　运　黄剑锋　刘　莉　王朝辉　王　莉　吴　悦　徐致云　杨　钊
尹寿兵　张　伟　蔡善柱　韩卢敏　洪　娟　黄薇薇　刘云霞　钱　璐　王　咏　杨效忠
张宏梅　曹卫东　程久苗　李俊峰　梁栋栋　鲁成树　沈　非　王满银　肖　瑛　杨兴柱
余　健　朱永恒　尹元来　张　鑫　徐玉婷　钱　程　罗　遥　张　玥　徐晓华　徐光来
吴九兴　姚景艳　苗雨青　费罗成　朱玮林　陈　健　吴　立　孙　鹏　汪　左

（三十八）生命科学学院（109人）

袁兴龙　吴孝兵　刘振杰　吴海龙　朱国萍　唐俊生　蔡亚非　华田苗　黄永杰　李　晋
刘再群　鲁亚平　孙庆艳　谢湘玉　郝家胜　胡好远　潘红春　邵美玲　薛　辉　严云志

晏　鹏　李进华　范玉梅　葛雅丽　胡晓鸣　李全发　李晓红　汪建中　王源秀　温新利
谢　萍　闫　浩　尹　吟　张　莉　朱胜东　王金霞　李　真　刘　坤　周　科　陈九保
陆　卫　许冬冰　张　勇　汪倩倩　王　影　张文君　黄文江　李　君　李　影　涂传林
肖家欣　张晓平　徐耀阳　高　轩　陈明林　韩　菲　邵剑文　师雪芹　王　晖　夏齐平
张小平　郑　艳　汪景兰　龚仁敏　柯丽霞　李　恩　刘爱民　刘必融　刘慧君　刘俊红
刘小锦　施　媚　杨安娜　杨　超　张庭廷　储　玲　王友保　项贤领　杨世勇　张　杰
卜兴江　陈冬生　程双怀　葛亚东　阚显照　林　凌　聂刘旺　陶少武　汪　鸣　王宝娟
夏行权　张盛周　吕国胜　钱叶雄　郭志春　曹正宇　惠　勇　陈夫贵　张　方　黄振新
王　鹏　陆　鹏　杨红飞　何所惧　鲁　山　张　磊　赵　喆　姚　亮　刘洪明

(三十九)环境科学与工程学院(59人)

胡培亮　赵广超　孔　文　杨如意　周守标　王立龙　陶海升　段文松　范支柬　刘荣琼
陶秀成　万　锐　吴　婷　伍永钢　叶良涛　昝逢宇　左胜鹏　方彩霞　曹玉红　戴万宏
董宗木　谢建春　杨文斌　周楠楠　胡进玲　李道叶　李蜀萍　孟　菁　夏传俊　杨　耿
昝树婷　周宏标　徐苗青　杨芳华　鲁春玲　卫正梅　王　波　杨艳芳　杨周生　赵　娟
刘　辉　宋留丽　赵　冰　武晓果　左方敏　程轶群　杭　华　张　帆　吴剑锋　于红梅
严　帆　李　宁　陈　潘　李霞光　童华卿　张　慧　鲍士宝　刘　畅　程新峰

(四十)国际教育学院(外事办公室)(22人)

黄圣炯　刘东合　李　源　张银丹　陈海生　方　芳　荆　莉　黎　洪　刘克云　刘　水
马晓娜　汤　玲　徐　茗　许迎春　俞　燕　宛　勇　许凌虹　朱文佳　韩　笑

(四十一)信息管理中心(11人)

程文海　李士松　冯年荣　石从容　席　鹏　刘　鲲　张　盛　黄远花　尹大旺　袁学松
周文洁

(四十二)继续教育学院(15人)

孔祥法　王学灵　张其芳　陆贤涛　朱升学　许卫红　姜永清　李宁迈　吴　瑾　吴兆峰
高　炬　季　骠　鲁晓南　谢庆萱　张孟生

(四十三)图书馆(82人)

方　青　蒋学波　施才玉　江增华　赵晓辉　康　琳　陈俊荣　方　曙　梁新潮　吴萍莉
许晓明　杨文会　董家魁　潘杏仙　王会梅　俞　力　章　丽　范家全　裴　农　张　琥
张　健　朱东妹　李永卉　张霞云　周向华　朱　敏　沈卫鹰　胡安平　程红梅　何永辉
李　雷　李芝兰　林海燕　林　珠　凌桂萍　邵中国　孙　彬　田迎玖　汪　宏　王凤华
王　珏　王　卫　魏雪苑　吴春红　邢胜生　张梅芳　张勤知　张　翔　赵　虹　朱峰柏
彭羽佳　张正莲　金高洁　冯玉梅　高　洁　胡晓雪　黄　雁　金　杨　李革文　刘世良
马振武　钱广萍　钱　红　陶莉莉　宛凤英　王海安　王振亚　吴华勤　钟爱莲　刘和文
胡宏昇　胡其友　蒋顺友　李昆林　王圣富　王　伟　王文娟　陈晴晴　张德莲　姚　虹
胡　琼　王艳红

(四十四)档案馆(6人)

王　峰　薛　芳　彭　劲　朱　力　侯　彤　杜　勇

(四十五)学报编辑部(7人)

叶松庆　陆广品　汪效驷　荣　梅　凤文学　巩　劼　马乃玉

(四十六)安徽师范大学出版社(6人)

汪鹏生　吴顺安　袁肖波　郭行洲　吴毛顺　胡志恒

(四十七)校医院(23人)

贾冠忠　王政霖　段　萍　项红雨　钱伊凡　郑燕红　魏晓梅　李发芝　刘茂盛　陆晓玲

杨红田 张晓武 巫娟 方跃芬 偰文婷 汪冰菊 王峙 周花萍 詹晓红 童希琼
王余媛 洪虹 何春莲

(四十八)教育集团(4人)

江家发 周惠强 范代宏 申士宏

(四十九)附属中学(172人)

胡和平 马林 吴树烈 程六三 张祥云 凌光明 白凌志 陈晨 丁竹霞 董晓华
高伟 葛耘 顾幸 侯远军 李晓辉 刘纪春 吕李永 汤漫 唐春山 唐俊
王春燕 王慧 王克春 熊慧平 严景东 杨淼 俞文莉 赵荣 朱诵玉 曹多保
程齐平 范方洪 费孝文 甘本娟 阚政平 李广琴 李娟 李正 王立昌 伍德生
奚边柳 谢国忠 叶良荣 余信业 袁金龙 张家武 章伟 祝亚 祖丹 安福高
顾江涛 李晓媛 刘青 娄超 吕吉萍 倪为群 倪英姿 潘劲松 孙海燕 孙强
孙扎根 田麓 王建华 王万元 王颖玮 邬力群 项群 徐琼 许成启 杨支龙
张蕾 张志英 周珏 朱学涛 曹亮 邓秀明 胡开文 刘玉霞 卢先立 鲁传海
石奇印 谢健 宣彦华 张辉 张克余 张学付 朱德松 曹林翔 曹淑芳 储银球
黄燕 阚道银 李方 马学东 毛宣海 史永鑫 王国勇 吴兴华 许敏 何礼群
何晓霞 何永保 李岚岚 李三军 王义忠 柯群帆 潘雪融 王为民 吴儆 余良
朱俊林 朱力 顾涛 罗菲 宋娇莲 王飞 王永龙 吴宝军 余学丽 李红梅
任红侠 王广宇 张红军 何晓娟 武源 赵峰 李剑平 杨白眉 姚俊芳 邓蕾
方以龙 石先锋 杨朝霞 杨蔚 余华龙 郑继强 夏吉中 翟佳 桂国胜 王金华
王胜明 严琴 章志学 李和保 孙中水 王汝洪 张祥保 程莉 窦明珍 黄笏
孙玉君 陶亚平 余春荣 鲁修林 盛林 杨惠群 喻磊 谢莉 顾学雷 焦雷
李激扬 吴学贤 叶国平 郑云峰 马克山 郑冬梅 芮金龙 雷冰

(五十)附属小学(147人)

费太秀 郁培林 茆家祥 骆正位 蔡水澜 戴戎 胡玲 黄晓红 刘莉 宋玲
王军霞 王蒙慧 王玉莲 吴琼 吴燕 肖光宏 姚金中 尹丽峰 俞金叶 张露露
张璇 郑红 周蓉 何婧 尹娟娟 汪叔康 陆军 赵耀 查玲玲 卢慧
郗艳 陈爱萍 葛爱莲 葛斐 胡六林 林科 凌玲 刘庆 卢昌靖 梅梅
唐晖 王立蓉 严慧 晏军 张艳青 章启昌 魏淞 吴莎 毕晓霞 叶文波
张迎秋 胡飞翔 宋颐静 杨玥 瞿萍 梅玲 沈家枝 姚琳 张凡 周雅萍
范莉 肖荣 汪建设 王光煜 张虹 朱振 马明 邢悦 刘琦 江娜
赵静 朱丽娟 程洁 佘萍 王剑 鲍婷婷 王田田 吴文丽 姚雅艳 叶喜娟
吴建涛 徐大志 叶良龙

(五十一)附属幼儿园(38人)

余捷 陈海燕 钱和平 尹芳 陶小玲 费芸 徐晓蓉 笪敏 冯春玲 金津
李靖 李萍 李烨 刘瑞伶 汪红诚 夏春元 徐莉 杨春燕 张小珍 张作榕
周静 周萍莉 朱宝珍 朱芃艳 李元元 杨红雨 朱美玲 刘大庆 郝威 万丹丹
潘文韬 张翠翠 潘学成 张慧敏 张旭 谢嘉筠 徐璐 官金曼

(五十二)安徽省高等学校师资培训中心(5人)

朱礼长 张明 胡翠微 田滋军 汪海燕

(人事处供稿)

（二）2014级本科新生名单

播音与主持艺术（空乘与礼仪）专业（167人）

蔡陈琛 蔡　蓉 蔡申情 常　娟 陈　慧 陈珂珂 陈馨荃 陈玉静 程　龙 储　楚
单敬婕 丁强强 丁　然 丁婷婷 丁　云 杜恺悦 冯夏颖 付可欣 谷娟娟 管　睿
韩晓雨 韩　雪 杭玉婷 郝婧琳 何文燕 何雨姗 胡丁海 胡　洁 胡伟东 黄锦佳
黄　珊 黄书锦 黄　婷 黄笑冬 黄雨墨 姜　琴 姜子昊 金宇峰 靳博文 孔昊伟
匡　龙 蓝海涛 李　昂 李海涛 李　洪 李柯佳 李梦青 李　娜 李倩冉 李　琼
李维嘉 李席席 李子君 梁　丹 梁　宵 刘成俊 刘　芬 刘格格 刘佳佳 刘　梦
刘明宇 刘　倩 刘心茹 刘鑫雨 刘雪婷 刘玉婕 刘蕴逢 龙茜茹 罗　婷 马晓晓
苗　迪 缪婷婷 牛明秀 潘　童 钱　慧 沈　洁 沈娜娜 盛婉旭 束韩东 宋珊珊
宋玉琪 孙东杰 孙国耀 孙慧霞 孙　静 孙陆萍 孙　蓉 孙宛霞 孙玉婷 汤　璐
陶　桃 童　珍 万　锐 万婷婷 汪甘敏 汪学林 汪雨洁 汪玉洁 汪月月 汪子欣
王　丹 王道成 王海燕 王　恺 王晴晴 王淑君 王　伟 王盈莹 王　悦 魏常会
魏　薇 闻一凡 吴　蒙 吴　琼 吴　蕊 吴世萍 吴恬恬 夏威威 夏　禹 谢林青
谢小慧 邢胡维芸 邢明珠 幸　丽 熊一璇 徐　曼 徐苗苗 徐莎莎 徐旭敏 徐玉婷
许碧茹 许　迪 许　多 许慧敏 杨慧敏 杨杰兵 杨芮芬 杨淑婷 杨双双 于舒月
余　异 袁　方 袁　婷 张　奥 张华琳 张可可 张茹悦 张婷婷 张雅晨 张雅玲
张　悦 张志豪 赵晗旭 赵美婷 赵　阳 赵　屹 赵　悦 郑李磊 郑顺智 钟仪婷
仲　敏 周明越 朱梦婷 朱思雨 朱文秀 朱韵寒 庄泽坤

播音与主持艺术（专业播音）专业（59人）

蔡　鹤 蔡梦琪 陈少聪 陈　瑶 陈　展 程鸿飞 崔子润 董忆静 葛梓涵 顾明伟
郭雅迪 洪　枫 黄雨婷 黄梓萌 江雪婷 江子涵 蒋天皓 蒋天琪 蒋昀含 金　坚
李　琛 李　论 李子涵 林方之 鲁亚婷 陆晶鑫 马续方 莫舒云 欧阳倩敏 任　臻
邵靖文 盛　慧 孙澄洁 陶　钧 万雨鲜 王芳芳 王寒梅 王俊翼 王　玉 王　喆
王子晟 王祚远 吴随缘 吴晓丽 吴　杨 肖欣钰 杨慎之 姚　骐 尹隆基 岳俊言
张书朋 张思雨 张子煜 郑淑君 郑小颖 周思语 周晓雪 周子炎 宗　祺

材料化学专业（120人）

曹发青 曹　汐 曹泽平 陈方圆 陈翰迪 陈金平 陈闻闻 陈西乐 陈子璇 程才鹏
程　长 程超君 程麒麟 程赛楠 仇　千 储璐璐 丁斯平 丁维丽 丁志文 董　慧
杜凤峦 方　霏 方健光 方世洲 高学友 葛智杨 关金梅 韩东辰 何　昊 何至伟
胡佳佳 胡圆美 胡子琦 黄程蜜 黄　磊 黄亚琴 黄遵辉 姜　苏 焦江好 孔令辉
来逢雨 雷　雨 李华敏 李鹏程 李玉雯 李中玉 林　钰 林志洋 凌想想 刘国锋
刘　航 刘　计 刘　磊 刘美丽 刘宁宁 刘　巧 刘文庆 刘洋洋 刘　正 刘志敏
陆　瑶 路　锐 马梓玮 倪姗姗 潘生生 钱芳芳 钱门慧 邱瑞瑞 任　杨 申世佳
石楷丰 时应章 孙敏航 谭　帅 陶德亮 陶刘琛 田　丹 童腊腊 汪恺凡 汪能力
汪　萍 王启明 王晓丹 王玉珠 王子键 魏成成 魏婉婷 夏　郭 谢慧芳 谢泽宇
邢成成 徐　露 徐　正 许　健 许婷婷 杨　丹 杨　森 杨　雅 杨真珍 叶武锦
殷慧敏 殷　俊 袁义杰 张　晨 张贵栋 张　季 张君良 张吴正知 张小冬 张耀华

张永乐 张泽正 张铮男 章知博 赵立兰 赵 芮 郑 方 周芳华 周凯旋 朱 婷

财务管理专业(78人)

白京雨 陈新苗 程裴玲 程艳如 储梅芳 褚恒硕 董 迪 方国胜 方美丽 方 舟 谷胜美 郭星琪 韩玲燕 侯露露 胡长风 胡海燕 黄倩倩 黄 云 季小杰 蒋 童 蒋新宇 焦 点 解玉光 李 贝 李鸿飞 刘家澍 刘思雨 刘维霞 刘晔雨 龙立丽 吕 洁 马 凯 马书利 齐 伟 钱 立 秦霄霄 任 朝 申睿智 时晓梅 司 傲 宋琳婧 汪桂秀 汪 琪 王 琪 王倩文 王逍然 王雪妮 王 岩 王玉花 魏照民 吴海锋 吴 静 谢子彦 许怡君 禤家义 闫婷婷 严宇甜 杨安琪 姚 峰 叶道静 张 晨 张欢欢 张惠惠 张建梅 张玲玉 张梦琴 张梦冉 张 咪 张世平 张玮淞 张文驰 张 艺 赵佳佳 赵婷婷 周晓星 周盈盈 周月彤 纵文文

城乡规划专业(41人)

曹文灏 陈 慧 陈 铮 戴 爽 何龙飞 洪保洁 侯 涛 胡东升 胡雅婷 黄雪阳 李大利 李方圆 李文彬 刘宇昕 马章丽 倪 煜 宁瑶瑶 钱 瑜 芮濛濛 施少森 石 磊 石雨萌 孙 荣 孙文君 陶 杰 王 亚 王梓涛 温祖琳 吴艺苗 谢朝阳 叶 晴 叶添慧 易怀楚 殷方正 张涵博 张柳璇 张 奇 张 琴 赵俊杰 周袁鑫 祝昌免

地理科学专业(83人)

柏 雪 鲍远航 蔡兴君 蔡燕燕 曹 聪 陈 静 陈 冉 陈 伟 陈文杰 陈彦蓓 陈 燕 方 洁 方美婷 管丽丽 哈丽米然·艾则孜 何 婷 和 玄 贺广进 胡 源 黄 靖 贾雪慧 蒋艳欣 黎俊良 李焕焕 李 珂 李秋惠 李亚宁 刘佳琦 刘嘉敏 刘万娣 刘贤海 刘 欣 刘雅清 卢 超 陆永青 吕默瑶 罗来路 沐 媛 汝艳霞 穆萨艾力·多力坤 热孜万古丽·牙库甫 施姗姗 施 媛 史元润 宋佳丽 唐文敏 陶 然 田甲鸣 汪夏怡 汪晓宇 王 芬 王 宁 王一凡 魏海泉 魏明华 温庆志 吴佳一 吴慰慰 武萌萌 徐佳伟 徐曼丽 许行行 杨贝宁 杨连丽 杨 娜 杨廷万 杨云月 姚欠欠 叶玉玲 尹 成 余小红 詹佳璐 张彩婷 张 蕾 张 林 张旻薇 张润妍 张书傲 张雪雯 张之帆 周保华 周 慧 周 健

地理信息科学专业(85人)

陈菁菁 陈 倩 陈中天 程姗玲 邓安阳 邓 昕 方 真 丰承鹏 冯 雪 冯弋珩 高 丽 高天阳 郭金雨 郭 曦 郭园秋 洪程晨 胡晴晴 胡文佳 黄 芳 黄 楠 霍 瑞 纪舒敏 江莺飞 蒋跃文 开璐璐 孔 丽 雷树贤 李 建 李 强 李蓉辉 李雪梦 廖永丽 林 筝 林中原 卢灿灿 明彦利 潘文静 庞建华 彭丽进 齐 晟 阮玉玲 盛蓓蓓 苏蕊蕊 唐贺晴 陶钟敏 佟 鹤 涂征洋 汪 琴 王璐璐 王 敏 王 婷 王晓迪 王 旭 王 昱 吴晶晶 吴 妹 伍春郁 奚瞿超 夏碧辉 徐光志 徐 航 徐 芮 杨博文 杨 涵 杨 民 杨鑫瑶 杨星群 杨 怡 叶家慧 叶晓宁 尹 珂 玉 娟 袁瑜洁 张伯琦 张海琴 张 会 张家铭 张 静 赵亚琴 郑心雨 郑 真 周慧君 周 雯 周泽群 左 敏

电子信息工程专业(105人)

曹文进 曹雪婉 产秀秀 陈路遥 陈先宗 陈孝辉 陈 杨 单金梁 邓传港 方超凡 高方磊 高丽明 葛柳婷 谷露云 郭 雨 洪发辉 侯李俊 胡本满 胡 庆 胡 鑫 胡雨亭 黄 莹 贾继标 江 健 焦姗姗 金 梦 金 玥 李 彪 李 磊 李鹏程 李 锐 李斯达 廖文锴 林 俊 刘 超 刘凤伟 刘 阳 刘 洋 陆 拓 罗明辉 罗玉娇 麻前进 马潇宇 倪俊杰 彭 艳 齐 芙 齐平平 钱 悦 任传宝 芮昌胜

佘文慧 沈丙娇 沈素丽 舒乐 孙甲丽 孙兴 檀雪 陶国峰 陶娇平 汪程
汪露 汪仕铭 汪薇倩 汪詹健 王德昌 王虎 王凯丽 王凯明 王敏 王琪瑞
王润雨 王涛 王莹莹 王雨浓 韦昕 魏元奥 吴法宪 吴凡 吴凤超 吴启涛
徐彪 徐田田 徐源 许帮春 杨景 杨康 杨涛 姚超 姚家珍 叶浩宇
余纪伟 张钒 张国栋 张杰 张娟 张维倩 张伟伟 张银丽 章雯 赵军
赵俊 周冰倩 周立 周世军 朱天棋

动画专业(52人)

陈雨微 陈兆昕 丁甲清 范换换 方楠 高琪 耿园园 谷艺林 顾颖祺 郭晓蕾
洪锦玉 江姗姗 李露 李猛 李明阳 李玉汉 林彬 刘梦媛 刘永攀 刘俞彬
刘志猛 柳青妍 陆子源 钱子瑾 钱紫红 阮文玲 施安国 苏文苗 孙明洁 童艳琴
王珂 王晓杰 王娅 王紫薇 吴仁菁 吴向飞 吴鑫 肖博元 徐良凯 徐璐
徐宁 宣雅丽 姚靖 由富 袁志涛 张新 张钰涓 张悦 郑可佳 周荟
周平 庄思航

动画(中韩合作办学)专业(20人)

陈杨 程鹏鹏 方玮歆 冯雯婧 惠梦雨 计伟杰 金延 李菊伟 李临风 李文杰
李子传 刘明英 齐梦兰 王斌 王敏 王卫 吴得玉 袁婧卓 张秋磊 赵小燕

俄语专业(25人)

蔡丹 程露晨 樊敏 付迎迎 黄敏欣 黄沙沙 靳晓利 李明 李涛 李宗容
梁晓倩 刘玲秀子 刘俞枚 鲁嫣然 马素素 唐玥 万晓雅 汪情乐 王蕾 王蒙
吴浩然 杨晨 叶童 张天宇 张雪

法学专业(189人)

鲍晨 蔡闻婷 曹敏 陈安然 陈静 陈露 陈琪 陈前 陈永 陈永贞
陈玉杰 陈章荣 程虹晖 程梦琦 程亚男 储玉泰 代渠莎 戴嘉哲 戴淑娟 戴晓彤
邓瑞 董丽军 杜冠辰 杜筱彤 方彬彬 方泽民 冯玲 付玉婷 葛倩倩 葛正雄
耿婷 巩天保 谷玉婷 郭臻 韩为杰 胡博文 胡红婷 胡雪 黄世佳 黄雪芬
黄岩 霍婷婷 纪念 纪思羽 蒋小丽 焦智 金琼 金一丹 金珍珍 孔静宜
匡海军 邝玉哲 雷若言 雷赛男 雷晓钦 冷洪志 李晨 李闯 李翠 李方玲
李凯旋 李沛沛 李倩倩 李上 李维维 李欣彤 李幸幸 李义 梁成 刘朝武
刘津津 刘莉 刘莉 刘隆隆 刘其贺 刘蓉蓉 刘婉 刘欣冉 刘学强 刘伊桐
刘祎敏 刘子驿 卢婷婷 马香云 潘竹姣 彭亚东 秦志康 史嘉瑞 舒雅苓 宋琴
苏莎 孙宁 孙鹏飙 孙颖赟 谭文慧 汤明珠 唐冰雪 陶丹 陶亮 陶思召
陶真 田馨宇 童弯弯 万飞祥 汪玲 汪闰月 汪志纯 王飞龙 王佳宁 王江林
王杰 王磊 王璐璐 王美 王青 王珊 王威 王玮琦 王文平 王文文
王雅婷 王雨花 王玉峰 王园园 王志豪 卫勤 魏家慧 吴寒玲 吴俊宇 吴珊
吴怡 夏雅萍 夏炎武 夏瑶 项俊儒 肖瑶 谢国军 谢珍 徐丹 徐宇
许陈 许可 许涛 薛陈陈 薛佳佳 羊芳莲 杨梅 杨青 杨子康 姚颖
殷永波 于园萍 余畅 余海涛 曾泽城 张晨 张凡 张红玉 张继婷 张佳伟
张看看 张倩 张青 张茹梦 张舒 张思卿 张琬 张颖 张影 张羽程
张振华 张振新 赵露雅 郑慧敏 郑菊 周方井 周千 周玉霞 周钰 周卓琼
朱道莉 朱露露 朱倩 朱庆阳 朱小云 朱正国 朱正华 宗硕 左丽丽

工艺美术专业(45人)

蔡淼 陈煜 陈正博 程凌寒 戴戎蓉 刁文捷 丁天 方洁 高婧妍 郝韫
纪翌炜 柯雪纯 李静雅 李舒婷 刘成莉 刘雪丽 刘子璇 路雨 马睿 倪铭

任俊琪　孙亮丽　唐茹雨　陶子安　王宇馨　王雨婷　王紫仪　卫雅君　魏安琪　吴春曦
吴浩玉　项　诗　项天舒　辛家菊　徐　晴　徐　珊　杨雯静　杨　莹　恽　冰　张一凡
章紫玥　赵　伟　赵亚文　周香秀　朱　敏

公共事业管理专业(72人)

曹海月　曹　慧　陈良语　陈凌风　陈思潮　陈　玉　陈缘媛　程丹丹　仇苗苗　方　琦
方文豪　高　萍　顾　妮　韩露瑶　何　琴　胡良玉　黄　婷　康　咪　李纯亮　李红欣
李鹏云　李晓天　廖书琴　刘皖南　刘　伟　刘潇潇　刘　滢　龙家壮　吕文群　马晨静
马增光　彭梦青　沈　庆　沈迎雪　时晓萍　史若彤　苏敏丽　谈佳伟　谭　嵘　唐雪琪
陶佳娟　汪　振　王碧薇　王超奇　王　会　王乔生　王筱羽　王　鑫　王　悦　王梓全
韦志国　徐　军　徐文君　薛真真　严　泉　叶苗苗　叶泽康　尤　印　余天桥　余晓峰
苑珑睿　张　咪　张瑞钦　张思平　张　茁　赵文娟　郑文荟　周冰清　周玲燕　周雅丽
朱苗苗　朱园园

光电信息科学与工程专业(60人)

安　宁　蔡洋洋　曹安澜　曹　旭　陈继伟　陈盼盼　陈　涛　程志敏　储　童　崔启龙
戴鹭楠　丁君慧　杜博文　杜迁荟　樊静静　高　扬　郭　昕　何　岩　洪慧慧　胡　飞
解为强　李　彬　李睿智　李婉婉　李绪成　李　志　柳　旭　鲁婷婷　马　倩　潘健聪
潘　洋　任　伟　任余苗　撒骄杨　申家斌　施佳佳　帅文洁　苏家波　唐　凯　唐　奇
陶洁雨　陶　颖　汪　玲　翁朝仓　吴　鹏　席建新　杨　乐　杨雪莹　杨　志　姚旭日
姚泽伟　余　晔　袁　梦　张海峰　张金晶　张诗语　张　玮　张正玉　周　鹏　邹　江

广告学专业(41人)

曹亚琴　陈苏洁　高何庆　顾神琦　何瑞宇　胡施颖　黄慧敏　黄金花　李和伟　李逸佳
刘　玲　刘　梦　刘魏扬　刘香君　吕梦明　马　蕊　沈　瑶　孙美玲　田菁菁　田　云
汪　丽　王　锦　王　腾　王婉兴　王　艳　吴佳豪　吴克勤　谢京京　薛华梅　薛蒙蒙
闫海洋　杨青霞　杨添凯　杨宗田　姚程阳　要欣委　余甜甜　张进文　张晶晶　张　赛
张　璇

汉语国际教育专业(102人)

常　悦　陈丽平　陈永婷　程　聪　仇　瑶　邓　翠　丁芃芃　丁　薛　董芸怡　窦思佳
樊婷婷　冯祖魁　高冬梅　高晓宇　顾苏平　何清洁　洪　薇　侯方媛　胡贝贝　胡　蕊
黄林芝　黄慕雅　黄　宇　江梦婷　姜懿十　蒋媛媛　康孟梅　雷皖云　李海霞　李苗苗
李思懿　李晓霞　李馨梦　李　玥　林　蕾　林青青　刘　景　刘守俊　柳　勤　卢　畅
卢晨晨　卢佩珊　陆　茜　陆屹国　马尔康　马影影　钱艳姣　乔丹丹　邱　群　阮莉莉
沈　时　沈　婷　沈　瑶　盛　娟　盛　咪　施　慧　石瑞芬　时传鑫　唐云霞　陶本聪
陶丽琴　汪　珂　汪丽君　汪淑贤　汪紫娟　王诚诚　王好丽　王　洁　王　彤　王文玉
魏金娣　吴菱辰　吴　杨　夏倩倩　谢　婷　徐　畅　徐　琪　徐雅丽　轩雨蒙　羊淑秋
杨　晨　杨晨娅　杨　潇　杨小妮　张　丁　张美建　张萌毅　张　娜　张鹏飞　张　倩
张　鑫　张译文　章　杰　章雯佳　章　莹　赵魏鑫　赵玉杭　郑百惠　周星儿　周　璇
周志贤　左媛媛

汉语言文学(非师范)专业(100人)

鲍　琦　曹梦梦　常雅靓　陈　静　陈　鑫　代玉肖　董　欣　杜梦倩　方泽坤　甘国莹
高宜帆　郭文轩　郭欣悦　何　青　何　昕　何盈盈　胡桂琴　华媛媛　黄靖贤　黄芮雯
黄奕雯　贾芳芳　姜海萌　金铭心　李冰淳　李楠希　李天婧　李晓英　李子婷　廖良花
林雨晨　刘浩哲　刘家旺　刘　嘉　刘丽霞　刘荣雁　刘振东　马晨程　马思鸣　马子旋
牛　硕　彭晓婕　邱新颖　阮志康　桑亚岚　沈　旭　束　强　宋　莹　孙　松　孙雨露

孙雨露 唐 玉 陶倩妮 陶 芸 汪 涛 汪洋雪芬 王静娴 王露芹 王 巧 王姗姗
王玉琴 韦东磊 魏梦娅 吴 健 吴思钰 吴 雪 武晓凡 武 雪 武 悦 谢 敏
熊树星 熊霄雪 熊 艳 徐秋雨 许青青 杨灵婷 杨 岭 杨文露 杨晓婷 姚佳慧
尹 钧 余子文 詹盼盼 张公达 张昊颖 张 容 张 帅 张 鑫 张永满 张勇晨
张 征 赵冰倩 郑依玲 朱 晗 朱华宁 朱佳琪 朱 莉 朱文韬 祝 福 左静卉

汉语言文学(师范)专业(110人)

昂梦瑶 陈冰洁 陈 菊 陈 娴 陈雨晴 程 曦 崔仁杰 董晶晶 冯瑞芳 符小晴
付亚男 高 宇 古丽尼沙·卡斯木韩 锴 郝晓莹 何 剑 何经杨 何汝平 何文静
何 悦 贺贝贝 侯静茹 胡文杰 胡晓敏 胡晓羽 胡 悦 黄 萍 黄 雯 李冠达
李蒙寒 李梦杰 李 萍 李倩倩 李瑞莹 李文烨 李逸然 李 云 廉彩凤 梁灵慧
林 丽 凌丹峰 刘玲玲 刘 鑫 刘 璇 刘 闫 刘园园 刘子怡 卢文韬 罗 宁
罗 雨 马文静 马艺珊 慕阿慧 倪金秋 聂媛媛 牛姣姣 潘 蕾 任学翘 荣雨洁
沈容宇 石梦婷 宋安娜 苏小艺 唐 霞 唐一如 唐一允 汪晶晶 汪 婷 王 超
王 曼 王 梦 王铭书 王 倩 王 钦 王秋怡 王新鑫 魏超男 魏超男 温馨雨
文建晓 吴美华 吴 萍 吴 雪 夏传文 夏小雪 谢思源 徐晓博 许晨冉 许梦琳
许梦圆 许瑞英 杨 洁 袁鹏翔 翟孝莹 张村语 张欢乐 张婧琳 张美玲 张梦琪
张荣荣 张文杰 张小凤 张昕怡 张艺馨 张 悦 郑 莹 钟 诚 周立娟 周宇宁

化学(非师范)专业(40人)

毕 成 陈连敏 陈 铭 付文秀 葛 成 洪柯甜 胡建为 胡汪成 金 晶 李 庚
李航宇 李 曼 李启亮 李 艺 梁 乐 刘 畅 刘艳丽 罗田曼 庞丽华 彭雨晨
荣菁秋 沙 莎 尚亚文 邵敬文 时亚星 屠修文 王西宇 韦宗楠 肖 田 徐浩琛
徐丽丽 杨明宇 杨倩倩 仰青颖 叶梦翔 余冰清 张 锴 张苏晴 周志浩 周子楠

化学(师范)(80人)

白文博 蔡 恺 曹爱华 曹 艳 陈 斌 陈梅芳 陈璋杰 储玉婷 褚文文 代永艳
丁明飞 丁明双 方 茜 高肖飞 郭 鹏 韩 笑 胡承旭 胡慧敏 李 卉 李景萍
李丽芳 李 艳 李玉雪 梁 倩 刘 慧 刘凯丽 刘孟秋 刘乔艳 刘炜琪 刘亚丽
卢文静 马 璐 钱以森 沈丽群 沈子奕 盛伟杰 施冰洁 石生燕 孙家慧 孙梦田
孙朋朋 汪 萌 汪 婷 汪 婷 王 驰 王 芳 王丰景 王 龙 王晓靖 王新茹
王 震 吴淑君 武迪迪 徐秋石 杨 晨 叶 方 音正春 殷公银 于思齐 袁 丽
张成玉 张结萍 张金金 张 苗 张 平 张倩男 张先康 张鑫悦 张盈盈 张 月
张智慧 章熙雅 赵晓悦 赵一鸣 周丹丹 周慧婷 周家惠 周孝元 周泽蕊 左丽君

化学工程与工艺专业(60人)

曹培培 陈桂敏 陈鹤英 陈 洪 陈 琨 陈 鹏 陈瑞成 陈 玉 陈子朋 崔正廷
戴婷婷 丁 辉 丁 颖 丁竹婷 冯潇炜 龚道玉 郭 奇 郭雯雯 郭雨晴 何明琦
何亚玲 黄紫琼 贾素莉 江明学 蒋彤芬 蒋雨宁 金 瑶 梁晶晶 鲁 玲 马俊颜
倪 萍 牛凡超 潘 迪 任 萍 芮雪菲 申宏梅 宋秀梅 陶 薇 田 想 万世杰
万 宇 汪 静 王连华 王 帅 王晓波 吴 聪 吴红群 吴昕华 谢鸿天 谢小娟
许世娣 宣孝文 杨惠贤 杨先雨 杨 影 虞四兵 张 静 张 倩 张 圆 钟德娟

环境工程专业(78人)

陈 成 陈苗苗 陈 倩 陈小燕 成琼琼 程冬冬 程 璐 戴子洋 丁海露 方 苇
方 妍 高业能 韩尚昆 胡杰东 胡 倩 黄道芬 黄东君 霍伟洁 江 伟 景 雪
李凤翥 李开叶 李亚菲 李 媛 廖雯洁 刘诗语 刘正桥 卢文娟 鲁 力 罗晗倬
孟原春 钱茜 汝琳琳 盛 况 施超远 孙婷婷 唐 颖 童文晨 涂必洋 汪丹丹

汪　路　王洪伟　王　婧　王力弘　王利梅　王沙沙　王志天　吴安安　吴靖颖　吴　茜
吴绪园　吴子远　肖　雄　谢琳璇　徐沛华　徐姝玮　徐文娟　许文君　许吟雪　许中政
闫　伟　杨　晗　杨　靖　杨梦迪　尹欢玉　于文婷　张慧君　张金龙　张姗姗　张　琰
张　桢　赵　伟　郑　凯　钟云浩　周璐洁　周雪融　周　勇　朱冰莹

环境科学专业(70人)

蔡敏娟　陈　霏　陈娟娟　陈梦雪　陈庆庆　程基明　程路漫　储梦轩　崔熙钰　郭　涵
何彬彬　何菁菁　何　竹　洪　宇　胡皓元　胡英菊　黄敏雪　黄志谱　李汉林　李世坤
李湘芬　李　旭　刘梦云　陆玉顺　吕静雅　马魏魏　孟　格　潘雪梅　钱丹丹　全文豪
佘旭明　圣明璐　舒　欣　孙　鹏　孙　扬　孙媛媛　谈倩茹　陶芳玉　汪　月　王　澜
王若男　王　硕　王天缘　王　伟　王雅琴　吴　洁　吴一帆　吴　俣　夏　欢　肖　洒
徐　浩　徐佳慧　徐　茹　徐正慧　杨晓龙　杨远远　姚茗蕾　叶长久　叶　晨　叶　晨
叶晓冬　袁　坤　张无题　赵　洁　赵军艺　赵婉婷　周　沁　周玮秀　周宇杰　朱　瑾

会计学专业(78人)

曹　鹏　柴文姗　常雅欣　陈发琴　陈小俊　崔　坚　方　钟　付钰淼　高　炎　葛文苑
韩晴晴　何　成　胡　丹　胡金喜　黄　婕　江　泽　金　佩　李静文　李康康　李思佳
李新伟　李　毅　梁民慧　梁文洁　林　秀　刘漫漫　刘　涛　刘媛媛　刘真真　刘子莹
鲁冬云　马明妍　马淑慧　毛　亚　孟丹丹　孟李宣　彭　镇　曲潇仪　盛敏琪　史颖博
舒　婷　苏镇东　谭思进　檀文涛　涂承基　汪金玲　汪梦诗　王浩东　王金梁　王良雪
王圣亚　王　帅　王思情　王雪晨　吴马兰　吴　强　项文杰　谢雅琪　谢益成　邢苗苗
徐　瑶　徐雨辰　颜麒晔　燕　硕　杨冠男　杨慧慧　杨倩云　岳茂龙　张　成　张　楚
张　莉　张　帅　张晓蓓　张新萌　张育楠　郑嘉琪　诸漫玉　左　陈

计算机科学与技术专业(101人)

曹　阳　常兴建　车利文　陈冬梅　陈　萌　陈　沛　陈　帅　陈　涛　程东强　程思婷
崔　豆　董佳锋　范钰恺　方　可　方齐全　方　正　付　锐　高　鹏　郭贤杰　韩腾飞
侯冰冰　后　臣　胡德程　胡　珊　胡　涛　黄燕梅　经　成　瞿怀昌　康龙龙　李　超
李　冬　李嘉辉　李　健　李　静　李可心　李利利　李梦瑶　李　娜　李　倩　李　涛
李云飞　李泽旭　李　郑　李　桩　厉子凡　刘方成　刘方奇　刘金炎　刘　军　刘曼曼
刘　涛　刘小雨　刘　扬　刘　艺　刘　勇　落　爱　彭黎君　申爽爽　施元媛　束文娟
宋军彦　唐连堂　陶汉中　汪浩航　汪文建　汪雨苇　王　超　王　昊　王金萍　王文兵
王　仲　魏志宏　吴梦龙　吴友军　徐茂武　杨　霜　杨子豪　尹金标　昝雯娜　张　犇
张传旺　张军威　张　柯　张　强　张　瑞　张守信　张松波　张亭亭　张雅玲　张宇权
章　文　赵　静　赵起超　郑云祺　钟柳梅　周慧慧　周王金　朱　菲　朱　娜　朱啸啸
祖司宇

教育学专业(33人)

鲍红林　陈代会　范楠楠　高甜甜　何守菊　何依儒　黄　涛　黄雪秋楠　蒋　昕　解　莹
雷文玉　李佳敏　李　琪　李燃明　李世丽　李　曦　李泽兵　刘梦梦　刘元鑫　麦慧君
茆阜蒙　孟　举　钱丽华　王妍欢　席锦娜　许　芮　姚　蕾　张理强　章　强　赵　洋
朱国晶　朱莺燕　左鹏云

经济学专业(82人)

曹冠英　曹　漫　曹文霞　曹雅奇　陈　娇　陈　蕾　陈思琪　陈雨榕　董如杨　杜　峤
杜奕钢　冯晨晰　傅芳红　傅　小　郭　星　胡　安　胡五木　黄大成　黄晋琳　黄　芯
冀明星　江　凯　蒋志怡　李晨辉　李瑾瑜　李正敏　李子怡　刘佳龙　刘津彤　刘　静
刘　琪　鲁立坤　陆　洋　马文娟　马昕月　庞红洁　彭玲婧　秦睿捷　申美怡　沈倩竹

施　倩　石洁琼　孙婉君　孙烨明　陶　龙　汪睿昭　王　浩　王　辉　王蒙晴　王　祺
王清颜　王少杰　王素素　王怡萍　魏科飞　魏琼琼　谢少波　徐月琴　严莎莎　杨胡燕
杨金燕　杨洒洒　杨　洋　姚莉莉　余海洋　喻远兵　翟德胜　张家宝　张起家　张　勤
张　霞　张永秀　张玉琴　赵鹏飞　赵　婉　郑冰洁　郑成晨　郑花花　周　阳　朱齐齐
朱宇婷　卓志康

历史学专业（110人）

陈志豪　陈作青　程　谦　程思远　楚子轩　崔小雨　邓　莉　邓丽君　丁　宇　豆　敏
杜　宇　符章辉　盖茹梦　高偲偲　郜秀秀　管后东　韩夕冉　韩志香　贺阿静　贺　卓
胡安妮　胡雅倩　黄贯咪　黄銮兵　贾玉倩　江琦琦　江　荣　卡吾沙尔·阿不都瓦尔　李慈怡
李慧慧　李　杰　李　娟　李　杨　李中慧　梁嘉豪　廖冰清　林佳童　林金金　林青苗
林宇芳　刘　茜　刘思婷　刘　苏　刘雅萍　刘　宇　柳　权　鲁秋兰　吕永鑫　罗沪生
罗　玮　满　伟　聂雪菲　庞美凤　蒲章臻　任婉华　阮　桐　芮望梅　施　璐　时子璐
史斌斌　苏晓燕　粟　娟　孙德福　孙　凡　孙　寒　孙　青　孙小洁　孙怡婧　唐　甜
唐小银　王　梦　王明珠　王晓静　吴辰辰　吴梦莹　吴雯雯　肖有伟　徐城城　徐媛媛
许仪卿　严文静　杨诗怡　杨雅丽　杨　杨　杨玉柯　易玲琪　殷彦康　余昌芹　袁　方
袁　蕾　曾梦瑶　詹永月　张　迪　张佳良　张　璐　张　渺　张　韬　张晓丽　郑晗博
郑　晴　郑瑞瑞　郑晓丽　郑　悦　钟程杰　钟智伟　周琴琴　朱艺萱　祝万芳　邹　葳
左双双

旅游管理专业（127人）

曹正雪　陈小龙　程梦岚　储召玲　褚文佳　丛舒函　丁秋建　董皖玉　杜　婷　杜文婕
方　芳　方欣欣　付梦琦　龚　涵　管晓仙　郭　林　郭　宇　郝子媛　何嘉欣　何　艳
后世贝　胡　姗　胡文学　胡　璇　皇甫珍妮　黄碧雯　霍秋彤　江　健　江　娜　蒋善翔
阚　翔　雷琼玉　李陈悦　李海燕　李　华　李健茹　李静思　李梦霜　李娜娜　李秋月
李　沙　廖潜新　林晓颖　刘回雪　刘京远　刘静圆　刘世杰　刘　爽　刘思佳　刘晓雅
刘　彦　陆学兰　吕锡瑶　马清清　马　涛　马　文　蒙诺羿　孟　琴　缪丽婷　强巧玲
秦金鑫　邱烨云　邱玉群　任正义　申启晗　沈叶婻　石禹芮　史金玲　宋兆亨　孙　晨
陶甜甜　汪露露　汪　玉　汪云雨　王　彪　王俊杰　王盼妹　王　倩　王　鑫　韦银艳
魏倩倩　吴丛丛　吴德甜　吴　俊　吴雷娜　吴　玲　吴　娜　吴　桐　奚蒙蒙　夏宜凡
项锦宇　熊丹丹　徐洪琴　徐　倩　闫玥颖　严星雨　颜晓慧　杨婧萱　姚　静　叶慧琴
叶　云　叶治山　易倩文　余娇娇　余靖颖　余欣婷　俞小燕　袁　媛　詹银徐　张海燕
张洁婷　张　可　张丽君　张玲玲　张　蒙　张荣荣　张欣怡　张　鑫　章小芳　章新月
赵娜娜　赵　娅　郑　慧　周炎炎　朱黄丽　朱杨杨　左梦雅

旅游管理（中韩合作办学）专业（20人）

产慧敏　陈惠宁　陈晓蕾　程道幸　方璇钰　方　卓　洪　飞　刘　雨　孙梦旋　陶　然
王婉璐　王琰珪　伍宏璐　许菀桢　叶子聪　余　晨　袁怡羚　张楚唯　张泽文　朱梦梦

美术学类（87人）

陈　静　陈淑尧　陈婷婷　陈昕妍　董　辉　段天韵　冯　璐　高文雯　高　引　龚聪聪
官梦晴　郭莹莹　郝秀芹　何宁宁　黄格格　黄茜然　黄志林　贾曼曼　靳惠园　雷颖洁
黎石海　李　丹　李丹丹　李方惠　李霁雯　李梦庭　李　娜　李岐城　李小凡　李雪健
李泽凤　梁如梦　林雯妮　刘春亭　刘美玲　刘祈芸　刘子尧　卢　敏　鲁江月　鲁俊飞
吕安娜　罗　韩　莫孔壬　彭小行　乔露露　秦　文　任　梦　沈　童　孙寒松　覃凤连
万　山　万小彬　王　强　王盛娟　王　莹　王志莲　吴　淦　吴鑫远　夏明浩　夏　夏
肖杜娟　肖　京　肖萍萍　徐　丹　徐云鹤　严飞婷　杨娟娟　杨起帆　姚　杰　叶惠青

殷慧敏　尹晓丹　余　悦　臧学清　曾禹宁　张阿莉　张　诚　张　杰　张凌雁　张启凤
张霜颉　赵　辉　赵艳杰　周顾园　周　杰　周培君　朱苗慧

秘书学专业(96人)

毕英萍　曹欣欣　查锦茹　陈　静　陈琳利　陈雪燕　程语嫣　崔晶晶　戴　颖　丁　晨
丁玲玲　董　云　樊敏华　范鑫晨　方　勤　方　庆　方圆圆　方　舟　高会会　古　慧
胡彩虹　黄　凡　江　玲　解　瑞　金长巧　李金凤　李　莉　李梦云　李明涛　李萍萍
李绪林　李园园　刘　娣　刘艮艮　刘海红　隆菲菲　陆二东　麻宗梅　宁嘉惠　彭舒静
钱慧敏　任百炼　任　杨　茹　明　沙正娇　施　歌　施　昊　施祖月　束苇苇　宋凯丽
孙静静　滕子莹　汪海云　王洪伟　王　娟　王　凯　王梦韦　王敏虹　王亚静　王一帆
吴　涵　吴涵泊　吴梦菱　吴韶晨　吴　欣　谢　颖　邢梅梅　徐梦美　许晶晶　许丽丽
许　茹　杨　迪　杨佳佳　杨文秀　叶　瑾　应晓薇　余前秀　袁静秋　袁淑文　张金秋
张紧紧　张　楠　张贤慧　张心瑶　张艳阳　章　燕　郑思涵　周红雨　周慧慧　周兴倩
周星宇　周　璇　周玉莞　朱梦婷　朱荣荣　庄静艳

人力资源管理专业(78人)

白涵驰　卞景雨　曹科锦　陈昌杰　陈佳雯　陈子阳　程祥瑞　程晓巍　储孟涛　符　翔
傅雯雯　高方悦　高亚兰　何　晨　何丹丹　黄灿灿　黄思淇　黄　婷　霍艳艳　蒋军锋
金永贝　金　云　李芳玲　李　静　李文慧　李宜行　梁露露　梁玉婷　刘　丹　刘关应
刘　恒　刘沙沙　刘亚慧　刘　钲　卢运雯　罗　蕊　马　艳　孟　茹　莫　熺　宁力维
裴梦婷　秦翠娟　任修颖　佘荣臻　沈咪咪　史梦阳　束家奇　孙广贺　汤丽霞　王　静
魏保兰　吴　晨　徐中国　许旻晟　许婷婷　宣婷琴　宣婷琴　杨　静　尹国赞　于文强
余丹丹　袁　琪　张创创　张东明　张敬知　张林娜　张明蓉　张思花　张志平　章　晗
赵　萱　赵　雪　周　建　周　末　朱黄文　朱建萍　朱　静　朱玮雯

日语专业(32人)

笪京京　方　可　付小易　傅艺璇　高　强　靳席兵　李达明　李含玉　李亭亭　李　欣
刘　璐　陆　钰　马慧慧　欧阳慧　潘雨荷　钱雯雯　秦　欢　盛圆圆　孙君豪　万善鑫
王朝晖　魏　圩　吴国芳　项宇琦　徐　韡　姚苗苗　叶静远　张鹤然　赵君仪　郑祝昂
周梓鑫　朱仁杰

软件工程专业(96人)

鲍钱勇　鲍学凤　卞　聪　陈俊文　陈　强　陈　桥　陈　童　陈学优　程　鹏　程　炎
代　路　戴　衍　丁　杨　方　敏　房成旺　费传兴　甘志强　高华峰　高俊杰　郝兵曼
胡敬响　胡琨琦　黄海锋　黄　瑞　季益杰　江晓雪　蒋文畅　金　凡　乐祥瑞　李莉文
李明一　李　青　李忠义　梁家坤　梁雁冰　廖静娴　凌　凯　刘　浩　刘经友　刘可余
刘　敏　刘　申　刘婷婷　刘孝庆　刘　旭　刘雨晴　卢小燕　缪海龙　潘　登　任　静
沈飞飞　沈昕怡　舒　犇　苏　璇　孙　安　唐　慧　唐慧敏　唐　璐　陶玉婷　田家振
王安鑫　王龙越　王　齐　王胜利　王子昂　吴厚漩　吴　泽　伍　敏　武倩倩　徐海轮
徐金竹　徐　坤　许　剑　许书勤　严佳喜　杨燕涛　姚　宇　于　群　喻　航　翟光朋
占刘曼　张　传　张德智　张冬良　张　浩　张家贤　张莉莉　张龙峰　张　涛　张婷婷
张宇航　张　裕　章圣洁　赵宇晴　周　智　朱卫东

设计学类专业(100人)

白子怡　蔡文平　曹　典　曹　品　曹　勇　查　嫔　陈　柳　陈　硕　陈　晓　陈圆圆
程嘉伟　程　曦　崔明珠　崔展源　丁　静　丁　锌　丰树东　冯茜茜　冯仕超　高镧欣
高维泯　管芯慧　何狄姑　胡　迪　黄　健　黄清梅　季　骏　贾培阳　江诗伟　姜亚铭
蒋文超　焦心月　晋　超　匡咏秋　黎思明　李　晨　李　娜　李　强　李　松　李闻宇

刘财权　刘柳茹　刘　鑫　禄　玲　罗云云　马　奔　马佳佳　宁洋洋　潘花能　潘　乐
潘兴苗　盘林凤　钱丽君　秦杨名　饶悦悦　善云兰　沈光艳　沈　萍　施　孟　施耀瑜
史　欢　宋带娣　宋　健　孙孟君　覃　静　唐　力　汪　锐　王斐儿　王国祯　王建兴
王若诗　王新月　巫星星　吴丹琳　吴江波　吴良婕　伍俊宇　夏媛媛　谢　欣　徐奇遇
许　慧　薛　然　杨祎祺　尹梦婷　于　杰　余祥涛　翟明珠　张　超　张赐斌　张　麟
张　蔓　张　睿　张　通　赵方平　赵俊凯　赵　雪　甄　敏　郑铃燕　周佩佩　周翌名

社会工作专业(61人)

操汪飞　陈　凯　陈兆琪　崔凯莉　代　星　邓建梅　邓怡晨　方瑞安　葛伦伟　龚贤淑
郭忠尧　何　旻　贺　雨　黄　炯　李凌庭　梁亚亚　刘凤东　刘佳文　刘　俊　刘珮玥
刘若凡　刘雨航　马　兰　齐　源　齐正郁　钱　娟　芮绍强　施　旋　石　英　史俊杰
孙丽娟　滕欢越　万　娟　万园园　汪　莹　王鸿华　王心童　王怡贺　王轶轩　吴晶晶
吴　妙　徐婧婧　许真硕　杨草原　杨晴晴　杨　景　叶双林　俞则人　曾琦涵　张　程
张　恒　张佳佳　张　伟　张亚晴　章微微　赵亚文　钟晓川　周明鹏　周　佩　朱心云
朱有娣

社会学专业(30人)

查云英　陈交交　陈　奇　陈　纵　程　研　慈海华　方会玲　黄彩成　李玉雪　盛雨嘉
孙博宇　童　真　汪　芳　汪凤兰　王亚男　王友鲜　韦　瑶　魏朦朦　吴　涛　徐玉杰
杨丹丹　杨青云　杨雅丽　姚　欢　张金琳　张梦欣　赵阿敏　郑玉婷　周诗卉　周宇秀

摄影专业(64人)

毕　鸿　曹天宇　陈　蕾　陈　萍　陈　煜　程凡生　丁　枫　董小蝶　方　旭　葛海军
桂心怡　郭宸宸　郭欣承　韩　军　郝霁宇　金恩惠　李成程　李成龙　李芳芳　李　晗
李　萌　李　霞　李亚琼　李　袁　刘　焘　刘静如　刘静雯　鲁建敏　鲁立果　吕晨凯
潘海涛　潘　哲　彭　俊　迁东杰　钱建英　钱　悦　钱宗瑶　宋昱昕　孙启超　谈国峰
唐晓梅　陶翰林　王明明　王　宣　王亚威　王玉梅　吴宇翔　吴子杰　邢婷婷　徐　曼
许　磊　许晓雯　杨陆城　杨永青　杨运凡　杨　卓　姚奕帆　袁润博　张　念　张　琦
张子娟　赵宇卿　郑　俊　朱柏成

生态学专业(30人)

常佳悦　陈梦琛　杜利琴　方　岩　龚炫臻　郭奇琪　郭孝宇　韩梅娟　何　睿　李　静
刘国华　刘　水　吕文莹　王奥阳　王　哲　吴惠敏　吴萍萍　吴庭霜　徐　成　徐梦芸
徐昕昕　许笑笑　尹　慧　余忠帆　玉　琳　张海灵　张巧玉　张兴程　张子鸣　周丹玉

生物技术专业(104人)

曹莎莎　陈　彪　陈飞龙　陈立志　陈洛红　陈苗苗　陈伟杰　陈雪林　陈亚玲　程　磊
程玲玲　程　鹏　程　玉　储　宝　丛　欣　丁浩然　杜宇平　冯　柳　桂亚铭　韩亮亮
韩永亮　洪　琴　胡加鑫　胡　璇　蒋翠翠　蒋华强　蒋丽君　李诚皓　李　静　李丽芬
李　猛　李　霜　李晓磊　梁　健　廖迎雪　刘　玲　刘　荣　刘　姗　刘甜甜　刘　婉
刘忠奇　卢　文　陆君霞　罗振玲　马　振　马致远　目飞艳　聂凌云　宁　卓　欧孔辉
裴文琴　强　兵　屈雅莉　屈亚舒　桑　磊　施　瑞　宋仁杰　孙玉梅　汪晓东　王蓝陵
王　玲　王孟黎　王　冉　王　婷　王　婷　王为运　王岩岩　王　晔　王芸芸　王志鹏
魏　倩　邬翠影　武　雨　谢义仙　徐筱璇　许慧玲　许　萍　许　袁　薛　越　阳　磊
杨宏涛　杨宏涛　杨志新　姚俊宝　叶昊天　余莹莹　袁润泽　张　栋　张　非　张　晶
张未然　张文静　张　鑫　张　燕　张玉振　张越凌　赵　犇　赵　琳　郑　敏　郑　琪
郑彤晖　朱军进　朱晓枫　朱宗波

生物科学专业(80人)

白映雪 曹双龙 陈 聪 陈 乐 陈 颖 陈 悦 程勉棋 程 冉 程 炜 邓帅涛
董 阳 董哲语 樊 多 方孔亮 傅海霞 傅君怡 郭非凡 郭蓬蓬 贺佳云 洪 晴
侯长健 胡 蕾 胡淑娟 黄双燕 姜自运 蒋梦园 金 红 李美琪 李梦云 李香凝
李晓璐 梁艳莹 廖 郁 刘 莉 卢垚咏 孟 锐 濮 垚 秦 娜 苏凤智 孙金娜
孙美招 唐夏会 田文华 汪梦婷 王安然 王冬冬 王缉琼 王菁菁 王 晶 王 静
王 絮 王语艳 韦锦园 吴甜甜 吴笑迎 吴 燕 吴颖颖 肖志明 谢雯婷 徐 会
徐苏芮 叶 灵 尹梦洁 于 真 余 晶 余绍芳 张超群 张家亮 张静宜 张 婷
张 炜 张雪梅 张亚男 张 妍 赵倩影 周楚璇 周翠红 周思含 朱 玲 邹博研

食品科学与工程专业(82人)

曹璐璐 曹梦迪 曹庆龙 陈 敏 陈婷婷 崔 颖 戴 尧 邓琳琳 董小丽 方 飞
傅佳敏 高 森 高文枝 高晓迪 高 燕 顾 梦 何招彭 贺振飞 侯哲涵 胡倍丽
胡冰清 胡冰清 胡冰清 胡子玲 黄 鑫 黄 勇 金 灿 李 洁 李荣婷 李先翠
刘利娜 刘明新 刘 艳 卢 爽 马忻狄 马 雪 毛婉平 木荣荣 倪 越 祁聪聪
齐小兵 任泽慧 时 瑞 宋甜甜 谭博文 汪阿龙 汪程洋 王晨晨 王晨曲 王洪燕
王嘉琪 王 涛 王晓璇 王轩宇 王俣心 韦铭燕 文 文 吴 凤 吴婷婷 吴婷婷
伍晓云 夏 楠 邢玉佳 徐 京 徐梦婷 徐笑文 许丹丹 许天赐 薛 怡 杨莉莉
杨素娇 姚 栩 尹 霞 尤 佳 张慧君 张鹏敏 张 琪 张然然 张 彤 张子叶
周雨慧 朱德强

食品质量与安全专业(69人)

曹 晶 陈艳艳 程敏君 程紫薇 丁 姗 杜倩雯 段宗玉 高嘉育 顾雁秋 桂旭冬
国晓晓 胡 玲 胡正昱 胡正昱 江海旻 金 缘 李芳芳 李凤飞 李 娜 李强先
李思遥 李鑫韵 李 贞 梁欢欢 刘 晶 刘腊梅 孟甲乐 聂朵朵 潘艳红 浦 静
钱雪颖 盛姗姗 石雅丽 苏佳媛 陶飞燕 陶 红 陶灵杰 万文静 万元媛 汪鹏程
汪 颖 王 超 王子涵 魏 彤 吴凡凡 吴小伟 吴 颖 夏 梅 谢楠楠 徐 瑜
杨 帆 杨文慧 杨璇瑜 杨艳艳 姚 璐 叶莉娅 叶敏敏 余婷婷 袁 媛 张 琴
张思烁 赵章婷 郑 钢 周 驰 周优优 周雨生 朱 敏 朱 蓉 朱学文

数学与应用数学专业(104人)

毕文联 曹 宁 曹悦璠 陈 冲 陈 凤 陈 洁 程 奇 邓乐敏 邓 敏 邓雯静
丁 雪 范孝梅 冯珍珍 付一笑 古扎丽努尔·艾地拉洪 管健行 韩凯丽 胡 蝶 胡新妍
花巧巧 黄 蓉 黄树英 黄雪晴 加尼白克·艾吾力 蒋韩影 蒋 岩 喀迪尔·阿吉
凯麦尔斯曼·艾西热普 李 嘉 李娜娜 李 瑞 李文静 李雪来 李 玉 梁余伟
刘文静 刘晓倩 刘晓雨 卢思琪 吕 静 吕志成 罗震宇 孟凯旋 孟庆利 潘楚筠
彭丹俐 彭业顺 秦 硕 秦 予 邱文强 沈 鑫 苏宁宁 孙宇琪 檀钱胜 汤 然
宛一飞 汪 健 汪书妍 汪 雄 王必贤 王 迪 王 慧 王丽婷 王 玲 王梦杨
王苗雨 王 茹 吴家彦 吴犟犟 吴晶晶 吴 奇 吴诗茹 吴雪萦 夏远远 熊梦迟
徐 放 徐思奥 徐思奥 徐艳丽 徐 杨 徐之梅 许广玉 寻 璐 杨 熙 叶啟楠
于 涛 于 艳 余劲涛 余 琪 余 威 张蓓羿 张冰冰 张佳佳 张依凡 张玉婷
赵晨阳 赵慧慧 赵颖婵 赵 越 周 琪 周清蓉 朱佳敏 朱婉情 祝 杰

思想政治教育专业(107人)

白敬如 曹思琪 曹兴睿 陈 枫 陈梦香 陈巧玲 程靖冉 程 婷 崔玉萍 戴庆荣
丁迥然 段梦莲 范静静 范冉冉 冯 帆 冯 俊 符小玲 高桥会 高 烁 龚新元
郭梦晴 郭祎森 郭赟沁 何晓瑜 胡蕾蕾 胡 倩 胡松伟 黄辰呈 江文俊 姜晓京
柯方萍 孔冬梅 赖芸芸 冷茜茜 李春娇 李 玲 李秋惠 李婉君 李 熠 李 赟

李泽彤 梁靖悦 林志生 刘苗苗 刘 蕊 刘 威 刘 伟 刘 阳 罗 昇 罗小清
罗 颖 马茂林 马玉萍 苗 犟 倪玉鹏 倪作胜 庞玉瑛 彭娇娇 朴锦华 秦 欢
任云云 邵佳仪 宋 奇 宋园园 孙雅文 覃孟瞧 陶冬燕 陶戚芸 陶倩文 汪 婷
王 寒 王 浩 王 乐 王明雪 王 冉 王蓉蓉 王诗越 王淑梅 王雯雯 吴佳惠
吴 婧 吴均建 吴 梦 夏红莉 夏 蓉 夏雨清 谢文君 徐媛媛 许 诺 严 蝉
姚 敏 叶 丹 殷伟明 张佳丽 张孟迪 张 娜 张 琴 张 跃 张云飞 张真真
张 正 张紫琴 朱静静 朱 敏 朱茹茹 朱秀秀 朱艳艳

体育教育专业(135人)

曹 伟 查子丹 陈 晨 陈海乔 陈 坚 陈露亭 陈 锐 陈 尧 程堂地 程 志
程志鹏 仇慧明 储金婷 褚志鹏 丁赛赛 范广正 方一凡 凤敏敏 付应彬 甘羽仓
高来喜 高松坡 葛婷婷 宫 昊 管竹玲 桂文强 郭远亮 何柄毅 何雪凤 贺 斌
洪步园 侯 杰 胡国柱 胡鹏飞 胡宇航 黄梦茹 江 琦 江晰梅 蒋 磊 蒋伟杰
金垚垚 晋 伟 井蒙蒙 瞿亚伟 康浩浩 雷锦霞 李德治 李 多 李 衎 李阔阔
李 让 李 威 李贻阳 李照亮 林富强 林志鹏 刘冰雪 刘启宝 刘启宝 刘 晓
刘毅文 刘 勇 卢 飞 马京涛 苗 羊 齐 亮 邱 浩 任 杰 沈维兵 沈雨琴
沈雨琴 盛 伟 苏 悦 孙 海 邰蓉蓉 陶青山 陶 雨 滕贵州 汪鸿章 王 凡
王 浩 王 杰 王 俊 王 猛 王 攀 王少鹏 王旭东 王业鸿 吴 峰 吴浩东
吴晶鑫 吴 凯 伍晨晨 武玉康 谢天柱 熊 峰 徐怀光 徐明亮 徐小丽 许飞扬
许思达 闫中宁 杨 帆 杨 鹏 杨 茜 杨姗姗 杨 威 杨 瑶 杨 智 叶 伟
叶祖泉 殷延朗 於 洋 袁 野 詹志明 张 瑾 张 俊 张 强 张武劲 张逍遥
张 燕 张 勇 章 强 章 瑞 章 艳 赵建建 赵 鎏 赵 龙 钟广东 周爽爽
周万峰 周殷强 邹凯锋 左忠智 左宗玲

通信工程专业(107人)

鲍佛赐 操 焰 曹一凡 曹 玉 曹志刚 查显彪 柴雪静 陈 冲 陈 欢 陈锦泳
陈军飞 陈 曦 陈学彬 陈 影 陈韵凝 丁梦晨 丁 艳 方孟军 方 雨 方月圆
冯 烨 洑景文 高圣洁 管 诺 郭涵语 郭 敬 杭浩然 何凌峰 何士威 何 玥
胡 辰 胡京城 黄荟云 江 雪 蒋习习 雷家欣 李 川 李梦兰 李秦禾子 李云飞
李志强 梁玲玲 林 莉 刘飞扬 刘 凯 刘 锐 刘士成 刘 婷 刘 雪 刘 妍
刘雨亭 刘玉琪 刘智慧 刘智慧 马赟馨 钱立进 秦 玥 沈国皓 盛大超 石方义
史芯雨 苏露露 孙加俊 孙兴晟 谭 博 檀笑雪 唐 璇 田 瑞 汪 恒 汪舒婷
王晨晨 王晨晨 王鹏辉 王谓芬 王文龙 王小嫚 王雪善 吴青云 谢 超 谢 晖
谢停停 谢 妍 谢宇光 徐 畅 徐 丹 徐欣悦 杨 靖 叶 欢 叶 婷 余多佳
余若男 袁康康 袁 珂 臧 光 张佳媛 张立明 张倩倩 张瑞骐 张 绅 张仕超
张帅帅 张 行 章欢欢 章欣雨 郑 明 朱丹丹 朱生平

统计学专业(70人)

鲍娜娜 车会明 陈潜芳 陈湘青 陈雪蕊 陈紫缦 丁海玲 付宏燕 高 珊 葛美君
龚 馨 何雅虹 洪云婕 胡星星 华 香 黄 香 贾美芳 江鹏亮 江 彤 解雪梅
李彩莲 李芳菲 李 健 李松林 李苏啸 梁长钰 林润泽 刘 璐 刘木燕 刘志恒
马雪寒 马雨航 潘 俊 绳姗姗 苏金峰 孙梦蝶 孙中宇 汪佳敏 汪璟玫 汪 颖
汪 颖 王 洁 王 倩 王 勤 王 茹 王 韬 王西亚 王妍妍 王艳秋 吴宏伟
吴 琳 夏 菁 项婷婷 谢梦圆 徐明莉 薛乐敏 严 璐 杨思园 叶 滢 余昌蝶
张海潮 张沈曦 张双双 张正娟 章甜丽 章伟伟 章文承 周 程 朱荣荣 诸袁超

投资学专业(60人)

鲍　窈　卞明洋　卞文娟　蔡新鑫　曹一凡　陈　奇　陈新桥　程军敏　丁维佳　高钰莹
海　潮　何叶楠　黄安琪　黄　未　江　丽　江润庭　姜少川　金泽良　李　娜　李婷婷
李瑶琪　李雨浓　陆　帆　苗　瑞　升　月　史跃跃　宋雪婷　汤　美　唐　婷　王继松
王兰玉　王　玉　王甄安　伍　镇　西　洋　熊　凡　徐敬锐　徐礼亮　徐雯婷　杨庆祎
杨　苑　叶　成　殷嘉惠　余梦嘉　余仪媛　喻姝月　张　静　张　楠　张　玥　张志达
赵玲玲　周　寒　周娟娟　周胜男　周昕宁　周　宇　朱　林　朱一中　祝梓晨　莊爱玲

土地资源管理专业(69人)

毕艳宇　曹　猛　曹伟情　查　彤　陈　凡　陈立仲　陈士梅　陈　悦　崔黎明　杜少文
方　丹　冯　婷　高　瑞　葛朝阳　葛海蓉　耿宝力　耿良余　关廷雪　管　静　韩富欢
韩曼莉　何　俏　黄　燕　季陈诚　季康康　雷梦宇　李　成　李　倩　李书铭　李园园
梁文清　刘明会　佘彦昆　时雪连　史卢少博　苏　翠　孙　璐　孙　青　孙思远　唐家炜
万　煜　汪　瑾　王健飞　王　丽　王　麒　王少杰　王晓妹　王　艳　王银银　王玉洁
吴　赛　吴子婧　徐军峰　许淑娴　许晓慧　张丽娟　张甜甜　张婉玉　张媛媛　张子晨
赵陈晨　赵方玲　赵文婷　郑华实　周丽君　周　楠　周　宇　朱　冰　朱可可

舞蹈表演(健美操)专业(42人)

陈　敏　崔　琳　邓佳乐　郭晓天　韩倩倩　胡　瑞　纪　宁　姜　卉　孔　萌　李林杰
李圣杨　李秀萍　练思雨　刘靖文　刘　丽　刘赛赛　刘　薇　刘星星　刘星星　乔　倩
秦　勤　阮艺颖　芮　婧　沈丹丹　沈　飞　苏　娇　陶　宇　王静静　王　琦　王淑雅
魏　雪　吴晓旭　颜　悦　余宗莹　岳　琴　张丁翔　张晶晶　张楠楠　张迎雪　周　超
朱　柯　朱自燕

舞蹈表演(体育舞蹈)专业(22人)

陈　华　陈　添　范诗琦　黄　妍　金　珊　李奇奇　刘飞军　马晓庆　彭永豪　钱　宏
施必胜　孙景悦　陶　吕　汪泊帆　汪天琪　王奥林　魏云悠　向珍珍　许梦雪　袁雨婷
张舒曼　张杨希

舞蹈表演(专业舞蹈)专业(18人)

柏　蕊　陈　鹏　冯　华　黄　莉　李姝婕　刘宇彤　刘钰婷　鲁　锐　马　奔　宁佐业
苏　萌　汪冉冉　闫思佳　游小莹　张柔姿　张　曦　张晓忆　周雨岑

物理学专业(80人)

安　影　卜声慧　常文娣　陈　晨　陈　琳　陈　曦　陈新科　陈朱琳　程　曦　储西伟
邸维娜　丁娅婷　傅振兴　宫　超　郭泽晖　韩　绪　侯先飞　胡欣怡　胡　鑫　姜兆锴
蒋　成　蒋宏炜　焦振涛　李欢欢　李洁琳　李明根　李士伟　李世豪　李　祥　廖　延
刘明雪　刘睿琦　刘彤彤　刘子安　吕博文　罗　羊　马肖杰　毛强兵　潘泽敏　彭楷翔
祁　波　钱昊天　冉云鹏　盛　洋　宋洁茹　孙康康　孙　睿　孙亚男　汤　汇　汤　洁
唐锦扬　汪翰彬　汪嘉慧　王　俊　王　林　王潇毅　王　颖　吴慎之　吴文嘉　武　健
夏　顺　徐恒睿　宣守智　颜梦迪　杨　超　杨　航　杨姗姗　叶飞月　余婷婷　俞　琪
苑文莉　张孜捷　郑　甲　周　斌　周　晨　周　顺　周娃杰　朱红梅　朱红梅　祝冬冬

物联网工程专业(60人)

曹成龙　曹宏图　柴贝贝　陈　帆　陈　欣　仇梦玄　崔旭东　董燕玲　杜道锋　杜　鹏
方婷玉　费朝阳　桂毓灵　胡　森　黄　静　黄　磊　黄文慧　纪天琪　江　泳　金辰玥
金　鹏　金　秋　李敬霖　林　梦　凌扶风　马冠军　马云婷　梅　婕　闵　洁　庞现然
秦晓琪　全毛晴　盛　翔　史晔华　宋　俊　台德宝　汪小燕　王家亮　王天星　吴璐璐
吴璐璐　吴婉玲　徐超峰　徐　丽　许琳琳　杨海娇　翟声威　詹灵杰　张海峰　张　娜
张　青　张双桂　张旭霞　张玉梅　章恒靖　章　茜　郑田甜　郑　旭　郑泽天　朱胜意

物流管理专业（78人）

白璐瑶 陈 昊 陈 露 陈宇婷 成 鑫 储新元 储玉汝 崔金玉 崔碗碗 邓 超
丁传宝 丁 晶 董 成 范玉慧 耿玉俊 韩 强 洪 璠 胡 进 胡熙冉 姜 鹿
金晨泽 金 闪 黎绍明 李光栋 李 晴 李文杰 李志远 李竹青 刘国文 龙雪平
卢国军 陆一峰 路继平 吕梦晴 罗 旭 梅冬贤 倪 雪 任送莲 沙 雲 申启龙
孙 晨 孙文冰 孙艳艳 唐盼盼 陶朋朋 陶 庆 田丽灵 汪慧洋 王佳慧 王思远
韦 翔 卫俊锋 吴 超 吴璐璐 吴 娅 夏绍宇 相棋森 徐凯旋 徐欣雯 晏玉醒
姚万焕 姚志涌 殷 浩 殷浩东 殷秀侠 余 静 俞 前 曾 燕 詹玉娟 张国庆
张蒙雨 张 萍 张松岭 张鑫霞 张振航 赵叶玲 周琪琦 周树瑶

心理学专业（40人）

蔡思皓 陈舒娇 陈行健 陈云骢 陈子楠 丁 晨 董 瑾 杜昕怡 方 颖 付文玉
黄 玲 江 丹 李 婧 李林林 李 清 李文涵 路 宽 罗艺茹 马淼淼 邵竹林
石为涛 童绪睿 王凤玲 王玲玲 王 玉 夏令萍 徐 晶 徐明芳 许婷婷 许 云
许 云 余紫归 臧艺君 张莉莉 张连生 张世婷 赵玲利 周苇航 朱秀丽 邹书鑫

新闻学专业（78人）

陈东明 陈晓煜 段元祥 方文杰 冯 倩 符梦璐 高佳佳 高 梅 韩育铮 何修豪
洪巧祯 胡群芳 胡苑茹 华非凡 江斯羽 江 舟 蒋子冰 解 颖 李 青 李文彬
李 夏 李永芳 梁艳玲 刘 婷 刘晓慧 刘郑磊 龙 浩 鲁蓉芳 吕汉东 罗 凡
毛 雪 孟 蕾 倪博昊 聂朝鑫 邵 松 宋招娣 汤梦云 陶 候 佟启蒙 汪芳苗
王范霞 王 濛 王启杰 王晓琪 王雅馨 王云云 卫晓敏 魏晓慧 魏 妍 温 倩
闻娜娜 吴 钧 徐萌晟 徐雅雯 徐一丹 徐志恒 许 菲 许静茹 续天铭 杨 景
杨 雪 杨雪瑶 姚娜娇 于 静 于笑雨 张怀念 张 楠 张亚丽 张雨桐 张子栋
章 曌 赵明港 赵莹洁 周美霞 周仁雄 周 运 朱晓颖 左月红

行政管理专业（77人）

查 莎 陈 红 陈珑升 陈荣娇 陈 阳 程波鸿 仇福全 储倩倩 邓 骏 丁 芳
杜燕玲 范恒运 方华昭 方 惠 符良泽 高 婷 郜 敏 谷长保 桂婳婳 何金鑫
洪怀玉 侯浩宇 黄晶晶 纪昌兵 蒋 瑞 蒋文丽 李 琛 李凯丽 李美庆 李 牧
李 若 李悦悦 刘栋华 刘家蓉 刘家瑶 刘 娜 龙海峰 卢 晶 陆晓彤 吕文婷
马丹宁 潘锭钰 潘 越 裴雪纯 蒲茂睿 乔 倩 孙丽丽 孙伟明 唐睿智 唐小倩
田 浩 田雨鑫 汪佳柔 王 昆 王 楠 王庆胜 王纤纤 王艳琪 温应和 闻 文
吴贵友 吴 霞 吴有莲 徐 敏 薛 梅 杨 丹 杨晓娟 杨玉萍 姚玉叶 叶 耀
张金年 张俊玉 张 盼 张 欣 赵鹏飞 赵 悦 周世解

行政管理（高水平运动员）专业（4人）

蔡宁远 吕国兵 毛佳成 王春雨

休闲体育专业（65人）

昂林森 陈 磊 程 鹏 池智宏 方宇智 关东如 郭 昂 郭佳铖 韩正正 胡无际
黄春来 黄士振 黄 涛 江 辉 蒋家锦 金 浩 李光耀 李 强 李 伟 李文圣
李 想 李自正 刘 东 刘 浩 刘 俊 齐 俊 冉梦权 任洋洋 司凌杰 孙响响
汤振男 唐增阳 童 宇 汪 铭 汪 怡 王文豪 王 旭 王岩东 吴安利 吴德凡
吴明浩 武 杰 熊世清 徐文新 杨邦健 杨 坤 杨文超 余 钊 占 超 张程祥
张国昌 张徽徽 张佳佳 张金鑫 张毛毛 张平凡 张啸凡 张 杨 赵唐恒飞 郑 瑞
郑志浩 钟 睿 周恒逸 周梦琴 周 瑜

学前教育专业（66人）

蔡　虹 蔡明明 陈靖仪 陈伟芳 陈玉莲 陈子璐 储淑娴 都瑞婷 杜苗迪 杜皖露
桂　晨 郭　慧 韩　婷 胡　华 胡　娇 胡婷婷 胡　阳 胡张梦 胡紫欣 黄娴瑾
金燕雯 李　莉 李　倩 林　颖 刘　慧 刘慧中 刘佳丽 刘西恩 刘　颍 刘圆圆
卢双双 陆　敏 倪丽霞 聂梦影 任　君 史婉晶 水雪梅 汪　晶 汪　敏 汪歆玥
王小兰 王　雅 王一粟 王永敏 韦思宇 魏　莎 魏　雯 温子萍 吴一凡 夏姝娴
项希龙 杨婧婧 杨　静 杨　昕 叶　品 余　媛 翟梦婷 张文婧 张心怡 张玉媛
章　威 赵静文 赵　茜 赵晓田 赵子淋 周劲岚

学前教育（中美合作办学）专业（30人）

车治琴 邓胜值 韩　颖 衡京京 洪子睿 胡淑婷 黄曼蓉 李　洁 鲁正芸 倪　瑜
裴馨宁 齐雅男 秦　瑞 邱心妍 石小芮 舒家升 童丽竹 王　虹 王心怡 王　易
吴明志 吴淑琪 吴祥乾 吴彦青 徐　凌 许　洁 杨婷婷 余会源 余会源 周　成

音乐表演专业（50人）

陈美文 陈宗保 程晓亚 戴孜曦 段楚瑶 方　琰 桂睿睿 郭栾境 洪学超 花培中
江　平 李　婧 李牧繁 李瑞晨 李颖韬 李雨婷 梁晓卿 梁莹莹 刘钱婧 刘思博
阮　琪 施文婷 孙　敏 孙　宁 陶博文 陶倩茹 汪　洁 王惠君 王　磊 吴　昊
吴文彬 谢嘉维 徐浩文 徐晓凡 徐　颖 许东乔 姚　瑶 叶晓涵 袁　蕊 翟润清
张楚铭 张天驰 赵东方 周弘毅 周加汉 周　悦 朱俊玮 朱孟娆 朱亚如 左静宇

音乐学专业（132人）

艾达林 卜俊杰 陈　敬 陈淑涵 陈　曦 陈晓阅 陈雅晨 陈　振 程　泉 代淑敏
狄佳琪 段传钦 范晶晶 方文雯 高　鑫 龚冰洁 郭浩天 郭苏蓓 何金燕 何　蕊
贺行春 胡賓賓 胡　佳 胡清越 胡珊好 胡　缘 皇甫一鸣 黄彩培 黄　俊 江　惠
柯佳滢 柯滢滢 孔繁宁 赖　欢 李港华 李　慧 李漫漫 李梦巨 李晓晨 李彦欣
李　莹 李　子 励泽毓 林静蕾 刘璐格 刘武鹏 刘骁锋 刘玉璇 刘　真 罗文丽
罗稀子 马修阳 马雨頔 牛依楠 彭叶云 彭媛媛 蒲向荣 钱沛琳 阮泽豪 邵冰莹
邵　瑾 沈佳悦 沈俊辰 沈晓恬 史子静 苏　杰 孙冠宇 孙欣桐 孙　新 孙雪菡
唐　洁 陶　李 田　园 汪珏容 王　冰 王　慧 王丽红 王润佳 王　岩 王艳秋
王艺多 魏　涵 温麦涵 文雅静 吴海涛 吴家裕 吴嘉玥 吴礼晖 吴轶斐 吴之怡
席　卿 夏　婷 夏雪芹 熊婧妍 徐凤云 徐　敏 许　晨 许媛媛 言东华 杨雅量
杨　旸 杨泽仪 姚思源 姚　竹 叶　萌 于　辉 余文博 俞雯韬 袁　媛 岳苗苗
张成红 张　洁 张竞文 张婧媛 张　敏 张　睿 张晓彤 张笑天 张　鑫 张　越
张子欣 赵　璟 赵信威 郑金宝娃 郑筱然 周梦婷 周倩倩 周　婷 周　武 朱雯雯
朱玉倩 庄诗凌

应用化学专业（100人）

柏均雨 曹　丽 查全敏 陈　晖 陈惠敏 陈在玲 承丹杨 承雪婷 程　芹 代　然
丁　霖 方申杰 费习鹏 付乃林 葛　畅 管　放 管兰萍 郭生平 郭　幸 洪梦琳
侯　雨 胡　亮 胡心平 黄　夏 黄雨阳 晋雪雅 经思勉 李安星 李光宇 李　瑾
李晶晶 李　枢 李席席 李彦君 李志坚 李忠信 刘　慧 刘嘉琪 刘金存 刘利杰
刘　逍 刘筱璇 陆海峰 罗　点 孟靖婕 宁　敏 潘　琳 潘　婷 彭慧佳 钱晓婷
钱　瑶 沈　静 宋乐乐 宋明丽 苏　炜 孙　波 孙　浩 唐　薇 陶颖蕊 田双双
童　飞 汪　华 汪华宇 汪　榕 汪晓安 汪星宇 汪　洋 汪　颖 王陈钰 王　浩
王　浩 王　慧 王　蕊 王　涛 王天骄 王雅婷 王　越 王震宇 吴芳菲 吴将娇
吴　姗 吴云橙 夏婉莹 许　可 许绍云 薛　磊 闫楷文 严青青 叶小山 袁梦杰
臧晓娜 张海艳 张　琪 赵珊珊 赵新星 支雪婷 周晨雨 周佳红 周彤彤 朱孟增

应用生物科学专业(80人)

步丹丹 昌 晨 陈珊珊 陈雪娇 代玉龙 杜泽夏 高 敏 龚文文 桂黎明 韩郑祺
何的妹 何慧敏 何 静 何小蕾 黄海峰 黄 珊 姜云龙 来自颖 李静雅 李芊慧
李松芝 李 秀 李秀红 李 杨 林 珊 刘 磊 刘思琪 刘莹莹 刘圆圆 马志博
潘慧君 潘 赛 钱迹苏 羌睿颖 沈雅婷 石凌静 舒 鹏 孙 悦 汤亚婷 唐 泽
汪 勇 王 超 王 菲 王 红 王剑飞 王 琳 王梦洁 王雨晴 吴 亮 吴圣杰
吴 煜 吴正捷 夏露宇 肖慧中 谢承瑞 徐清泉 徐 颖 徐招娣 许 莉 许 桐
许叶芹 杨倩倩 杨 雪 杨中润 姚凤阁 叶晓帆 易双龙 殷李霞 余田甜 张敏君
张 爽 张 涛 张 颖 赵 东 郑清杨 郑希敏 周 娇 朱俊怡 朱书颖 朱娅婷

应用心理学专业(49人)

蔡玉峰 陈 静 董 睿 方文韬 方文韬 伏勇丽 付 明 高萍萍 葛环宇 何 帅
黄晚宁 黄文伟 黄 霄 贾晓霞 江沈娜 金宁龙 金相宜 李楚月 李 响 梁 锦
刘川云 刘 玲 卢 宇 骆 洁 毛慧敏 潘辰玮 钱 会 冉 琼 尚 娟 王海曼
王 晶 王 靖 王 静 王 普 王永梅 王周雯静 吴 婷 夏 菁 熊秉超 徐迪洋
徐兆芮 徐子君 严 玲 张代伟 张晓璇 张 钰 赵斯萌 赵晓乐 朱 珠

英语(非师范)专业(58人)

操圣婷 陈 冉 邓言双 丁艳君 董加慧 房 敏 傅晓庆 管 梅 郭 安 侯紫薇
胡慧琴 胡 婷 胡文慧 胡雯慧 胡亚男 黄舒婷 蒋 静 蒋静欣 靳峰婕 李 梅
刘庆幸 刘 振 马 慧 马鹏娟 马孝玉 孟春艳 宓倩倩 缪长婷 宁莎莎 邵洪慧
童 薇 汪欣语 王 红 王 磊 王 楠 韦渺渺 魏婷婷 吴 雨 伍宏杰 武雨婷
谢姗姗 邢静然 徐 媚 徐 倩 许 航 杨恩苗 雍明明 俞正安 章芬钰 赵白云
赵援援 周 东 周林玉 朱慧敏 朱俊波 朱明明 朱文悦 邹 婷

英语(师范)专业(57人)

蔡 煜 陈 蔚 陈欣雅 陈玉如 陈玉如 方照群 高淑晴 郭津津 杭钰蓉 胡 帆
胡 洁 黄婷婷 蒋丽媛 金玲玲 李佳琪 李 平 李斯琰 李 妍 梁月敏 林若冰
刘彦青 陆 菲 陆馨雨 马超凡 马 俊 尚小凡 沈 铖 孙天虹 孙雪纯 汤秀梅
田 艳 汪 景 王 青 王瑞雪 王 曦 王祥弓 吴桂玄 严红梅 杨璐玙 尹晶晶
于钟楠 余名莉 於莹莹 於哲皓 詹远方 张 晨 张慧婷 张 丽 张 敏 张 雅
张 一 张 月 郑 敏 郑其蓉 周 文 朱 凡 朱 莹

园艺专业(57人)

白贝贝 蔡雅琪 操晶晶 陈 涛 储刘甜 丁颖颖 董露萍 范凡凡 费尤婷 傅玲洁
高梦晴 龚 瑞 桂 晨 郝宋佳 胡文静 黄 宁 江梦蝶 李 然 李韵佳 李 珍
梁丽萍 刘 畅 刘晶晶 刘 艳 刘 勇 刘紫璇 鲁 月 聂奇冰 潘 杰 沈诚嘉
唐 歆 童圣萍 涂佳乐 汪丽华 汪子龙 王 舰 王 坤 王卓卓 温 雅 吴 丹
吴孔玉 夏 璐 夏思敏 徐青雯 薛信斌 闫丽丽 杨 玉 袁 媛 张嫚玲 张梦函
张晓东 张耀龙 赵明珠 钟 灵 周 姗 周 颖 朱素娟

运动训练专业(80人)

白传涛 蔡华杰 蔡志鹏 曹云霄 陈朝顺 陈 帆 陈 杰 陈琪烨 陈琪烨 池心宽
丁慧强 方 宏 谷 晨 韩楚杰 何成杰 何子谦 侯梦达 黄懿蕾 惠浩然 季瑞龙
贾晓晨 金 浩 金语晨 晋英玮 靳雅辰 孔德伟 李长明 李 胜 李振楠 刘诗佳
刘 玮 刘 武 刘雨豪 龙 翔 罗加春 马浩然 马 菁 马 翔 孟 鑫 苗 瑞
潘龙杰 尚 启 邵建荣 石子雄 苏明明 孙 浩 孙 雷 谭 慧 唐 懿 陶晶晶
万洁茹 汪国金 汪婷婷 王国飞 王 昊 王 静 王 婷 王 洋 王臻辉 吴怿晗

武 雯 肖 凡 肖纪鹏 徐 诚 徐婷婷 闫子钰 杨 飞 杨 强 杨玉儿 杨泽爽
袁 艺 张 浩 张文宇 张勇强 赵 杰 赵一新 周伟华 周亚桥 周 泽 祖 翠

自动化专业(60人)

蔡成亮 陈 聪 陈晶文 陈 亮 陈鸣志 丁学成 高红立 葛 锐 葛少俊 桂爽爽
过劲劲 洪晓梦 候志强 胡敏捷 蒋陆修远 金 毅 李甲伟 李鹏飞 李 涛 李学惠
刘义龙 刘志文 罗 俊 潘勇刚 彭雨荷 祁 浩 乔启斌 饶金强 阮子文 邵忠心
史晨飞 孙雪梅 陶 勇 陶自强 汪晨伟 汪晨伟 汪 霜 王 若 王 猬 王晓冉
吴 冬 吴 越 徐琴琴 徐伟杰 许雯婷 薛文涛 杨 刚 杨 刚 杨 涛 杨晓东
姚 翔 姚 远 余卫政 张 君 张友军 赵 安 周 元 朱 兴 朱志康 祝文博

(教务处供稿)

(三)2014级研究生新生名单

博士研究生

马克思主义基本原理专业(3人)

毛加兴 牛云芳 吴 杰

思想政治教育专业(6人)

郑春燕 张筱荣 程海云 陈 健 张园园 袁诚琨

语言学及应用语言学专业(1人)

郭立萍

汉语言文字学专业(1人)

张爱云

中国古代文学专业(3人)

赵豫云 韩文涛 沈正赋

中国现当代文学专业(1人)

孟 磊

中国古代史专业(1人)

蔡小冬

化学专业(10人)

张家星 王 骏 王昭昀 郭 畅 胡琦艳 陆晓晶 余 楠 刘长青 汪美芳 王冬梅

人文地理学专业(5人)

邓洪波 郑孝遥 张红霞 惠 临 孙忠保

生理学专业(1人)

陈 杰

细胞生物学专业(2人)

颜亮丁 艳 霞

生物化学与分子生物学专业(3人)

李良萍 陶瑞松 曹正宇

生物物理学专业(1人)

黄守芳

生态学专业(4人)

钱方平 闫 浩 刘 影 李 晶

心理语言学专业(1人)
孙 颖
徽学专业(2人)
吴兆龙 张 萍
中国传统文化与教育发展专业(1人)
柳丽娜
中国近现代史专业(3人)
姚彦琳 李 飞 江争红

硕士研究生
哲学专业(13人)
刘玲玲 朱 喆 徐 倩 孙 丽 程亮亮 张学安 臧 炜 金 永 王丹黄欢 王青媛 杨 柳 邢 莎
美学专业(8人)
樊 竞 张沐阳 方夏卉 杨 芳 李 璐 郭盼盼 胡一乐 范学芹
理论经济学专业(11人)
胡 琦 肖庆玲 张玉婷 徐 慧 王 鸽 韩 坤 刘永胜 杨 珂 王 慧 丁俊雅 艾 非
区域经济学专业(4人)
刘斌全 杜 席 钱正云 曹安娜
应用统计专业(7人)
张法林 郑亚男 毕修全 封 彬 褚 兰 徐小娟 黄家家
法律史专业(2人)
李开源 谢广俊
宪法学与行政法学专业(5人)
朱名扬 刘 露 任俊琴 鲍 亮 刘 炎
刑法学专业(12人)
李航天 于 典 徐子盼 刘 傲 李庆欢 王凤婷 汤文新 周传保 王孟贤 方庆凯 赵 悦 黄义洋
民商法学专业(10人)
吴 婷 潘雪松 鲍琪玮 吴 婷 叶 子 洪 涛 姚 远 胡君瑶 张菊香 曹 锦
诉讼法学专业(6人)
周 垚 刘 鎏 干崇舟 王雅文 卢秀云 周 琦
政治学理论专业(6人)
汪金玉 晋雅雯 李新科 龚露露 谭思敏 刘 丹
科学社会主义与国际共产主义运动专业(2人)
缪 睿 夏娟娟
中共党史专业(7人)
陈 思 胡道俊 汤 举 胡书君 沈利成 叶 云 曹飞宇
社会学专业(8人)
郑 航 朱明瑞 黄 悦 甘婷婷 曹牧瑶 洪 睿 刘 玥 张桂蕊
马克思主义基本原理专业(8人)
张晓宁 张 敏 王砰强 何玉健 王文娜 王 非 尚 叶 胡良沛

马克思主义中国化研究专业(10人)

孙 潇 田天亮 王 婷 梅新影 魏 静 张玥晨 吴 晓 汪莹莹 王 宏 沈 丹

思想政治教育专业(21人)

穆世欢 宋丹丹 陈寿弘 吴建红 张春光 王 群 张雪梅 王 利 马炜华 祝 静
杨永磊 杨晓帆 陈玮亚 董 菡 刘 艳 卞 云 陈 静 胡爱玲 马子龙 罗 永
夏 青

社会工作专业(24人)

孙 帆 潘亚婷 吴晶晶 黄 兰 徐 勇 冯彬彬 张烨桦 王淑清 邵文慧 张 越
姜 然 徐晓微 柳青松 李 泳 庄 轩 陈良蕾 王 剑 刘怡秀 杨宇航 赵秀杰
伍玲玲 葛小童 周 姗 汤怡宁

教育学原理专业(6人)

位 涛 张 燕 倪 江 邵 晓 周 珂 应盼盼 陶萍萍

课程与教学论专业(24人)

金祝慧 罗 菊 郭 振 胡小雯 葛倩玲 郤文秀 杨倩倩 查 忆 高 敏 耿俐如
李传会 徐留风 汪仁洁 孙曼曼 刘元元 郭 燕 万佳瑶 仇佳佳 高 欢 李会会
岳 亮 王闪闪 张英杰 潘 伟

教育史专业(5人)

陈 滔 刘大卫 杨 玲 臧春婷 顾园园

学前教育学专业(3人)

钱昶臻 单宁波 李 馨

高等教育学专业(5人)

秦 琼 束 静 芮自平 郝祥梅 陈 伟

基础心理学专业(6人)

开 进 西 明 徐宏格 李明珠 潘 欣 王晓露

发展与教育心理学专业(6人)

赵雅卉 张小莉 李海澜 黄雅君 孙利童 张梦子

体育人文社会学专业(8人)

李 娜 樊远兵 张繁繁 雍驰骋 赵媛媛 叶佳佳 金珠梦托 张家林

运动人体科学专业(2人)

王莹莹 吕 品

体育教育训练学专业(24人)

姚 远 张亚楠 江 旺 彭 熠 肖登高 吴 成 吴 勇 邹 超 胡亦龙 邹显文
刘 方 曹 玥 袁 浩 吴 琳 张皓月 赵振红 张晓媚 宋 超 张佳男 张 杰
汤 倩 林 潺 马 骏 何 静

民族传统体育学专业(3人)

张 娟 程 桢 黄二青

学科教学(思政)专业(17人)

李培培 胡雪原 赵 宁 苏玉彩 孙 悦 董燕萍 汪 苹 光 启 金杨霜 张玉方
金 超 王 萍 张杨杨 陈 洋 贾风雨 胡明珠 陈永兰

学科教学(语文)专业(51人)

邹 蕾 赵 爽 邓 苗 杨 慧 宋憶秋 王金莲 汪 俊 王芳芳 黄乐远 尹 欢
蒋 莉 陈 婉 慧 史 李 影 赵伟伟 印路路 管晨曦 叶雅文 刘 悦 彭廷廷
刘 阳 胡 鑫 阮姣姣 李华栋 黄 灿 王卉霖 王亚念 傅 兰 王 娟 孙 丁

杨雅惠　锁孝巍　宗成欢　宋　影　陈祖耀　孙奇慧　郑宇涵　张　虹　周心怡　张　靖
宋　慧　周强伟　李华玲　吴亚男　李　媛　唐　南　李素丽　张晓寒　高溪凤　朱　利
唐　婕　张玉林

学科教学(数学)专业(3人)

张秀萍　谈振晨　席明明

学科教学(物理)专业(5人)

王　莉　黄　唯　李　蕊　崔伟杰　郭　蕊

学科教学(化学)专业(12人)

金　硕　温晨燕　鲍芳芳　许瑶瑶　陈艳华　方　伟　朱艳雨　钱慧娣　许　远　陈　琦
章小易　何　伟

学科教学(生物)专业(4人)

杨腾腾　孔祥敏　吴　蔚　王立平

学科教学(英语)专业(40人)

方文娟　江青青　李月娟　周　露　吴　婷　宋秋颖　严晓娜　黄　荣　刘小燕　柏　娟
郁　蕊　丁　焕　栾兴娣　朱志玲　尹姣姣　徐晓惠　刘　柳　周　雪　边娜娜　王群妹
徐润东　曹　芳　鲁林红　方裕超　刘利利　何文静　汪　丹　魏家琴　孙　甜　范克强
张　吉　黄倩倩　王　珺　董　婧　肖晨晨　辛伟伟　郑　方　朱倩影　杨　露　胡萍萍

学科教学(历史)专业(25人)

宋　健　万丙洋　孙大滢　廖　俊　韩　旭　许海涛　吴　莹　徐　斐　吴　倩　刘洪虹
李建华　欧美芳　冯　红　张永乐　王　枭　姜　变　张　敏　姚敏侠　肖旭婉　章长生
赵梅梅　封　娜　杨　科　夏志金　刘骏丽

学科教学(地理)专业(26人)

谭　诚　管小敏　项　瑞　马立云　饶梨红　李　宁　孙新珍　刘小利　朱玉婷　辛　圣
张小辉　唐　浩　夏　璐　夏元青　方　宇　石仁蓉　袁　园　许　琴　郭　慧　汪　俊
王倩云　张　焕　白　雪　杨　宁　崔靖燕　杨　硕

学科教学(音乐)专业(14人)

刘苗笛　魏　波　张明明　查　勇　任　易　王梦然　唐碧肖　彭　芳　张　菁　苏　濛
荣　玉　张　政　徐　影　张　阳

现代教育技术专业(12人)

余其柱　费　暘　陈　旭　朱振世　章　燕　杨　澜　刘　雪　闫欢欢　何　琴　冯笑炎
张　慧　潘清燕

小学教育专业(23人)

熊　威　王立硕　胡　颖　杨琪瑶　孙　茵　张　怡　杨玲玲　王　琴　徐会敏　仝　悦
邵莉婷　方　健　谢　景　吴　娟　李慧珺　杜春猛　于婷婷　王冬梅　马智慧　殷海霞
葛子生　刘　静　李俊杰

心理健康教育专业(43人)

陆　明　夏雨朦　刘　婧　冯剑云　刘雪梅　邵执玉　陈秀洁　张　盼　潘兴伟　花叶琳
汪　鹏　徐　飞　夏小亮　刘盼飞　孙　斌　晏丽婷　翟亚敏　汪云云　彭咪一　朱　博
徐钰莹　李　朋　夏志强　杨婕妤　许梦珂　赵　靳　郑　欢　李　佳　马午梅　方　靓
穆　雪　蒋柳青　何　田　吴　晶　朱　婷　苌云莉　钱　锟　路申驿　方存峰　鞠丹丹
周　杨　张保建

体育教学专业(18人)

张宇珊　邓伟强　金　阳　张金龙　陈　程　邱剑伟　胡　浩　曹　忱　陈　赛　金倩然

宋燕宜　刘威翰　张婷婷　何　欣　方　鹏　俞曼曼　龚俊丽　孙　婕

运动训练专业(15人)

计　杨　王玉翔　杨　军　焦长庚　李敏杰　郑浩淼　方逸青　张佳宝　杨晓桐　谢　丽　王　康　郭永佳　胡亚庆　孙一丹　戴佳妮

社会体育指导专业(7人)

陈小露　吴宇航　吴中伟　蒋士亚　羊书俊　强雪婷　宫兵兵

汉语国际教育专业(23人)

丁培培　许　欢　胡慧璇　郏向爽　宋艳芳　孙艳萍　章自华　吴鸣琴　马　宣　高　玲　方九零　范粟淇　王嫣然　李奥晶　逯新莹　刘　林　朱　静　周　晶　曹文彧　郭振邦　鲍丽莉　张慧灵　李　梅

文艺学专业(8人)

孙　璐　李欣鑫　彭　菲　林　玲　黄婷婷　范贝贝　林振园　吕　洋

语言学及应用语言学专业(4人)

卢　琼　郭　霞　张安杰　卢　捷

汉语言文字学专业(9人)

刘丽娟　陈玉兰　桂萍萍　韩秀娟　曹思洁　陈玉飞　马彦君　张　燕　昂旭晨

中国古典文献学专业(4人)

葛小禾　方　翠　庞晚婧　唐佳女

中国古代文学专业(27人)

卢　洁　张小燕　李皖晶　焦　妍　苏悟森　张　荣　方皖皖　查小飞　姚　琪　赵　晨　张慧颖　韦凤杰　崔　璨　桂　敏　邵珍珠　夏　青　何　敏　汤东亮　赵　敏　刘丽玮　卢　琦　魏星星　汪凌汇　程冬星　孙车龙　张美琰　徐雅萍

中国现当代文学专业(15人)

孔德曲鸣　张书婷　张文斌　崔智佳　陈大晨　董迪哲　刘雨茜　梁娟娟　许松君　李文思　侯云霞　李雅文　胡子沛　汪　旭　李萨萨

比较文学与世界文学专业(5人)

孙玲玲　孔少生　李依宸　刘珠凤　汪　盼

英语语言文学专业(30人)

程甜甜　魏欣悦　杨　玲　杨　芳　汪　曼　金晓茹　胡梦娟　张　璇　马雪雪　束君君　何亚菲　钟　明　刘合春　孙　俊　黄礼慧　丁玉莲　余牡丹　朱园园　黄　艳　王　静　陈芳芳　王全龙　孟　红　郭晨曦　卫　丽　崔　捷　俞凤芸　王　雪　王　艳　贾湲湲

新闻传播学专业(23人)

余静荷　姚　瑶　童　心　胡巧云　王曦云　张珺琢　卞修涛　张洁琼　俞　雷　夏　冬　韩　芳　俞　涵　李珍珍　张丽茜　赵冬冬　魏　健　陈爱丽　夏峰琳　宋亚萍　黄姗姗　孙　文　焦　睿　何志国

英语笔译专业(12人)

夏圣梅　曹支红　吴晓梦　王丹丹　胡星星　徐　杨　夏盈盈　马文萍　唐　玲　魏玉婷　王晶晶　吴　烨

英语口译专业(6人)

刘华康　晏亚强　胡　玮　李声平　沈　慧　徐　桢

中国史专业(26人)

冯　超　黄　凯　孙小蕾　张　媛　周海波　晁　鸽　安　君　徐伟琪　王　娟　徐　燕

张阳阳　蒋　璐　程建轩　都　辉　杨　波　陆霆霆　李海潮　宋英杰　张勇超　翟玉花
龙　兰　卢昌牛　胡楚清　孔康平　王之朋　操宇晴

世界史专业(10人)

周　芸　戴丽雯　冯　春　管栋臣　郑美英　方　征　胡洪武　汪　烽　王学玢　张永立

基础数学专业(10人)

高汉鹏　张子珩　孙　伟　焦志敏　苏　曼　刘大俊　章东青　何　超　李鑫颖　李璐璐

计算数学专业(4人)

陈法龙　李静文　曹　杨　王雯慧

概率论与数理统计专业(7人)

金良广　谷元芳　常强强　余　迁　荣文萍　王晓月　梁秋菊

应用数学专业(12人)

段双双　肖　丽　汪瑶瑶　钱媛媛　吴书韬　许培蕾　程　航　郭晓菲　徐良玉　昂蓉蓉
冯　涛　王德常

运筹学与控制论专业(3人)

张海波　阳芬芬　张　斌

理论物理专业(4人)

谢满红　赵国任　董媛媛　台启佳

原子与分子物理专业(7人)

王　辉　程　冬　李　亚　何玲玲　卢悦　任　蕾　方　菲

凝聚态物理专业(3人)

纪晓雯　谷　川　黄振侠

光学专业(8人)

杨　超　张彦华　刘冲冲　魏家彬　康贤取　翁士瑞　周　浩　徐义芳

无线电物理专业(6人)

马晓璐　郑奎昂　傅　赟　程　靖　邹鹏飞　朱强军

无机化学专业(10人)

俞　洁　陈　蕾　张　台　李雪雪　曾培源　凌　硕　魏园园　许冯敏　刘　坤　陆迪灿
刘贤文　毛晓庆　何博文　黄欢欢　胡青青　道逍遥　刘　龙　王笑笑　徐雅飞　关文梅

分析化学专业(32人)

余　景　蔡方平　王俊春　万　靖　费白露　曹以婷　李艳艳　沈　碧　胡小娟　许　申
代云龙　刘　赛　郭蒙蒙　王　岩　郭进进　宫素芹　张　慧　陈　露　刘　勇　高　妮
赵　敏　周思了　甘　露　马元会　吴秀娟　张丽平　范丽梅　诸　林　郜中玲　王　蕾
郝　焕　洪　璐

有机化学专业(23人)

闵德文　洪东京　张文兴　查　超　史田超　马　杰　陶佳佳　吕　双　杨　成　贾　晶
李　紧　李停停　郁　杨　刘　珍　李安娜　黄泽明　李　阳　蔡晓婷　江杨阳　刘葆华
曹恒祥　范子豪　杨鹏飞

物理化学专业(16人)

何　琼　李静静　王　彬　赵　俊　付　阳　冒　鑫　张春宇　周丹玫　陈　茜　王彩玲
许美姣　张　凯　梁　震　王静怡　张子俊　张亚丽

高分子化学与物理专业(5人)

陈　清　史　梦　张功静　梁楚珩　吴　咤

自然地理学专业(13人)

王　祥　吴红宝　戴梦琴　陈　星　汪　强　韩燕青　朱文静　武家园　张　月　罗小瑞
王世举　丁　翔　王甜甜
人文地理学专业(22人)
夏云岭　高凌宇　裴银平　季雅洁　徐褒琳　朱　琳　李　龙　毛建泽　张小军　查晓莉
丁　玲　余　阳　陈金霞　管　晶　李保超　张晓玲　朱　跃　毕学成　李光慧　张　宇
张丽丽　张国旺
地图学与地理信息系统专业(10人)
张　静　魏轶男　姜卫祥　高一博　杨　敏　黄　晨　彭　佳　卢凌雯　钱梦茹　康海迪
植物学专业(9人)
李晴晴　刘　金　徐　娜　马志慧　张　红　吴　敏　吴昊天　宋丽雅　张丽芳
动物学专业(7人)
夏金全　孙　龙　刘　凯　孙洪计　王明胜　王　雨　卜倩婷
微生物学专业(4人)
王　莹　董德武　李志雅　尚　璐
神经生物学专业(1人)
周佩玲
发育生物学专业(1人)
王　剑
细胞生物学专业(9人)
李　军　彭　飞　刘　涛　管玉鑫　张丽娟　石　琼　郑　媛　王　双　章　勤
生物化学与分子生物学专业(11人)
黄士平　丁　颖　郑　斌　汪玉芹　曹　燕　李新晨　文　斌　魏世祥　王　雪　司慧杰
陈磊磊
生物物理学专业(1人)
高　升
生态学专业(11人)
陈莹莹　朱晔璘　阮奇策　余红宇　崔　超　文　竹　詹海霞　葛延妍　李羽如　王　鹏
宗海军
统计学专业(4人)
汪燕琴　戴　钰　盛玮芮　夏　林
应用心理学专业(12人)
董晶晶　王亚飞　张文溪　郑雪吟　张玉雪　李妍瑶　聂　余　曹果果　许明星　殷　欣
辛新新　王静娴
环境科学专业(10人)
李方方　王思权　汪燕南　于跃刚　严丽丽　方章顺　李　婧　邵宗圆　张晓艳　张　唤
教育技术学专业(13人)
戴　玮　王青青　杨一捷　李少鹏　魏成成　孙　翱　随小莉　李　云　徐明芬　薛瑞昌
徐宏进　程晓露　刘钊颖
材料物理与化学专业(4人)
赵贵丽　张叶慧　张恩平　凌　敏
材料学专业(9人)
王文海　刘　光　王克克　刘小四　夏厚勇　高　杰　刘锦锦　余方流　徐　健
计算机系统结构专业(2人)

朱君茹　祖　婷

计算机软件与理论专业(4人)
尚　宁　邓劲松　司继来
计算机应用技术专业(7人)
柯梦雅　姚　兴　孔　洋　徐　欣　葛丽娜　徐　畅　吕慧芳
应用化学专业(7人)
董圣晔　陈　娜　金广夏　常　飞　王晓佳　徐晓龙　项立伟
环境工程专业(8人)
张方芳　查雪琴　刘书路　鲁正伟　王朝阳　肖　喆　高顺峰　常锦利
野生动植物保护与利用专业(1人)
常强强
工商管理专业(14人)
王丹丹　孙　倩　徐　姣　单亚琴　胡少帅　陆　园　郭肖云　张　慧　方　坤　李小静
王　慧　缪　玲　郑倩倩　丁荣萍
旅游管理专业(5人)
许　艳　仇婷婷　丁希芬　王琪琪　储小乐
社会保障专业(9人)
黄　曦　韩　寒　于雅楠　闫　妍　刘明月 何　阁　汪燕萍　汪德贤　史金平
土地资源管理专业(4人)
金　晶　徐　鹃　胡祥伟　王柯江
旅游管理专业(10人)
汪晶晶　孙　凡　王桥生　黄　喆　李智振　方友卿　黄宁宁　郦　颖　谢　佳　张　颖
艺术学理论专业(12人)
芮元元　黄诚祯　戚　蕊　梅　莹　童守云　高　爽　赵逸伦　吴皎洁　伍　霄　刘　洋
傅　慧　章　慧
音乐与舞蹈学专业(27人)
周凯迪　朱云洁　林雪瑾　丁姗姗　胡晶晶　唐　珺　郭贝贝　赵玉红　万雅雯　卢梦蝶
陈艾君　刘正伟　冷天然　谭　敏　谷　文　陈泓伶　许秋实　姚　懿　赵　妍　宋　迪
蒋　薇　许静雯　高　燕　杜珊珊　周　菡　苏　田　陈妍秋
戏剧与影视学专业(22人)
汤英苗　唐　丹　尚　文　李金生　方　方　姚　曦　刘志慧　毕倩茹　吴亦文　高起凡
徐紫林　张正康　程　洁　申曼丽　葛保周　武晶晶　王丽娟　周慧丽　宛玲玉　徐景艳
柏　阳　李　智
美术学专业(22人)
胡安琪　李淑娟　吴　杨　张　明　钟海鲜　房　俊　谢　颖　江思雨　倪　莹　杨　倩
周武军　刘　婷　李缓缓　高孟妮　朱玉婷　康　娟　黄燕玲　许　昕　钟凯旋　储玲玲
杨　蓉　杜晓坤
音乐专业(26人)
时妍妍　李雪莹 叶徐斯琪 杨　帆　孙珂珂　王梦珂　魏　玮　苏曹骢　李孟媛　张　倩
王　璐　吴　卉　何安琪　郑丽娟　方　婧　王赛娜　许　荃　苏　芮　李晓彤　杨雪莲
郦芮雯　王玉娟　张晓露　胡　萌　高宇航　胡梦佼
美术专业(43人)

何静雯　张祥兵　王　红　王　伟　吴　琨　宋粲瑧　景　梦　刘豆豆　李　鑫　张碧川
叶　训　姚　丹　汪　婧　杨　璐　范利平　许晓凤　汪　仁　苏　煜　王曼曼　沈丹丹
王亚军　张泽天　詹秀海　徐笑梅　张　格　田　禾　沈　娴　孙小影　黄晓姝　龚丽芸
翟羽鹏　张薇薇　向珂佳　蒋　骏　王金凤　黄雅楠　卞杨杨　田莉娟　王乐乐　翟　盼
吴梦柯　李梦园　田　甜

地方政府学专业(3人)

周卫卫　卢志峰　王　伟

少年儿童组织与思想意识教育专业(2人)

陈　曦　曹志山

体育产业运营专业(3人)

迟以恒　尹　晴　黄彦锴

大众体育学专业(1人)

邢毅然

秘书学与应用写作学专业(5人)

苏蔓琪　赖　莹　朱丽丽　何燕宁　陈　儒

光电信息科学与工程专业(4人)

赵小童　方梦瑶　杨宏运　桑　坤

环境灾害学专业(2人)

朱　哲　张丹龙

区域发展与城乡规划专业(5人)

叶　雷　黄　琪　刘金郝　刘冠琪　黄　莲

生物数学专业(3人)

赵李鲜　刘　娇　瞿　佳

物联网技术专业(4人)

王兵兵　崔婷玉　黄薛龙　王　宸

(研究生院供稿)

(四)2014届本科毕业生名单

播音与主持艺术专业(30人)

曹子妍　陈　娟　陈　欣　程　洁　慈丹丹　陈　琳　方　言　高佳慧　胡　芳　黄静雯
焦　睿　李梦醒　刘彩俊　刘静云　刘志慧　梅　莉　申曼丽　施明志　疏子龙　孙和乐
陶　典　王　柳　吴嫣然　徐美静　杨浩潆　姚　瑶　殷晓雨　余瑨怡　张明煜　周子涵
朱　轲

材料化学专业(113人)

毕海峰　产江涛　常　飞　常婷婷　陈　翠　陈　金　陈姝玲　陈婷婷　程　洁　代　昊
丁　亚　方　楚　付小雨　付元凯　谷　扬　郭素文　韩加勤　韩小华　何朝阳　何承喜
何　旭　胡海明　黄利翔　季　冬　江凤洲　姜花梅　金圆圆　靳　虎　李　超　李丁庆
李佳祥　李佳祥　李兰兰　李　莲　李万龙　李晓芳　李怡霞　李云徽　梁晴晴　凌云志
刘加威　刘建涛　刘　杰　刘立平　刘全芳　刘　锐　刘　泽　鲁　斌　鲁　会　陆骏峰
马利玲　冒　鑫　梅振宇　穆婉露　潘孝磊　彭玉山　钦　青　桑渊博　圣美莉　史高强
孙朝晖　孙莹莹　陶超超　陶超伟　陶　阳　汪合川　王蓓蓓　王　杰　王　洁　王　珏

王俊峰 王　露 王　宁 王蓉蓉 王　赛 王维康 王元魁 王智峰 王　子 吴安琪
谢　艳 徐陈涛 徐　刚 徐沛恒 徐　洋 许洋洋 闫　浩 杨　兰 杨鹏飞 杨　溢
姚陈志 叶　国 叶伶敏 尹　俊 张　冲 张东东 张　浩 张　欢 张建祥 张　剑
张　磊 张琼艳 张守鑫 张兴星 张　雄 张义德 赵　莉 赵守仁 赵　卫 郑　威
周俊峰 周　涛 周　雪 邹　凯

财务管理专业(113人)

操　晓 曹美智 陈　飞 陈兰兰 陈巧丽 陈智慧 程玲珍 崔　洁 范永超 方承樱
方逸韬 冯翠云 高文静 葛春晖 谷　红 韩慧敏 韩　云 洪　敏 胡贝贝 胡晨睿
黄　莉 江　颖 姜玉豹 蒋克清 金　成 雷雪琴 李昂然 李翠翠 李会娟 李继洋
李　敬 李丽丽 李晓娟 李　馨 李　研 李　杨 李永翀 连婷婷 林定和 刘　敏
刘　南 刘素兰 刘文静 刘　洋 陆巴图 陆　园 罗凤婷 罗雨恬 马昌文 马　晶
孟　颖 聂　婧 潘熙庆 彭方媛 彭宜梅 钱　红 钱　金 钱　昆 钱南平 秦宗美
邵　梅 申　哲 沈　飞 时　群 司先帅 孙博潇 孙南南 孙盼盼 陶宇宸 汪　鹏
汪　强 王丹丹 王健东 王兰兰 王　磊 王田田 王晓倩 王　瑶 王　紫 卫　欢
吴　菡 吴爽爽 吴　云 吴　珍 徐欢欢 徐　敏 徐秀丽 许　迁 闫辛辛 杨安福
杨　纯 杨　路 杨梅青 杨　平 余慧芳 余　毅 袁　路 张　傲 张成东 张存东
张桂枝 张亮晨 张亮亮 张　路 张　敏 张　倩 张学才 张　苑 赵春晖 赵　杰
周　敏 周　颖 宗训伟

地理科学专业(83人)

曹静静 陈　琤 陈　锐 程璐璐 戴曙光 丁　翔 董丹欣 杜　岳 范琳芸 范雪晴
高凌宇 管　晶 黄　琪 江润超 金　燕 开金磊 李春秀 李腾飞 李停停 李先锋
李晓龙 李新旺 李雅奇 李亚琴 刘冠琪 刘　慧 刘金郝 刘小梅 刘　玉 卢仁婷
鲁双双 陆扬学 马立云 马珊珊 马　燕 穆如根 欧金玲 彭俊翔 彭士勇 秦旭平
阮宏威 沈　荣 司高月 司先慧 陶　琨 田斌超 汪　蕾 王　督 王汝丹 王杉杉
王涛涛 王天文 王雪玉 王　震 魏玉杰 吴　璨 吴焕敏 吴科伟 徐婷婷 杨　博
杨登峰 杨嘉丽 杨晓坤 杨晓雪 杨　志 叶慧子 尹海涛 张丹龙 张定定 张夫洋
张国旺 张郝婕 张红涛 张　强 张　帅 章余银 赵　讷 周慧敏 周丽玲 周梦云
周惟国 朱　妍 朱　哲

地理信息系统专业(44人)

曹志刚 陈思宏 陈　稳 陈玉灵 崔　乐 方雨晨 冯　娟 顾一菲 韩　浩 何　昆
洪焕兵 洪婉春 胡博文 江慧娟 金　琦 康海迪 李大伟 李明顺 李　阳 李玉琴
刘仲争 卢凌雯 麦子辰 梅靓雅 钱梦茹 钱叶青 施飞飞 侍傲雪 孙叶东 汪　超
王　娟 王新志 王煜淼 夏　蓉 杨　敏 杨　鹏 杨　阳 姚春雷 张　博 张晓玉
张　颖 张运喆 郑金凤 诸静波

电子信息工程专业(68人)

安广平 曹娟娟 陈　浩 陈　梁 陈　林 程家福 戴庆华 董德花 董国兴 董雁飞
方　亮 冯庭好 胡诗恩 黄冬慧 黄　山 季　斌 江　婷 阚玮佳 李加君 李　坤
李永贵 刘　辰 陆晓静 马国志 马明明 马旭东 牛　辉 邱晓磊 任　海 芮雨顺
尚鹏飞 沈平冰 史景飞 汪夏荣 王　钢 王　鹏 王　涛 王先军 王晓倩 王宜旺
吴呈龙 吴军军 吴义飞 吴　勇 谢婧薇 邢文治 徐萧萧 许东明 许海斌 许晴晴
闫玉芝 严厚锐 喻璐璐 曾国庆 张　磊 张玲丽 张毛情 张婷婷 张晓珂 张绪强
张　玉 章贤胜 赵　成 周兴政 周振昆 朱佳伟 朱为佳 朱行华

动画专业(23人)

柏　阳　曹瑞兰　段思梦　洪丹丹　姜正辉　赖小芳　刘　玲　刘洋洋　卢小阳　陆　珺
沈　威　田听雨　王柏力　王海丽　王丽娟　吴　宇　徐丹扬　杨　玥　岳杏芳　张成建
张　倩　郑晓宇　朱文文

对外汉语专业(65人)

陈　晨　陈成虎　陈晶晶　储丽敏　戴文婷　董修凤　方志平　费成志　高　丽　郭振邦
何玉霞　贺雅雯　洪　宇　胡洪冉　胡婧婧　胡　静　胡　婷　江瀚巍　江　玮　李奥晶
李梦恒　李佐凤　蔺　波　刘丽娟　刘志伟　鲁　丹　陆新蔚　吕松涛　毛晶晶　潘　静
潘婷婷　沈瑞雪　孙　彤　孙艳萍　锁孝巍　汤美玲　万雅茹　王　辰　王　辰　王　佳
王金莲　王　利　王琴娣　王珊珊　王晓宇　王心雨　王雪建　王亚琼　魏玉竹　吴姣姣
吴珊珊　肖晓璐　徐馨竹　薛秋霜　杨　卿　杨玉菡　张　敏　张　毓　张　云　张子玉
赵　爽　周　彪　朱　静　朱　淼　朱能武

俄语专业(25人)

蔡恩婷　陈少芹　陈文静　董鸿洋　付正秋　龚　莉　顾博雅　李芳萍　刘梦雅　史文文
司宏凤　孙　颖　孙宇杭　万久源　王　缤　王　珏　王语慧　熊　燕　严　婧　张　蕾
张　曼　张　平　赵闪闪　周露露　朱　琪

法学专业(189人)

蔡　涛　曹　萍　曹若愚　曹兴琪　陈长国　陈　杰　陈南杰　陈荣莉　陈　亚　程　健
程欣怡　程　岩　程　玥　储昭鑫　戴浩然　戴　萌　邓婉颖　丁　倩　董珊珊　方　姝
方武兵　房高辉　冯秀娟　凤慧玲　甘丹丹　耿立志　龚　茸　巩　月　顾园美　郭丽清
韩雨新　胡舒雅　胡天圣　胡心韵　胡志强　黄斌艳　黄　晨　黄平平　黄文洋　黄闻晓
黄　鑫　黄雨婷　黄雨婷　黄忠秀　贾璐璐　江　晨　江玉祥　蒋　超　靳　梅　柯腾飞
来利君　乐　洁　黎　纳　李　多　李　峰　李广娟　李　浩　李红祥　李焕之　李津津
李珊珊　李婷婷　李　伟　李小云　李　昕　李新愿　李旭子　李艺臻　李雨霏　凌东东
刘　德　刘欢欢　刘梦梅　刘年年　刘盼盼　刘少将　刘水龙　刘亚楠　刘永康　卢秀云
吕丽丽　罗　恒　罗贤义　马　骉　梅小雨　穆田雨　潘雪松　裴云云　彭　星　戚肖雯
钱园丽　秦嘉鑫　桑婷婷　舒申松　宋晶晶　宋　艳　宋　源　宋志伟　苏　玉　孙云蓉
汤文新　陶银良　佟永欣　万晓杰　汪小勇　汪　璇　王超烨　王冬冬　王凤婷　王光峰
王　洁　王菊欣　王孟贤　王梦娟　王　敏　王启明　王倩倩　王庆宇　王雪丹　王雅文
王　艳　王　瑶　王玉玲　王政兰　王子逊　韦柳静　韦西柱　魏　鑫　吴　丹　吴　俊
吴美娇　吴茜雷　吴颖盈　吴　勇　武建梅　谢少坤　谢亚丹　熊兰兰　熊秋萍　徐秀田
徐子盼　许佑灵　许　政　宣元帅　闫　哲　杨　刚　杨乐婷　杨舒涵　杨　艺　杨宇昌
姚　远　叶　芬　叶惠桦　叶　景　叶　馨　叶　子　易　谷　尹　强　余玲玲　袁　琴
袁义康　袁应飞　翟晓强　张浩文　张红红　张　梦　张　为　张　晓　张　笑　张　扬
张银军　章年春　赵东丽　赵　立　赵淑敏　赵晓玲　赵　悦　赵允龙　周家保　周林林
周　垚　周占如　周支虎　朱晨晔　朱佳国　朱姣姣　朱婷婷　左　超　左于果

公共事业管理专业(64人)

陈德润　陈　珂　陈　璐　陈明星　陈　青　陈亦昕　程婷婷　崔姣姣　党倩滢　丁金波
方　帅　冯　宇　高　铃　郭亚州　何　阁　贺　仓　洪　燕　胡　霞　胡怡雯　江嫣然
姜　然　冷大晓　李　芬　李夏云　刘　健　刘姗姗　刘怡秀　刘钰杭　刘震洋　吕东东
马斯琨　明　楠　穆雪颖　彭　越　桑玉洁　施　俊　孙　霞　孙　雪　唐高城　滕鹏鹏
汪欢欢　王　玲　王媛媛　魏树云　魏　鑫　吴　匆　伍玲玲　徐本浪　徐益宇　许令名
应超平　于慧慧　于　洋　张换晓　张　平　张燕鹏　张媛媛　张振亚　张子伟　赵　博
赵新悦　周　娟　朱名扬　朱悦然

光信息科学与技术专业(38人)

毕盛坤　查珊珊　陈　亮　程明月　戴泽林　方　茜　葛厚成　胡开生　江德邦　江　俊
冷　娜　李春雷　李　哲　李　政　廖　风　孟献国　牟伟明　钱宝成　史东东　汪　潮
王　佳　王　静　王　凯　王　晴　王岩岩　吴　集　武梦鸽　肖昆园　杨　启　袁　菲
袁　婕　袁　奇　詹耀华　张　超　张弓的　赵　龙　赵伟峰　周学东

广告学专业(59人)

鲍胜祥　毕雯雯　陈　刚　程之伟　董瑜玥　董媛媛　方玉林　高　尚　高　勇　高　玉
候彩彩　黄　慧　黄雅莉　姬冰璇　贾春桃　江强强　解婷婷　李　娟　李梦桂环　李　印
林　静　刘　贝　刘　青　龙飘飘　马迎惠　潘　达　彭晴雯　舒　鑫　孙庆庆　孙　文
唐晓雪　汪　慧　王安然　王彬磊　王球庚　王士丹　王显玮　王　璇　王　艳　吴　丹
谢玉佳　徐菲菲　许　甜　杨　柳　于　涛　张付伟　张　皓　张　亮　张勉勉　张赛菲
张晓珍　张孝盼　张一航　赵　露　赵婉玲　赵　为　郑　真　周　淼　庄磊磊

汉语言文学专业(258人)

蔡晓静　曹红品　曹　静　曹思洁　曹文彧　曹　序　查小飞　陈丹阳　陈　晶　陈　迷
陈婷婷　陈婉敏　陈卫丹　陈　雪　陈　怡　陈玉兰　程艳艳　崔冰雪　崔　贺　崔会芳
戴雪莉　戴志程　邓　静　邓　苗　丁家莹　丁　萍　董　青　董劭敏　董素敏　豆振兴
杜治伟　段婉玲　段　瑶　范璐颖　范　萍　范蓉蓉　范斯文　方　玲　甘宜轩　高田田
高笑笑　葛超超　葛诗卉　顾雅静　管昌玲　郭冰清　郭慧婷　郭　霞　郭忠奎　何　焜
侯云霞　胡道俊　胡凤霞　胡雪婷　胡子沛　黄昺泽　黄诚祯　黄腊云　黄岁荣　黄婷婷
黄亚婷　姜　男　解婷婷　金昕梅　柯　倩　孔维阳　赖　莹　李　丹　李　飞　李佳佳
李　静　李静娴　李　琳　李玲云　李赛楠　李小菲　李晓原　李　鑫　李亚赛　李运明
梁晓彬　林美凤　林怡静　林振园　凌　丽　刘海斌　刘　磊　刘　柳　刘　腾　刘天红
刘　婷　刘笑丹　刘　亚　刘妍彦　刘艳华　刘瑶瑶　刘懿宁　刘有朱　卢　浩　卢文烨
卢小青　陆静静　陆新成　吕华芳　吕小飞　吕　洋　罗　菊　罗　玲　罗　倩　马　君
毛念冰　莫太平　倪　慧　牛浩山　牛明强　农晓敏　潘丹桂　潘晓敏　潘云侠　庞晚婧
齐玲玲　钱晶晶　钱雯雯　阮姣姣　芮舒云　邵晶晶　沈　慧　石秀云　水杨波　司先萍
宋　攀　宋新玲　宋　影　苏悟森　孙　刚　孙　刚　孙婷婷　孙小娟　孙　钊　唐　婕
唐　娜　陶　娟　陶　婷　陶小丽　陶小燕　陶忠健　田　原　田针针　童守云　童文霞
汪利水　汪璐璐　汪　萍　汪　旭　汪雪蓓　汪雪成　汪烨玲　汪　颖　王冰杰　王　博
王　超　王国婧　王海晗　王金梅　王　俊　王　凯　王　龙　王　琪　王三兰　王　伟
王文慧　王小月　王嫣然　王　颖　王玉国　王玉玲　王悦悦　王　争　吴碧珊　吴慧岚
吴科毅　吴鹏程　吴筱凤　吴云云　武　谷　夏东霖　夏小婷　邢羽琴　徐保海　徐　可
徐　玲　徐曼曼　徐慕荣　徐前坤　徐荣华　徐园园　许　蕾　许丽娜　许松君　许　望
许文超　杨涓涓　杨　杨　杨中堂　姚　琪　叶结红　叶珊珊　叶　爽　殷　玲　尹守婷
应山红　应　彦　于　瑞　余　芳　余海云　余晶晶　余庆月　袁　芳　袁红玉　张安杰
张超然　张　繁　张娇娇　张静文　张军娥　张克楠　张　乐　张丽娜　张　利　张明珠
张荣芳　张瑞瑞　张思嘉　张文怡　张文玉　张晓寒　张昕昕　张杨阳　张瑶瑶　章珊珊
赵婷莉　赵琬晴　赵　雪　赵逸伦　赵　颖　郑姣姣　郑　宇　郑　玉　钟　婷　周豹林
周洁茹　周　敏　周文娟　周　悦　朱方遒　朱家莹　朱　瑛　邹　蕾

汉语言文学(秘书学)(57人)

白卉然　曹伟利　查　蕾　陈　诚　陈芳冰　陈　儒　程露露　程　云　代志卿　丁　莉
丁天凡　冯其华　管应红　管中婷　郝秋月　何玉芳　胡　冰　黄　捷　简　婕　江红芳
林玲莉　吕　琴　罗　悦　马　飞　毛慧敏　倪　明　宁梦琦　潘　腾　沈影影　石　闯

史李影　孙玲玲　汤英苗　陶桂芳　陶明珠　童　瑞　汪　怡　王　丹　王庐生　王　燕
吴　舟　夏　牧　徐德运　徐雅萍　杨　阳　余怀志　臧丹丹　翟留萍　张　凡　张红红
张　曼　张琴苑　张文司　张晓倩　张玉林　郑　磊　钟承艳

化学专业（119人）

鲍静静　鲍　伟　曹明慧　车　伟　陈　茜　陈　飏　陈　旺　陈夏敏　陈晓洁　陈鑫卉
陈　星　陈雨晴　陈雨婷　程龙意　程　敏　储丹丹　储怡鹏　丁美丽　丁泽坤　董肖娜
费白露　凤　健　高明珠　高　妮　郜中玲　葛秋霖　宫素芹　关文梅　郭　莲　郭蒙蒙
郭明全　何东东　何丽枝　华炎炎　黄欢欢　黄　炜　江　源　蒋晨曙　蒋翠翠　蒋东梅
金　梦　李　娟　李珂珂　李　丽　李婷婷　梁路路　凌　硕　凌　硕　凌　硕　刘　莉
刘　浏　刘　敏　刘婷婷　刘永华　柳丽芸　罗爱霞　马翠莲　马　杰　马　强　马少洋
孟慧杰　潘重庆　彭美娇　彭小丽　秦国娅　石林林　史培培　宋海洋　孙苹苹　唐　伟
田　杰　万　浩　王　琛　王成燕　王　静　王　蕾　王舒玮　王斯妤　王　婷　王心悦
王燕宁　韦玉平　魏露璐　吴欢欢　吴秀娟　吴学文　吴中华　谢　琪　谢中玉　徐菲菲
徐家梁　宣丹丹　杨　丹　杨明建　杨朋云　杨　芮　杨　芮　姚莉萍　殷烁博　应永健
余　璐　俞相辰　恽　涵　张　慧　张　康　张　云　章雨勤　章雨勤　赵祎曼　郑　健
郑丽娟　周思了　周　围　周幼发　周郑芳　朱　斌　朱约兴　庄美慧　宗国庆

化学工程与工艺专业（55人）

陈　波　陈凌云　陈雄兴　陈　燕　程　成　程思佳　仇俊文　范聪聪　高海峰　谷明义
胡亚飞　李东勇　李名名　梁智广　刘灿丰　刘东洋　刘　泉　刘小峰　陆琴杰　吕凡义
马李亚　马露露　毛云静　明　雪　裴志远　彭　凡　钱玉良　邱星语　饶德江　盛　刚
孙重阳　倘路路　王鸿鹏　王　磊　王瑞丽　王正猛　魏　松　魏　松　吴　报　吴　晗
谢英豪　徐　妍　许娇娇　许　鹏　杨步君　杨绍松　杨伟斌　姚升超　叶　斌　余早红
袁　刚　袁　帅　翟景艳　张　瑞　章兴洋

环境工程专业（97人）

岑　军　陈　姣　陈俊生　陈敏辉　陈秀英　陈玉兰　程　鹏　初　旭　崔　阳　单昌功
邓东升　丁　丹　丁　菲　丁佳琦　范　楠　耿素亚　关　恒　洪　诚　胡宏惠　胡刘胤
胡　硕　胡远伟　黄　宇　黄祖仪　姜　雪　金军辉　金燕玲　李　铖　李　捷　李　璐
李　倩　李　英　李禹欣　刘衡博　刘书路　鲁晶晶　鲁正伟　马　彬　聂革竹　任　丹
任洋洋　沈建华　宋亚宁　宋　也　孙　浩　唐江凯　唐　俊　滕庭庭　汪　纯　汪景波
汪景波　王　鼎　王　冠　王　浩　王　娜　王雄志　王义强　王　意　邬长胜　吴多发
吴　林　吴　盛　吴云霞　夏丽君　肖　喆　谢登果　徐鸿武　徐倩倩　徐玉璐　徐智轩
严　锋　杨　晴　姚晓涛　余佳佳　余　歆　詹　淼　张方芳　张慧鸣　张　澜　张诗炀
张　顺　张甜甜　张伟伟　张　雯　张小杰　张　亚　章　勖　赵瑞昤　赵　山　赵　璇
赵　玉　郑超超　郑益景　周雪明　朱鸿亮　朱　娟　朱瑞峰

环境科学专业（71人）

柏家辉　包雪琴　陈　晨　陈　冬　陈开虎　陈　淼　程文娣　储雪松　邓家梦　杜墨戈
范弟武　方　炜　高顺峰　古　赟　何倩婷　侯抗抗　胡慧敏　胡　洁　胡　茜　李　畅
李鸿博　李　佳　李　婧　李　亮　李梦蕊　李梦亭　李文君　李　晓　李亚南　刘海平
刘浩然　刘　娟　刘　民　刘艳珠　刘姚珍芝　陆中桂　罗玉成　马久春　马力莹　裴　翠
石亚飞　宋牧龙　陶　巍　汪燕南　王朝阳　王春雪　王琪华　王思权　翁　辰　修瑞瑞
许馨月　许雪婷　闫翰文　杨萍萍　杨玉飞　于跃刚　余　晴　张翠红　张焕焕　张立玮
张丽娟　张文舒　赵明茹　赵文娟　周　晖　周金午　周　瑞　周述恒　周思诗　朱思慧
卓　佑

会计学专业(106人)

白杨 鲍舒 毕学成 蔡娟娟 蔡玉洁 曹凤山 陈华 陈颂 陈园园 陈柱凤
程蓓蓓 程洋洋 代蓉蓉 邓芳 段培冬 费雅楠 高超 顾岳锋 何磊 胡方琴
华梦远 江溪 金蓓蓓 李歌 李俊 李祖严 林晚北 林颖 刘凡 刘璐
刘卓骏 柳攀 陆威 罗霞 罗远方 马博文 马利娜 孟钰 苗影 缪玲
倪明 聂亮 潘红 潘红 潘梦迪 邱玉迎 裘怀远 邵秋茹 沈浩然 施昌蕊
石佳丽 孙金宝 孙晶晶 孙静 谭志 唐泽天 田帆 田琼琼 万丽 汪婉娟
王白雪 王丹丹 王虹野 王俊 王俊晨 王楠 王甜甜 王许利 王亚南 吴承
吴迪 吴晗 吴恒军 吴洁 吴亚 吴赵方 夏晓明 谢憋 徐娜娜 徐萍
徐小娟 晏菲 杨春林 姚晴晴 叶盼 叶竹琴 殷康海 余可瑜 余政 袁震
张娟 张楠 张茜 张逍遥 张杨 赵文静 赵玥 郑东 钟慧娴 周晓燕
周亚军 朱丽娟 朱伟强 朱卧冰 邹晴晴 左顺

绘画专业(19人)

丁思佳 郭筱 何小丽 金山 李爱婷 李健 李青宇 骆雪玉 钱咏菁 乔磊
束凤英 杨如香 俞琴 张秋怡 张琰 张哲伟 赵康 钟章勇 纵晶晶

计算机科学与技术专业(69人)

安亚磊 包静 曹凯 陈晨 陈飞飞 陈红 陈新 陈杨杨 程芳芳 丁良瑾
丁伟钢 傅婧 顾晓迪 桂志远 郭暖 郝波 何蒙蒙 扈晓娜 江永全 蒋露露
柯园园 李好 李婉 李欣原 刘超 刘金枝 刘伶俐 刘石磊 刘姝君 刘霞
刘幸 马家栋 马振锋 倪萍 潘洪志 钱盼盼 钱小宇 芮小敏 史高斌 苏洋
孙悦 王超 王超 王大婷 王德俊 王海燕 王林俐 王平萍 王玮奇 吴畏
谢阳 邢长旭 邢凯智 熊燕平 徐传新 徐志强 严固超 杨晨琳 杨柳 杨振汉
张景 张龙 张尚平 张素梅 郑晓松 周润 朱紫薇 庄峻泳 左康龙

计算机科学与技术专业(非师范)(87人)

安晨 白琳琳 曹杨 陈彬 陈力豪 陈张莉 程健 程金凤 邓路 邓晴
丁筠 丁圣萍 丁岩 杜曙健 葛文婧 龚咏梅 桂华笙 郭俊 郭云静 郝晓露
何亚南 何银婷 侯义兵 胡杰 胡俊虎 黄青青 江立平 蒋元龙 李伟平 刘波
刘雨晴 鲁静 吕成峰 吕玥 骆玮 马启超 梅琪 孟秦 苗倩 明加根
彭成成 钱其清 璩建忠 任玲玲 史文学 宋杰 苏成龙 孙长志 陶亮 汪秉庆
汪凯 王丹丹 王佳佳 王世才 王宇辉 韦建 魏建超 魏莹莹 文菡 吴蛟
吴泽栋 肖琪 邢倩倩 徐涛 徐祖荣 杨傲 杨辰灏 杨丹丹 杨凤 杨玉琴
占冬冬 张彬 张美娟 张奇 张文成 张燕 张真真 赵美丽 赵田阳 赵兴敏
周辉 周腾 周晓慧 朱君茹 朱妙好 朱茜婧 祖婷

计算机科学与技术(软件开发与应用)(83人)

蔡成城 陈猛 陈明峰 程金花 代雨 邓楠 丁茜茜 丁元 杜世奇 范玉
方炜 高跃斌 葛令路 顾帆 管如明 郭迪 韩磊 杭欢 胡思雨 胡馨
黄亚坤 季强 江嘉辉 姜广伟 来雪停 黎承旭 李阿羊 李成洋 李阳 廖荣贵
刘燕 刘杨 刘殷平 陆宵杰 吕鹏 毛宗艮 梅一鸣 潘丹华 裴雅杰 戚全培
石正睿 孙秀丽 汪健 汪凯 王彪 王明 王明星 王韧 王松 王涛
王雪雷 王雁飞 王应利 魏华亮 吴凯 吴学荣 吴洋 吴正东 夏登权 徐飞飞
许靖 杨斌 杨家勇 姚冬冬 姚岁岁 叶慧成 张凡 张广宇 张翰卿 张培德
张强 张瑞华 张笑 赵得安 赵文泉 郑学伟 周昌溯 朱超宇 朱高飞 朱广林
朱后继 朱丽 朱世照

计算机科学与技术专业(师范)(1人)

陈绪兆

教育技术学专业(41人)

柏吴斌 陈 静 陈娟娟 程洁韦 程雯娜 戴 静 丁 琴 丁筱君 冯笑炎 高雄风
郭鸿林 洪 健 黄小娟 江 兵 金余媛 李少鹏 凌倩倩 凌瑞阳 刘 宏 陆 璇
秦 政 任建国 石龙飞 随小莉 孙 磊 汪 超 汪 新 王丹丹 王 丽 王 敏
吴继婷 徐宏进 徐明芬 徐 艳 杨 澜 余其柱 张 瑾 张慕文 章 明 郑文银
朱 胜

教育学专业(30人)

戴晓娜 韩 敏 何二林 胡佩佩 黄世俊 黄湾湾 姜莹颖 雷刘文雨 李景晴 李文文
刘大卫 刘红蕾 马士茹 任学青 邵执玉 沈明珠 时艺萌 唐翊清 陶孟祝 田文群
万 众 王静静 王 沛 王 瑀 王 云 吴文明 项正娟 谢 纲 徐 进 翟季平

经济学专业(101人)

包宁芳 鲍文文 蔡永青 曹兵飞 曹定基 陈阿丽 陈 博 陈远佳 程 晨 程军胜
储成武 丁程程 丁 聪 丁凤霞 丁 帅 方 健 郜 放 韩晓静 何 飞 何 惠
何元庆 洪学钊 洪亚婵 胡 冉 胡晓慧 黄大成 黄 佳 贾超超 贾 磊 蒋 芳
蒋雨生 焦 露 孔娇娇 雷青青 李建昌 李晶晶 李宽星 李倩倩 李如懿 李彦奇
刘阿艳 刘 涛 刘万春 鲁 鹏 马灵敏 马梦起 马琼琼 毛 欢 毛 婷 孟浩然
聂大伟 牛阿明 潘 洋 钱正云 沈佳佳 司少杰 孙晨晓 孙 倩 唐 宁 汪琪蓉
王 成 王浩伟 王晶晶 王静文 王 磊 王 莎 王文然 王 艳 王 洋 王 勇
王 勇 王 展 魏昂昂 魏 娜 巫振飞 吴可耀 吴琳琳 吴倩莹 徐敏成 许 莉
许 卫 杨曼丽 杨 申 杨雪芬 叶雅文 于正毅 余伟婷 张 标 张凯霞 张乐乐
张 群 张 实 张思琦 张婷婷 张宵曦 张玉红 张玉婷 章 生 赵芳方 郑怡心
钟媛媛

经济学专业(中德合作办学)(3人)

聂 靖 武 迪 徐晨曦

历史学(110人)

昂清华 白进伟 蔡维东 陈梦莹 陈婷玉 陈雪洁 陈 悦 陈振晖 程 慧 程 桃
崔文军 戴文娟 丁 松 董 琪 段红玲 方 闻 高士荃 高园园 葛丽丽 顾得秀
郭树缘 何 淼 何星康 洪婉芳 胡楚清 黄圣梅 姜 雪 蒋基露 蒋振泽 瞿文琼
康馥卉 乐 玲 黎芳羡 李伯晶 李 灿 李 梦 李 倩 李先璐 李向楠 李 杨
李朱辰 廉素芳 刘洪虹 刘 玲 刘诗卉 刘 炜 刘显虹 刘艳南 柳 臻 鲁 丹
罗王森 孟繁宇 孟秋怡 欧阳晴 潘刚强 潘莉莉 潘云东 彭雅欣 彭云岚 秦玉洋
任梦冉 任 翔 邵 珣 沈利成 史长顺 苏 波 孙大滢 孙君荣 孙夏静 孙小蕾
汤 飞 汤建华 唐经燕 田 红 汪亚萌 王 灿 王 平 王婷婷 卫海丽 魏 娟
文 帅 吴立燕 吴晓蕊 吴亚军 伍 成 夏婷婷 夏玉瑄 谢珍珍 徐晓雯 闫淑莹
晏克运 杨 波 杨超然 杨 璐 杨平平 杨 瑞 杨云乔 于 莹 袁 悦 张丽丽
张 明 张 赛 张 娓 张晓璇 赵利刚 周庆喜 朱慧敏 朱乔英 朱晓文 祝 福

旅游管理专业(150人)

蔡梦娅 曹成杰 曹君谨 曹 盼 曹文静 查晓莉 陈宝春 陈 雯 程 曼 程艳秋
程园园 仇婷婷 储小乐 崔婷婷 邓志爽 丁弘杰 丁 欢 丁 玲 丁希芬 杜锦慧
樊学茹 方瑞羚 冯佳露 冯 静 付 莹 葛凤丹 桂 涛 郭敏娜 郭汪宝 洪 丽
胡丹丹 胡 磊 胡振油 黄 葳 黄贞贞 计小探 贾凌洁 贾扬坤 姜 伟 焦晓晴

金晶 金亚云 李丹丹 李海丽 李浩 李换 李宁 李仁文 李树娜 李婷婷
李小凤 李杨杨 廉晓霞 梁影 刘陈 刘路遥 刘芹 刘雪 龙朝霞 龙娟利
卢文湘 吕珂 吕丽 马会敏 马秋云 毛奥琳 缪婷 莫凡玲 倪淑君 钮方刚
漆家进 钱蕾 钱幼幼 秦轶 圣杨杨 盛苏 石灿华 时月 时玥莉珠 水小龙
司胜雪 孙卓娅 谭标 唐卫 滕黎明 汪钰 王芬芬 王慧叶 王梦茹 王琪琪
王倩倩 王稀 王小龙 王亚飞 王亚辉 王莹 王有数 王宇 王玉凤 王喆
王志强 魏晓雨 吴婷 吴兴妍 吴智玮 夏萌 夏义婷 项佳敏 谢妮妮 徐敏君
徐思慧 徐祖菲 许兰兰 许利利 许幼霞 杨彩凤 杨庆洋 叶丹丹 叶启红 余凯
余阳 余洋 俞芳芳 宇丹丹 曾凡静 詹绍娜 展梦雪 张君 张雷 张莉
张启俊 张强 张群梓 张锐 张夕 张洋 章倩楠 章雪 赵素素 赵小倩
赵玉琪 郑波 郑欢欢 郑嵘 钟秀娟 朱奇泉 朱勤晴 朱杉婷 朱益伟 邹丹

美术学专业(52人)

陈秉莲 陈婷 陈媛 成东东 程果 仇宁波 储玲玲 董梦云 冯然 冯哲
付柔梦 龚雪敏 管甜甜 韩玉 何成杰 黄燕玲 江婷 李梅锦 李锐 李志宏
马敏 毛惠华 苗本荣 倪莹 齐珊珊 孙盼盼 孙婷玉 汪宗霏 王方园 王荟
王立艳 王淑萍 王晓飞 王一杰 王姊娟 卫华 吴梦柯 谢健 谢朋静 谢颖
邢凯强 修英英 许晓宇 许幺姝 张明 张苏芳 张涛 张永 赵丹 赵信果
钟海鲜 朱云虎

人力资源管理专业(84人)

白连剑 包维 邴飞 蔡晓丹 陈浩 程如 单亚琴 丁娟 丁荣萍 丁亚萍
丁紫薇 费胜 冯欢 高丽丽 古超群 桂国栋 郭蓓佳 郭凤 韩灵 何琛
何恺 何微 洪焕超 胡超颖 胡飞 胡京京 黄家家 纪平 纪兆雪 蒋庆杨
经浪 孔令辉 林森溶 林晓冬 刘超然 刘静 刘晓鸿 马小宇 马悦婕 任萍
申媛媛 沈超 时新亚 宋吉利 宋兴悦 宋亚洲 孙林 孙悦 陶亿 田向璟
万媛媛 汪燕 王蝶蝶 王辉 王晶晶 王宁 王玙 王志祥 吴文虎 吴雅致
肖淑 徐珺 徐兰兰 许明珠 杨丽 杨婷婷 杨晓敏 杨洋 余婧 张涵文
张慧 张静 张磊 张莉 张启明 张晴 张田田 周晨露 周敏 周旭阳
朱超 朱婷婷 朱先挺 祖紫君

日语专业(31人)

陈厉 程雪晴 丁蕾 方蕾 方娜 管雨晴 胡刚 江凤婷 李佳 林家乐
刘晨晨 刘磊 刘莎莎 刘宇婷 吕世明 沈聪 孙诗然 檀渊 唐安琪 陶梦瑜
王慧莹 王伊梦 武羚子 夏燕 夏英琦 杨梅 叶生军 张璐璐 赵蕊 周源
朱琛瑶

社会工作专业(37人)

陈虹舟 陈玉洁 程园 高越 葛宇飞 黄金宝 黄云鹏 江畅 柯贵 李晓玉
李银珠 梁玉龙 刘亚娟 梅凤琴 任国昌 石文康 舒玉林 宋芳芳 孙晓斌 陶丹
陶慧 王明月 王蓉蓉 吴合彬 吴俊汉 吴鹏 谢晓曼 辛敏 徐兰芳 姚钧严
张成 张成芳 张菡 张献策 张莹 周姗 庄轩

社会体育工作(79人)

陈浩 陈渠 陈亚洲 程锦辉 程康 程伟 程亚华 何辉兵 何小强 何志鹏
后宗波 胡庆达 胡陶俊 胡先鹤 胡亚庆 胡义春 黄二青 黄慧东 黄洋洋 纪平
贾宏亮 江艳艳 李士洋 李振 梁耀龙 刘畅 刘庆龙 刘潇 陆永祥 路遥
路轶 聂士斌 潘昌盛 桑成超 盛科伟 司健德 陶良根 万子亮 汪东 汪蔚

王 浩 王 杰 王 杰 王生超 王士超 王士君 王俞磊 吴军伟 吴 楠 吴启飞
吴 腾 吴宇航 肖广玉 谢 俊 谢尚财 徐东东 徐学全 严 洋 杨丽娟 尹男子
张福灵 张 健 张 警 张鹏飞 张 瑞 张书良 张腾飞 张雯秀 张星宇 张亚会
张照海 张忠研 赵 亮 赵兴洋 郑 鑫 朱元方 朱真锋 庄 涛 邹 超

社会体育专业(体育表演方向)(34人)

方敏慧 郭昌浩 韩 恒 韩玉飞 何成灏 胡亦龙 黄能媛 兰 兰 李 明 梁 斌
刘晨君 刘 菲 刘青青 刘威翰 吕 品 倪松青 佘本中 沈学蕊 史育锦 王雅瑜
王亚辉 王 媛 闻闵小宇 肖登高 谢 丽 徐菲菲 徐 芥 羊书俊 宇雅倩 恽元琼
张腊莹 张 利 周全全 邹显文

社会学专业(49人)

白钰莹 蔡学书 蔡媛媛 常巧素 陈璐璐 刁 飞 董 艳 付丽娟 甘婷婷 葛健健
胡珊珊 花伟伟 黄 敏 黄 伟 李 晨 李青方 李 文 林建宇 刘超杰 刘 硕
刘同娟 刘 伟 刘 韵 潘 芳 阮兰兰 孙方宏 汤 伟 汪江华 王 硕 王晓萌
卫文凯 吴亚琴 席昌晟 徐苗苗 徐 伟 杨丹丹 姚艳艳 俞 丽 张斌凡 张 沁
张亚楠 赵 倩 郑文彬 周 健 周 爽 周先强 周 璇 宗 柳 左丹翎

摄影专业(64人)

陈柏灵 陈希希 程 樊 杜明峰 杜 翚 范婧文 方倩云 方 宇 方志东 葛天童
郇智霏 黄昌燕 黄鹤鸣 黄佩雯 揭 晓 李佳洋 李 健 李闻周 李晓敏 李星辰
梁瑆珧 刘 冬 刘思杨 刘斯诚 刘 雍 卢亚幸 马文倩 聂雪怡 乔之梁 沈平平
宋星辰 孙 汉 孙陶然 唐雪君 陶子辰 王 禹 王祯骅 卫炎森 吴 虹 吴玮炜
吴彦纬 武晶晶 夏若男 夏玉倩 徐景艳 徐 坤 徐 悟 杨智红 尹梓蘅 俞 杨
袁静秋 袁照靓 张 康 张慢慢 张翔雨 章 静 赵 晨 赵 彤 周平原 周 全
周 哲 朱琛烨 朱 涛 左泽川

生物技术专业(92人)

曹祝兵 常香玉 程度佳 程慧茹 程樵隐 程雅兰 储 筠 戴 涛 段腾飞 范 珂
方巧军 方 亭 方文娟 方 旭 甘贤军 高桂华 高 娜 郭豪杰 郭玲娜 郭 琼
郭 玉 韩 晶 贺甜甜 侯 健 花 勇 江 肖 李 丹 李 绘 李娟娟 李 明
李 萍 李雯雯 李治中 刘友明 卢小院 陆 振 罗 玲 罗晓辉 马斯雅 梅丽娟
孟庆达 闵冲亚 秦媛媛 施燕琳 石玲玲 石 琼 苏 凯 孙 芳 孙琪琛 汤思婷
唐 丽 唐 巍 陶 勇 童方言俊 汪文娟 汪显耀 汪志鸿 王 栋 王航涛 王如意
王 韬 王 玉 文 竹 吴亚盼 吴迎迎 熊 伟 徐晓东 徐 鑫 许 惠 许麒麟
闫玉华 杨 飞 杨 梅 杨雯雯 姚剑锋 尹孝超 于海川 喻正刚 袁化勇 袁礼琨
张 鹏 张 强 张素梅 张廷玉 张文苑 赵 兴 赵英芬 郑雅文 周芳芳 周鹏飞
周雪爱 朱峰林

生物科学专业(210人)

艾小康 鲍奇林 陈 琛 陈 丹 陈 峰 陈 慧 陈 晶 陈黎黎 陈龙旺 陈 骆
陈梅芳 陈梦云 陈木兰 陈忠梅 成慧洁 程丹凤 程方圆 程乐华 程庆庆 储梦玲
储润桃 戴俊贤 董欣悦 段桂芳 范然然 范珊珊 范宗超 付婷婷 傅学浩 高丽娅
高 品 葛 梅 关 娟 桂纯权 桂健勇 郭若纯 郭薇薇 郭璇璇 韩敏捷 韩松格
韩 莹 郝欢欢 胡万婷 胡 伟 胡 莹 胡左殷 黄庆云 黄守静 黄晓宏 黄雁舟
吉 祥 江 娇 蒋文婷 琚斯进 孔莺莺 雷 磊 李 纯 李定丰 李芳敏 李海珍
李慧娟 李加加 李 洁 李金标 李金杰 李 勤 李瑞萍 李淑勤 李 硕 李陶然
李伟伟 李 雪 李雅如 李艳如 李羽如 李 越 李云洁 李志永 李中亚 李转转

廉建镇　梁子峰　刘宸旭　刘芳芳　刘健楠　刘　洁　刘君忆　刘珮璇　刘　萍　刘　升
刘苏敏　刘　娴　刘小妹　刘　莹　罗李玲　麻　谦　马　芳　马　雪　马炎炎　马阳洋
毛　琳　梅　玫　孟　志　米丹丹　穆一帆　欧文珍　彭良懿　秦新娅　任媛媛　汝　晴
阮奇策　邵健生　申　涛　盛　娜　施　达　石　健　石　灵　史　敏　史庆苏　史一荔
苏世娇　孙迎迎　谭海锋　汤　菊　唐　浩　唐晓丽　唐艳玲　唐义皎　田　征　童俐君
汪　望　汪彦晴　王　傲　王朝阳　王大延　王飞龙　王海霞　王晶晶　王　玲　王　玲
王齐权　王　强　王晓佳　王　雪　王瑶君　王增保　卫　科　魏　点　文　斌　吴琳琳
吴梦颖　吴明燕　吴鹏程　吴　为　吴贻梅　夏长庆　夏义红　夏勇利　向　曼　熊　蕊
徐林倩　徐　倩　许丙青　许　璐　许　敏　亚胜男　闫楠楠　晏　蓉　杨海萍　杨　敏
杨　牧　杨倩玉　杨　庆　杨仁伟　杨　维　杨钰婷　姚贺帮　尹五州　尤小龙　余　蒙
余　婷　袁蕾蕾　昝嘉伟　臧媛媛　曾金明　曾泽政　詹文君　张汉武　张　虹　张　瑾
张璟洲　张　丽　张梦飞　张秋燕　张守法　张杏霞　张雅男　张亚男　张　影　张志前
赵欢欢　赵伊悦　赵英杰　郑　兰　郑　媛　周　晶　周利娟　朱良琪　朱玉芹　祝庆霞

食品质量与安全(56人)

昂安萍　查小根　陈博静　陈　萍　陈　亚　陈　园　程皓月　段锦艳　范田田　高　竞
高琪琪　高　珊　高士鹏　龚婷婷　桂远方　郭　雅　韩万友　何小用　蒋变玲　刘　娟
刘　燕　刘业盛　罗明辉　马春林　苗荣荣　彭吉祥　齐倩倩　秦万芳　施　慧　孙　莉
孙倩倩　陶冶心　汪周俊　王凤章　王　刚　王浩东　王静祎　吴婷婷　吴潇澈　夏超凡
徐　雪　杨　静　杨　雪　姚永杰　余含露　余　敏　袁　博　詹甜甜　张　铭　张晓晴
张亚茹　张　艳　张　燕　张　玉　张治常　周本惠

市场营销专业(80人)

陈　芳　陈　静　陈书凤　陈晓磊　程　瑞　程媛媛　崔成龙　戴大园　戴　纳　戴仕蓉
杜秋辰　范金涛　范礼军　冯　锐　冯玉婷　胡高欠　胡明明　江　俊　康金利　康　欣
赖姗姗　李冬冬　李　慧　李　瑞　李　伟　李玉龙　李　臻　梁　梅　梁新梅　刘　芹
刘　旋　刘　燕　刘中山　柳怀弯　吕召启　栾汝鑫　罗　欢　马　俊　马丽君　马　涛
牛苗苗　潘梦雅　潘梦雅　彭自虎　舒　卉　宋晓杰　孙　甜　孙　勇　谭佩瑜　汪　涛
汪晓蒙　汪　昕　汪逸云　王　冲　王得松　王　娟　王　诺　王珊珊　王文婕　王晓宇
魏承亮　魏鹏志　温京樸　吴天翔　吴张恒　肖同林　徐炎铭　杨江媛　杨　全　叶　磊
尤　军　余　浩　余梦醒　张娜娜　张紫会　赵海霞　郑红霞　朱树奎　朱肖肖　朱　圆

数学与应用数学专业(227人)

安　静　蔡　怡　常强强　陈杜红　陈　飞　陈丽君　陈　龙　陈梦玲　陈　镕　陈晓娟
陈晓敏　陈　新　陈　媛　程　琳　程润东　储秀枫　代凤雪　戴迪昊　戴　敏　戴雪蕾
邓莉莉　丁凯琳　丁琴琴　丁腾芸　丁　潇　丁晓兰　董　鹤　段双双　樊　超　方　敏
方　茵　封　彬　冯良辰　冯　涛　傅　睿　傅肇明　高汉鹏　高　尚　高　伟　高　争
葛　敏　耿翠翠　郭本云　郭俊儒　郭　瑜　韩世涛　郝焕焕　郝云凤　何晶晶　何　俊
何刘星　何　武　何　妍　胡飞飞　胡兰兰　胡利华　胡美馨　胡文杰　胡晓琳　胡晓涛
胡许侠　华　涛　黄慧慧　黄　杰　黄　磊　黄　蓉　黄　双　黄伟娟　黄　颖　姜　旭
姜　志　金玫玫　金秋玥　靳兴胡　瞿　志　李　聪　李　冬　李　浩　李　红　李会会
李　龙　李　盟　李胜男　李守珊　李宋宋　李亭亭　李　燕　李　越　梁书文　梁思婷
林联娣　刘大俊　刘丹丹　刘飞玉　刘　娟　刘　玲　刘吕桥　刘晴晴　刘　睿　刘若男
刘玉龙　刘媛媛　刘月明　刘　芸　刘智慧　卢　飞　陆智华　罗念念　骆莎妹　马广宇
梅　宇　孟　显　苗　豹　慕　迪　聂冬冬　聂玉琼　潘玉婷　裴振杰　彭　怡　彭振宇
钱常瑜　钱　珂　钱小八　钱毅加　钱媛媛　任　含　石海珠　时安全　束昆浩　宋慧慧

苏　曼　苏　雪　孙成成　孙　军　孙　茜　孙自恒　谈振晨　谭月香　唐代兴　汪丽娟
王安瑛　王兵兵　王承宗　王德胜　王凤娇　王珺琪　王　亮　王　牧　王　强　王庆忠
王　瑞　王　澍　王帅帅　王雯慧　王晓月　王筱珺　王新宇　王秀丽　王秀莲　王永红
魏　玉　吴　斌　吴晨晨　吴　昕　夏昂冉　谢贝贝　邢蔡宝　徐晨浩　徐黎明　徐　明
徐　艳　徐永庆　徐子晴　许盼盼　薛　璟　阳芬芬　杨　焘　杨　璐　杨婉君　杨兴利
杨跃成　杨祖伟　仰大娟　叶东方　叶茂林　叶珊珊　叶天慈　殷会萍　余　迁　余若飞
袁　甲　张长弓　张飞明　张慧敏　张君洁　张克难　张玲玉　张　璐　张梦茹　张　敏
张明丽　张欧龙　张　琦　张顺强　张小莉　张笑颜　张秀萍　张　宇　赵可望　赵永玲
周　晨　周迪迪　周　刚　周　杰　周敏慧　周世俊　周志霞　朱二婷　朱　莉　朱利华
朱明月　朱　睿　朱　帅　朱四平　朱彤婷　祝晶晶　祝人杰

思想政治教育(124人)

卜　宇　曹　磊　陈　思　陈玮亚　陈晓倩　陈永兰　陈永群　陈元元　成格乐图　崔文哲
豆丽婷　段　乔　段晓丹　方　芳　高　超　高蓉蓉　高姗姗　高　鑫　高亚男　葛琼琼
侯　培　胡飞宇　胡明珠　胡配林　胡向阳　胡秀秀　胡雅丽　胡玉姣　黄海伶　姜　蓉
蒋素婷　金　莉　景　洋　李　娜　李巧红　李巧红　李小军　李　旭　李　雪　李　莹
李　月　梁　东　梁玛君　林　倩　刘道永　刘佳莹　刘　浏　刘　露　刘　璐　刘　炜
刘宵霞　刘渊明　刘媛媛　柳青松　卢　璐　卢双双　宁彩霞　宁　琼　潘志娟　庞明稳
石　冉　石严璐　司京蕊　孙　莉　孙梦楠　孙　悦　汤婷婷　唐晓霞　涂玉娥　涂玉娥
汪　苹　汪莹莹　王　非　王　宏　王　露　王　群　王思琦　王晓燕　王　杨　王　宇
王　震　魏　静　温琳琳　吴建红　吴　涛　夏静静　徐佩佩　徐　倩　徐雅茹　徐艺馨
许春伟　许　晶　许亚伟　许　阳　严素珍　杨　程　杨　红　杨　杰　杨晓帆　杨永磊
叶　忞　于　璐　余　航　喻冰倩　袁　玲　袁　珍　曾金珍　张炳洲　张　畅　张晨晓
张春燕　张丹丹　张　倩　张伟伟　张旭城　张　玉　张玥晨　赵　君　赵敏奇　钟梦月
朱成顺　朱成顺　祝光增　祝鹏飞

体育教育专业(147人)

鲍旭峰　蔡保超　蔡　佳　曹　忱　陈　程　陈　娜　陈鹏飞　陈伟鹤　程　桢　迟以恒
储舟舟　崔植诚　邓　涛　邓　薪　丁志东　范义龙　方　晖　方　鹏　方元龙　付东旭
高　涵　高　健　宫　诚　谷　丰　顾远远　管丹丹　郭未未　郭永佳　韩国念　韩　瀚
韩　雷　韩　磊　何　静　何俊毅　何兆明　侯　龙　胡　环　胡其福　胡　伟　胡宗鹏
黄灿灿　黄成刚　黄廉博　黄艳香　计曼菲　江　亮　江　旺　蒋东旭　解永泉　金　阳
金珠梦托　荆鹏宇　李传克　李　庚　李　浩　李锦生　李林娟　李楠楠　李　鑫　李洋洋
李志强　凌　桐　刘　超　鲁　璐　陆光耀　吕效燕　栾英壮　罗景钢　罗　思　骆　迅
马　骏　聂永强　潘露露　尚杨昆　申玉林　沈瑞建　盛绍斌　施利威　施　维　宋燕宜
孙庆浩　孙亚峰　孙一丹　孙　志　汤　磊　唐明龙　陶　波　陶燕燕　汪翔翔　汪　晓
汪智骁　王　枫　王　恒　王　军　王骏楠　王　磊　王立伟　王　林　王绍军　王晓东
王延达　王　洋　王玉翔　吴昌浩　吴海波　吴君竹　吴其名　吴　野　肖士明　谢　旭
谢　勇　徐　豪　徐　军　徐　银　徐志宇　许　超　严　瀚　严　恕　杨之奕　姚　憧
姚　远　姚　远　叶佳佳　曾　俊　曾天高　曾毅鑫　张国庆　张皓月　张家林　张　蕾
张庆亚　张　然　张善明　张　双　张显扬　张亚楠　张亚平　张　羿　章　铖　赵　贺
赵祥银　赵　洋　赵振红　郑　强　周　杰　朱金金　朱明明

通讯工程专业(116人)

柏思瑶　鲍佳乐　毕庆春　陈雷雷　陈亮亮　陈　鹏　程　敏　程学龙　程永吉　崔婷玉
戴霞飞　丁世举　董昌明　杜　创　范　魁　高　鑫　宫　娟　顾成敏　韩　杨　何文斌

胡长胜 胡国强 黄敬松 黄太彬 黄薛龙 季加伟 金 琳 金 鑫 金 昭 李 晨
李斗鹏 李方书 李 金 李胜明 李时阳 李雪峰 李正诚 凌倩雲 刘青莉 刘双双
刘 威 刘雅玲 刘 晏 刘永学 卢远征 鲁文娟 陆中国 孟 伟 聂建多 彭梦娅
彭 伟 彭文超 彭 圆 佘延治 沈 璐 史毅仁 宋 靖 孙伟国 陶 超 陶桂红
童 玲 汪本干 汪丽丽 汪 祥 王 法 王 杰 王金锋 王 军 王 猛 王 淼
王 鹏 王 帅 王 婷 王 溪 王雨晴 王玉盟 邬德微 吴 斌 吴建东 吴杉杉
吴亭亭 夏 樊 夏 杰 肖乐民 徐宏伟 闫树成 杨 静 杨 康 杨 威 杨晓凤
杨亚慧 姚梦茹 叶 群 尹 虎 余丽杰 余娜娜 余 赞 袁 璐 张昌飞 张 剑
张黎明 张龙妹 张清玉 张思东 张 涛 张旭旭 张友谊 张 宇 张 宇 张 越
周长康 周顺杰 周 政 朱 琛 朱来敏 邹其飞

统计学专业(48人)

曹 玫 陈立群 程琳惠 褚 兰 丁 勇 杜立伟 戈绍勇 何永健 赫晓双 胡鑫鑫
江 婷 江 盈 蒋雷雷 雷 伟 李道青 李 健 李金健 李少兵 李文娟 李秀芸
李永翠 刘明月 卢慧琼 陆昕辰 梅向阳 孟雅晴 秦望芹 束文娟 宋 慧 田 乐
童刘芳 王 聪 王凌霄 王梦瑶 王明媚 徐 秀 杨 瑾 杨 涛 张璨璨 张 玲
张 艳 赵 刚 赵 锐 赵 燕 周婧娴 朱善维 朱艳焰 朱智利

土地资源管理专业(46人)

曹驰韵 陈 波 陈 谏 陈 锐 陈 妍 初旭东 狄小莉 董亚仲 何 音 胡 健
胡祥伟 江园庆 金 晶 孔倩茹 李 浩 李 解 李清晨 李 亚 刘李龙 刘 语
潘高成 彭君莉 钱 凯 邱 恒 邵雪冰 佘 炜 孙论梦 汤 燕 汪 沛 王熙祯
吴传磊 吴 浪 吴 启 徐成峰 徐大乐 徐 柯 徐亚运 叶康鑫 张梦婷 张天俊
章晓曼 周 磊 周 礼 朱 苗 朱信华

文化产业管理(52人)

包 委 柴 庄 陈 丽 陈绪霞 邓 帆 丁 露 丁妍妍 董 冬 冯凤霞 高 睿
耿冬冬 顾春雅 韩 芳 何 娟 胡贤明 胡忠超 黄 钺 江玲玉 李丁丁 李建忠
李金朋 李 荀 廖泽昊 刘超群 刘纯锁 刘 燕 吕芬芳 裴菁宇 钱 魏 桑 悦
时伟康 宋亚萍 孙书文 孙文磊 涂瑞祥 汪艳春 王 君 王双玲 王雪莹 王艳飞
吴荣荣 吴亚奇 吴正楠 谢 非 徐 非 徐 含 张 欣 赵书生 赵雅兰 周瑶瑶
周 晔 朱 昊

物理学专业(105人)

陈 迪 陈江秀 陈 洁 陈 雪 程 冬 程贤文 丁荣发 董晨光 董 荣 董思源
范 超 范海波 方 波 方彩娟 方 超 方照明 冯立垒 高 鹏 高 升 耿伟丽
郭飞飞 韩 路 韩子秋 何 申 胡 坤 胡明明 黄 骏 黄 蕊 黄振侠 李海清
李 瑞 李 亚 李 振 李 垚 廖 宇 刘存真 刘文婷 刘怡怡 柳俊先 卢 慧
吕校先 苗华伟 缪玮杰 倪 健 潘平健 庞 可 钱 婷 尚永旭 佘小亮 沈 军
沈晓曼 施 文 施雨辰 史景辉 苏云梦 苏志杰 谈 伟 汤晓云 唐宇刚 汪 剑
王德政 王海瑞 王海堂 王 丽 王 宁 王 奇 王 熊 邬 刚 夏成成 夏明超
谢 敏 谢晓超 徐 国 徐鹏飞 徐姗姗 徐 涛 许吉成 许立峰 许 丽 薛 勇
严亚铃 杨 超 杨光皓 杨 建 于志飞 余 健 余鹏程 余忠洋 张成静 张海力
张今和 张 静 张浚贤 张文冬 张晓骏 张彦华 张 阳 张永亮 赵福堂 赵雪晴
郑文志 周黛竹 周 侗 朱 红 左俊祥

物流管理(78人)

蔡 娟 陈姣姣 程 欢 池文静 崔国顺 戴 刚 戴竞芳 傅小丽 甘佳瑜 郭兵兵

郭俊龙 韩林 何旭 何宜丽 贺启莉 胡亚林 黄德挺 黄斐 黄浩 黄亚玉
江红 蒋珍 揭海华 金娇 匡慧 兰向艳 李成 李成 李孟珠 李婷婷
李伟 李翔 李芸 凌广 刘芳芳 刘丽 刘路 刘率 刘媛媛 龙娟
陆孝武 毛永刚 梅玲 聂秀模 聂玉立 牛英杰 沈忱 田彪 王飞 王海亮
王婷 王永健 文世堂 吴雅 夏黎明 邢亚文 薛敏 杨超 杨荣春 杨文培
叶园园 殷方亮 殷书菡 袁鹏 张美艳 张梦菲 张四婷 张翔 张雪茹 张言
张艳 张艳 张永超 张政 章斐 章伟 赵爽 朱彪

心理学专业（76人）

陈晨 陈升龙 陈圆圆 程峥 邓作维 董晶晶 董志远 范文超 方芳 桂君东
过文婷 胡克亚 胡盼 黄凤娟 姜文维 蒋蓉蓉 蒋蕊 金皓 孔维娜 李佳楠
李坤 李旭 林静 路璐 吕凤亮 聂余 钱晶晶 申诗韵 盛龙健 宋伸伸
童张梦子 汪杰 汪燕 王欢 王嘉伟 王蕾 王璐 王萍 王秋鹏 王香草
王晓菲 王欣悦 王月明 王争 吴钡 吴珊珊 伍清雪 信琦 徐颖杰 徐颖杰
许玲 许梦珂 许青 杨婷婷 杨艳华 杨永波 叶光琴 叶林野 叶琴 尹露
俞莉莉 郁金花 曾相莲 曾小东 张立坤 张柠旭 张盼 张青莲 张松 张甜甜
赵传龙 赵殿宇 郑欢 郑妍 钟慧 朱博

新闻学专业（96人）

白力民 蔡艾珍 陈国强 陈磊 程雅晴 丁力 范倩倩 方勇 冯李华 伏金璐
高静雅 顾洪华 顾睿 关永凤 洪艳艳 侯伟 胡梦竹 胡婷婷 蒋翠萍 孔敏
李芳蕊 李金鑫 李莉 李茹君 李诗 李彦宏 李孜涵 林郅贤 刘晨 刘敏
刘明明 刘杨 刘勇 刘玉侠 柳林叶 龙冬冬 吕慧 聂梦管 彭欢欢 彭亚莉
齐龙剑 秦荣 阮玲玉 司晓丹 苏婷 孙晓杭 田玲 童丽君 童心 童瑶
汪德锋 汪剑 汪清源 汪燕 汪一凡 王蓓 王换 王昕 王玉 吴慧
吴静 吴炜钰 吴亚晓岳 吴月明 武敬敬 夏峰琳 夏珂 徐欢欢 徐星 薛相峰
薛振纲 杨绍琛 杨欣 杨振羽 叶肖伊 伊丰 余满 袁谦 曾悦 翟玉婷
张陈 张珺琢 张茜 张帅 张司奇 张瑜 章文林 赵冬冬 赵天宇 郑丹丹
周创 周典云 周路 朱妍 祝婷 邹宇扬

行政管理专业（56人）

包亚楠 曹增强 陈鼎祥 陈君 陈丽娟 陈硕 陈正文 程宏昌 程剑 程泽兰
储晓仝 杜雅丽 杜泽峻 段高红 段娇娇 盖路迪 高俊平 龚露露 郭昌盛 黄斌
黄英 雷星 李会 李思阳 刘丽娟 刘萍 马荣珍 彭炤炜 钱皎 宋星星
苏浩 孙俊峰 谭思敏 檀小燕 汤中康 王佳毅 王洁茹 王锦 王永 吴宝仓
吴长富 吴晗 吴姣艳 席莉莉 闫佳丽 闫苗苗 阳静 杨雨晨 翟蒙蒙 张诚
张启俊 张玉柳 章琪 赵媛媛 朱晓妹 庄明月

学前教育专业（75人）

卞静杰 蔡银环 操文静 陈晓璇 陈秀云 程敏芬 程雯 单宁波 邓雪华 丁群
樊梦琳 方琴 方媛媛 顾园园 郭梦琳 郭宁 胡娟 江寒梅 蒋思瑶 李慧
李桥妹 李书琴 李松 李瞳 李晓曼 梁蓓蓓 刘熳 刘梦琪 刘秀春 吕晓曼
孟云云 亓晓雯 钱国妹 乔平 尚艳 沈荣生 沈希伟 沈希伟 孙静 孙伟伟
汤敏 王君 王佩 王文霞 王亚琳 王艳 吴彩云 夏一凡 项荣娟 项隽晓
谢嘉筠 谢晴晴 邢倩文 徐玺 徐雪 徐艳 薛妮 薛天琪 杨夜 杨依芳
杨泽慧 尹梦梦 曾蔼颖 张佳妹 张抗抗 张玲 张璇 张影 赵茹 赵欣
赵燕燕 周漾漾 朱静 朱丽勤 朱萌

艺术设计专业(65人)

鲍卉子　布彦超　曹耀震　陈　凯　陈　胜　陈颜新　丁　菲　丁冠豪　豆朝朝　杜中秀
高纯纯　郭翠红　胡飏熠　贾　瑶　贾夜梦　江　殷　焦亦涵　李梦晴　李英帅　李玉页
刘海河　刘李娈　刘　秣　刘　正　陆丽昕　沈丹丹　施泽宇　石梦挺　苏　海　孙　娜
孙　婷　田　禾　汪婵洁　汪　圣　汪媛媛　王金凤　王　锦　王　丽　王明明　王素华
王　腾　王志强　徐　欣　闫文军　杨　纯　杨　笛　杨　帆　杨永锋　叶　俊　尹建婷
尹美玲　尹　珊　尤洪记　余　曙　张碧茹　张　闯　张　宏　张天娇　张小培　张智婷
钟凯旋　周腊腊　朱　玲　朱　佩　朱　珠

音乐表演专业(2人)

黄若星　任　洁

音乐学专业(168人)

曹　冉　曹　玥　陈方园　陈泓霖　陈泓伶　陈泓璋　陈念芃　陈雪艳　陈意沛　程晓恒
从　洋　戴　翀　戴　俊　邓北阳　邓云花　杜珊珊　杜琰琰　傅　慧　高　珺　高　燕
高宇航　郜淑云　葛囡囡　龚　欣　郭贝贝　郭　峰　郭桂香　韩梦莹　韩青青　何安琪
何雨蓉　候广悦　胡　萌　胡文娟　胡晓菱　黄　沁　黄炜晴　黄小宸　霍　达　霍　蕾
季莞琳　贾　楠　蒋　薇　冷天然　李澄澄　李丹丹　李琳琳　李　萌　李梦楚　李　霞
李潇然　李雪婧　李　娅　李雨阳　郦芮雯　梁伟虹　林雪瑾　刘博文　刘　畅　刘迪迪
刘俊淑　刘　倩　刘　青　卢梦蝶　卢　倩　路　丹　罗　敏　马梦秋　孟慧心　孟子琳
米　恺　莫　芮　祁靖卜　秦绍文　邱经茜　邱琬翔　邱新森　屈诗琳　沈　悦　圣　峥
时妍妍　司心韵　宋　迪　宋方媛　苏　濛　苏　田　孙珂珂　孙　鹏　谭　敏　唐碧肖
唐　珺　唐梦云　万　成　汪澄澄　汪澄露　汪　雪　王　璠　王丽影　王　璐　王曼迪
王梦然　王　青　王赛娜　王丝露　王文倩　王筱晗　王　莹　王有倩　王玉娟　王战稳
吴　菲　吴　卉　吴　卉　吴　群　吴珊珊　吴　玥　伍亚文　向檬雨　肖森伟　谢汶晓
谢　媛　徐静雅　徐康怡　徐　姝　徐弋雯　徐艺凡　徐媛媛　许静雯　许樱子　杨　帆
杨锦芝　杨　静　杨　平　杨沅芷　姚丹丹　姚启璇　姚知行　叶　桐　叶子阳　于子超
俞　梁　袁初璨　岳　頔　张　楚　张春朝　张　菁　张　倩　张秋婷　张心舟　张馨元
张雅婷　张银琴　张元如　章　奇　章　烨　赵李娟　赵婉莹　赵晓晨　赵媛媛　郑　洋
郑宇洁　周　菡　周菡萏　周　航　周　婧　朱晓青　朱雅迪　朱玉倩

应用化学专业(91人)

卜露露　查　超　柴晓明　产文波　陈　昶　陈　浩　陈俊杰　陈模豪　陈倩倩　程　晨
代云龙　董　媛　段　菲　范丽梅　冯翠翠　甘　露　葛　成　宫光彩　郭兴坤　何田静
洪　璐　胡利娟　黄泽明　金广夏　康德举　孔志能　李　杰　李婷婷　梁楚珩　刘黄黄
刘　帅　刘玉斌　路　遥　吕冰婧　马荣励　马　帅　马　丹　孟翰祥　闵　迪　彭　森
芮西川　邵壮壮　孙　芳　汤春艳　陶　飞　陶　冉　汪文飞　汪　绪　汪　炎　王臣吏
王春雨　王　楷　王　荣　王威虎　王　影　闻　武　吴　超　吴　迪　吴　帅　吴嫣然
项立伟　谢祥祥　徐均超　徐晓悦　许晓剑　许瑶瑶　杨　成　杨先兵　杨校宇　杨　阳
姚本刚　殷少杰　尹　琦　余　玭　詹艳华　湛宗升　张　朝　张道明　张红莉　张会强
张　宁　张　强　张　庆　张　蓉　张姗姗　张子俊　赵　亮　赵　敏　郑　妮　郑志强
朱玉丹

英语专业(206人)

卜荣露　曹桂琴　曹　恺　陈　瀚　陈　欢　陈　洁　陈力遥　陈良玮　陈梦琪　陈　冉
陈淑君　陈　雪　陈雨婷　程靖如　程　顺　程晓敏　程　燕　程颖莹　邓明晞　邓诗凡
丁慧慧　丁剑芳　丁　丽　丁婷婷　董　萍　窦惜梅　方惠敏　方亚峰　房　萍　费亚兰

付 婷　高 欢　高献玉　高 云　葛 婧　葛 如　巩舒婷　韩晓梅　郝建涛　何 玲
何亚菲　洪 岳　洪泽仁　侯广娟　胡 婧　胡梦娟　胡 明　胡园园　黄海燕　黄 卉
黄 荣　黄天玉　纪亭亭　贾湲湲　江雅琴　金晓茹　李丹丹　李 晗　李 欢　李会杰
李慧敏　李娇娇　李 丽　李 恋　李 梦　李 群　李 希　林丹丹　刘 畅　刘春苗
刘 芳　刘慧来　刘静怡　刘 娟　刘梦薇　刘世艺　刘小燕　刘晓静　刘 雪　刘 莹
鲁 越　陆天舒　陆 瑶　马菊霞　马倩倩　马延莉　梅 丹　穆广慧　潘云飞　庞啊燕
钱 晨　钱 懿　钱 云　任 勤　任嫣子　芮月月　陕玲玲　尚成娟　佘牡丹　沈 醒
史梦娜　舒炳亮　苏 悦　孙 静　孙丽君　孙刘芬　孙乃成　孙肖怡　陶一新　滕 云
涂玉然　万娇娇　汪 莉　汪莉莉　汪良欢　汪淑华　汪 瑶　王海燕　王慧慧　王晶晶
王静冰　王静娴　王 兰　王美婷　王欧阳　王佩超　王诗韵　王文钦　王 妍　王 艳
王玉璐　王玉琪　魏世同　魏 玮　温雨丝　吴晨钰　吴敬之　吴楷源　吴蓉蓉　吴晓军
吴 瑀　吴振君　武丹丹　夏爱龙　夏丹丹　夏盈盈　徐骁冉　徐 欣　许以勤　闫献辉
严晓娜　严永雷　杨生玉　杨 硕　杨元羊　杨之浩　姚芳菲　姚晓彤　姚 瑶　叶 露
叶圣舒　殷双见　雍飘飘　于璐梅　余 戈　余经斌　余经斌　俞 洋　郁 扬　詹惠羚
占 叶　张 慧　张佳佳　张侃宁　张李娟　张丽华　张梦璇　张梦璇　张明智　张平平
张 琪　张 锐　张天然　张小三　张学玲　张雅琦　张 玉　章 蕾　赵曼曼　赵珠珊
郑 磊　郑 瑞　钟 秋　周彬彬　周 露　周梦华　周 双　周 维　周训禹　朱美婷
朱梦雪　朱旺芝　朱馨珂　朱 瑶　朱 韵　朱志成

园艺专业（74人）

曹 佩　常强强　陈二旺　陈 帅　陈 侠　陈 雨　程 琛　程培蕾　程少颐　褚 琴
崔 玉　戴志华　邓芳芳　关 奇　郭俊红　胡 政　黄 彬　贾子健　江 挺　李 凯
李坤坤　李龙伟　李梦雅　李 巧　李小川　李小佳　李 影　梁雪梅　刘双晴　刘文彪
刘 旭　刘 洋　陆 琪　吕金梅　马清爽　孟 玲　孟祥兵　施 文　孙蒙珍　汤 彬
田 甜　仝根根　汪莲娟　王 丹　王启阳　王薇薇　王小东　王 秀　韦启良　吴 汉
吴昊天　吴雨洋　徐孟杰　徐 铭　徐 瑞　徐 婷　许乐峰　严佳丽　杨 恺　姚得秀
叶浩然　叶 菁　余佳星　岳一鸿　张 菲　张 莉　张培培　张文博　张业功　张业功
章 曼　赵 恒　郑兵兵　郑 星

运动训练专业（114人）

艾俊鹤　班晨晨　查鑫辉　陈 晨　陈 杰　陈 倩　陈 帅　陈 姚　陈永生　陈泽庆
程丽洁　程 尧　刁万祥　杜培培　冯 波　冯 伟　高 伟　高 炀　葛 玮　郭磊磊
杭 伟　何倩倩　黄伟亚　黄亚星　黄 岩　黄彦锴　蒋金琦　蒋 诺　蒋振东　李 昂
李 晨　李 华　李敏杰　李庆庆　李翔龙　李媛媛　李 智　李紫媛　刘 陈　刘 骏
刘梦妮　刘 淼　刘雪朋　刘燕茹　柳语林　吕 强　吕婷婷　罗 磊　马 燕　马 勇
梅 杰　缪 闻　潘 登　强雪婷　邱剑伟　沙 龙　邵晨晨　宋婷婷　苏之琦　孙 孟
孙 敏　孙少波　陶 军　涂 瑞　汪 翔　王春鹏　王 凡　王剑锋　王 康　王 乐
王末寒　王 蕊　王星晨　王杨立春　王一鸣　王雨洋　王哲泰　吴 俊　吴 蒙　吴启佩
吴松明　吴 婷　吴文龙　吴中伟　吴紫薇　邢毅然　徐 放　徐经纬　徐 俊　许蒋东
许 洁　姚影琦　叶 昆　尹 晴　尹坦坦　俞曼曼　俞全全　张皓鹏　张和印　张和柱
张金玉　张舒舒　张 勇　张宇珊　赵 坡　郑文娟　郑 悦　钟音涛　朱 劲　朱倩文
朱树笙　朱文波　朱子亮　邹翔宇

政治学与行政学专业（35人）

鲍 操　曹 丹　曹永丽　陈瑞洁　陈若翔　陈晓林　储婵婵　戴 康　董延鹏　范 蕾
方 莉　高 磊　高明扬　顾孝胤　胡云芸　吉 梅　金 伟　刘洪帅　卢志峰　阮国亚

宋光莹　孙封育　谭　甜　汪俊飞　王　猛　王　伟　吴　方　武丹丹　许文燕　尹梦成
张　凤　张　鹏　朱　静　朱　婷　朱自双

自动化专业(47人)

操江峰　程　靖　崔颖秋　董　明　董云飞　杜肖肖　胡承琪　胡颂根　胡昭艳　黄克选
黄念娥　黄　宇　霍　衎　柯　义　李晚霞　廖子民　柳中摇　孟　莉　孟　拓　牛效东
潘庆林　钱行行　石　强　汤梦婷　陶　旭　王礼新　王　蒙　王梦华　王树申　王振东
卫东彤　吴自民　伍红青　武　进　谢　飞　徐　飞　徐子豪　叶骏涛　尹建军　张　磊
张强胜　章　浩　赵　健　赵文文　周鸿雁　周　磊　朱　玮

(教务处供稿)

(五)2014届研究生毕业生名单

博士研究生

马克思主义基本原理专业(2人)

王义德　虞满华

人文地理学专业(6人)

杨显明　姜　辽　王传辉　姚国荣　王　咏　包善驹

生态学专业(6人)

黄　林　杨安娜　徐晓平　陈延松　孙恩涛　李　恩

思想政治教育专业(5人)

乔　凯　叶荣国　刘桂荣　褚　丽　赵迎华

有机化学专业(5人)

杜金艳　王芬华　杨　松　何月珍　李立冬

中国古代史专业(3人)

王艳红　张晓婧　高玉玲

中国古代文学专业(3人)

汤太祥　甘　松　任晓勇

硕士研究生

比较文学与世界文学专业(9人)

潘　虹　吴晓梅　朱正玲　丁大琴　汤立媛　张治超　黄　云　张　饮　石洁林

材料物理与化学专业(4人)

金晓泉　董　超　陈昌雨　王　俊

材料学专业(3人)

史志结　郑航嵩　刘亚东

传播学专业(20人)

祁　晨　杨龙飞　刘　佳　李冷月　费　蓉　杜　娟　汪　玲　吴小婉　许　洁　刘芬芬
王谊茜　史敦梅　吴秀娟　王应攀　魏　玲　陶　睿　张　辉　王丽芳　戴剑平　尹　媛

地图学与地理信息系统专业(10人)

朱　娟　后希康　郝丹丹　王　辉　杨良闯　陈　实　刘启明　景瑞环　汪　龙　营　娜

动物学专业(8人)

张　伟　冯定龙　冯　骏　方　磊　刘正亮　张振贤　陈方方　朱　慧

发展与教育心理学专业(12人)

焦明钦 潘玮琳 汪昱娟 毕 婧 沈 洁 占海燕 李 娟 盛 烨 杨 影 孔维思
周静雯 王亚青

分析化学专业(29人)

吴 勇 张 璐 舒贵波 贺秀平 杨 宇 桂菊英 程莹莹 赵 喆 贡佳佳 杨 光
崔 秀 安旭婷 许桂林 高 越 谭康慧 刘红绘 汪一潭 方 娴 刘一帆 韩晓微
朱慧玲 宋 倩 杜丽莎 张义艳 黄 力 钟君亚 孙锦文 宋红磊 陈彦玲

概率论与数理统计专业(7人)

徐 锐 杨 莉 刘存超 张杨杨 王克豹 许 凯 吴 燕

高等教育学专业(10人)

郭金凤 杨 军 衡 霄 陆晨晨 胡 蝶 陈安兰 暴雪静 刘 红 汪满荣 徐伶俐

高分子化学与物理专业(9人)

任 静 刘 丽 王 云 王莉莉 周金成 王 丽 湛鹏飞 刘 标 蒋亚丽

光学专业(20人)

汪 艇 王 茹 汪 冰 阮思恩 吴 双 黄小荣 李 康 王 迅 罗 慧 田曼曼
刘志斌 汪 涛 祁文科 魏楠楠 孙小霞 吴 杰 吴文镇 崔起明 方 彬 张筱萌

汉语国际教育专业(18人)

陈阿蕾 池程远 管 扬 何文清 胡瑞琦 胡苏明 李 璋 梁 寅 林妙妙 潘慧婷
王 莉 王 全 王永秀 徐伊泓 徐英剑 杨文琪 张建薇 黄 菲

汉语言文字学专业(13人)

韩 倩 钱园园 倪 红 叶含玉 丁 莹 唐 菲 汤梅娟 王 晶 潘晨静 肖 晓
周 正 丁 徐 汪雯雯

环境科学专业(18人)

洪 兵 周明亮 郭富裕 黄 强 陈 涛 洪 晴 黄 磊 程 启 马素敏 徐 鹏
孔娟娟 奚功芳 李 阳 王 健 徐洁茹 解慧玲 张 平 刘佳洁

基础数学专业(14人)

陈赛男 耿 杰 叶 闻 周 芬 丁婷婷 翁建欣 闫 健 张培雨 徐学海 熊 然
吴姚志 季雪梅 郭兴梅 张 雪

计算机应用技术专业(10人)

刘淑影 宫秀文 袁 美 杨 帆 马 苑 刘 飞 崔相茹 胡 鹏 周 雯 杨娜娜

计算数学专业(3人)

豆 皖 柴 甜 李 蒙

教育技术学专业(10人)

谢巧娟 钱 宇 陈汉平 童 敏 张 培 周妍妍 胡 槼 李 敏 黄 晨 王 曾

教育史专业(5人)

骆 成 汪小红 李晓雯 张 静 张仕玮

教育学原理专业(24人)

王 惠 刘 洁 来文静 曹文影 赵 芸 程 琴 张梦秋 徐厚娟 高冬明 李振丽
胡 璐 孙 娟 卢海丽 骆耀芳 梁 爽 谢海荣 陈 蕾 陈 黎 李冬晶 李 浩
时 晨 苏 筱 孙科技 游金钰

经济史专业(2人)

徐 蕊 余 姣

科学社会主义与国际共产主义运动专业(3人)

张本炎　张中玉　丁梦云

课程与教学论专业(58人)

刘　莎　汪源源　韩　霜　李明霞　吴丽娟　费腊梅　周贝贝　王佳佳　许婷婷　金柱伟
丁　蓓　陈　栋　路　璐　孙丽璇　张艳丽　张芳芳　刘玉娟　孟萍萍　邓尤佳　张　昆
汤池莲　郑文婷　冀晓娟　许　靖　陈银银　王莹莹　叶彦汝　华　静　姜艳艳　叶雨蒙
程靖宇　史慧敏　邹　雪　刘　晴　王　瑶　孟素侠　许琼瑶　徐　洋　朱　俊　怀会祥
孙婷婷　靳姗姗　吴夏芝　王珊珊　蒋建伟　刘惠黎　刘　丽　孔维薇　慈洁琳　高　冰
韩　峰　崔兴飞　叶　丰　刘　辉　赵婷婷　王　静　吴群芳　姚灵灵

理论物理专业(2人)

梁立嗣　王永丰

历史文献学专业(3人)

艾　芳　刘卓群　范　强

旅游管理专业(16人)

梁　倩　夏丽丽　王　进　秦珊珊　刘玲玉　邓洪波　郭永超　李海琴　刘　琼　卢　菊
梅海峰　钱元元　王　军　韦昀秀　姚启芳　袁先云

伦理学专业(4人)

聂　蕾　江　艳　王　康　叶　双

马克思主义基本原理专业(6人)

王士荣　潘　亮　韩　旭　钱　超　和　薛　张德广

马克思主义哲学专业(5人)

许　帆　孙　梅　王道文　刘林山　魏巧丽

马克思主义中国化研究专业(10人)

罗　庆　张贺海　陈　思　程　雪　严　昊　朱素平　俞美香　曹雅媚　范　琳　常　欢

美术专业(27人)

吴　迪　张亦弛　赵竟宇　徐小虎　马千茹　代　玉　曹梦怡　万秋白　赵　虎　吴志美
逯芳芳　何　琼　李　虹　张辰娜　宋春安　王倩倩　胡建伟　杨婵娟　史　茜　宋　莹
赵婷婷　李昌鸿　张　雷　何国盛　张玉荃　洪学智　沈　超

美术学专业(33人)

张　雪　何莉娟　赵寒春　李　娟　蔡哲超　郝　丽　卢雅静　徐　娜　俞超群　殷川川
时序尖　于海燕　傅静静　何春燕　张燕燕　顾　净　周丽丽　任　敏　魏敏华　闵书园
郭晓萌　姜　嫚　高乃旭　王　娜　戴　岱　汪冰啸　吕　杰　王　超　万　微　刘　静
许蓉蓉　李庆帅　杨　晨

美学专业(11人)

沈　忱　牛　娜　刘　佳　张文珍　何丹丹　朱露露　张　泽　陈振路　胡宏昇　崔　露
肖秋花

区域经济学专业(5人)

张书云　杨良杰　柳兆旺　吴从广　张　祥

人口、资源与环境经济学专业(1人)

王俊兰

人文地理学专业(20人)

彭红松　盛　楠　王秀平　汤云云　梁梦鸽　周丽娜　刘　娟　朱胜清　许吉黎　周小凤
葛凌亚　唐云云　俞传俊　曲欢欢　陈　蕾　宋星震　吴义宏　聂　媛　程平平　梁　燕

社会保障专业(12人)
顾梦洁　涂义媛　程　娟　于　影　李　正　梁银花　王　燕　李晓慧　孙　晔　李　恬
王营营　钱海龙
社会工作专业(15人)
邓鹏煜　丁亮亮　李　贺　李天慧　李志斌　鲁　爽　孟雪艳　潘　宇　邵力旻　王　超
王健伟　王　卓　徐　佳　张笑囡　赵宗宇
社会学专业(10人)
夏　伟　李子明　张　琛　安广虎　高　菲　满创创　罗单凤　李伟龙　胡　澜　倪　洁
神经生物学专业(3人)
童新松　陈翠云　张　妮
生态学专业(13人)
赵书仪　朱志鹏　张园园　王　敏　王兴飞　周均学　杨　娟　司　春　李　诚　谢　萍
王文剑　刘　康　邵丽丽
生物化学与分子生物学专业(10人)
裴云云　赵晓宇　刘　蕾　张继辉　朱　军　李晓飞　赖秋枚　闫锦锦　陈雅静　夏梦宁
史学理论及史学史专业(4人)
张学会　冯晓梅　王　丽　顾雪寅
世界史专业(14人)
徐　愿　袁广雪　何媛媛　李　宇　李　超　潘　颖　孙科斌　周彩虹　冯春玲　夏　妍
王宏亮　方　家　张　伟　刘颖婷
水生生物学专业(3人)
周　彬　程春辉　刘　璐
思想政治教育专业(21人)
吴银银　李才红　廖　放　余莎莎　杨燕玲　吴心怡　孙　利　张　婷　敬　芳　汪　婷
徐益亮　周　楠　沙从丽　陶　源　徐　晋　井方明　陈灵雯　舒　平　林姣姣　崔舒鹏
程　圆
体育教学专业(13人)
郭　艳　江　宇　李　唯　刘雯雯　刘颖华　陆姣姣　任明洋　阮芳华　童彬彬　王　斌
王宏功　王　燕　杨蓓蓓
体育教育训练学专业(39人)
张春莲　徐少波　席特立　蔡维敏　周　洋　吴云龙　焦瑞胜　房蒙蒙　张海涛　许晓东
王　猛　潘庆庆　张　斌　周　超　张　晶　万　陈　方培培　邵　琴　王宏程　戴园园
王件件　张　楠　马　彪　刘　杨　邱国鑫　许启愈　毕　超　仇慧钰　来永庆　庞　建
代建伍　徐莹莹　曹春顺　陆学成　何安南　徐钻鑫　贡　晨　胥　振　毛献亮
体育人文社会学专业(10人)
彭　攀　马　萌　丁　俊　王　书　井梦岑　程　聪　张业云　杨文茹　乔　宇　陆　鑫
土地资源管理专业(5人)
范业婷　方　晨　杨培松　姜　超　田　烨
外国哲学专业(4人)
周　雷　陈绿洲　朱涵葆　许东亮
文艺学专业(7人)
梁　斌　李晓艳　陈元春　曹红霞　孙　优　罗　蓓　任　杰
无机化学专业(21人)

褚思宾　王　洁　崔芳玲　魏杰顶　奚俊俊　龙刘扬　尹　明　刘曼曼　孙大亮　史诚诚
刘　莉　郝升华　方　芳　陈焕焕　袁胜梅　闫　梅　高银萍　濮　军　付贵君　陈亭玉
汪　玉

物理化学专业(12人)

卢　锋　季　蓉　余　浩　夏玲玲　臧灵杰　汪玲玲　吴　婷　杨　倩　刘　松　吴亚琴
徐　玲　李亭亭

细胞生物学专业(11人)

汪　嵩　张　磊　王　珏　张贤龙　朱红年　杨　云　袁　健　王　强　王　兆　李长远
李　鹏

现代教育技术专业(7人)

高明清　刘　欢　马晓梅　墨子甜　王家成　要海荣　张维淑

宪法学与行政法学专业(17人)

齐晓敏　刘　珂　朱敏敏　李　龙　潘秋越　徐超阳　齐晓静　尚　涛　王歆畅　黄　欣
王婷婷　程小芳　彭　静　周晓丹　耿　红　陈　萍　陈尚雯

心理健康教育专业(52人)

常　红　陈　晨　陈菊倩　陈润润　戴中兰　狄　晗　杜雪腾　冯　娟　高　萍　郭　旭
纪田翠　贾园园　金　淦　康屿川　李　晨　李　蕙　李兰兰　李　珊　李耀卿　刘娟芳
马　柯　马　琳　齐　飞　宋　悦　孙　洁　童月妃　王纯纯　王　琼　王天喆　卫必佳
吴春年　吴俊程　吴雲峰　萧　榴　辛培培　徐梦颖　许　夏　严文竹　晏健俊　杨思亮
杨滢玉　姚　犁　於婷婷　张安培　张　峰　张　兰　张晓霞　张　媛　赵　迪　赵兰兰
朱旻洁　方　方

学科教学(地理)专业(36人)

陈　敏　顾珊珊　郝天宝　金　苠　李　婧　罗　曼　潘　敏　钱会会　史泽燕　田　洁
王　红　王　艺　吴海燕　徐振华　杨　洁　杨晓霞　杨　迎　尹逊翠　于孝华　张　扬
张　玉　赵贝贝　钟　锐　朱　晨　朱素美　朱云帆　邹仪静　化　猛　王仲好　孙赛群
完群洋　闫　杰　刘梦龙　程岳平　潘珍珍　王耀耀

学科教学(化学)专业(12人)

龚春明　李　迪　刘　佳　刘甜甜　彭云龙　王晨希　王　赛　尹贵芳　禹绍蒙　王　府
周凌云　张　迪

学科教学(历史)专业(16人)

方治国　付秀兵　胡　维　黄玲玲　李　飞　龙春霞　汪　琦　汪潇潇　王殿飞　杨　永
姚　勇　郑　菲　张福雷　谢玉娟　甘心丹　许　燕

学科教学(生物)专业(9人)

王丹丹　王　敏　王　明　周　俊　惠文波　徐秀玲　徐海丽　满志强　张雨蒙

学科教学(数学)专业(12人)

唐叶娟　王文丽　张倩倩　张佳佳　颜张磊　宋代嵩　张　敏　夏　飞　陈树艳　付国虎
张玲玲　王玉佩

学科教学(思政)专业(10人)

李　恒　李　敬　刘　辉　孙　伟　田　甜　王　陆　许珊珊　张　雷　张雪纯　梁昌兵

学科教学(体育)专业(2人)

张怀敏　刘金凤

学科教学(物理)专业(7人)

高　琰　张　玲　闫秀英　杨成晨　祝少峰　丁士亮　张知礼

学科教学(音乐)专业(19人)

鲍梦云 曹 阳 方 芳 何 慧 胡 凌 李金鹏 李俊贤 李丽斯 倪珩玫 田 璐 王龙娇 武 迪 严田田 岳 琦 张春燕 张 冉 郑 捷 邹 辰 张 朕

学科教学(英语)专业(32人)

王晶晶 蔡 艳 陈翠翠 陈继娣 陈 莉 陈露艳 陈盼盼 丁 娟 方美倩 高 慧 贺 锦 洪李云 汲 婷 李静静 李 晴 刘 丹 刘慧珺 马明明 毛冬东 钱 维 石 燕 宋祥倩 唐小爱 陶 丽 汪婷婷 王添玉 王兆雯 俞欣言 赵 雯 朱锦霞 饶素梅 徐 荣

学科教学(语文)专业(49人)

邓 婷 邓 严 丁雯雯 丁 莹 韩晶晶 何 飞 洪 燕 胡才芳 胡庆庆 江点雪 李丹丹 李慕华 李瑞丹 李艳娟 李艺静 刘 杨 罗 婧 秦 田 阮 婕 商贺双 田瑞琛 汪 佩 王一佳 徐佳慧 徐 珊 殷文君 袁 平 张秋瑾 赵 星 赵彦辉 郑 玉 朱晓琳 朱一凡 蔡君威 吴志东 王 胜 韩 林 兰茹茹 潘 娟 杨林林 高 柳 丁新明 刘志中 高 达 胡天佼 郝朝永 秦 坤 盛玉萍 李福荣

艺术学专业(23人)

吕 影 李若峣 韩 艳 吴婷婷 吴 丹 黄 洁 陈 西 王 茜 孟文怡 韦 伟 程 琛 吴 璇 侯阁英 李 娜 詹尔玉 鲁 媛 李飞飞 施 雯 张国英 胡亚楠 陆 琦 王 婷 陈艳楠

音乐专业(10人)

李 雷 季 洁 肖 磊 孔德小雅 张 茜 韩 茜 唐振田 吴娜娜 汤 扬 王蓓蓓

音乐学专业(17人)

张梦洁 马晨竹 孙西通 吴憬霓 张强胜 陈 幻 查琼玉 鲁倩倩 张利平 芈丽娜 吕 燚 常 婋 刘白杨 朱慧娟 马 钰 汪梦越 马海婷

应用化学专业(7人)

张志琴 吴 琼 袁 近 王 龙 芮野平 卫 燕 翟金华

应用数学专业(14人)

周克浩 李灿灿 秦赵娜 丁伟伟 许友伟 王丹凤 窦彩玲 周 健 梁载涛 张姗姗 宣住红 王 蕊 马晴晴 卫丽君

应用统计专业(4人)

王菁菁 续冰冰 叶刘伟 周 艳

应用心理学专业(18人)

张晓丹 杨 劲 鲁 原 牛 勤 周 易 王月竹 唐梦瑶 侯宇晨 刘 成 徐 娟 袁 颖 郑西联 经卫国 刘 莉 朱海霞 杨威皓 祝传清 徐 磊

英语笔译专业(10人)

何 燕 洪沂慧 李娜娜 孙宏宇 王锦秀 吴安琪 杨 乐 詹 妍 张 记 张素真

英语口译专业(3人)

李玉琴 彭晓娟 汤梦颖

英语语言文学专业(28人)

张俊俊 高丽平 陈 勤 汤 娟 周 雯 钟 丹 陈 娜 吴迎春 黄 荣 赵敬妹 陆贤报 张雅琴 肖美凤 赵 璐 魏 伟 张 燕 曹荣荣 余 珍 方亚婷 司美霞 贾立翌 乔继梅 毕婷婷 邹 莹 冯 敏 周 洁 汤 懿 汪倩慧

有机化学专业(26人)

王 彪 邓宝家 王婷婷 周平平 顾 巍 王园园 张展楠 宁 朋 张孝荣 胡小倩

高乃勋　郭　飞　谢海凤　林　翔　赵　娜　胡　琼　吴亚洋　武　病　陈　旭　王胜元
张家星　左　银　袁应根　楚　江　吴　杰　江　婷

语言学及应用语言学专业(11人)

汪　瑜　王宗根　王　瑶　李高举　赵华杰　张苗苗　程　霞　庄　园　袁　圆　刘　凡
齐　群

原子与分子物理专业(8人)

时春峰　张丹丹　李　浩　崔　方　刘　瑾　王宗翠　贾丹丹　陈　莎

运筹学与控制论专业(3人)

侯婷婷　吴丽媛　程　杏

运动训练专业(13人)

丁　蒙　高在宇　龚涵睿　黄歆龙　金雅婷　李　龙　陆　雨　钱歌舟　郜　磊　汪　玙
邢家龙　杨行强　周海龙

政治学理论专业(8人)

吴　燕　方国苗　谈晓敏　王　超　陈　浩　徐淑德　邓威威　余东海

植物学专业(10人)

杨　博　徐惠娟　朱虎鸣　戴婧婧　吕彩停　周乾坤　宋志威　洪　阳　滑　俊　贺　莉

中共党史专业(4人)

郭　宇　丁一凡　游　荃　承凤凤

中国古代史专业(8人)

韩　旭　杜珊珊　董知顺　郑莉莉　徐和阳　闻庆云　王　垚　柏晶晶　王　尧　朱玉荣
牛　楠　邓祖亮

中国古代文学专业(37人)

胡　佳　龚长春　李明茹　章　伟　周佳佳　白　璐　宗雪梅　钟　洋　夏小菲　盛秋华
丁婷婷　程紫丹　朱　熙　顾妍妍　孔　培　胡　丹　孟　勇　朱家元　韦　芬　陈淑丽
邹莎莎　武真真　赵　越　孙小方　卫宏伟　桂丹瑜　张学艳　李　衡　周　玮　蒋璐瑶
李海燕　张　利　周固成　刘　迪　张丽丽　马佳佳　李庆龙

中国古典文献学专业(4人)

吴潍嘉　汪从文　陈　骁　刘　潇

中国近现代史专业(14人)

水浩淼　郭　月　操礼龙　耿　明　李　君　丁玲玲　黄江江　陈海群　高文瑶　湛长胜
何　阳　刘　博　马　琼　任远山

中国现当代文学专业(15人)

王　灿　朱佳琦　彭琳珺　吴　爽　陈　玮　徐小宁　胡　妍　齐荣胜　程苗苗　汪　晴
瞿先飞　汤　婵　汤萍萍　王阿珏　吴湘莉

中国哲学专业(9人)

刘运强　赵叶琴　胡占光　伍小运　王静文　柳彩娟　江　兵　曹海峰　张　凯

专门史专业(2人)

杨　群　龚寒冰

自然地理学专业(11人)

杨　翔　李克中　石小磊　邓正伟　张方方　郑　真　江培龙　孔令柱　张杰琼　刘　爽
侯燕平

(研究生院供稿)